LAS VISITAS A CAJAMARCA

Fuentes e investigaciones para la historia del Perú / 9

LAS VISITAS A CAJAMARCA
1571-72/1578
DOCUMENTOS

TOMO II

INSTITUTO DE ESTUDIOS PERUANOS

© IEP ediciones
Carátula y diseño de edición Luis Valera
Horacio Urteaga 694, Lima 11
Telf. 32-3070 24-4856
Impreso en el Perú

Contenido

Las Visitas a Cajamarca
Documentos

Segunda parte

De la pachaca de Chayuto / los yndios
que se siguen

 − Anton Xanap y su muger Magdalena Zoyan tiene
 dos hijos el mayor de hasta zinco años.
 − Domingo Zayaton y su muger Joana Bite tiene tres
 hijos el mayor de hasta siete años.

De la pachaca de Choal de Santiago Tanta
se hallaron los siguientes.

 − Domingo Pon casado con Catalina Testan tiene un
 hijo de ocho años.
                    Huerfano
 − Alonso Quinchuguan de ocho años huerfano.
        E aunque el dicho señor juez hizo todas las
 diligencias nescesarias no hallo mas yndios en este dicho pueblo de las dichas pachacas y los proprios yndios dixeron que no auia mas e que si se hallasen
 mas los lleuaria ante su merced para los numerar Diego Velazquez de Acuña Bartolome de Prol.

[11]

Yndios de la pachaca de Chiton de que es
cacique principal don Antonio Caxapichin de
la guaranga de Chuquimango que estan en
el pueblo nombrado del Espiritu Santo
de Chuquimango

En el pueblo del Espiritu Santo de Chuquimango a treze dias del mes de diziembre de mill e quinientos e setenta e un años el dicho señor juez hizo parescer ante si a don Diego Tanta mandon que dixo ser
de la pachaca de Chiton y de los yndios que en ella
estan en este dicho pueblo del qual reszibio juramento en forma de derecho y sobre una señal de Cruz
el qual lo hizo como se requeria so cargo del qual
le fue mandado que luego traiga todos los yndios de
la dicha pachaca para los numerar como su Magestad
lo manda so pena de perjuro e que sera castigado
y desterrado de sus tierras el qual dixo que ansy lo
cumpliria y luego traxo los yndios que se numeraron
por la forma siguiente.

- Don Antonio Casapichin cazique prinzipal de la dicha
  guaranga es biudo tiene una hija y dos hijos el mayor
  es varon de hasta treze o catorze años.

TRIBUTARIOS
- Don Diego Tanta y su muger Magdalena Chupon
  tiene quatro hijas la mayor hembra de diez años.
- Anton Cuzqueychen y su muger Catalina Caxalan-
  din tiene dos hijos e una hija la mayor hembra
  de seis años.
- Cristobal Caroachilon y su muger Agustina Achup-
  pusan tiene un hijo e una hija la mayor hembra
  de tres años.
- Diego Chupmalon y su muger Cuzquixoan tiene tres
  hijos e una hija el mayor varon de diez años.
- Baltasar Masetanta biudo no tiene hijos.
- Albaro Chbchoban y su muger Ana Chubnatan tiene
  dos hijas y un hijo el mayor es varon de hasta
  zinco años.
- Martin Dos y su muger Joana Uis tiene un hijo
  e una hija el mayor uaron de hasta quatro o zinco
  años.

- Joan Cheas y su muger Maria Paliac tiene dos hijos el mayor de hasta nueue años.
- Domingo Vadayoc y su muger Maria Cosman tiene un hijo de hasta quatro años.
- Joan Xandec y su muger Catalina Pic tiene dos hijas y un hijo la mayor es hembra de syete años.
- Anton Coca y su muger Maria Acon tiene una hija y un hijo la mayor hembra de hasta zinco o seis años.
- Alonso Casben y su muger Maria Lancel tiene un hijo y una hija la mayor hembra de zinco.
- Francisco Moxsoc biudo tiene tres hijos el mayor de hasta seis años.
- Cristobal Quispe biudo tiene dos hijos y una hija la mayor hembra de hasta nueue o diez años.
- Anton Tilan y su muger Catalina Vsa tiene dos hijas la mayor de hasta quatro o zinco años.
- Anton Caboschoban y su muger Luisa Cosquendec tiene dos hijos y dos hijas la mayor hembra de doze años.
- Cristobal Chustanta enfermo y Catalina Cicon tiene quatro hijas la mayor de catorze años soltera.
- Pedro Canchal y su muger Catalina Llatan tiene un hijo y tres hijas la mayor de doze años hembra soltera.
- Cristobal Yontec y su muger Maria Lachon tiene dos hijos y una hija el mayor uaron de nueue o diez años.
- Anton Mas y su muger Maria Chus tiene un hijo y dos hijas la mayor es hembra de hasta nueue años.
- Alonso Chonec y su muger Ysabel Picon tiene dos hijos y una hija el mayor varon de syete años.
- Alonso Tongoballa y su muger Catalina Laczamis tiene un hija de hasta siete o ocho años.
- Pedro Xulca y su muger Joana Natan tiene un hijo y dos hijas la mayor es hembra de hasta seis años. /
- Alonso Chuqui y su muger Maria Publa no tiene hijos.

- Cristobal Toma y su muger Beatriz. Chan tiene un hijo y tres hijas la mayor es hembra de hasta treze o catorze años soltera.
- Alonso Chalibe y su muger Maria Pinac tiene dos hijos e una hija el mayor uaron de hasta seis años.
- Pedro Tanta y su muger Joana Lituaboc tiene dos hijos y una hija el mayor varon de seis años.
- Anton But y su muger Beatriz Samon tiene un hijo y una hija el mayor uaron de hasta zinco años.
- Alonso Tan y su muger Eluira Pizite tiene dos hijas e un hijo la mayor es hembra de ocho o nueue años.
- Cristobal Llingen ·y su muger Beatriz'Chiton tiene un hijo y dos hijas la mayor hembra de hasta ocho o nueue años.
- Melchior Caxanatan y su muger Maria Caxanytas tiene un hijo de teta.
- Joan Yalque biudo no tiene hijos.
- Anton Cochenatan y su muger Ana Monubun tiene dos hijos el mayor de hasta quatro años. /
- Anton Conduc y su muger Luisa Coxanicon tiene una hija de teta.
- Domingo Xondel y su muger Luisa Mincho tiene tres hijas y un hijo el mayor varon de hasta seis años.
- Melchior Manquispe y su muger Ysabel Tantanpunon tiene dos hijos y dos hijas la mayor es hembra de hasta syete años.
- Anton Asteniten y su muger Joana Chupuxan tiene dos hijas y un hijo el mayor varon de hasta quatro años.
- Anton Anaxec biudo tiene un hijo y tres hijas la mayor es hembra de hasta siete o ocho años.
- Alonso Lecuy y su muger Catalina Quipan tiene tres hijas y un hijo la mayor es hembra de diez años.
- Cristobal Tongoquipan y su muger Maria Zanon tiene dos hijos y dos hijas la mayor es hembra de seis o siete años.
- Domingo Talostongo y su muger Catalina Lulitan tiene un hija de hasta tres años.

- Cristobal Tantabalent su muger Juana Lulinat tiene tres hijos el mayor de hasta zinco años. /
- Alonso Ducus y su muger Ynes Xuton tiene dos hijos e dos hijas el mayor es de zinco años varon.
- Pedro Cacha y su muger Luisa Chal tiene un hijo y dos hijas la mayor hembra de diez o doze años.
- Felipe Moletenco no tiene muger ny hijos.
- Alonso Cacas y su muger Luisa Muzco tiene un hijo de teta.
- Joan Anaschoban biudo no tiene hijos.
- Gomez Caxalien y su muger Maria Cuzquen no tiene hijos.
- Alonso Xuy y su muger Maria Chutioc no tiene hijos.
- Anton Pilcotanta biudo tiene una hija de hasta zinco años.
- Anton Tubas enfermo e su muger Maria Tunbin tiene dos hijas y un hijo el mayor uaron de hasta seis años.
- Joan Vilcacha soltero tributario.
- Domingo Quilat y su muger Maria Cimay tiene un hijo de teta.
- Pedro Guacche y su muger Ana Pizan tiene una hija de hasta tres años.
- Anton Valuyan soltero tributario.
- Cristobal Pilconitan y su muger Catalina Unnon tiene un hijo e una hija el mayor uaron de hasta zinco años.
- Pedro Ful soltero tributario.
- Alonso Luze y su muger Catalina Zimi no tiene hijos.
- Martin Malca y su muger Catalina Laso no tiene hijos.
- Alonso Ancaspilco y su muger Juana Cosquenpoyan tiene un hijo de teta no a tributado hasta agora de oy mas puede tributar.
- Andres Tantasa y su muger Joana Xeyco tiene un hijo y una hija el mayor de hasta tres años uaron no a tributado hasta agora de oy mas puede tributar que tiene hedad para ello.
- Alonso Pulchoban y su muger Catalina Ynbanchot

no tiene hijos no a tributado hasta agora de oy
mas puede tributar que tiene hedad para ello.

- Anton Caxatanta y su muger Maria Puqui no tiene
hijos ni a tributado hasta agora de oy mas puede
tributar.
- Alonso Pichon y su muger Catalina Ochezoyun tiene
un hijo y una hija la mayor hembra de seis años
no a tributado hasta agora de oy mas puede tribtuar
que tiene hedad para ello.
- Pedro Xaque y su muger Catalina Caruacuez tiene
una hija de seis años no a tributado hasta agora
de oy mas puede tributar que tiene hedad para ello.
- Anton Chipe y su muger Ynes Danani tiene un hijo
de zinco años no a tributado hasta agora de oy
mas puede tributar que tiene demasiada hedad para
ello.
- Anton Cascas y su muger Juana Tia tiene dos hijas
la mayor de hasta quatro años no a tributado hasta
agora de oy mas puede tributar que tiene demasiada
hedad para ello.
- Anton Tonchon y su muger Ysabel Xayoc tiene dos
hijas la mayor de seis años no a tributado hasta
agora de oy mas puede tributar que tiene bastante
hedad y demasiada para ello.
- Domingo Cile y su muger Catalina Chapo no tiene
hijos ny a tributado hasta agora de oy mas puede
tributar que tiene hedad bastante para ello.
- Alonso Lulinapon y su muger Catalina Choz no tiene
hijos ny a tributado hasta agora / de oy mas puede
tributar que tiene hedad para ello.
- Anton Astoc y su muger Catalina Yabe tiene una
hija y un hijo el mayor varon de quatro años no
a tributado hasta agora de oy mas puede tributar
que tiene bastante hedad para ello.
- Anton Xob y su muger Monica Ochonbia no tiene hijos ny a tributado hasta agora de oy mas puede tributar que tiene hedad para ello mui bastante.
- Joan Consa y su muger Ysabel Sanni tiene un hijo
y una hija la mayor hembra de hasta seis años no

a tributado hasta agora de oy mas puede tributar que tiene hedad para ello.

- Andres Chobitan su muger Catalina Botel tiene dos hijos y el mayor de hasta zinco o seis años es tributario antiguo.
- Alonso Sana soltero tributario antiguo.
- Pedro Chel y su muger Maria Chul tiene dos hijas la mayor de zinco años no a tributado / hasta agora de oy mas puede tributar que tiene hedad bastante para ello.

Viejos que no tributan

- Don Joan Masatongo y su muger Catalina Caxantabal tiene tres hijos y tres hijas el mayor uaron de hasta quinze años dizese Andres Xol soltero.
- Alonso Malcaxap y su muger Catalina Latan no tiene hijos.
- Baltasar Paliatanta biudo no tiene hijos.
- Gonçalo Pilcoquipan y su muger Monica Chupipisiti tiene dos hijos e una hija de quatro años el mayor uaron no tributa que esta manco del braço yzquierdo aunque es moço.
- Felipe Tun y su muger Luisa Chuquinitos tiene dos hijas la mayor soltera de quinze años.
- Pedro Totoc soltero moço no tributa porque tiene una herida en una pierna y puede bien tributar que esta sano.
- Alonso Mas biudo tiene una / hija de hasta ueynte años soltera.
- Anton Beca y su muger Luisa Joyan tiene una hija de hasta seis o siete años.
- Anton Quide y su muger Luisa Cayancandi no tiene hijos.
- Diego Tanta y su muger Catalina Tongoziteni no tiene hijos.
- Pedro Lalas biudo tiene una hija y un hijo la mayor de quinze años.
- Anton Caxanualas biudo tiene dos hijos y una hija el mayor uaron de diez años.
- Joan Caxanamo y su muger Catalina Silte no tiene hijos.

– Alonso Menas biudo no tiene hijos.

Biudas y viejas

– Doña Catalina Cobospisiti vieja no tiene hijos.
– Luisa Cusquipisiti biuda tiene dos hijos y tres hijas el mayor varon Diego Cusacuchan de quinze o diez y seis años.
– Catalina Chumbon biuda dos hijos y una hija la mayor hembra de diez a honze años.
– Luisa Cabus biuda tiene un hijo y tres hijas la mayor soltera de veynte años. /
– Luisa Colquezicon biuda tiene dos hijos y una hija el mayor de diez años varon.
– Luisa Culquepuzan biuda no tiene hijos.
– Catalina Masnia biuda tiene un hijo e una hija el mayor de hasta nueue años varon.
– Luisa Yoyan biuda tiene dos hijas y un hijo la mayor hembra soltera de doze años.
– Catalina Choz biuda tiene un hija de teta.
– Magdalena Yen biuda tiene dos hijas la mayor de diez años.
– Beatriz Xoyan biuda tiene un hija de hasta zinco años.
– Beatriz Chus biuda tiene dos hijas y un hijo el mayor varon de hasta zinco o seis años.
– Catalina Al biuda tiene tres hijas la mayor de hasta catorze o quinze años.
– Catalina Chaque biuda tiene un hijo y una hija el mayor uaron de hasta nueue o diez años.
– Catalina Chol biuda tiene dos hijas la mayor de hasta nueue años.
– Catalina Cuti vieja.
– Maria Nazen biuda tiene una hija de zinco años. /
– Luisa Colquelacos bieja.
– Catalina Cobecjoyan vieja tiene una hija soltera de diez y ocho años.
– Catalina Chiqui biuda tiene dos hijos el mayor de diez años.
– Luisa Cosquinen biuda tiene una hija de ocho años.

Huerfanos

- Francisco Chonate huerfano de doze años.
- Melchior Casquepan huerfano de catorze años.
- Magdalena Chuplachas soltera de diez y siete años.
- Alonso Cusquinoten huerfano de diez años tollido de un pie.
- Catalina Mosachuton huerfana y soltera de diez y seis años.
- Joan Lausten de diez e ocho años soltero.
- Anton Chup huerfano de diez y siete años soltero.
- Maria Cusquinpunen de hasta seis años huerfana.

Solteros que pueden tributar de oy mas e hasta aqui no an tributado / por no tener hedad cumplida para ello

- Gonçalo Ocoche soltero de oy mas puede tributar que tiene hedad cumplida para ello.
- Agustin Tantaquispe soltero de oy mas puede tributar que tiene bastante hedad para ello.
- Pedro Lalas soltero de oy mas puede tributar que tiene hedad para ello es huerfano.
- Francisco Chas soltero tiene hedad tributar y es huerfano y dizen que tiene mal de coraçon y por esto no a tributado hasta agora.
- Joan Chabite soltero puede tributar de oy mas que tiene hedad bastante para ello.

El qual dicho mandon debajo del dicho juramento dixo y declaro que en el dicho pueblo de la dicha su pachaca no auia mas yndios de los de suso numerados e que si mas hallare los vendria a manyfestar por no yncurrir en las penas que le estan puestas. Diego Velazquez de Acuña Bartolome de Prol.

Yndios de la pachaca de Chalaquedon que estan en el / pueblo del Espiritu Santo de Chuquimango de que es principal Hernando Tantachitan de la guaranga de Chuquimango encomendados en doña Jordana.

E despues de lo suso dicho en el dicho pueblo del Espiritu Santo a treze dias del dicho mes e año el dicho señor juez hizo parescer ante si a Anton Caruantucas mandon que dize ser de los yndios que estan en este dicho pueblo de la dicha pachaca de Chalaquedon y del fue rescybido juramento en forma de derecho y lo hizo como se requeria so cargo del qual le fue mandado que luego trayga a todos los yndios de la dicha pachaca de que es mandon syn encubrir ninguno so pena de perjuro e que sera castigado y desterrado de sus tierras el qual auiendolo entendido dixo que ansy lo cumpliria y luego traxo y se numeraron los yndios siguientes.

- Anton Caruantucas mandon y su muger Luisa Lachos tiene dos hijos e quatro hijas el mayor uaron de hasta catorze o quinze años.
- Cristobal Chalian y su muger Costança Cabos tiene dos hijos y dos hijas la mayor hembra de diez y siete años soltera.
- Francisco Cabostongo enfermo y su muger Joana Losquemeyin tiene tres hijas y dos hijos la mayor es hembra de diez años.
- Joan Nanonsanon y su muger Catalina Latanxoyan tiene una hija de hasta zinco años.
- Joan Chanmuche y su muger Beatriz Tongochote tiene dos hijos el mayor de hasta quatro años.
- Alonso Tantavalia y su muger Maria Mazan tiene una hija y un hijo la hija de quatro años.
- Luis Chicon y su muger Catalina Chinay tiene dos hijas la mayor de hasta tres años.
- Gaspar Cas casado con Luisa Ezuayan tiene una hija de hasta seis o syete años,
- Diego Yoce y su muger Catalina Puchan tiene dos hijos y una hija la mayor hembra de hasta zinco o seis años.
- Anton Uchinate casado con Catalina Namochuque tiene un hijo e una hija el mayor es varon de hasta seis o syete años.
- Domingo Chinas y su muger Maria Piqui tiene un hijo de hasta quatro o zinco años. /
- Anton Siete biudo no tiene hijos.

- Sancho Caboschilon y su muger Maria Chum tiene una hija de quatro años.
- Alonso Causquipan casado con Luisa Lachos no tiene hijos ni a tributado hasta agora de oy mas puede tributar que tiene hedad para ello.
- Alonso Libe casado con Maria Latanchote no tiene hijos ni a tributado hasta agora por no tener hedad de oy mas puede tributar.
- Anton Lanchun casado con Maria Chas tiene un hijo e una hija la mayor es hembra de hasta zinco años no a tributado hasta agora de oy mas puede tributar que tiene bastante hedad para ello.
- Antonio Caxachillan y su muger Maria Anas tiene dos hijos el mayor de zinco años de oy mas tiene hedad bastante para tributar.

Viejos que no tributan
- Alonso Culchoban soltero no tiene hijos.
- Joan Malca biudo no tiene hijos.
- Joan Laxaipatan biudo ziego tiene tres hijas y un hijo la mayor hembra soltera de ueynte años. /
- Juan Cho y su muger Ysabel Culiyanba tiene un hijo y una hija el mayor uaron Joan Cuchilian de hasta quinze años.
- Anton Tican y su muger Catalina Ziton tiene una hija de zinco años.
- Andres Chos y su muger Maria Chimin no tiene hijos.
- Alonso Ton y su muger Catalina Taban tiene tres hijos e una hija el mayor que se dize Juan Manco tiene quinze años.
- Domingo Ducas y su muger Catalina Chupe tiene un hijo e una hija la mayor hembra de hasta seis años.
- Joan Chisiban y su muger Maria Asoche tiene un hijo de hasta siete o ocho años.
- Joan Coxanchanon biudo tiene dos hijos el mayor de hasta diez años.

Biudas y viejas
- Luisa Tantataban biuda no tiene hijos.

- Monica Caxanaton biuda tiene una hija de hasta seis años.
- Luisa Xayco biuda tiene un hijo y una hija la mayor hembra de hasta zinco o seis años. /
- Catalina Xatan biuda tiene una hija de hasta zinco años.
- Maria Chipache biuda tiene un hijo y una hija la mayor es hembra de catorze a quinze años y mas.
- Maria Masan biuda tiene un hijo de hasta zinco años.
- Maria Xeyco no tiene hijos biuda.
- Luisa Caxantaban biuda no tiene hijos.
- Maria Chupen vieja tiene una hija mulata.

Huerfanos

- Marcos Guacan huerfano de hasta nueue o diez años.
- Joan Xun huerfano de zinco o seis años.
- Catalina Xoyoc huerfana de hasta diez y siete años.

El qual dicho mandon debajo del dicho juramento dixo y declaro no tener mas yndios en este dicho pueblo de los que estan numerados e que en la dicha su pachaca no a hallado mas e que sy mas hallare los vendra a manyfestar sin encubrir ninguno por no yncurrir en las penas que le estan puestas. Diego Velazquez de Acuña. Bartolome de Prol. /

Yndios de la pachaca de Xucon que estan en el pueblo del Espiritu Santo de la guaranga de Chuquimango encomendado en doña Jordana Mexia.

E despues de lo suso en el dicho púeblo del Espiritu Santo de Chuquimango a los dichos tresze dias del dicho mes de diziembre del dicho año el dicho señor juez hallo en el dicho pueblo andandolo visytando ziertos yndios que dixeron ser de la pachaca de Juton e que su cazique hera muerto los quales hizo juntar y los puso por numero quenta y razon como los demas por la forma y orden siguiente.

TRIBUTARIOS

- Alonso Chuquimasa vadayoc y su muger Joana Cabes coyon tiene dos hijos y una hija el mayor varon de hasta quatro o zinco años.

- Anton Chite y su muger Catalina Yiba no tiene hijos.
- Joan Badayoc y su muger Catalina Pican tiene un hijo y una hija el mayor uaron de hasta zinco o seis años.
- Domingo Xabol y su muger Catalina Lubun tiene un hijo de hasta siete o ocho años esta enfermo.
- Anton Muton enfermo e su muger Catalina Xoyan tiene un hijo de hasta quatro o zinco años. /
- Anton Pul soltero tributario.
- Diego Malcachicon soltero triibutario.
- Joan Cobchoban su muger Maria Tonzicon no tiene hijos ni a tributado hasta agora de oy mas puede tributar que tiene hedad para ello bastante.
- Alonso Pecos y su muger Catalina Llantoc no tiene hijos ni a tributado hasta agora de oy mas puede tributar que tiene hedad para ello.
- Diego Anscansvalia, enfermo y su muger Maria Tuncundel tiene una hija de hasta tres años no a tributado hasta agora de oy mas puede tributar que tiene bastante hedad para ello.
- Cristobal Pomatanta y su muger Maria Lulixoyan tiene un hijo de hasta tres años no a tributado hasta agora de oy mas puede tributar que tiene hedad para ello.
- Anton Zubeque soltero no tiene hijos ni a tributado hasta agora de oy mas puede tributar.
Viejos que no tributan
- Anton Tantavalia y su muger Catalina Tilia tiene un hijo de hasta catorze años. /
- Pedro Mynocon tiene dos hijas y tres hijas [sic] la mayor hembra soltera de catorze o quinze años.
- Pedro Chol su muger Maria Vchizicon tiene dos hijos el mayor varon de hasta zinco o seis años.
Biudas y viejas
- Catalina Llatan biuda tiene tres hijas la mayor de doze años.
- Maria Tican vieja no tiene hijos.
- Luisa Nan biuda tiene una hija de diez años.
- Joana Tungonyan soltera de veynte años.
- Joana Landin soltera de veinte años.

El qual dicho señor juez no hallo en el dicho pueblo de la dicha pachaca mas yndios de los numerados aunque para ello hizo todas las diligencias necesarias y lo firmo Diego Velazquez de Acuña Bartolome de Prol.

Yndios de la pachaca de Choad de que es prinzipal Santiago Tanta que estan en el pueblo de Espiritu Santo de Chiquimango de doña Jordana Mexia.

E despues de lo suso dicho en el pueblo del Espiritu Santo de Chuquimango a los dichos treze dias del dicho mes de diziembre del dicho año el dicho señor juez hizo parescer ante si a Santiago Tanta prinzipal de la pachaca de Choad y de los yndios della / que estan en ese pueblo del qual fue rescybido juramento segun derecho y lo hizo como se requeria y so cargo del le fue mandado que traiga todos los yndios de la dicha su pachaca que tiene en este dicho pueblo so pena de perjuro e que sera castigado y desterrado de sus tierras el qual asy lo prometio e luego traxo los yndios siguientes.

TRIBUTARIOS
- Santiago Tanta prinzipal de la dicha pachaca y su muger doña Luisa Tantapunen tiene dos hijos y dos hijas la mayor es hembra de doze años soltera no tributa porque es prinzipal.
- Alonso Cusquinchicon soltero no tiene hijos tributario.
- Domingo Toto biudo tiene tres hijos y una hija · la mayor es la hembra de hasta catorze años.
- Joan Mantongo y su muger Joana Casa no tiene hijos.
- Joan Cha y su muger Maria Xinchon tiene un hijo de hasta quatro o zinco años.
- Alonso Vilca y su muger Joana Zatan tiene un hijo e una hija el mayor varon de zinco años no a tributado hasta agora de oy mas puede muy bien tributar que tiene hedad para ello.
- Anton Mala casado con Catalina Chibi no tiene hijos

no a tributado hasta agora de oy mas / puede tributar que tiene hedad para ello.

Viejos que no tributan

- Pedro Tantaxulca y su muger Catalina Chupsan no tiene hijos.
- Catalina Anay no tiene hijos.

El qual dicho prinzipal debajo del dicho juramento dixo y declaro no auer en el dicho pueblo ni en la dicha su pachaca mas yndios de los que estan numerados e que si mas hallare los vendra a manifestar por no yncurrir en las penas que le estan puestas. Diego Velazquez de Acuña Bartolome de Prol.

De la pachaca de Xanxan en el pueblo del Espiritu Santo estan los yndios siguientes son de Joan Caches menor e su gouernador en su nombre don Antonio Astoquipan y se numeraron en la forma siguiente.

- Domingo Silte soltero tributario.
- Joan Xilian casado con Catalina Xulchi no tiene hijos ni a tributado hasta agora de oy mas puede tributar que tiene hedad bastante para ello.

E aunque el dicho señor juez hizo todas las diligencias necesarias para uer sy avia en este dicho pueblo mas yndios de la dicha pachaca no se hallaron ni pudieron / hallar mas y lo firmo Diego Velazquez de Acuña Bartolome de Prol.

Yndios de la pachaca de Choad que estan en el pueblo de Santa Catalina de los Angeles de que es principal Santiago Tanta de la guaranga de Chuquimango de doña Jordana

En el pueblo de Santa Catalina de los Angeles a quinze dias del mes de diziembre de mill e quinientos e setenta e un años el dicho señor juez hizo parescer ante si al dicho Santiago Tanta prinzipal que se dixo ser de la pachaca de Choad que estan en este dicho

pueblo de Santa Catalina de los Angeles y de los yndios
della al qual mando que so cargo del juramento que
fecho tiene antes de agora trayga todos los yndios de
la dicha su pachaca a uisytar y numerar como su Magestad manda syn encubrir ni esconder ninguno so las
penas que le tiene puestas el qual dixo que lo cumpliria
y luego traxo los yndios siguientes.

TRIBUTARIOS
- Alonso Chipotan platero y su muger Catalina Cosqueman
  tiene tres hijos y una hija el mayor es uaron de
  hasta syete años.
- Pedro Canchi y su muger Maria Ycos no tiene hijos.
- Andres Maque y su muger Ysabel Xenchun tiene tres
  hijos / y una hija la mayor es hembra de ocho
  años.
- Domingo Maybun y su muger Catalina Aynana tiene
  tres hijos el mayor de hasta seis años.
- Alonso Sounybin platero biudo tiene dos hijos el mayor de hasta syete o ocho años.
- Joan Yanchebil y su muger Ysabel Anyania tiene
  dos hijas e un hijo la mayor es hembra de syete
  años.
- Cristobal Lis y su muger Maria Chupxian no tiene
  hijos.
- Alonso Xes y su muger Maria Cocabazi tiene un
  hijo de teta.
- Pedro Quixe casado con Maria Pestauan tiene quatro
  hijas la mayor es de hasta diez y siete años.
- Anton Conchi y su muger Maria Colque tiene tres
  hijos y una hija el mayor uaron de hasta zinco años.
- Alonso Mello casado con Ysabel Quinguilla tiene un
  hijo e una hija la mayor es hembra de hasta quinze
  años.
- Pedro Xapxap y su muger Maria Chulchis tiene dos
  hijas la mayor es de hasta zinco o seis años.
- Alonso Muninpingo enfermo y su muger Magdalena
  Luzlizicon tiene dos hijos y dos hijas / el mayor
  uaron de hasta siete años.
- Pedro Chilas y su muger Catalina Chiban tiene dos
  hijas de hasta zinco años la mayor.

- Alonso Yspin y su muger Catalina Chupinsybin tiene una hija de teta.
- Domingo Chalaque y su muger Maria Canus tiene dos hijos y una hija el mayor varon de hasta zinco años.
- Anton Axiziban y su muger Magdalena Conquilbil tiene un hijo e una hija el mayor varon de hasta zinco o seis años.
- Pedro Gouin y su muger Maria Pazcan no tiene hijos.
- Alonso Zicni y su muger Maria Concon tiene un hijo e una hija el mayor uaron de zinco o seis años.
- Anton Libay e su muger Maria Dun tiene un hijo e una hija el mayor uaron de hasta seis años.
- Alonso Minchen y su muger Maria Chonnaqui tiene un hijo e una hija la mayor hembra de quatro años.
- Cristobal Xiten biudo tiene un hijo de hasta zinco años.
- Alonso Nidala y su muger Ana Ticla tiene dos hijos el mayor de ocho años. /
- Anton Anan su muger Maria Xex tiene una hija de quatro años.
- Anton Lisca y su muger Maria Calsacon tiene una hija de hasta seis años.
- Joan Tilan y su muger Maria Pisiechi tiene dos hijos el mayor uaron de hasta zinco años.
- Alonso Xauti y su muger Ysabel Cancete tiene un hijo e una hija el mayor uaron de seis años.
- Diego Tanta y su muger Ysabel Xay tiene un hijo de quatro años.
- Alonso Chali y su muger Maria Cuzpachan tiene un hijo e una hija el mayor uaron de hasta quatro años.
- Anton Chanap y su muger Maria Chen tiene un hijo de ocho años.
- Alonso Villolco y su muger Ana Gozinlan tiene dos hijas la mayor de hasta quatro años.
- Andres Chonap biudo tiene un hijo de hasta syete años.

- Domingo Pingo y su muger Ysabel Nionoc tiene dos hijos e dos hijas la mayor hembra soltera de hasta quinze años.
- Diego Caschi y su muger Maria Chilac tiene dos hijos el mayor de nueue a diez años.
- Anton Aton y su muger / Maria Taban tiene un hijo de hasta zinco o seis años.
- Alonso Xul y su muger Maria Chancochan tiene un hijo y dos hijas el mayor varon de ocho años.
- Alonso Sulchilin biudo tiene una hija de hasta siete años.
- Anton Coca y su muger Maria Cuxixabol tiene una hija de teta.
- Cristobal Tulli y su muger Maria Quilca tiene dos hijos e una hija el mayor uaron de diez años.
- Andres Cayanxu y su muger Catalina Quinopoco tiene un hijo e una hija la myor hembra de hasta zinco años.
- Andres Con y su muger Catalina Zibay tiene dos hijos e una hija el mayor uaron de hasta diez años.
- Diego Chusit y su muger Maria Canut tiene un hijo e una hija la mayor hembra de diez años.
- Joan Guaccha soltero no tiene hijos.
- Alonso Chupinalon y su muger Maria Calcantaban tiene una hija de hasta ocho años.
- Anton Chalico y su muger Ana Chonmoc tiene dos hijas mayor tiene hasta seis años.
- Joan Yali y su muger Maria Xoyan tiene una hija e un hijo la mayor hembra de catorze años.
- Anton Chon y su muger Maria Lieliba no tiene hijos.
- Baltasar Yanapa casado con Catalina Michap tiene dos hijos el mayor de zinco años no a tributado hasta agora de oy mas puede tributar.
- Pedro Guaccha y su muger Catalina Cuzpunan tiene un hijo de teta no a tributado hasta agora de oy mas puede tributar.
- Alonso Chuche y su muger Ysabel Cuzuyan no tiene hijos ni a tributado hasta agora de oy mas puede tributar.

- Anton Chonnadeque y su muger Maria Cuzpun tiene un hijo de teta no a tributado hasta agora de oy mas puede tributar.
- Alonso Xontec y su muger Maria Choque no tiene hijos ni a tributado hasta agora de oy mas puede tributar.
- Joan Xaman y su muger Maria Tuncuxis tiene un hijo de teta no a tribtuado hasta agora de oy mas puede tributar que tiene hedad para ello. /
- Alonso Nidinzichi y su muger Ana Tauan tiene un hijo de teta y no a tributado hasta agora de oy mas puede tributar que tiene hedad para ello.
- Domingo Chancabal y su muger Maria Coxi no tiene hijos no a tributado hasta agora de oy mas puede tribtuar.
- Alonso Olen y Catalina Xique su muger tiene una hija de hasta zinco años no a tributado hasta agora de oy mas puede tributar que tiene hedad bastante para ello.
- Pedro Opa y su muger Maria Michique tiene una hija de hasta quatro o zinco años no a tributado hasta agora de oy mas puede tributar.
- Martin Ebisco soltero no a tributado hasta agora de oy mas puede tributar.
- Alonso Chonsotan biudo no tiene hijos ni a tributado hasta agora de oy mas puede tributar.
- Pedro Tel biudo no tiene hijos ni a tributado hasta agora de oy mas puede tributar.
- Juan Chupchep soltero no tiene hijos ni a tributado hasta agora de oy mas puede bien tributar.
- Alonso Xeyuc soltero no tiene hijos ni a tributado hasta agora de oy mas puede bien tributar.
- Hernando Chuquel soltero no tiene hijos ni a tributado hasta agora de oy mas puede tributar.
- Pedro Tilec soltero no tiene hijos ni a tributado hasta agora de oy mas puede bien tributar.
- Anton Chanducas soltero no tiene hijos ni a tributado hasta agora de oy mas puede bien tributar.

– Antonino Chop casado con Maria Lon tiene una hija
  de teta es tributario antiguo antes de agora.
– Antonio Cuzquizibal soltero no tiene hijos de oy mas
  puede bien tributar que no a tributado hasta agora.
– Domingo Asquiui soltero no tiene hijos es tributario
  antes de agora antigue esta huydo.

                Viejos que no tributan

– Anton Lachi viejo biudo tiene una hija de diez o
  doze años soltera. /
– Alonso Cochique biudo no tiene hijos.
– Francisco Yamac y su muger Maria Joancho tiene
  un hijo e una hija la mayor es hembra de hasta
  siete o ocho años.
– Pedro Xampa y su muger Maria Xama tiene un hijo
  de hasta diez años.
– Cristobal Temalla biudo tiene dos hijas la mayor soltera
  de doze a treze años.
– Alonso Dal biudo tiene un hijo de hasta zinco años.
– Diego Bul y su muger Maria Chumoc no tiene hijos.
– Alonso Yucai y su muger Catalina Chupi tiene un
  hijo de hasta ocho años.
– Pedro Aman manco no tiene hijos.
– Alonso Manca y su muger Catalina Choloc tiene dos
  hijas la mayor soltera de quinze años.
– Joan Ascatocan biudo no tiene hijos.
– Anton Yupasca y su muger Catalina Chonceton tiene
  dos hijos y una hija el mayor varon de zinco años.
– Anton Nyn biudo tiene un hijo de quatro o zinco
  años.
– Pedro Bus biudo tiene un hijo / de hasta siete
  o ocho años.
– Alonso Yumbo biudo no tiene hijos.
– Joan Moca biudo no tiene hijos.
– Alonso Chupcho biudo tiene dos hijos el mayor de
  hasta nueue o diez años.
– Antonio Xalima y su muger Catalina Uzines no tiene
  hijos.

                Biudas y uiejas.

– Maria Xaltaban biuda tiene una hija soltera de quinze
  años.

- Maria Cobas biuda tiene un hijo de hasta quatro años.
- Ana Sepxip biuda no tiene hijos.
- Maria Chonlien biuda tiene un hijo e una hija la mayor hembra de hasta zinco años.
- Maria Apoco biuda tiene un hijo de teta.
- Maria Quichi biuda tiene una hija de teta.
- Maria Zoypa biuda no tiene hijos.
- Maria Colquezama tiene un hijo de teta.
- Maria Chonna biuda tiene un hijo de teta.
- Maria Caxan biuda tiene una hija de hasta zinco años.

Huerfano

- Joan Chupxolas huerfano de hasta doze años.
- Alonso Chan huerfano de ocho años.
- Domingo Zoniguan de siete años.
- Joan Colquepisiche de ocho años.
- Alonso Vecxi de diez años.
- Andres Cochezit de honze años.
- Joan Ylop de doze años.
- Catalina Conche de siete años.
- Maria Tonzanen de catorze años.
- Maria Yonquizeban de hasta nueue o diez años.
- Maria Pizique de catorze años.
- Ana Zupinion de syete años.
- Ysabel Coca de doze años.
- Catalina Tuma de doze años.
- Maria Azinazanen de diez y syete años soltera.
- Maria Yupan de diez años.
- Catalina Colquizicon de diez e ocho años y mas soltera.
- Ysabel Pis soltera de veinte años.

El qual dicho prinzipal dixo y declaro que debajo del juramento que tenia fecho el no tenia en este dicho pueblo mas yndios de los que estauan numerados e que sy mas hallase el los vendria a manifestar para que se asentasen como todos los demas por no yncurrir en las dichas penas. Diego Velazquez de Acuña Bartolome de Prol escriuano.

Yndios de la pachaca de Chiton que estan
en el pueblo de Santa Catalina de los Angeles
de que es prinçipal don Antonio Caxapichin de
Chiquimango de doña Jordana Mexia.

E despues de lo suso dicho en el dicho pueblo de Santa Catalina de los Angeles a los dichos quinze dias del dicho mes de diziembre del dicho año el dicho señor juez hizo parescer ante si a don Antonio Caxapichin cazique prinzipal de la dicha pachaca de Chiton al qual mando que dabajo del dicho juramento que fecho tiene traiga antel todos los yndios que estan en este dicho pueblo de Santa Catalina de la dicha su pachaca syn encubrir ninguno dellos para los poner y asentar por quenta e razon so las penas que le tienen puestas el qual ansy lo prometio y luego traxo los yndios que se numeraron por la forma siguiente.

- Alonso Tilan y su muger Catalina Chic tiene tres hijos el mayor de zinco años.
- Joan Vilca soltero no tiene hijos.
- Anton Cache y su muger Maria Chimin tiene dos hijas y un hijo el mayor varon de seis años.
- Cristobal Yoc y su muger Catalina Tabal tiene una hija de teta no a tributado hasta agora de oy mas puede tributar.
- Alonso Caxabitan y su muger Muz tiene un hijo de teta no ha tributado hasta agora / de oy mas puede tributar que tiene hedad bastante para ello.
- Alonso Toncopilon y su muger no tiene hijos ni a tributado hasta agora de oy mas puede tributar.
- Joan Yambol biudo no tiene hijos no tributa porque es viejo.
- Pedro Luliban biudo tiene un hijo de seis a syete años.
- Joan Caroapoma biudo no tiene hijos.

El qual dicho prinzipal debajo del dicho juramento que fecho tiene dixo y declaro que no tiene mas yndios en este dicho pueblo en la dicha su pachaca ny sabia dellos e que si mas hallase los vendria a manifestar ante su merced con los demas por no yncu-

rrir en las dichas penas. Diego Velazquez de Acuña
Bartolome de Prol.

*Yndios de la pachaca de Xucon que estan
en el pueblo de Santa Catalina de los
Angeles de la guaranga de Chuquimango
de doña Jordana Mexia.*

E despues de lo suso dicho en el dicho pueblo
de Santa Catalina de los Angeles a los dichos quinze
dias del dicho mes de diziembre del dicho año el dicho
señor juez hizo parescer ante si al dicho don Antonio
Caxapichin cazique prinzipal / de la guaranga de Chuquimango al qual mando por no auer de presente cazique
en la dicha pachaca de Xucon y ser muerto le traiga
todos los yndios que ay en el dicho pueblo y en la
dicha pachaca so las penas que le tiene puestas el
qual dixo que ansy lo haria y luego traxo y presento
los yndios siguientes.

TRIBUTARIOS
- Andres Sonpoco y su muger Ysabel Misoc tiene tres
  hijos la mayor de doze o treze años.
- Alonso Cayancop y su muger Ysabel Yoba tiene dos
  hijas de doze o treze años.
- Alonso Calabal y su muger Maria Zinec tiene un
  hijo e una hija el mayor uaron de diez años.
- Anton Antan y su muger Maria Lache tiene un hijo
  de quatro años.
- Anton Xul y su muger Maria Colcho tiene una hija
  de zinco años.
- Alonso Xidonco y su muger Ysabel Chiz tiene un
  hijo e una hija el mayor varon de hasta seis años.
- Pedro Manco y su muger Maria Ninocyun tiene un
  hijo de . hasta zinco o seis años.
- Andres Bitibachan y su muger Maria Xullu no tiene
  hijos ni a tributado hasta agora de oy mas puede
  tributar que tiene hedad para ello. /
- Sebastian Lini y su muger Catalina Llacche no tiene
  hijos de oy mas puede tributar que tiene hedad para
  ello.

Viejos que dizen que no tributan

- Anton Nincabal e su muger Catalina Postauan tiene dos hijas la mayor de hasta seis años.
- Alonso Ayapa y su muger Maria Xac tiene un hijo e una hija la mayor hembra de hasta siete o ocho años.
- Joan Acay y su muger Catalina Col no tiene hijos.
- Alonso Chitala y su muger Maria Sac tiene un hijo de seis a siete años.

Biudas y viejas

- Maria Cabostoton biuda tiene una hija de zinco o seis años.
- Catalina Chec biuda no tiene hijos.
- Ysabel Yenc biuda tiene un hijo de hasta quatro años.

Huerfanos

- Pedro Pipi huerfano de hasta diez y siete años y mas.
- Luisa Pizin soltera de diez y seis años.
- Magdalena Chiz de diez años.
- Ysabel Choy de honze años.
- Catalina Quibal de doze años. /

El qual dicho prinzipal debajo del dicho juramento dixo y declaro que no auia mas yndios en este dicho pueblo ni en la dicha pachaca e que si mas hallare los vendra a manifestar por no yncurrir en las penas que le estan puestas. Diego Velazquez de Acuña Bartolome de Prol.

Yndios de la pachaca de Malcadan que estan en el pueblo de Santa Catalina de los Angeles de que es cacique principal don Pablo Malcadan de doña Jordana Mexia.

En el pueblo de Santa Catalina de los Angeles a los dichos quinze dias del dicho mes de diziembre del dicho año de mill e quinientos e sententa e un años el dicho señor juez hizo parescer ante si a don Pablo Malcadan cazique prinzipal de la pachaca de Malcadan al qual mando que debajo del juramento que antes de agora tiene fecho traiga todos los yndios que tiene en este dicho pueblo en la dicha su pachaca syn encubrir ninguno so las penas que le tiene puestas el qual dixo que ansy lo haria y luego traxo ante su merced los yndios siguientes los quales el dicho señor juez hizo poner por quenta e razon como los demas en la forma siguiente.

TRIBUTARIOS

- Alonso Zaquidca e su muger Maria Epchen tiene dos hijos / y tres hijas la mayor es hembra de treze años.
- Pedro Guacapongo y su muger Ynes Piche tiene una hija de doze años.
- Alonso Ponchan y su muger Maria Ynton tiene un hijo y una hija la mayor es hembra de zinco años.
- Joan Potes y su muger Magdalena Quipa no tiene hijos ni a tributado hasta agora de oy mas puede tributar.
- Alonso Xalop y su muger Ysabel Nachemoc no tiene hijos ni tributa por que no tiene hedad cumplida puede ser de diez e ocho años.
- Gaspar Quechen no tiene muger ni tiene hijos es biudo no tributa.

Biejos que dizen que no tributan

- Joan Nincache y su muger Ynes Machen tiene un hijo y dos hijas la mayor es hembra soltera de diez e ocho años.
- Joan Chuquili y su muger Catalina Abez no tiene hijos.
- Francisco Xiboc y su muger Catalina Ynbachuc no tiene hijos.

Biudas y viejas

- Maria Consu biuda no tiene hijos. /
- Catalina Xen biuda tiene una hija soltera de catorze años.
- Catalina Lol biuda tiene una hija de teta.
- Catalina Pecxote tiene una hija soltera de quinze años.
- Maria Tec biuda tiene dos hijos el mayor de hasta ocho años.

Huerfanos

- Alonso Uallya de doze años.
- Joan Posil de nueue años.

- Domingo Chonnocha de siete años.
- Maria Chuquixoyan de doze años.

El qual dicho prinzipal debajo del dicho juramento dixo y declaro no auer mas yndios en el dicho pueblo ni en la dicha su pachaca e que si mas hallare los vendra a manifestar por no yncurrir en las dichas penas puestas Diego Velazquez de Acuña Bartolome de Prol.

Yndios oluidados de la pachaca de Chiton que estan en el pueblo del Espiritu Santo de Chuquimango que traxo a manifestar don Antonio Caxapichin de su guaranga son estos.

En el pueblo de Santa Catalina de los Angeles a los dichos quinze dias del dicho mes de diziembre del dicho año antel dicho señor juez parescio presente don Antonio Caxapichin e dixo que se le auian oluidado en la pachaca de Chiton / en el pueblo del Espiritu Santo de Chuquimango de donde es cazique estos yndios que traia ante su merced e uisto por el dicho señor juez los mando poner por numero como los traya los quales son los siguientes.

TRIBUTARIO
- Baltasar Chucabes casado con Luisa Nicany tiene tres hijas la mayor de siete o ocho años.
- Alonso Masaliton soltero no tiene hijos ni a tributado hasta agora de oy mas puede tributar.
- Anton Te soltero no tiene hijos ni a tributado hasta agora de oy mas puede tributar.
- Alonso Chicchon soltero no tiene hijos ni a tributado hasta agora de oy mas puede tributar.
  Viejos que no tributan
- Alonso Chon y su muger Catalina San tiene una hija de zinco años.
- Joan Chin su muger Catalina Chapçil tiene un hijo e una hija el mayor uaron de ocho años.
- Anton Coca y su muger Catalina Miaxoyan tiene un hijo e dos hijas el mayor uaron de hasta ocho o nueue años.

Biudas y viejas

- Catalina Yote biuda tiene una hija de hasta catorze años. /
- Luisa Nosta biuda tiene una hija de hasta catorze o quinze años soltera.
- Catalina Alcatan biuda tiene una hija de ocho a nueue años.

Huerfanos

- Cristobal Cantan huerfano de diez años.

E de la pachaca de Chalaquedon se auian olui- dado los yndios siguientes los quales se numeraron en la forma siguiente.

VIEJO

- Pedro Nilte y su muger Catalina Pizi tiene una hija de hasta seis o siete años.
- Catalina Luli biuda tiene un hijo de hasta zinco o seis años.

Y estos los dichos yndios debajo del dicho juramen- to dixeron que estos dichos yndios heran los que se le auian oluidado en las dichas pachacas o que los auian hallado despues de manifestados y numerados los que antes auian visitado. Diego Velazquez de Acuña. Bartolome de Pro.

Yndios de la pachaca de Malcadan que estan en el pueblo de San Lorenço de Malcadan de don Pablo Malcadan caçique principal dellos encomendados en doña Jordana Mexia.

En el pueblo de San Lorenço de Malcadan a diez e ocho dias del mes de diziembre / de myl e quinientos y setenta e un años el dicho señor juez hizo parescer ante si a don Pablo Malcadan cacique prinzipal de la pachaca de Malcadan e de los yndios della al qual mando que debaxo del juramento que antes de agora tiene hecho por su mandado que luego traiga ante su merced todos los yndios de la dicha pachaca questan en este pueblo so las penas que le tiene puestas el qual dixo que asy lo haria y cumpliria y luego traxo

y presento los yndios que se numeraron por la forma
y orden siguiente.

– El propio don Pablo cacique prinzipal es cassado con
Joana Nacan tiene cinco hijos y dos hijas el mayor
varon de diez años no tributa ques el cacique prinzipal
de la dicha parcialidad de Malca.

TRIBUTARIOS

– Don Gonçalo Chatas biudo tiene dos hijos y una
hija el mayor hasta seis años.

– Pedro Chumbialion cassado con Francisca Conquilchilla
tiene un hijo y una hija el mayor es hombre de
quinze años.

– Lorenço Caxachoban y su muger Barbola Yinia tiene
tres hijos y dos hijas la mayor es hembra de ocho
años. /

– Alonso Tantaquipan y su muger Francisca Tantamia
tiene un hijo y una hija la mayor hembra de diez
y seis años.

– Anton Caxanapon biudo tiene un hijo de teta.

– Baltasar Pingos y su muger Magdalena Tanta tiene
tres hijos y dos hijas es la mayor hembra de diez
y seis años.

– Domingo Tio y su muger Ynes Pima tiene dos hijas
la mayor de diez y seis años.

– Francisco Mulo y su muger Sezilia Nup tiene un
hijo y una hija el mayor es varon de diez y seis
años.

– Gaspar Pantayan y su muger Catalina Syllo tiene
tres hijos el mayor varon de diez y siete años dizese
Martin Caxamalcan.

– Andres Guian y su muger Ynes Lulizama tiene dos
hijos y una hija el mayor de diez años es varon.

– Bartolome Quilchique y su muger Eluira Unasychi tiene dos hijos el mayor de ocho años.

– Diego Chuna y su muger Madalena Quis tiene un
hijo e una hija la mayor es hembra soltera de diez
y siete años.

– Luis Cusquichoan y su muger Eluira Muxan tiene dos
hijas la mayor es de seis años. /

– Alonso Timeunchanun y su muger Catalina Yanucxaman

tiene un hijo y una hija la mayor es hembra de onze años.

- Anton Napon y su muger Madalena Tantaxipon tiene dos hijos y una hija la mayor es hembra de hasta seis años.
- Anton Luilixongo y su muger Magdalena Maxico tiene un hijo y una hija la mayor es hembra de quatro años.
- Martin Cusquivita y su muger Maria Cosupic tiene un hijo y una hija èl mayor es varon de quatro años.
- Anton Patongo y su muger Costança Nan tiene una hija de teta y una hija de seis a siete años.
- Diego Quimlo y su muger Maria Limi tiene un hijo y una hija el mayor es varon de seis años.
- Francisco Yan y su muger Ynes Chipan tiene una hija de hasta seis años.
- Diego Yainlolo y su muger Beatriz Chuyocaman tiene dos hijos el mayor de seis años.
- Francisco Dofan enfermo y su muger Beatriz Men tiene un hijo y una hija el mayor varon de zinco o seis años.
- Juan Molelo y su muger Maria Chibin tiene un hijo y una hija la mayor es la hembra de hasta seis años.
- Alonso Zibas y su muger Madalena Cabus tiene dos hijas la mayor de hasta zinco años.
- Anton Yte y su muger Costança Juqueexul tiene dos hijos el mayor de hasta quatro años.
- Joan Beque soltero no tiene hijos es tributario.
- Domingo Chasuque e su muger Catalina Chita tiene dos hijos e dos hijas el mayor baron de hasta nueue e diez años.
- Jhean Yandeque y su muger Ynes Amlazicon tiene un hijo y una hija el mayor baron de seis o syete años.
- Francisco Pulen y su muger Ynes Chupezaman tiene un hijo y dos hijas la mayor es hembra de hasta siete años dizen que a casi un años que anda huido.

- Alonso Chumbana biudo tiene un hijo y una hija el mayor baron de hasta siete años.
- Francisco Pospe biudo tiene un hijo de syete o ocho años.
- Diego Usaca enfermo y su muger / Catalina Atomi tiene dos hijas la mayor de doze años.
- Martin Amalla y su muger Magdalena Chumxu no tiene hijos.
- Juan Bitan tributario soltero.
- Diego Condor soltero enfermo.
- Anton Cochai soltero tributario.
- Andres Basa soltero tributario.
- Antonio Nan biudo tiene un hijo y una hija tiene el mayor baron de hasta diez años.
- Cristobal Cal y su muger Costança Chuquini tiene dos hijos y una hija el mayor es hembra de hasta treze o catorze años.
- Francisco Usibi y su muger Elvira Cuchipon tiene una hija de zinco años dizen que el y su muger y hijos a un año que andan huidos que no se sabe dellos.
- Hernando Moscan y su muger Elbira Chacon tiene dos hijos el mayor de hasta seis o siete años dizen que anda huido que no se sabe del ni de su muger y hijos puede auer un año.
- Martin Cacha y su muger Ynes Quin tiene un hijo y una hija el mayor baron de quatro o zinco años no a tributado hasta agora de oy mas puede tributar que tiene hedad para ello. /
- Pedro Caboziban y su muger Ynes Xa tiene dos hijas la mayor de hasta seis años no a tributado hasta agora de oy mas puede tributar que tiene hedad para ello.
- Francisco Guaccha y su muger Ynes Çichan tiene un hijo de teta no a tributado hasta agora de oy mas puede tributar.
- Alonso Bolas y su muger Catalina Tantamachei tiene un hijo de teta no a tributado hasta agora de oy mas puede bien tributar que tiene hedad demasiada.
- Joan Muli y su muger Madalena Natas tiene dos

hijas la mayor de a quatro a çinco años no a tributado hasta agora de oy mas puede tributar.

- Pablo Lla y su muger Catalina Chu tiene un hijo y una hija la mayor es hembra de seis o siete años no a tributado hasta agora y auia de auer mas de seis años que huuiera de tributar esta casy biejo.
- Luis Chumbil y su muger Catalina Uchecayen tiene un hijo de teta no a tributado hasta agora aunque tiene demasiada hedad podra adelante tributar.
- Alonso Poc y su muger Ynes Lullo tiene una hija de teta / no a tributado hasta agora de oy mas puede bien tributar que tiene hedad cumplida.
- Pedro Chicas y su muger Catalina Chusique no tiene hijos no a tributado hasta agora de oy mas puede bien tributar.
- Lorenço Llaba y su muger Madalena Taba tiene un hijo y una hija el mayor baron de diez e syete años que se dize Juan Que el padre no a tributado hasta agora de oy mas puede tributar que tiene mas de treinta años.
- Pedro Chomalon y su muger Dican tiene dos hijas de teta ambas este no a tributado hasta agora de oy mas puede tributar que tiene hedad para ello.
- Hernando Pocho y su muger Ynes Lauid tiene un hijo y una hija el mayor baron de tres años no a tributado hasta agora de oy mas puede bien tributar.
- Alonso Luliziban y su muger Magdalena Chaicai tiene dos hijos y tres hijas el mayor baron de hasta diez años no a tributado hasta agora de oy mas puede bien tributar que tiene hedad bastante para ello./
- Alonso San soltero tributario antiguo.
- Alonso Chapenan y su muger Catalina Maxa tiene una hija de teta tributario antiguo.
- Alonso Mango biudo tiene un hijo y una hija la mayor hembra de diez años no a tributado hasta agora hedad le sobra para poder tributar.
- Diego Cubi soltero no a tributado hasta agora de oy mas tiene hedad demasiada para tributar.

- Alonso Chaz soltero tiene una hija de tres años no a tributado hasta agora de oy mas puede bien tributar.
- Diego Calualia soltero no a tributado hasta agora de oy mas puede bien tributar.
- Pedro Bilca soltero no a tributado hasta agora de oy mas puede bien tributar que tiene hedad bastante para ello.
- Domingo Donan casado con Catalina Chungan no tiene hijos ni a tributado hasta agora de oy mas podra bien tributar que tiene hedad para ello.
- Bartolome Chenique y su muger Costança Tinle tiene dos hijos el mayor de çinco años no a tributado hasta agora de oy mas puede bien tributar. /
- Andres Funne y su muger Ynes Jaya tiene dos hijas la mayor de tres años no a tributado de oy mas podra muy bien tributar.
- Diego Lilo soltero no a tributado hasta agora de oy mas puede bien tributar.

Biejos que dizen no tributan

- Gonçalo Pichen y su muger Costança Culque tiene dos hijos e tres hijas la mayor soltera hembra de veinte años.
- Cristobal Chomalon biudo tiene una hija e dos hijos el mayor baron de hasta diez años.
- Domingo Tiangolian y su muger Catalina Puchu tiene una hija soltera de veinte años.
- Juan Tongovalia y su muger Catalina Lulinvon tiene dos hijos e dos hijas la mayor es hembra de catorze años.
- Miguel Caxanlian biudo tiene dos hijos e una hija el mayor es baron de diez y siete o diez e ocho años y mas dizese Alonso Llon.
- Andres Andalle enfermo cassado con Madalena Colquen tiene una hija soltera de diez e ocho o veinte años. /
- Gaspar Mango no tiene muger ni hijos.
- Anton Canon no tiene muger ni hijos.
- Pedro Ullape biudo no tiene hijos.
- Alonso Niles biudo tiene dos hijos e una hija es la mayor hembra de diez e ocho años.

– Diego Lano biudo tiene dos hijas la mayor de diez años.

Biudas y biejas

– Joana Lulinpas vieja no tiene hijos.
– Costança Cancha tiene un hijo y una hija la mayor es hembra de hasta doze años.
– Catalina Chuplindin tiene una hija de ocho años.
– Catalina Zabul biuda tiene un hijo y una hija la mayor es hembra de siete o ocho años.
– Maria Chuquinxote biuda tiene un hijo e dos hijas la mayor de diez e ocho años es hembra soltera.
– Beatriz Tantaquin biuda tiene dos hijos el mayor de diez · e siete años dizese Alonso Vaque.
– Catalina Balianchute biuda tiene un hijo de seis años. /
– Ynes Piçite biuda tiene una hija de quinze a diez e seis años.
– Ynes Poce bieja no tiene hijos.
– Catalina Anasnian tiene una hija tiene consigo dos nietos suyos el mayor de nueue o diez años.
– Catalina Namista vieja tiene una hija de diez e ocho años.
– Maria Chasqui tiene dos hijos el mayor de doze o treze años.
– Catalina Lulixoyan vieja no tiene hijos.
– Costança Sunlazico vieja no tiene hijos.
– Maria Tungoviche viuda tiene un hijo de zinco años.
– Catalina Colquexute vieja no tiene hijos.

Huerfanos

– Juan Dil huerfano de diez e siete años a diez e ocho soltero.
– Sebastina Sa biudo de diez y siete años.
– Alonso Quipo e Pedro Cayanbid son cuñados son de hasta veinte años cada uno.
– Francisco Ancha es tonto huerfano de diez e siete años.
– Catalina Xuco de diez e ocho años.
– Pedro Naton huerfano de hasta quinze años y mas.
– Anton Viche soltero no tiene hijos ni a tributado

hasta agora de oy mas puede bien tributar que tiene
hedad por ello. /

− Pablo Chas soltero no tiene hijos ni a tributado hasta
agora aunque tiene hedad bastante para ello de oy
mas puede bien tributar.

El qual dicho prinzipal dixo debaxo del dicho
juramento que en la dicha su pachaca no a auido
mas yndios de los que estan numerados e que sy mas
hallare los bendra a manifestar ante su merced por
no yncurrir en las dichas penas. Diego Belazquez de
Acuña Bartolome de Prol.

Yndios de la pachaca de Xucad que estan en
el pueblo de Sant Lorenço de Malcadan de
que es prinzipal don Baltazar Chupenaxin
de la parçialidad de Malcadan de
doña Jordana Mexia.

E despues de lo suso dicho en el dicho pueblo
de San Lorenço de Malcadan a los dichos diez e ocho
dias del dicho mes de diziembre del dicho año el dicho
señor juez hizo parescer ante si a Francisco Cochequi
mandon que dixo ser de la dicha pachaca de Jucad
y de los yndios della y del reszibio juramento en forma
de derecho y lo hizo como se requeria so cargo del
qual le fue mandado que traiga luego todos los yndios
de la dicha pachaca para los visitar y numerar como
su Magestad lo manda sin encubrir ninguno so pena
de perjuro e que sera castigado e desterrado de sus
tierras el qual asi lo prometio e luego traxo ante su
merced los yndios / que se numeraron por la forma
siguiente.

− El propio Baltasar Chupnapon cacique prinzipal y su
muger Beatriz Pol tiene dos hijos el mayor de seis
o siete años no tributa por ser caçique.

TRIBUTARIOS − El propio mandon que se dize Francisco Chequi es
soltero tiene un hijo de quatro años no a tributado
hasta agora porque le engañaron al vissitador pasado
puede bien tributar de oy adelante porque tiene veinte
e çinco años arriba.

- Andres Biduan y su muger Ynes Laui tiene tres hijas la mayor tiene quinze años.
- Anton Chicon y su muger Ynes Chimi tiene un hijo de hasta ocho o nueue años.
- Alonso Capilo y su muger Catalina Cubas no tiene hijos.
- Luis Casquixalon y su muger Beatriz Muleque tiene tres hijos y una hija el mayor varon de hasta zinco años.
- Pedro Bita biudo tiene un hijo y una hija el mayor baron de hasta seis años.
- Francisco Xegal biudo tiene dos hijos e una hija de hasta seis años el mayor es baron.
- Pedro Limpi soltero no tiene hijos.
- Andres Cholian y su muger / Catalina Seo tiene un hijo y una hija el mayor es baron de seis años dizen que anda huido año y medio el y su muger y sus hijos e que no sauen del.
- Juan Cussa soltero no tiene hijos.
- Alonso Bico y su muger Madalena Bul no tiene hijos ni a tributado hasta agora de oy mas puede bien tributar que tiene bastante hedad.
- Alonso Choldis y su muger Ynes Sup no tiene hijos ni a tributado hasta agora de oy mas puede bien tributar.
- Gonzalo Bihilian soltero no tiene hijos ni a tributado hasta agora de oy mas puede tributar que tiene para ello hedad muy cumplida e demassiada.
- Francisco Ynco biudo tiene un hijo y una hija el mayor de ocho años baron no a tributado hasta agora de oy mas puede bien tributar que tiene demasiada hedad.
- Francisco Tongonapol soltero de oy mas puede tributar que tiene hedad demasiada para ello porque hasta aqui no a tributado.
- Anton Beque biudo tiene un hijo de hasta nueue años no a tributado hasta agora de oy mas puede bien tributar.
- Martin Falcon soltero no a tributado hasta agora de

oy mas puede tributar que tiene hedad bastante para
ello.

- Pedro Tan soltero no tiene hijos ni a tributado hasta
agora de oy mas puede bien tributar.
- Lorenço Chiquima soltero no a tributado hasta agora
de oy mas puede bien tributar.
- Diego Bilca soltero no a tributado hasta agora de
oy mas puede bien tributar que tiene hedad cumplida.
- Juan Malbin soltero no a tributado hasta agora de
oy mas puede bien tributar que tiene hedad bastante
para ello.
- Alonso Mapon soltero no a tributado hasta agora
de oy mas puede bien tributar es casado con Maria
Chabi tiene un hijo e dos hijas el mayor baron de
doze años.

Viejos que no tributan

- Lorenço Puchen y su muger Catalina Bitilon tiene
dos hijos y dos hijas la mayor hembra de diez e
ocho años y mas.
- Juan Tocay biudo no tiene hijos. /
- Gaspar Vichibiti y su muger Catalina Cuz tiene un
hijo e dos hijas la mayor es hembra soltera de catorze
años.
- Juan Laxipe y su muger Maria Chuquini tiene dos
hijos de hasta ocho años el mayor baron.
- Juan Quil biudo tiene un hijo e una hija la mayor
es hembra soltera de diez e ocho años.
- Anton Chilon biudo tiene dos hijos el mayor de quinze
años.

Biudas y viejas

- Catalina Aque biuda no tiene hijos.
- Ynes Callen biuda tiene un hijo y una hija el mayor
baron de hasta çinco años.
- Beatriz Xotas biuda tiene un hijo y una hija la mayor
es hembra soltera de diez años.
- Juana Cabosmelan biuda tiene un hijo y una hija
la mayor es hembra soltera de diez e ocho años.
- Ynes Osanchoton biuda tiene tres hijas e un hijo

la mayor es hembra soltera de diez y siete años y mas.

- Çecilia Numa tiene dos hijos y una hija el mayor es baron de diez e ocho años dizese Joan Cholas el mayor. /
- Catalina Chuquintaque biuda tiene tres hijos e quatro hijas el mayor es varon de diez e ocho años dizese Francisco Namba.
- Maria Pucho vieja no tiene hijos.
- Catalina Biduco no tiene hijos.
- Catalina Chone vieja tiene una hija soltera de diez y seis años.
- Maria Chipaque vieja tiene una hija de hasta diez años.

Huerfano

- Francisco Tilqui es huerfano de treze años.

El qual dicho principal debajo del dicho juramento dixo y declaro que en la dicha su pachaca en este dicho pueblo no auia mas yndios de los que estauan manifestados e numerados y si mas hallaren los vendra a manifestar por no yncurrir en las penas que le estan puestas. Diego Belazquez de Acuña Bartolome de Prol.

Yndios de la pachaca de Chyon questan en el pueblo de Sant Lorenzo de Malcadan de ques cacique prinzipal Pero Gonçalez Beca de la parcialidad de Malcadan de doña Jordana Mexia.

E despues de lo suso dicho en el dicho pueblo de San Lorenço de Malcadan a los dicho diez / y ocho dias del dicho mes y año el dicho señor juez hizo parescer ante si al dicho don Pablo Malcadan señor y cacique prinzipal de la dicha parcialidad de Malcadan al qual mando que debaxo del juramento que fecho tiene le trayga luego los yndios que ay en este dicho pueblo de la dicha pachaca de Chyon para los numerar como su Magestad lo manda so las penas que le tiene puestas el qual dixo que ansy lo haria el qual luego traxo los yndios siguientes.

- Francisco Tilan y su muger Maria Chiz tiene dos hijos y una hija el mayor varon de hasta quatro años.
- Pedro Pichon y su muger Maria Cabol no tiene hijos.
- Alonso Tumanchacha y su muger Catalina Amecicopan tiene un hijo y una hija el mayor varon de quatro o zinco años no a tributado hasta agora de oy mas puede bien tributar que tiene mas de veynte e zinco años.
- Domingo Chu soltero no a tributado de oy mas puede tributar que tiene hedad para ello muy cumplida.
- Domingo Alstoco soltero no a tributado hasta agora de oy mas puede tributar que tiene bastante / hedad para ello.

Viejos que no tributan

- Francisco Cocage y su muger Ynes Nean tiene quatro hijos e dos hijas la mayor es hembra de diez e ocho años.

Biudas y viejas

- Catalina Pucho biuda tiene tres hijos el mayor de hasta siete o ocho años.
- Catalina Alpun biuda tiene un hijo y tres hijas la mayor es hembra de diez e ocho años.
- Catalina Chipaque biuda no tiene hijos.
- Catalina Naluen tiene dos hijos y una hija la mayor es hembra de hasta seis años.
- Catalina Tantachaque tiene tres hijas la mayor de veynte años.
- Costança Chipac tiene un hijo y una hija la mayor es hembra de diez e ocho años y el baron Pablo Chocan de mas de diez e siete años.

Huerfanos

- Alonso Pintuc de zinco años.
- Gaspar Guadayoc de quatro años.
- Costança Xupac de syete años. /

El qual dicho prinzipal debaxo del dicho juramento dixo y declaro que no ay mas yndios en este dicho pueblo de la dicha pachaca de los que tiene manyfestados y se an numerado e si mas hallare los vendra a manifestar por no yncurrir en las dichas penas

que le estan puestas Diego Belazquez de Acuña Bartolome de Prol.

*Yndios de la pachaca de Chanchanabol que
es muerto su prinzipal estan en el pueblo de
Sant Lorenzo de la parcialidad de Malcadan
de doña Jordana Mexia.*

E despues de lo suso dicho en el dicho pueblo
de San Lorenço Malcadan en el dicho dia mes y año
suso dichos el dicho señor juez hizo parescer ante sy
a Pero Gonçalez Tongichoba mandon que dixo ser de
la pachaca de Canchanabol e de los yndios della que
estan en este dicho pueblo del qual tomo y rezibio
juramento en forma de derecho y sobre una señal de
Cruz y lo hizo como se requeria so cargo del qual
le fue mandado que trayga todos los yndios de la dicha
pachaca a visytar y numerar sin encubrir ninguno so
pena de perjuro e que sera castigado y desterrado de
sus tierras el qual dixo que / asy lo cumpliria y luego
traxo los yndios que se numeraron por la forma y
orden siguiente.

TRIBUTARIOS
CASADOS
- El propio mandon Pedro Gonçalez Tongochoban y
su muger Catalina Chian no tiene hijos.
- Francisco Cholian tiene dos hijos e tres hijas la mayor
es soltera de quinze años.
- Diego Malcaquipan y su muger Magdalena Lurica tiene
un hijo de diez años ciego.
- Cristobal Cayancha cassado con Juana Pisan tiene
dos hijos e dos hijas el mayor es varon de hasta
syete o ocho años.
- Pedro Chocas y su muger Magdalena Tingodeque tiene
un hijo de hasta quatro o zinco años.
- Diego Lipan y su muger Beatriz Cicon tiene dos
hijos el mayor es de zinco años.
- Francisco Cayanpichan y su muger Catalina Xiyoc
tiene tres hijas la mayor de siete o ocho años.
- Luis Cinchi y su muger Beatriz Can tiene dos hijos
e dos hijas el mayor es varon de seis años. /
- Diego Chalaque y su muger Ana Cachaxi tiene un

hijo e dos hijas el mayor es varon de zinco años.

- Domingo Lolinapon biudo e tiene dos hijas y la mayor de hasta syete o ocho años.
- Francisco Chonte y su muger Catalina Chanx tiene dos hijos y una hija el mayor varon de seis años.
- Anton Pomacanta y su muger Catalina Azup tiene dos hijas la mayor de hasta quatro años.
- Juan Llan y su muger Juana Xan tiene un hijo y una hija la mayor es hembra de syete años.
- Melchior Chaxan y su muger Juana Caxantaban tiene dos hijas la mayor de hasta zinco años.
- Domingo Chupasca y su muger Maria Oxa tiene un hijo de syete años y al presente tributa y passados la paga por viejo no a de tributar mas.
- Francisco Quilli soltero no tiene hijos.
- Anton Culo soltero tiene una hija de dos a tres años.

Los que no an tributado y pueden
tributar adelante. /

NUEUOS
TRIBUTARIOS

- Anton Aillo y su muger Maria Checa tiene una hija de teta no a tributado hasta agora de oy mas puede tributar que tiene hedad cumplida y mas.
- Domingo Choc y su muger Catalina Choquenchoc tiene una hija de hasta tres años no a tributado hasta agora de oy mas puede bien tributar.
- Hernando Xiban y su muger Ynes Ochunlam no tiene hijos ni a tributado hasta agora de oy mas puede tributar que tiene hedad para ello.
- Anton Chacha y su muger Catalina Meanchote tiene dos hijas la mayor de quatro años no a tributado hasta agora de oy mas tributara que tiene cumplida hedad.
- Francisco Boco y su muger Catalina Chumean tiene dos hijas la mayor de quatro años no a tributado hasta agora de oy mas puede tributar que tiene hedad cumplida.
- Alonso Chiban y su muger Juana Colquexu tiene un hijo y una hija el mayor varon de tres a quatro años no a tributado / hasta agora de oy mas puede bien tributar que tiene hedad cumplida para ello.

- Cristobal Cabus y su muger Ana Cay tiene un hijo de teta no a tributado hasta agora de oy mas puede tributar.
- Alonso Bite y su muger Catalina Xate tiene un hijo y una hija el mayor de quatro años baron no a tributado hasta agora de oy mas puede bien tributar.
- Hernando Caxavale su muger Cayanxote tiene una hija de teta no a tributado hasta agora de oy mas puede tributar.
- Alonso Tantaguanca y su muger Madalena Cayanchote no tiene hijos ni a tributado hasta agora de oy mas puede bien tributar.
- Juan Anacuna biudo tiene un hijo y una hija el mayor varon de hasta diez años no a tributado hasta agora de oy mas puede bien tributar que tiene al pie de treynta años.
- Anton Adil soltero no a tributado hasta agora de oy mas puede bien tributar.
- Francisco Chonate soltero no a tributado hasta agora de oy mas puede / bien tributar que tiene demasyada hedad todos ellos.
- Alonso Die soltero no a tributado hasta agora de oy mas puede auer tributado y tributara que tiene bastante hedad.
- Martin Cochi soltero no a tributado hasta agora de oy mas puede tributar que tiene hedad cumplida.
- Gaspar Cuyuche soltero no a tributado hasta agora de oy mas puede bien tributar que tiene hedad demasyada y bastante para ello.

Viejos que dizen no tributan

- Anton Lian biudo no tiene hijos.
- Alonso Chulian y su muger Catalina Xiquel tiene un hijo y dos hijas la mayor de diez y seis años hembra soltera.
- Juan Laxa e su muger Ana Yuba tiene hija soltera de diez y siete o diez e ocho años.
- Juan Tobely y su muger Maria Chuni tiene un hijo e dos hijas el mayor varon de ocho años.
- Domingo Cuma y su muger Ana Xoyan tiene un

hijo y una hija la mayor hembra de quinze años
y mas.
- Diego Bitjiban y su muger Ynes Tullin tiene un hijo
y una hija la mayor es hembra de hasta diez e
ocho o veynte años.
- Anton Chuquibitan y su muger Catalina Luc no tiene
hijos.
- Alonso Ley y su muger Catalina Nayla no tiene hijos.
- Alonso Puna biudo no tiene hijos.
- Alonso Napon biudo tiene una hija de diez y seis
años soltera.
- Alonso Bichinbaque no tiene muger ni hijos.
- Pedro Bil aunque es moço no tributa porque dize
que esta enfermo del   corazon.

Biudas y viejas

- Catalina Chipi biuda tiene una hija de doze años
y mas.
- Maria Uchulas biuda tiene quatro hijas la mayor de
diez años.
- Magdalena Pichu biuda tiene una hija de hasta seis
años.
- Ynes Puzan biuda no tiene hijos.
- Catalina Quiba tiene una hija de treze años.

Huerfanos

- Francisco Uchilalas tiene doze años.
- Juan Malca de zinco o seis años.
- Domingo Chubchoban de doze años.
- Martin Taualla de diez y siete años.
- Baltazar Chaso de hasta quinze años.
- Alonso Lae de diez y siete años.
- Pedro Xulla de nueue años.
- Gaspar Xucan de ocho años.
- Madalena Bichoyan de diez e ocho años y mas.
- Catalina Vihecha de diez y ocho años.
- Catalina Chane de diez y siete años.
- Maria Mian de diez y ocho años.
- Catalina Allal de veinte años.
- Beatriz Maçen de veinte años.
- Constança Calacon de seis años.
- Maria Chiche de seis años.

– Ana Lano de quinze años.

– Beatriz Cochachique de catorze años.

El qual dicho prinzipal debajo del dicho juramento dixo y declaro que no saue aya mas yndios en este dicho pueblo de la dicha pachaca de lo que tiene manifestado e que si mas hallare los bendra a manifestar por no yncurrir en las penas que le estan puestas Diego Velazquez de Acuña Bartolome de Prol.

Yndios de la pachaca de Pauxan que estan
en la encomienda de San Lorenço de Malcadan
de que es prinzipal el menor Juan Aches de
la guaranga de Guzmango de
doña Jordana Mexia.

E despues de lo suso dicho en el dicho pueblo de San Lorenço de Malcadan a los dichos / diez e ocho dias del mes de diziembre del dicho año el dicho señor juez hizo parescer ante si a Geronimo Astonxilon mandon que dixo ser de la dicha pachaca de Pauxan y del resciuio juramento en forma de derecho como se requeria so cargo del qual le mando que luego traiga los yndios de la dicha pachaca questan en este pueblo syn yncubrir ninguno dellos so pena de perjuro e que sera castigado e desterrado el qual asy lo prometio e luego traxo e numeraron los yndios siguientes.

TRIBUTARIOS

– Francisco Lozipen e su muger Madalena Uchen tiene ... (en blanco en el manuscrito) el mayor de hasta seis años.

– Pedro Chiqueste e su muger Ynes Chi tiene dos hijas e un hijo el mayor baron de diez años.

– Alonso Xali y su muger Ynes Caula no tiene hijos.

Biejos que no tributan

– Juan Chaquinche y su muger Maria Ynes tiene un hijo e una hija la mayor hembra de diez e ocho años y el baron se dize Domingo Chipe tiene diez y siete años.

– Luis Guancalum y su muger Ana Bitechime tiene una hija soltera de diez y seis años.

Biudas y viejas

– Ynes Ascon biuda no tiene hijos.

– Catalina Meantaban bieja.

El qual dicho principal debaxo del dicho juramento dixo y declaro que no ay en el dicho pueblo mas yndios de la dicha pachaca de los que tiene manifestados y que si mas hallare los traera a manifestar Diego Velazquez de Acuña Bartolome de Prol.

En el dicho dia mes e año suso dicho el dicho señor juez andando visitando el dicho pueblo hallo un yndio de la dicha pachaca de Xaden de ques prinçipal don Sabastian Ninalingon de la guaranga de Cuzmango ques el que se sigue.

TRIBUTARIO
– Antonio Yanque soltero no tiene hijos ni a tributado hasta agora hedad tiene bastante para poder tributar de oy en adelante.

Y ansimesmo hallo de la pachaca de Xayaden de ques prinçipal don Melchior Caruarayco de Cuzmango de doña Jordana Mexia otro yndio.

TRIBUTARIO
– Alonso Lulibid biudo no tiene hijos.

E ansimesmo hallo de la pachaca de Ayambla de la dicha guaranga de que es prenzipal don Juan Astomalon los yndios siguientes. /

TRIBUTARIO
– Juan Chabuc y su muger Magdalena Pulicon tiene un hijo de teta.

E aunque el dicho señor juez hizo todas las diligençias necesarias en el dicho pueblo no hallo mas yndios de las dichas pachacas y fyrmolo Diego Velazquez de Acuña Bartolome de Prol.

Yndios de la pachaca de Poyjan que estan en el pueblo de San Niculas Yaston de ques prenzipal el menor Juan Caches de la guaranga de Cuzmango encomendando en doña Jordana.

En el pueblo de San Niculas Yaston a veinte dias del mes de diziembre de mill e quinientos e setenta e un años estando en el dicho pueblo el dicho señor juez hizo parescer ante si a Geronimo Astonguillon mandon que dixo ser en la dicha pachaca de Poixan e de los yndios della del qual resciuio juramento en forma de derecho como se requeria so cargo del qual le fue mandado que traiga ante el todos los yndios de la dicha pachaca syn yncurrir ninguno so pena de perjuro e que sera castigado y desterrado de sus tierras el qual asy lo prometio e luego traxo las yndios siguientes que se numeraron en la forma siguiente.

TRIBUTARIO
- Alonso Xabe y su muger Magdalena Lachoz tiene dos hijas y dos hijos el mayor baron de siete años.
- Francisco Xabe y su muger Ynes Chucho tiene dos hijos y una hija el mayor baron de siete años.
- Anton Hucho y su muger Magdalena Lachiz tiene tres hijas la mayor de çinco años.
- Juan Muncho y su muger Juana Cuzquilachoz tiene dos hijos e una hija de zinco años la mayor hembra.
- Alonso Astomalon esta enfermo y su muger Juana Tyllaysu tiene zinco hijos y dos hijas el mayor baron de hasta catorze años.
- Anton Ancica y su muger Catalina Chumba enfermo no tiene hijos.
- Melchior Chombaol y su muger Magdalena Sen tiene tres hijos y dos hijas el mayor baron de diez años.
- Alonso Chomacan y su muger Madalena Canchoc tiene tres hijos y una hija el mayor baron de ocho años.
- Pedro Xoca y su muger Juana Uchuman tiene un hijo y una hija el mayor baron de quatro años.
- Alonso Chocpan y su muger Magdalena Chucho tiene dos hijos e dos hijas el mayor baron de diez años.
- Francisco Caboschilon y su muger Juana Lachos tiene un hijo e dos hijas la mayor es hembra de seis años.
- Francisco Cusban y su muger Catalina Tongopiso tiene un hijo e una hija es la mayor hembra de seis años.
- Alonso Micho y su muger Maria Vichejoyan tiene un hijo e una hija la mayor hembra de tres años.
- Pedro Coliante y su muger Costança Latantaban no tiene hijos.
- Pedro Jure y su muger Catalina Lachema tiene un hijo de tres años.

– Luis Cosc y su muger Juana Cobu no tiene hijos.
– Sancho Supel y su muger Madalena Chocha tiene tres hijos e dos hijas la mayor es hembra de nueue años.
– Diego Chucip y su muger Ynes Paz tiene dos hijos e tres hijas el mayor de seis a siete años.
– Juan Cume y su muger Catalina Andeco tiene tres hijos el mayor de siete años.
– Luis Quipe y su muger Juana Chanca tiene dos hijas e un hijo el mayor baron de zinco años.
– Alonso Chaloc y su muger Madalena Colquzute tiene un hijo de teta.
– Pedro Chin y su muger Magdalena Caxapunum tiene una hija de teta.
– Luis Mal y su muger Ynes Chocho tiene dos hijos e dos hijas la mayor hembra de seis años.
– Domingo Quilme y su muger Catalina Xoysu tiene dos hijos el mayor de siete o ocho años.
– Pedro Enche y su muger Ynes Chibete tiene tres hijos el mayor de hasta siete años.
– Juan Coro y su muger Beatriz Zizil tiene dos hijos e dos hijas el mayor baron de seis años.
– Miguel Yoco y su muger Magdalena Chuchosos tiene una hija de çinco o seis años.
– Francisco Mochic biudo tiene un hijo de hasta seis años.
– Alonso Guaman soltero no tiene hijos.
– Francisco Chob soltero no tiene hijos.
– Domingo Cos y su muger Luisa Lachos tiene dos hijos e dos hijas el mayor baron de syete años.
– Juan Den y su muger Magdalena Nabez tiene un hijo e una hija el mayor baron de çinco años.
– Françisco Chicas y su muger Juana Chas no tiene hijos.
– Alonso Yumbal esta tullido no tiene muger ni hijos no paga tributo.
– Pedro Uli Catalina Chumbil tiene dos hijas la mayor de siete años.
– Pedro Xaul soltero no tiene hijos.

- Diego Lantay enfermo y su muger Catalina Bin tiene un hijo e una hija el mayor baron de quatro años.
- Anton Quiche enfermo y su muger Juana Piçon tiene un hijo de hasta zinco años.
- Domingo Xupo cassado con Ynes Lindo tiene un hijo de hasta çinco o seis años dizen que anda huido dos años a que no se saue del.
- Martin Alonso soltero no tiene hijos.
- Françisco Aquiabe y su muger Catalina Chupulan tiene una hija de teta no a tributado hasta agora de oy mas podra bien tributar que tiene hedad para ello.
- Alonso Pan soltero tributario antiguo.
- Pedro Pro y su muger Ynes Cabus tiene un hijo de teta no a tributado hasta agora de oy mas puede bien tributar que tiene hedad para ello. /
- Bartholome Chiche y Catalina Subal su muger no tiene hijos ny a tributado hasta agora que de ser de diez e ocho años.
- Françisco Collo y su muger Juana Pen no tiene hijos ni a tributado hasta agora de oy mas puede bien tributar que tiene hedad para ello.
- Juan Lajos soltero no tiene hijos ni a tributado hasta agora de oy mas puede bien tributar que tiene hedad bastante para ello.
- Pedro Xaue soltero no tiene hijos ni a tributado hasta agora de oy mas puede bien tributar que tiene hedad para ello.

Biejos que no tributan

- Don Gonçalo Colquichicon biudo tiene çinco hijos e dos hijas la mayor es hembra de hasta veinte años soltera.
- Pedro Calualian y su muger Maria Vitimeon tiene una hija soltera de diez e ocho años.
- Geronimo Astongilon y su muger Beatriz Angosxupo tiene tres hijos e una hija la mayor es hembra soltera de diez e ocho años. /
- Cristobal Limarca y su muger Maria Angaschupo tiene una hija soltera de diez y siete años.
- Pedro Gonçales y su muger Madalena Chupo no tiene hijos.

- Andres Xulon y su muger Catalina Lulicon tiene quatro hijos e dos hijas la mayor hembra soltera de diez e ocho años.
- Anton Bel biudo tiene un hijo e una hija el mayor baron de hasta catorze años.
- Martin Lapueldanes biudo tiene dos hijos e dos hijas el mayor es de diez y ocho años que se dize Pablo Xubin dizen que suele tener mal de coraçon.
- Juan Chobi biudo no tiene hijos.
- Andres Baguel biudo no tiene hijos,
- Luis Chani biudo no tiene hijos.
- Pablo Coschilingon y su muger Magdalena Angasbanan tiene ...... (en blanco en el manuscrito) el mayor de diez años.
- Francisco Angasguapen e su muger Luisa Chocho tiene dos hijos e dos hijas es la mayor hembra soltera de hasta diez e ocho años y tiene uno de los hijos que se dize Juan Chique de diez e siete años./
- Baltasar Chupmalon y su muger Magdalena Chup tiene un hijo que se dize Luis Puche es de hedad de diez e seis años.
- Andres Chubite y su muger Costança Suchedeque tiene dos hijas solteras de diez y ocho años la mayor.
- Luis Casaualente y su muger Magdalena Linpe tiene tres hijos e una hija el mayor baron de hasta nueue años o diez.
- Miguel Uchomalon biudo no tiene hijos.
- Alonso Checas y Juana Chan su muger tiene un hijo e una hija el mayor es baron que se dize Luis Ton de diez y siete a diez y ocho años.
- Domingo Acon y su muger Maria Chabil tiene tres hijos e dos hijas es mayor hembra de diez e ocho años. El mayor baron es de diez y siete años llamase Pablo Macaneche.
- Francisco Chilon y su muger Juana Chucho tiene un hijo y una hija el mayor es baron de diez y siete años dizese Pablo Niscote.
- Miguel Musil biudo no tiene hijos.
- Alonso Toxique y su muger Catalina Pil tiene un

hijo y tres hijas solteras de diez y ocho años la mayor.

- Domingo Lle y su muger Juana Panguacan tiene tres hijos e una hija el mayor es el baron de diez a doze años.
- Pedro Tongo y su muger Catalina Chimi tiene dos hijas e un hijo la mayor soltera de diez y siete años.

Biudas y solteras viejas

- Juana Zicon biuda tiene dos hijos e una hija el mayor es baron de hasta treze años.
- Catalina Lachoz biuda tiene un hijo que se dize Pablo Aste de diez y siete años.
- Luisa Ynba biuda tiene un hijo de hasta diez años.
- Eluira Losanpinon tiene un hijo e una hija la mayor es hembra de hasta seis años.
- Catalina Tongosiquila biuda tiene un hijo e tres hijas la mayor es hembra soltera de catorze años.
- Magdalena Chupocon biuda no tiene hijos. /
- Ynes Zen biuda tiene dos hijos el mayor de nueue años.
- Magdalena Casachupo biuda no tiene hijos.
- Catalina Chupi no tiene hijos.
- Juana Chup biuda no tiene hijos.
- Ynes Chal biuda no tiene hijos.
- Francisca Chusichan biuda no tiene hijos.
- Catalina Cacha biuda tiene un hijo e una hija el mayor es baron de seis años.
- Ynes Chipaque biuda tiene un hijo e una hija el mayor baron de siete años.
- Eluira Chozoyan biuda tiene una hija de hasta seis años.
- Magdalena Chuchu biuda no tiene hijos.
- Ysauel Chipaque biuda tiene un hijo de teta.
- Catalina Achus biuda tiene un hijo e dos hijas es la mayor hembra de zinco o seis años.
- Magdalena Bosbini biuda tiene dos hijas la mayor de zinco años.
- Mosanchuton biuda no tiene hijos.

– Luisa Llatan biuda tiene un hijo e una hija la mayor de diez e seis años soltera.
– Catalina Cosachub biuda no tiene hijos. /
– Magdalena Chuz biuda tiene una hija de doze años soltera.
– Ynes Lachobonon vieja.
– Juana Luliquipan biuda tiene tres hijas e un hijo la mayor es hembra de diez e ocho años soltera.
– Ynes Cabozicon bieja.
– Ynes Caloanteque bieja.
– Maria Caxanxuton vieja.
– Eluira Lulindeque vieja.
– Catalina Chup no tiene hijos.
– Juana Chup vieja no tiene hijos.
– Ysauel Llatan vieja.
– Luisa Angasxoto vieja.
– Magdalena Xayatula vieja.
– Juana Deque vieja.
– Magdalena Chupmeon vieja.
– Catalina Chuquindeque vieja.
– Juana Cuzquixuton bieja.
– Magdalena Cul vieja.
– Luisa Tameon vieja.
– Ynes Pudon vieja no tiene hijos.
– Catalina Quiniche vieja no tiene hijos.

Huerfanos

– Catalina Lulinchote huerfana de hasta diez y seis años.
– Catalina Chocho de diez e seis años.
– Juana Choso de diez y ocho años.
– Ynes Uchimboy tiene una hija de quatro años / es soltera huerfana.
– Maria Luchema de veynte años huerfana.
– Eluira Caronchupo huerfana de diez y siete años.
– Joan Pizete huerfana de diez e siete años.
– Ynes Angas Ynga huerfana de diez e ocho años.
– Ynes Zique huerfana de diez e siete años.
– Ynes Tile de doze años.
– Catalina Choptaban huerfana de hasta veinte años.
– Diego Yandeque de nueue años.
– Catalina Cuzquebunon huerfana de diez e syete años.

- Magdalena Mosca de doze años.

Viejos

- Francisco Tanta biudo viejo no tiene hijos.
- Baltassar Angasticon y su muger Catalina Chusup tiene dos hijos e dos hijas el mayor varon de hasta doze años.
- Anton Malca biudo tiene una hija soltera de diez e ocho años.
- Joan Cun biudo no tiene hijos.
- Joan Chun soltero tributario antiguo. /
- Francisco Caxapon soltero no a tributado hasta agora de oy mas puede tributar que tiene hedad cumplida para ello.
- Francisco Chulo soltero no a tributado hasta agora de oy mas puede tributar que tiene hedad para ello.
- Anton Caxansul soltero no a tributado hasta agora porquesta siempre enfermo estando sano podra tributar que tiene hedad demasiada para ello.
- Domyngo Canche soltero no a tributado hasta agora tiene mal de coraçon y por eso no tributa.
- Francisco Sun soltero no tributa aunque tiene hedad para ello porque tiene mal de coraçon y por esto esta reseruado.
- Joan Ues soltero no a tributado hasta agora de oy mas podra tributar que tiene hedad para ello.
- Pedro Chuchu cassado con Magdalena Consantaban tiene un hijo de teta es tributario antiguo y porques fyscal no tributa.

El qual dicho prinzipal debaxo del dicho juramento que fecho tiene dixo que el no tyene mas yndios de la dicha pachaca / de los questan manyfestados e numerados y que si mas hallare los vendra a manyfestar por no yncurrir en las penas que le estan puestas. Diego Velazquez de Acuña Bartolome de Prol.

Yndios de la pachaca de Ayambla questan en este pueblo de Sant Nicolas de Yasan de ques prinzipal don Juan Astomalon de la guaranga de Cusmango encomendado en doña Jordana Mexia.

E despues de lo suso dicho a los dichos vein-
tes dias del dicho mes de diziembre del dicho año
de myll e quinientos y setenta y un años el dicho
señor juez hizo parecer ante sy a Pedro Flores Chulizaban
persona nombrada por don Joan Astomalon para nom-
brar los yndios de la dicha pachaca questan en este
dicho pueblo e del reszibio juramento en forma de derecho y sobre una señal de Cruz e lo hizo como
se requeria so cargo del qual le fue mandado que luego
trayga ante su merced todos los yndios questan en este
dicho pueblo de la pachaca de Ayambla sin encubrir
nynguno so pena de perjuro y que sera castigado y
desterrado de sus tyerras el qual asy lo prometio y
luego traxo los yndios que se numeraron por la forma
y orden siguiente. /

TRIBUTARIOS
CASADOS

- Pedro Flores Chupizaban casado con Magdalena Casalachoz
  tiene dos hijos el mayor de zinco años.
- Francisco Chuxeque y su muger Ysauel Caualandin
  tiene tres hijos y tres hijas el mayor es varon dizese
  Joan Quixen de hasta diez y siete o diez y ocho
  años.
- Anton Chun y su muger Costança Cayen tiene quatro
  hijas la mayor de syete o ocho años.
- Alonso Bizuque y su muger Catalina Chuzen tiene
  tres hijas es la mayor de doze o treze años.
- Alonso Malcandeque y su muger Catalina Moyan no
  tiene hijos.
- Pedro Yandeque soltero tributario.
- Andres Chiban cassado con Magdalena Mixale no tiene
  hijos.
- Martin Angovico y su muger Ysabel Chupsitan tiene
  dos hijos y una hija el mayor varon de diez años.
- Luis Chique y su muger Luysa Chime no tiene hijos.

                Viejos que dizen no tributan

- Joan Chuquine y su muger Magdalena Colquesupo
  tiene dos hijos y tres hijas la mayor es hembra de
  veynte años y el hijo dizese / Pedro Xeban de diez
  y siete años.

                Biudas y viejas

- Maria Lachun tiene un hijo de hasta diez y seis años que se dize Anton Culquichoban soltero.
- Costança Caboschicon biuda tiene una hija de hasta tres años y otra hija soltera de diez e seis años.

Huerfanos

- Diego Chilon huerfano de syete años.
- Magdalena Xabe soltera huerfana de hasta diez y seis años.

El qual dicho mandon debaxo del dicho juramento dixo y declaro no tener mas yndios en la dicha su pachaca en este dicho pueblo de los questan numerados y que sy mas hallare los vendra a manifestar por no yncurrir en las dichas penas que le estan puestas. Diego Velazquez de Acuña Bartolome de Prol.

En este dicho pueblo dia mes y año suso dichos ante el dicho señor juez parecio presente don Antonio Astoquipan señor de la pachaca de Xanbin y dixo que en el pueblo de San Pablo de Chalaques se le oluidaron çiertos yndios que por no yncurrir en las penas los viene a descubrir que son. /

- Francisco Cuchi viejo cassado con Catalina Tanguemeon tiene una hija de teta.
- Francisco Cabuz hijo de Alonso Chican este sera de diez años.

E questos se le oluidaron en el dicho pueblo y por no yncurrir en las penas los viene a manyfestar Diego Velazquez de Acuña Bartolome de Prol.

En este dicho pueblo el dicho señor juez en el dicho dia mes y año suso dicho andandole visytando hallo ciertos yndios que dixeron ser de la pachaca de Chiton de Chuquimango que son los siguientes.

NUEUO
TRIBUTARIO
VIEJO

- A Joan Chamba soltero no a tributado hasta agora de oy mas puede tributar que tiene hedad para ello.
- Juan Ango cassado con Beatriz Coce tiene una hija soltera de hasta diez e ocho años.
- Magdalena Cayanlatan viexa no tiene hijos.

E aunque su merced hizo todas las diligencias nescesarias para si auia mas yndios no se pudieron hallar mas. Diego Velazquez de Acuña Bartolome de Prol.

Yndios de la pachaca de Ayambla questan
en el pueblo de San Francisco de Guzmango
/ de ques cacique prinzipal don Joan
Astomalon de la guaranga de Cuzmango
de doña Jordana Mexia.

E despues de lo suso dicho en el pueblo de
Sant Francisco de Guzmango a veynte e dos dias del
mes de diziembre de myll e quinientos y setenta e
un años el dicho señor juez hizo parecer ante si al
dicho don Juan Astomalon del qual fue tomado e receuido
juramento en forma de derecho so cargo del qual le
fue mandado que traiga y presente ante su merced
todos los yndios que tiene en este dicho pueblo de
la dicha su pachaca syn yncubrir ninguno so pena
de perjuro y que sera castigado e desterrado de sus
tierras el qual dixo que asy lo cumpliria y luego traxo
y presento los yndios siguientes los quales se visytaron
e numeraron por la forma y orden syguiente.

- Don Juan Astomalon cacique prinzipal de la dicha
  pachaca y cassado con Eluira Cosqueminibu y tiene
  zinco hijos y quatro hijas el mayor varon de diez
  años no tributa porques cacique.
- Don Francisco Astolingon es cassado con doña Francisca Angaslachoz y tiene tres hijos e dos hijas el
  mayor es varon de ocho o nueue años / dizen que
  no tributa porques hermano del cacique prinoipal.
- Don Pedro Chuplian y su muger Francisca Chupaca
  tiene un hijo de teta.
- Pablo Anascabol soltero de diez y siete años no tributa
  porque no tiene hedad cumplida.
- Matheo Chupetabol soltero de diez y seis años no
  tributa porque no tiene hedad cumplida.
- Diego Cuzquemalo soltero no a tributado hasta agora
  porque no tiene hedad cumplida sera de quinze años.
- Luis Cabospirchen soltero de catorze años no tributa
  porque no tiene hedad para ello todos estos son
  hermanos del cacique principal.
- Luis Chuquichan soltero de veinte años.
- Esteuan Cabosligon de treze años.

TRIBUTARIOS

- Francisco Caxaticon de diez años todos son hermanos del cacique principal.

- Don Cristobal Chimo y su muger Maria Lachozsichan tiene dos hijos y una hija el mayor varon de zinco años.
- Pedro Gonçalez Angasvalarte y su muger Madalena Chupancho no tiene hijos. /
- Anton Caueschucan y su muger Luisa Anasxuton tiene un hijo e quatro hijas la mayor soltera hembra de quinze años.
- Cristobal Angasxiton y su muger Ana Caluatula tiene tres hijos e dos hijas el mayor es varon de doze años.
- Alonso Chupnaton y su muger Magdalena Llatan no tiene hijos.
- Gaspar Chupnapon enfermo y su muger Magdalena Juton tiene tres hijos e una hija el mayor es baron de diez y seis años. dizese Diego Xaue.
- Pedro Pocica y su muger Juana Chosquesup tiene dos hijos e una hija el mayor baron de hasta quatro o cinco años.
- Anton Chuz y su muger Ynes Tantagoyan no tiene hijos.
- Diego Tala y su muger Magdalena Cusquemulan tiene tres hijas la mayor de hasta seis años.
- Anton Cosbal y su muger Ynes Cosquinbicon no tiene hijos.
- Andres Xoache y su muger Juana Cuchoxono tiene dos hijos e tres hijas el mayor es baron de ocho años.
- Alonso Angasxiton y su muger Juana Caxaubay tiene quatro / hijos e dos hijas la mayor es hembra de diez e ocho años soltera.
- Lorenço Xaue esta enfermo y su muger Magdalena Chipaque tiene un hijo e dos hijas la mayor es hembra de zinco años.
- Domingo Chique e su muger Catalina Pulcanchute tiene tres hijos e dos hijas la mayor hembra de diez e ocho años soltera.
- Francisco Chan y su muger Juana Chapsun tiene

dos hijos e una hija el mayor baron de quatro o
zinco años.

- Hernando Yandeque y su muger Maria Chiquimi tiene
tres hijos e dos hijas el mayor baron de syete o
ocho años.

- Diego Muche y su muger Catalina Caxa no tiene
hijos.

- Baltasar Curis y su muger Catalina Caxan tiene quatro
hijos e dos hijas la mayor es hembra de quinze
años soltera.

- Luis Chuquipudan biudo tiene dos hijos e tres hijas
la mayor es hembra de diez y seis años.

- Diego Vichilan y su muger Ana Chuiluxoyan tiene
tres hijas e dos hijos la mayor es hembra de veinte
años soltera. /

- Domingo Vitan y su muger Catalina Chumpel tiene
quatro hijos e quatro hijas la mayor es hembra de
catorze años soltera.

- Juan Culchican y su muger Magdalena Guachatula
tiene zinco hijos e quatro hijas la mayor es hembra
de treze o catorze años.

- Alonso Astolandon enfermo y su muger Juana Xoman
tiene un hijo e una hija el mayor es baron de quatro
años.

- Diego Astonyton y su muger Magdalena Yuni tiene
dos hijos el mayor de hasta zinco años.

- Anton Astoxiton y su muger Magdalena Chipaque tiene
un hijo e una hija el mayor baron de zinco años.

- Juan Chichin y su muger Francisca Coachi tiene una
hija de dos años.

- Alonso Chachil y su muger Magdalena Culso y tiene
un hijo e una hija la mayor hembra de hasta çinco
años.

- Gonçalo Chupsit y su muger Ynes Uxasupo tiene
dos hijos e dos hijas la mayor hembra soltera de
diez e ocho años.

- Diego Luzipe y su muger Magdalena Chis tiene un
hijo de teta.

- Gaspar Por y su muger Magdalena / Cosquicicon
tiene una hija de çinco o seis años.

- Luis Ducos y su muger Costança Chis tiene un hijo e dos hijas la mayor es hembra de hasta siete años.
- Diego Michiqui y su muger Magdalena Llatan tiene tres hijas e un hijo la mayor es hembra de diez años.
- Alonso Yandeque e su muger Juana Cosqueyanba tiene tres hijas la mayor de zinco o seis años es fyscal y no tributa   porques fyscal.
- Juan Ancochal y su muger Ynes Musca tiene tres hijas la mayor tiene zinco años.
- Luis Beluche y su muger Maria Nuqueyaque tiene un hijo e una hija es la mayor hembra de tres años.
- Luis Leque biudo tiene un hijo de tres años.
- Diego Luxipe soltero tributario.
- Alonso Angasnoton soltero tributario.
- Martin Collaue enfermo soltero tributario antiguo.
- Juan Buxipe soltero tributario.
- Luis Minchon soltero tributario.
- Juan Chus soltero tributario a un año que anda huido.
- Francisco Angulo casado anda huido tres años a con su muger e hijos. /
- Diego Chiqui casado con Ynes Chinan tiene dos hijos e una hija el mayor baron de zinco años no a tributado hasta agora porque no le uisito el visitador pasado de oy mas puede bien tributar que tiene hedad para ello bastante.
- Alonso Lazan soltero no a tributado hasta agora por no tener hedad agora que la tiene podra tributar.
- Pedro Cata soltero no a tributado hasta agora de oy mas puede tributar que tiene hedad para ello.
- Pablo Chusal soltero no a tributado porque no tiene hedad cumplida de oy mas puede tributar que la tiene cumplida.
- Pablo Nipon soltero no a tributado hasta agora de oy mas puede tributar que tiene hedad para ello.
- Pedro Pulque soltero no a tributado hasta agora de oy mas puede tributar bien que tiene hedad para ello.

Biejos que no tributan /

- Felipe Cosquenapoc y su muger Ynes Maxil no tiene hijos.
- Diego Decon y su muger Maria Caxatulan tiene dos hijos e dos hijas la mayor es hembra soltera de diez e ocho años.
- Martin Piqui y su muger Maria Tusu tiene dos hijas la mayor de treze o catorze años.
- Pedro Tongoquipan es biudo tiene una hija de catorze años.
- Pedro Ayanchan y su muger Ynes Moben no tiene hijos.
- Pedro Llaxa biudo no tiene hijos.
- Francisco Veche y su muger Ysauel Chus tiene tres hijos e zinco hijas la mayor es hembra soltera de veinte años.

Biudas y viejas

- Magdalena Calcon biuda tiene un hijo e una hija la mayor soltera de diez y siete años.
- Ynes Cupcuscon biuda tiene un hijo e una hija la mayor es hembra de diez y seis años.
- Luisa Angazipan biuda tiene dos hijas la mayor de diez e seis años.
- Luisa Chuptilla tiene dos hijos e dos hijas la mayor de quinze años. /
- Juana Chuquibuen biuda tiene una hija de diez y siete o diez y ocho años.
- Ysauel Chancap biuda tiene un hijo e dos hijas es hembra la mayor de catorze años.
- Juana En biuda tiene tres hijos e dos hijas la mayor hembra soltera de diez e siete años.
- Magdalena Caxanpinon biuda tiene una hija de hasta doze años.
- Maria Cansameon tiene un hijo de diez o doze años es tullido.
- Magdalena Colbosnoyan tiene una hija soltera de veinte años.
- Juana Myaxoyan vieja no tiene hijos.
- Luisa Chuquipion vieja no tiene hijos.
- Ana Tol bieja no tiene hijos.
- Catalina Latanyxoyan vieja.

- Magdalena Angaslachoz biuda.
- Catalina Cosquimian tiene un hijo de quinze años mudo.
- Ynes Bunon bieja no tiene hijos.
- Maria Chipaque bieja no tiene hijos.
- Ynes Chiaman vieja no tiene hijos. /
- Juana Bitinjuton vieja no tiene hijos.
- Catalina Tanta vieja no tiene hijos.
- Magdalena Ameazicon bieja no tiene hijos.
- Juana Laluymba bieja no tiene hijos.
- Juana Lan vieja no tiene hijos.
- Luisa Cumquitulan viuda tiene dos hijos e una hija el mayor baron de syete años.
- Ynes Chumol bieja no tiene hijos.
- Doña Francisca Cuquiman vieja no tiene hijos.
- Magdalena Ochojiyan tiene un hijo de hasta seis años.
- Magdalena Litumeon bieja no tiene hijos.
- Magdalena Uchemeon bieja ·no tiene hijos.
- Eluira Lulizicon vieja no tiene hijos.
- Maria Uchirbui bieja no tiene hijos.
- Juana Chanxun bieja no tiene hijos.
- Doña Juana Lachoz bieja tiene dos hijas la mayor de veinte años.
- Doña Juana Casazipan biuda no tiene hijos.
- Juana Chuquiquiscon bieja.
- Ynes Muruchan vieja.
- Maria Chipaque vieja.
- Françisca Gil vieja.
- Ysauel Guto vieja.
- Francisca Cosa biuda no tiene hijos. /
- Magdalena Cubol biuda tiene una hija de hasta diez e syete años.

Huerfanos

- Costança Macote huerfana soltera de diez e seis años.
- Catalina Quislip de catorze años.
- Ana Lachozlandin de hasta ocho años.
- Ynes Chache huerfana de seis años.
- Juana Chache huerfana de ocho años.
- Magdalena Chipaque soltera de hasta diez e ocho o veinte años.

El qual dicho prinzipal debajo del dicho juramento dixo e declaro que el no tiene mas yndios de los que tiene manifestados en la dicha su pachaca e que sy mas hallare los bendra a manifestar por no yncurrir en las penas que le estan puestas. Diego Velazquez de Acuña Bartolome de Prol.

Yndios de la pachaca de Xalxaden questan en el pueblo de San Francisco de Cuzmango de ques principal don Sebastian Ninalingon de la guaranga de Cuzmango de doña Jordana Mexia.

E despues de lo suso dicho en el dicho pueblo de San Francisco de Cuzmango / a los dichos veinte e dos dias del dicho mes e año el dicho señor juez hizo parescer ante si a Francisco Coxalingon yndio nombrado por el dicho Sebastian Ninalingon para hazer la dicha uisita de los yndios de la dicha pachaca de Xalxaden e del rezibio juramento en forma de derecho e una señal de Cruz hizolo como se requeria so cargo del qual le fue mandado que luego traiga ante su merced todos los yndios que ay en este dicho pueblo de la dicha pachaca para los visytar e numerar como su Magestad lo manda so pena de perjuro e que sera castigado e desterrado de sus tierras el qual ansy lo prometio e luego traxo los yndios que se numeraron por la forma siguiente.

- Don Francisco Caxalingon y su muger Ynes Cosalachoz tiene quatro hijos e dos hijas la mayor es hembra de diez años no a tributado porquesta reseruado de tributar.

TRIBUTARIOS
- Anton Caxapudan y su muger Catalina Cosbonon tiene un hijo e una hija el mayor baron de nueue a diez años.
- Pedro Gonçalez Caruabalente y su muger Ysauel Çique tiene dos hijos e dos hijas el mayor baron de hasta diez y seis años / que se llama Diego Motal soltero.
- Luis Xondeque y su muger Ysabel Tantalatan tiene dos hijos e una hija el mayor baron de hasta seis o syete años.

- Pedro Malcalandon y su muger Catalina Chuquintauan tiene tres hijas e un hijo la mayor es hembra de ocho a nueue años.
- Miguel Napan y su muger Luisa Cosatilla tiene quatro hijos e dos hijas el mayor baron de hasta ocho a nueue años.
- Juan Liuin y su muger Catalina Caboslandin tiene una hija de hasta quatro años.
- Martin Ate y su muger Juana Cucho tiene un hijo e dos hijas el mayor baron de zinco años.
- Sebastian Caboschilos es biudo tiene dos hijos e tres hijas la mayor es soltera hembra de diez e siete años.
- Juan Cuchique biudo tiene un hijo de hasta zinco o seis años.
- Diego Tala soltero no a tributado hasta agora de oy mas podra tributar que tiene hedad para ello. /
- Diego Bilque soltero no a tributado hasta agora de oy mas podra tributar que tiene hedad para ello bastante y demasiada.

Biejos que no tributan.

- Francisco Caxanxiton y su muger Magdalena Chuplandin tiene un hijo e una hija la mayor es hembra de hasta diez y syete años.
- Diego Culso biudo tiene dos hijos e dos hijas la mayor soltera de diez e ocho o veinte años.
- Pedro Chata y su muger Maria Tuguntaban tiene zinco hijos el mayor de diez e syete años dizese Diego Talca que tiene mal de coraçon.
- Francisco Chanta biudo no tene hijos.
- Alonso Chusba y su muger Maria Chipal tiene dos hijos e dos hijas la mayor es hembra soltera de diez e ocho años.

Biudas y biejas

- Juana Pen biuda tiene dos hijos e dos hijas la mayor es soltera hembra de diez y ocho o veinte años.
- Maria Chuptilla vieja no tiene hijos.
- Luisa Cusquiticlla biuda / tiene tres hijos el mayor de ocho años o nueue.

- Juana Caruachapo tiene una hija de hasta diez e siete años.
- Ysauel Lulizichan vieja no tiene hijos.
- Catalina Bitichuton biuda tiene un hijo e una hija el mayor es baron de hasta diez años.
- Ysauel Caxaxoachon biuda tiene un hijo de çinco años.
- Juana Chilca biuda no tiene hijos.
- Eluira Jupchoachon biuda tiene un hijo de diez años.
- Francisca Saya biuda no tiene hijos.
- Francisca Colon biuda no tiene hijos.
- Juana Jubandeque biuda no tiene hijos.
- Margarita Alosnyon no tiene hijos.
- Maria Punchut bieja no tiene hijos.
- Catalina Chaloachoton soltera de diez e syete años.
- Magdalena Coalon de diez y siete años.
- Juana Luconteque vieja no tiene hijos.

El qual dicho principal dixo y declaro debajo del dicho juramento que en el dicho pueblo ni en la dicha su pachaca no auia mas yndios de los que estauan numerados e que si mas hallare el los bendra a manifestar con los demas por no yncurrir en las penas que les estan puestas. Diego Velazquez de Acuña Bartolome de Prol. /

Yndios de la pachaca de Chusan questan en
el pueblo de Cuzmango de ques prinzipal don
Francisco Chuquimitas de la guaranga de Cuzmango
encomendados en doña Xordana Mexia.

E despues de lo suso dicho en el dicho pueblo de San Francisco de Chuquimango (sic) a los dichos veinte e dos dias del dicho mes de diziembre del dicho año el dicho señor juez hizo paresçer ante si al dicho prinzipal don Francisco Chuquimitas prencipal de la pachaca de Chusan y del fue reszibido juramento en forma de derecho e lo hizo como se requeria y dixo si juro e amen e so cargo del le fue mandado que luego traiga ante su merced todos los yndios de la dicha su pachaca questan en este dicho pueblo sin encubrir

ninguno so pena de perjuro e que sera castigado e
desterrado de sus tierras el qual luego traxo los yndios
siguientes.

- El propio don Francisco Chuquimitas cacique principal
  de la dicha pachaca casado con doña Juana Caxajoyan
  tiene quatro hijos e tres hijas la mayor es hembra
  soltera de veinte años el hijo que se dize Domingo
  Angaspirichan de diez y siete años no a tributado
  por ser cacique. /
- Don Francisco Chubzubas biudo tiene un hijo de teta.
- Don Lorenço Chupmalon y su muger Ynes Caboszlachos
  tiene tres hijos e tres hijas el mayor es baron de
  hasta diez y seis años dizese Pablo Yandeque.
- Domingo Chocan y su muger Francisca Cosquinbulan no tiene hijos.
- Gaspar Cul y su muger Ynes Lachozmonobui tiene
  un hijo e una hija el mayor baron de zinco o seis
  años.
- Pedro Astoquipan y su muger Catalina Chupbunon
  tiene un hijo e una hija el mayor baron de zinco
  o seis años.
- Diego Astocuchan y su muger Ysauel Anasinchuton
  tiene tres hijos el mayor de quinze años.
- Anton Caxanlandan y su muger Elena Lachozmeon
  tiene un hijo e dos hijas el mayor baron de seis
  años.
- Pedro Pen y su muger Catalina Xoyan tiene dos
  hijos e una hija la mayor hembra de seis años.
- Cristobal Astonaton y su muger Magdalena Lachozbu-
  non tiene un hijo e tres hijas el mayor baron de
  seis o syete años.
- Anton Cozquiziban y su muger Catalina Chupcalaua
  tiene dos hiios e una hija el mayor baron de zinco
  o seis años. /
- Alonso Angasvalent y su muger Magdalena Lulizicon
  tiene dos hijos el mayor de hasta seis años.
- Anton Caluachula y su muger Magdalena Lulinchuton
  tiene dos hijos el mayor de quatro años.
- Gaspar Chimi y su muger Juana Tungis tiene tres
  hijo e una hija el mayor es baron de diez años.

- Diego Chacos y su muger Magdalena Chipsu tiene dos hijas la mayor de hasta tres años.
- Alonso Siban y su muger Francisca Cabosmeon tiene un hijo e una hija es la mayor la hembra de hasta quatro años.
- Gaspar Angasmalon y su muger Catalina Caboslandin tiene un hijo de siete o ocho años.
- Pedro Chia y su muger Costança Xiuen tiene un hijo de teta.
- Francisco Chaloco y su muger Joana Cosquinbulan tiene un hijo de teta. /
- Felipe Cusquinatan biudo tiene un hijo e una hija el mayor baron de zinco o seis años.
- Don Alonso Cansinitas soltero tributario.
- Pedro Yandeque soltero tributario.
- Alonso Astomacon y su muger Catalina Culquipunon tiene un hijo e tres hijas la mayor hembra de quatro años.
- Diego Angasmitas y su muger Catalina Meacublen tiene un hijo e una hija la mayor es hembra de siete años.
- Cristobal Maychan soltero tributario.
- Pedro Cosquixiton soltero tributario.
- Pedro Cosqui soltero tributario.
- Pedro Dua y su muger Catalina Luchanaque no tiene hijos esta enfermo.
- Andres Mutoc soltero tributarios.
- Pedro Tomicomalon y su muger Joana Chipac tiene dos hijos e una hija el mayor es baron de hasta seis años.
- Pedro Chimo y su muger Catalina Chibeque no tiene hijos.
- Pedro Chaloque y su muger Ynes Chuplan no tiene hijos este y el de arriba antes a este no a tributado hasta agora de oy mas / podran tributar que tiene hedad cumplida.
- Agustin Chiteque y su muger Francisca Usachupo no tiene hijos ni a tributado hasta agora de oy mas puede tributar que tiene hedad cumplida.
- Juan Ocon y su muger Magdalena Cole tiene un

hijo de teta de oy mas puede bien tributar que tiene demasiada hedad para ello.

- Pedro Caboschillon soltero no a tributado de oy mas puede bien tributar.
- Francisco· Naybin soltero no a tributado hasta agora de oy mas puede bien tributar que tiene hedad para ello.
- Pedro Tongositon soltero de hasta diez y ocho años no a tributado que no tiene hedad cumplida.
- Diego Cumdi soltero no a tributado hasta agora de oy mas puede bien tributar que tiene hedad para ello cumplida.

Biejos que no tributan.

- Don Luis Lulibico y su muger Maria Chisni no tiene hijos. /
- Felipe Cosquingilon e su muger Catalina Cosquinxuton tiene una hija de diez e ocho años soltera.
- Alonso Caxaxubas es biudo tiene dos hijos e una hija la mayor es hembra de diez e ocho años y el baron es de quinze años e dizese Alonso Xaue.
- Gaspar Angasbacon y su muger Magdalena Chipaque tiene dos hijos e una hija la mayor es hembra soltera de diez e ocho años.
- Hernando Uchilan y su muger Maria Chuton tiene un hijo de doze años.

Biudas y viejas

- Juana Tingopunon biuda tiene dos hijos e dos hijas la mayor es hembra soltera de diez e ocho años.
- Catalina Chupchute biuda no tiene hijos.
- Ana Angasmaygan biuda no tiene hijos.
- Eluira Angasmonobin biuda tiene dos hijos e una hija la mayor hembra soltera de diez e ocho años.
- Juana Cayba biuda tiene un hijo e dos hijas la hembra la mayor de siete a ocho años.
- Catalina Caxanximon vieja no tiene hijos. /
- Ynes Xaya biuda no tiene hijos.
- Costança Morechon biuda tiene dos hijos e una hija el mayor es baron de ocho o nueue años.
- Juana Chupechuton tiene dos hijas e un hijo la mayor hembra de nueue o diez años.

- Cecilia Chupmeon biuda tiene un hijo e una hija la mayor es hembra de quatro años.
- Maria Caxantnian bieja.
- Juana Caboschiton bieja.
- Ysabel Cabostauan bieja.
- Magdalena Cuzquinxuton bieja.
- Eluira Cozquilandin tiene una hija de veinte años soltera.
- Catalina Carualandin tiene dos hijas solteras la mayor de hasta veinte años.
- Catalina Cosquesupo tiene dos hijas la mayor soltera de diez e ocho años o veinte.
- Magdalena Coachuche vieja.
- Magdalena Amiche biuda no tiene hijos.
- Cecilia Cabosxoyan tiene dos hijas solteras la mayor de diez e ocho años.
- Catalina Angoslandin no tiene hijos.
- Magdalena Moxen bieja.
- Juana Sutuc bieja no tiene hijos.
- Juana Casalatan biuda tiene tres hijas la mayor de diez e syete años. /
- Ana Chan soltera de diez e ocho años.
- Magdalena Chipa biuda no tiene hijos.
- Juana Cabospinon biuda no tiene hijos.

HUERFANO
- Pablo Viche de diez e siete años.

El qual dicho principal debaxo del dicho juramento dixo e declaro no auer mas yndios en la dicha pachaca en este dicho pueblo e que si mas hallare los bendra a manifestar por no yncurrir en las penas que le estan puestas. Diego Velazquez de Acuña Bartolome de Prol.

Yndios de la pachaca de Paixan que estan
en el pueblo de San Francisco de Cuzmango
de ques prenzipal Juan Cache menor y su
gouernador don Antonio Astoquipanpique de
la dicha guaranga de Cuzmango encomendados
en doña Jordana Mexia.

En el pueblo de San Francisco de Cuzmango en el dicho dia mes e año suso dicho el dicho señor hizo parescer ante si a don Antonio Astoquipanpique gouernador del cacique principal al qual mando que debaxo del dicho juramento que tiene fecho antes de agora que traiga ante su merced todos los yndios de la dicha pachaca de Paixan sin encubrir ninguno so las penas que les tiene puestas el qual asi lo prometio e luego traxo los yndios siguientes. /

TRIBUTARIOS
- Francisco Astoxiton y su muger Luisa Chalate tiene un hijo e dos hijas la mayor es hembra de zinco años.
- Francisco Angaslingon y su muger Juana Çipat tiene dos hijos e una hija el mayor es baron de zinco años.
- Anton Xaue y su muger Magdalena Tos tiene una hija de teta.
- Juan Cayan soltero no a tributado hasta oy mas puede tributar que tiene hedad para ello.

Viejos que no tributan.
- Domingo Palia y su muger Chuquinleque tiene tres hijas la mayor de diez e syete años.
- Alonso Guaccha y su muger Maria Yatilla no tiene hijos.

Biejas y biudas.
- Magdalena Caxandil biuda tiene un hijo e una hija la mayor es hembra soltera de veinte años el uaron de mas de diez e ocho años es manco del braço y mano ysquierda dizese Francisco Endeque.
- Luisa Colquesichan biuda tiene una hija de veinte años soltera. /
- Magdalena Culo vieja no tiene hijos.

Huerfanos.
- Pablo Chucsus de doze años.
- Alonso Ynes de ocho años.

El qual dicho prinzipal gouernador debajo del dicho juramento que fecho tiene dixo · e declaro que no tiene mas yndios en este dicho pueblo de la dicha su pachaca mas de los que tiene manifestados e que si mas hallare los bendra a manifestar por no yncurrir

en las dichas penas Diego Velazquez de Acuña Bartolome de Prol escriuano.

*Yndios oluidados de la dicha pachaca de
Choton que estauan en el pueblo del Espiritu
Santo de Chuquimango e los manifesto Juan
Bautista gouernador que son los siguientes.*

    – Juan Consop vieja no tiene hijos.
– Domingo Yali de ocho o nueue años.
– Domingo Yali de ocho o nueue años.
– Cristobal Yateque de seis años.
– Catalina Sopan de diez o doze años.
– Catalina Saman de siete años.

      Y en la dicha pachaca de Chalaquedon de ques
prinzipal don Hernando Tanctachicon se oluidaron en
el dicho pueblo del Espiritu Santo los yndios siguientes. /
– Cristobal Lola soltero de diez e ocho años.

VIEJA – Luisa Caxatanlan tiene un hijo de hasta seis o siete
HUERFANA años.
– Catalina Nyan de ocho o nueue años.
– Anton Luli huefano de seis años.

      Los quales dichos yndios el dicho gouernador
Juan Baptista los manifesto por oluidados en las dichas
pachacas y el dicho señor juez los hizo poner por
numero como de suso van declarados y lo fyrmo Diego
Belazquez de Acuña Bartholome de Prol.

*Yndios de la pachaca de Ayambla questan
en el pueblo de Santiago Catazabolan de ques
prinzipal don Juan Astomalon de la guaranga
de Cuzmango encomendado en doña
Jordana Mexia.*

      En el pueblo de Santiago Catazabulan a veinte
e quatro dias del mes de diziembre de mill e quinientos
y setenta e un años el señor juez hizo parescer ante
si a don Juan Astomalon caçique prenzipal de la dicha
guaranga y pachaca al qual mando que debajo del juramento

que tiene fecho antes de agora en esta causa que traiga ante su merced todos los yndios que tiene en este dicho pueblo de la dicha pachaca so las penas que le tiene puestas el qual asi lo prometio y luego traxo y presento ante su merced los yndios siguientes y el dicho señor juez ynbentario y puso por numero en la forma syguiente. /

- Alonso Chayon y su muger Ysauel Chache tiene dos hijos e una hija el mayor es baron de syete o ocho años.
- Francisco Senep y su muger Ysauel Yapichi tiene dos hijas la mayor es de hasta zinco años.
- Francisco Gualache y su muger Elvira Bacos tiene un hijo e una hija la mayor hembra de zinco años.
- Cristobal Chamba y su muger Ynes Muscal tiene tres hijos e una hija el mayor varon de seis años.
- Alonso Zequelpoco y su muger Catalina Xocsin tiene una hija de hasta quatro o cinco años.
- Cristobal Xipey y su muger Catalina Chupoc no tiene hijos.
- Alonso Trac y su muger Ysauel Paunisqui tiene tres hijas e un hijo la mayor hembra de zinco años.
- Francisco Famin y su muger Francisca Felnin tiene un hijo e una hija de zinco años el mayor baron.
- Diego Cunes y su muger Ynes Chipoc tiene tres hijas y doze (sic) hijos el mayor baron de siete años.
- Juan Lulipaca y su muger Ynes Mano tiene un hijo de teta.
- Juan Chamoyen y su muger Ynes / Suso tiene tres hijos el mayor de ocho a nueue años.
- Pedro Chipen y su muger Magdalena Xulca tiene un hijo e tres hijas el mayor varon de seis años.
- Pedro Mizo y su muger Ynes Benzus tiene tres hijos el mayor se dize Francisco Pizo de quinze o diez e seis años.
- Juan Amillo y su muger Catalina Nusco tiene una hija de hasta quatro o zinco años.
- Alonso Chifomo y su muger Magdalena Chalpon tiene dos hijos e dos hijas la mayor es hembra de nueue o diez años.

– Cristobal Minchon biudo tiene un hijo e una hija es la mayor hembra de hasta seis años.

– Juan Chimo y su muger Ysauel Chanpin tiene un hijo e una el mayor es baron de quatro o zinco años.

– Baltazar Chimpen y su muger Ysauel Chiri tiene tres hijos e quatro hijas el mayor de doze a treze años.

– Anton Langon y su muger Maria Temey tiene una hija de teta.

– Alonso Llamo y su muger Catalina Chubcol tiene un hijo e una hija el mayor es baron de hasta zinco años.

– Alonso Cabuchi y su muger Maria Chalpon tiene quatro hijos e una hija el mayor es baron de nueue o diez años.

– Domingo Guaccha y su muger Ynes Poliaque tiene tres hijas e un hijo el mayor varon de cinco años.

– Anton Po y su muger Ysabel Paique tiene dos hijos e una hija el mayor varon de diez años.

– Luis Çirqui y su muger Magdalena Abloquipan tiene un hijo e una hija el mayor es varon de tres a quatro años.

– Juan Culo y su muger Magdalena Luli tiene dos hijas la mayor de doze años.

– Lorenço Chucal y su muger Maria Xuiuchuco tiene un hijo de teta.

– Lorenço Coche y su muger Magdalena Lluni tiene tres hijas e un hijo la mayor es hembra de nueue años.

– Domingo Chumon y su muger Maria Chipi tiene dos hijos el mayor es de tres a quatro años.

– Diego Chan y su muger Catalina Colon tiene un hijo de teta.

– Alonso Quipan y su muger Catalina Choque tiene quatro hijos e quatro hijas el mayor es Pedro Moyo de diez y seis o diez y siete años.

– Diego Calami y su muger Juana Chami tiene un hijo e quatro hijas la mayor es hembra de diez e seis años. /

- Juan Culoblo y su muger Magdalena Uche tiene tres hijas la mayor de siete años.
- Pedro Chilon y su muger Magdalena Chachu tiene tres hijos el mayor de seis años.
- Francisco Vitan y su muger Catalina Xutas tiene una hija de teta.
- Juan Balia soltero tributario.
- Hernando Chus y su muger Luisa Chuchi tiene un hijo de zinco años.
- Hernando Tillec y su muger Magdalena Chumblan tiene dos hijos e dos hijas el mayor baron de doze o treze años.
- Alonso Chi y su muger Maria Chalache tiene dos hijos el mayor de zinco o seis años.
- Hernando Toto soltero tributario.
- Hernando Mallalandon soltero tributario tiene un hijo de teta.
- Francisco Xibete tiene muger e dos hijas la mayor de seis años.
- Alonso Binche soltero tributario.
- Juan Nite soltero no a tributado hasta agora porque no tenia hedad agora tiene demasiada.
- Alonso Cuxo casado con Costança Poaque tiene un hijo de teta no a tributado hasta agora de oy mas puede bien tributar que tiene hedad para ello.
- Juan Yaquemunche y su muger / Ysabel Paonan no tiene hijos no a tributado hasta agora de oy mas podra tributar que ya tiene hedad cumplida.
- Françisco Naca y su muger Ysauel Poyoc tiene una hija de teta no a tributado hasta agora de oy mas puede bien tributar.
- Pedro Chacon y su muger Magdalena Channa tiene un hijo e una hija el mayor baron de quatro años no a tributado hasta agora de oy mas puede tributar que tiene hedad para ello.
- Alonso Chingon y su muger Ysauel Nipo tiene dos hijos el mayor de tres años no a tributado hasta agora de oy mas podra tributar que tiene hedad para ello.
- Juan Anco y su muger Juana Xulmitio no tiene hijos

ni a tributado hasta agora de oy mas podra bien
tributar.

- Pedro Noya y su muger Catalina Yapin no tiene
hijos ni a tributado hasta agora de oy mas podra
bien tributar.
- Francisco Guallon y su muger Magdalena Mocal no
tiene hijos ni a tributado hasta agora de oy mas
podra bien tributar.
- Diego Chupan soltero no a tributado hasta agora
de oy mas puede bien tributar que tiene hedad para
ello. /
- Juan Calla y su muger Ysauel Yatique tiene dos hijas
de quatro años la mayor no a tributado hasta agora
de oy mas puede bien tributar que tiene hedad bastante
para ello.
- Juan Putibe y su muger Ynes Bunon tiene un hijo
e una hija el baron mayor de seis años es tributario
antiguo dizen que anda huido.

             Biejos que no tributan.

- Don Juan Pongo y su muger Magdalena Fuenchen
no tiene hijos.
- Anton Axac y su muger Ynes Fraychen tiene dos
hijos e una hija el mayor es baron de diez y seis
o diez e syete años y dizese Alonso Quillay.
- Martin Alpa y su muger Magdalena Patma tiene un
hijo de nueue o diez años.
- Andres Chibla y su muger Ynes Pisbil tiene dos hijos
el mayor de diez y siete años e mas dizese Juan
Espil.
- Pedro Gonçales Caposquipan y su muger Ysabel Qualon
no tiene hijos.
- Francisco Xup y su muger Magdalena Oxameon tiene
un hijo e dos hijas el mayor es baron de zinco
o seis años.

             Biudas y biejas. /

- Maria Binque biuda no tiene hijos.
- Catalina Pisco biuda tiene dos hijos el mayor de
nueue años.
- Catalina Conchin biuda no tiene hijos.
- Maria Lempa no tiene hijos.

- Catalina Xupxop biuda tiene .... (en blanco en el manuscrito) de quatro o zinco años.
- Maria Paye biuda no tiene hijos.
- Ynes Pasllas no tiene hijos.
- Eluira Parcha tiene un hijo de hasta syete años.
- Maria Coyan biuda tiene dos hijos el mayor de syete o ocho años.
- Maria Cucha bieja no tiene hijos.
- Catalina Chimi biuda tiene dos hijos e una hija la mayor hembra de diez años.
- Ysauel Zipac biuda tiene un hijo de teta.
- Costança Chisup soltera no tiene hijos.
- Magdalena En biuda no tiene hijos.
- Catalina Lo biuda tiene dos hijas la mayor de treze años.
- Costança Moçit biuda no tiene hijos.
- Magdalena Xuten biuda tiene dos hijas de siete o ocho años la mayor.
- Ana Amialaton vieja no tiene hijos.
- Catalina Luli bieja tiene un hijo e una hija la mayor hembra soltera de veinte años.
- Catalina Chuzin vieja no tiene hijos. /
- Ynes Xen bieja tiene tres hijos e una hija el mayor baron de diez años.

Huerfanos.

- Magdalena Copo de diez y seis años.
- Catalina Culodeque de quinze años.
- Magdalena Xa de diez y seis años.
- Ynes Azuche de ocho años.
- Pedro Pete soltero no a tributado hasta agora de oy mas podra bien tributar que tiene hedad cumplida para ello.
- Maria Cabosxoyan biuda tiene un hijo de zinco años.
- Ynes Chumalaca vieja no tiene hijos.

El qual dicho prenzipal debaxo del dicho juramento que fecho tiene dixo e declaro que no auia mas yndios en el dicho pueblo en la dicha pachaca e que si mas hallare los bendra a manifestar por no yncurrir en las dichas penas. Diego Velazquez de Acuña- Bartholome de Prol.

Yndios de la pachaca de Chisan questan en
el pueblo de Santiago Catazabolen de ques prinçipal
don Francisco Chuquimitas de la guaranga de Cuzmango
de doña Jordana Mexia.

E despues de lo suso dicho en el pueblo de Santiago Catazobolon a los dichos veinte e quatro dias del dicho mes e año el dicho señor juez hizo paresçer ante si al dicho don Francisco Chuquimitas / caçique prençipal de la dicha pachaca de Chusan al qual mando debajo del dicho juramento que fecho tiene antes de agora que luego traiga todos los yndios de la dicha pachaca que estan en este dicho pueblo so las penas que les tiene puestas el qual dixo que asy lo cumpliria e luego traxo los yndios siguientes.

TRIBUTARIOS
- Lorenço Chusicon y su muger Juana Zipaque tiene tres hijos e dos hijas el mayor de nueue o diez años.
- Diego Caluachicon y su muger Ysauel Lachozcichan tiene quatro hijos e dos hijas el mayor baron de diez a onze años.
- Juan Xamote y su muger Juana Cosquexoyan tiene tres hijos e una hija el mayor es baron de quinze años dizese Pedro Xape.
- Pedro Chique y su muger Catalina Quen tiene un hijo de teta.
- Pedro Chal y su muger Catalina Chaboc tiene dos hijos e dos hijas el mayor baron de siete años.
- Gomez Gatochucon y su muger Eluira Angasmeon tiene dos hijos el mayor de honze años. /
- Hernando Canninapon y su muger Madalena Cusquinpanon tiene tres hijas e dos hijos la mayor hembra de veinte años.
- Pedro Xala y su muger Magdalena Tantaxauan tiene un hijo de teta.
- Françisco Cabosxanon y su muger Magdalena Tantatula tiene zinco años (sic) el mayor se dize Martin Angas de hedad de hasta quinze o diez y seis años.
- Juan Caxauallo biudo tiene dos hijos y tres hijas la mayor es hembra de diez e seis años.

– Anton Nyta y su muger Ynes Cominan tiene un hijo e dos hijas el mayor varon de nueue años.

– Juan Tongozap y su muger Juana Cipaque tiene un hijo e una hija el mayor es baron de cinco o seis años.

– Pedro Gonçales Astochiban y su muger Luisa Sunchundeque tiene un hijo de ocho años.

– Cristobal Xiui y su muger Chupaque tiene dos hijos e una hija el mayor baron de quatro o zinco años.

– Gaspar Quiaxape y su muger Juana Cabosllacon tiene dos hijas e un hijo el mayor varon de zinco o seis años. /

– Gaspar Bexu y su muger Luisa Piapat tiene un hijo de teta.

– Pablo Chimalon y su muger Ynes Chucana tiene una hija de teta.

– Anton Chis y su muger Juana Cabusbolan tiene una hija de teta.

– Anton Amusychu e su muger Luisa Chusman tiene un hijo e una hija el mayor de quatro o zinco años.

– Pedro Pen y su muger Luisa Cayandes tiene dos hijos el mayor de hasta doze años.

– Pedro Chumalaca y su muger Catalina Xocxux tiene un hijo de teta.

– Bartolome Eluche y su muger Catalina Uchumeon tiene una hija de teta.

– Francisco Yundixin y su muger Ysauel Chipaca tiene una hija de teta.

– Diego Canche y su muger Magdalena Chupixoyan tiene una hija de teta.

– Pedro Malon y su muger Magdalena Cachayoc tiene una hija de teta.

– Miguel Chupbac y su muger Catalina Chipaque tiene dos hijos el mayor de diez e ocho años. /

– Alonso Xamote y su muger Joana Colin no tiene hijos.

– Luis Pondeque y su muger Ana Baneque tiene dos hijos y dos hijas la mayor hembra de diez años.

- Pedro Jubel y su muger Magdalena Colin no tiene hijos.
- Francisco Quepo y su muger Joana Musca tiene una hija de hasta tres años.
- Cristobal Cabalente y su muger Joana Chipaque tiene tres hijos e dos hijas el mayor varon de hasta seis o siete años.
- Lorenço Xuplan biudo tiene quatro hijos e dos hijas la mayor hembra soltera de diez años.
- Domingo Cosquipitan y su muger Joana Cosbulan tiene dos hijas la mayor de quatro o zinco años.
- Gaspar Lona soltero enfermo.
- Juan Chadco soltero tributario.
- Pablo Abalante solero.
- Joan Xent soltero solero.
- Pedro Palxat soltero.
- Pedro Xubi soltero. Estos entranbos a dos no an tributado hasta agora de oy mas pueden bien tributar / que tiene hedad cumplida.
- Francisco Tantamiatan cassado con Catalina Ungui tiene un hijo de teta no a tributado hasta agora de oy mas puede tributar.
- Pedro Uchobalente soltero no a tributado hasta agora de oy mas puede bien tributar.
- Pablo Lulamuton soltero no a tributado hasta agora de oy mas puede bien tributar.
- Alonso Caxa soltero no a tributado hasta agora de oy mas puede bien tributar.
- Joan Lazu biudo no tiene hijos no a tributado hasta agora porquel visytador no lo asento de oy mas puede bien tributar y deue mas de seis años de tributo.

Viejos que no tributan

- Martin Chupuan biudo no tiene hijos.
- Anton Chilon biudo no tiene hijos.
- Alonso Caboschicon y su muger Ysabel Latanloyan tiene una hija de hasta diez años.
- Alonso Culla y su muger Catalina Pane no tiene hijos.
- Alonso Cul y su muger Maria Cachu / tiene dos hijas de siete años la mayor.

- Cristobal Pancal biudo no tiene hijos.
- Pedro Gonzalez Chupchucan y su muger Madalena Chupemeon tiene tres hijos y dos hijas el mayor varon de hasta diez años.

Biudas y viejas

- Magdalena Chimean vieja.
- Magdalena Canganchite vieja.
- Maria Cuxanymun vieja.
- Maria Hastula vieja.
- Ana Chuquilatan vieja.
- Luisa Aze biuda no tiene hijos.
- Luisa Chujope bieja tiene dos hijas la mayor de doze años.
- Ysauel Chuconticla biuda tiene una hija de diez e ocho años.
- Costança Baal biuda no tiene hijos.
- Ysauel Enlo biuda tiene dos hijos y una hija la mayor hembra de diez años.
- Maria Chipsuque biuda tiene dos hijas la mayor de diez e seis años.
- Catalina Chupmeon biuda tiene una hija de tres años.
- Joana Chian biuda tiene un hijo de nueue o diez años.
- Ysauel Bauan biuda tiene una hija de hasta syete años. /
- Magdalena Casacoachon biuda no tiene mas de una hija e de zinco años.
- Ynes Chumen biuda tiene tres hijos el mayor es varon de doze años.
- Catalina Zicon biuda tiene dos hijos y una hija de seis años la mayor hembra.
- Ysauel Chuchaman tiene una hija de hasta nueue años.
- Joana Chuticla biuda tiene dos hijos y una hija el mayor es varon de diez o onze años.
- Luysa Yani biuda tiene quatro hijos y una hija el mayor varon de doze años.
- Ynes Cansapun biuda no tiene hijos.
- Ysauel Chutixayan vieja no tiene hijos.
- Joana Cabospunon biuda tiene dos hijos y tres hijas

y es la mayor hembra soltera de diez e siete años.
- Ana Lachozmeon biuda tiene una hija soltera de diez
e ocho años.
- Costança Chen biuda tiene dos hijos e una hija el
mayor varon de ocho años.
- Francisco Dilas cassado con Catalina Zuquilon tiene
una hija y un hijo / el mayor varon de hasta siete
años o ocho es viejo que no tributa.
- Luisa Angaslatan biexa.
- Luisa Apoco biuda no tiene hijos.
- Madalena Chapaque no tiene hijos.
- Maria Chupdun vieja.
- Luisa Chilla vieja no tiene hijos.
- Ynes Cochayoque biexa.
- Joana Muchuy bieja no tiene hijos.
- Joana Acha biuda no tiene hijos.
- Catalina Caxal vieja no tiene hijos.
- Catalina Paxayoc no tiene hijos.
- Joana Anchin bieja no tiene hijos.
- Luisa Tantaxoyan no tiene hijos.

Huerfanos

- Martin Cheyoc de syete años.
- Andres Xabe de seis años.
- Ysauel Chiche de zinco años.
- Pedro Buchei de doze años.
- Ana Encax de ocho o nueue años.
- Catalina Vxapucho de zinco años.

El qual dicho prinzipal debaxo del dicho juramento dixo y declaro no tener en la dicha pachaca
mas yndios de los magnifestados e que si mas hallare
los vendra a manifestar por no yncurrir en las penas
que le estan puestas. Diego Belazquez de Acuña, Bartolome
de Prol.

*Yndios de la pachaca de Puxan questan en el
pueblo de Santiago / Catazabalon de ques
prinzipal Joan Caches menor de la guaranga de
Cuzmango de doña Jordana Mexia.*

E despues de lo suso dicho en el dicho pueblo de Santiago de Catazabulon a los dichos veinte e quatro dias del mes de diziembre del dicho año el dicho señor juez hizo pareçer ante si a don Gonçalo Colquechicon persona que manifyesta los yndios de la pachaca de Payxan del dicho Juan Caches e del tomo e reszibio juramento en forma de derecho y lo hizo como se requeria y so cargo del qual lo mando que traiga ante su merced todos los yndios de la dicha pachaca syn yncubrir nynguno questan en este dicho pueblo so pena de perjuro e que sera castigado e desterrado de sus tierras el qual asy lo prometio y luego traxo los yndios que se ynuentariaron y por cuenta y razon e pusyeron en la forma syguiente.

- Don Gaspar Caboschilon cassado con doña Estefania Lachoztaban tiene quatro hijos e dos hijas el mayor varon de diez años no a tributado porquesta reseruado del.

TRIBUTARIOS

- Don Antonio Camai y su muger Magdalena Lachozzicon tiene un hijo de quatro años.

- Alono Cabosmalon y su muger Ynes Casalandon tiene un hijo e dos hijas el mayor varon de hasta siete años.

- Alonso Xabe y su muger Ysabel Lachozjoyan tiene dos hijos e una hija es el mayor varon de zinco años.

- Pedro Gonzalez Caxachaban y su muger Joana Chuntaban tiene tres hijos e quatro hijas el mayor varon soltero de diez e ocho años dizese Melchior Maote.

- Joan Chaloc e su muger Joana Vacoslachoz tiene un hijo y una hija es hembra la mayor de zinco años.

- Alonso Asalian y su muger Joana Cabosjuton tiene un hijo e una hija el mayor varon de diez e siete años Anton Xilabe.

- Francisco Cunbon y su muger Maria Cabosdean tiene dos hijos el mayor de tres años.

- Martin Malca y su muger Juana Andel tiene quatro hijos e dos hijas el mayor es varon e dizese Pablo

Canche e de hedad tiene diez y seis o diez e syete años.

- Melchior Manoctanta y su muger Catalina Cabonchul tiene tres hijas y un hijo la mayor es hembra de diez años.
- Andres Chapo y su muger Catalina Suto tiene tres hijos e dos hijas el mayor es varon de doze años.
- Miguel Muton soltero tributario.
- Diego Pique biudo tiene dos hijas la mayor de siete o ocho años.
- Domingo Longin y Joana Chipac su muger no tiene hijos.
- Pedro Notoco y su muger Magdalena Tantasup tiene un hijo de teta.
- Domingo Tobe y su muger Joana Chipac tiene dos hijos e una hija el mayor varon de zinco años tiene otro muchacho huerfano de zinco años.
- Domingo Chumi y su muger Ysauel Chian tiene un hijo de teta.
- Andres Cosquexul y su muger Catalina Chipac tiene dos hijos y una hija la mayor es hembra de ocho o nueue años.
- Pedro Azil y su muger Catalina Yundec tiene dos hijos e dos hijas el mayor varon de treze años.
- Cristobal Yundec y su muger Magdalena Chipac tiene tres hijos y tres hijas el mayor varon de seis años.
- Anton Xuque y su muger Joana Yaque tiene un hijo y una hija el mayor varon de hasta diez y seis años que se dize Francisco Xusypo.
- Diego Vania y su muger Ysauel Vil tiene un hijo y una hija el mayor varon de quatro o zinco años.
- Pedro Lingon y su muger Posachia tiene un hijo y una hija el mayor varon de quatro años.
- Martin Muchi y su muger Ynes Chipac tiene tres hijos y tres hijas la mayor es hembra de doçe años.
- Diego Vili y su muger Catalina Chucho tiene un hijo de diez años.
- Pedro Catay y su muger Catalina Paec tiene dos hijos el mayor de hasta tres años.
- Martin Cuyo y su muger Costança Lulo tiene un

hijo y una hija la hembra es la mayor de diez años.

- Pedro Quel y su muger Luisa Meon tiene dos hijas la mayor de quatro años o mas.
- Alonso Libin y su muger Madalena Chuchu tiene tres hijos y dos hijas el mayor varon de tres años.
- Andres Cusquicovan y su muger Catalina Chipac tiene dos hijos el mayor de quatro o zinco años.
- Alonso Xauc y su muger Joana Chupon tiene dos hijas de zinco o seis años la mayor.
- Joan Chichumin y su muger Beatriz Chuquixiya no tiene hijos.
- Andres Casas y su muger Catalina Syui tiene dos hijas la mayor de hasta seis años. /

NO TRIBUTA
- Cristobal Chacon y su muger Magdalena Colon y tiene tres hijos y una hija de siete años la mayor es fyscal y por eso no tributa.
- Cristobal Angasmalon y su muger Catalina Lulisinchon no tiene hijos.
- Francisco Laqui soltero no tiene hijos.
- Joan Culibes y su muger Magdalena Tatanbianon tiene un hijo de teta no a tributado hasta agora de oy mas puede bien tributar.
- Pablo Xulca soltero no a tributado de oy mas puede tributar.
- Pedro Minche y su muger Catalina Cuy tiene dos hijos e dos hijas la mayor hembra de ocho años no a tributado hasta agora porque le escondieron de oy mas puede tributar.
- Pedro Yacla y su muger Ynes Xiuini tiene dos hijas la mayor de dos o tres años.
- Pedro Cheras y su muger Magdalena Cuquinbonon no tiene hijos ni a tributado de oy mas tributara.
- Pedro Xaue y su muger Ynes Culi tiene tres hijas e un hijo ques el mayor de zinco años no a tributado hasta agora de oy mas puede tributar. /
- Pedro Chuche y su muger Ynes Veche tiene un hijo de teta puede bien tributar de aqui adelante que tiene bastante hedad.
- Alonso Chuni soltero tiene hedad para tributar aunque no lo a hecho hasta agora dizen ques loco y tonto.

- Francisco Cheman soltero no a tributado hasta agora de oy mas puede bien tributar.
- Francisco Chiban soltero no a tributado hasta agora de oy mas podra tributar que tiene hedad para ello.
- Joan Yamot soltero de oy mas puede bien tributar que tiene hedad para ello aunque hasta aqui no lo a hecho.
- Francisco Chucha y su muger Catalina Vlche tiene zinco hijos e tres hijas la mayor es hembra de diez e siete años no a tributado jamas porque le escondieron al visitador.

Viejos que no tributan.

- Martin Mallan y su muger Joana Latanjucon tiene dos hijas la mayor de diez e seis años.
- Joan Astotanta y su muger Maria Chachonmba tiene tres hijas y un hijo es la mayor hembra soltera de veinte años. /
- Joan Chusilan y su muger Maria Chuquinixuti tiene una hija de diez e ocho años.
- Joan Vilchu y su muger Juana Latay tiene un hijo e dos hijas la mayor henbra soltera de diez e siete años.
- Martin Mozenducos biudo tiene una hija de veinte años soltera y mas.
- Gaspar Posan y su muger Ysauel Lazicon tiene una hija de quinze años.
- Miguel Malli y su muger Magdalena Asa tiene una hija de quinze años soltera.
- Alonso Vile y su muger Luisa Cabuz tiene quatro hijas y dos hijos el mayor es varon de diez y siete años dizese Anton Xul.
- Joan Soco y su muger Magdalena Xibon tiene quatro hijas es la mayor de catorze años.
- Baltassar Asabalen y su muger Magdalena Chundeque tiene tres hijas e dos hijos la mayor henbra de doze e treze años.
- Domingo Chuquinivaque, Magdalena Caluanchut su muger no tiene hijos.
- Joan Chiz biudo no tiene hjos.
- Alonso Chaqui biudo no tiene hijos. /

Biudas y viejas

- Costança Chuxlaco biuda tiene quatro hijas y un hijo de veinte años la mayor henbra soltera.
- Costança Caxacicla biuda tiene dos hijos e una hija la mayor hembra de doze años.
- Ynes Chal biuda tiene tres hijos el mayor de nueue años.
- Ynes Chuz biuda tiene dos hijos y una hija el mayor varon de diez años.
- Joana Anaslogon biuda tiene un hijo de hasta syete años.
- Joana Bolanes biuda tiene un hijo de hasta seis años.
- Maria Namoxis tiene dos hijas la mayor de diez y ocho años.
- Joana Chupas biuda tiene tres hijos el mayor de doze años.
- Magdalena Napil tiene tres hijas la mayor de zinco años.
- Catalina Chiteque biuda tiene una hija de zinco años.
- Maria Chuxu biuda tiene un hijo y una hija la mayor henbra de hasta doze años.
- Catalina Yabechico biuda tiene un hijo de diez años.
- Magdalena Chocho biuda tiene una hija de quatro años. /
- Catalina Vichi tiene dos hijas e un hijo la mayor de veynte años hembra soltera.
- Catalina Xipon biuda tiene dos hijos y una hija la mayor es henbra de diez y seis años.
- Luisa Xul biuda tiene un hijo y una hija la mayor es henbra de treze años soltera.
- Catalina Yabicho biuda tiene una hija de treze años.
- Catalina Coba tiene una niña de hasta tres años.
- Beatriz Chocho viuda no tiene hijos.
- Magdalena Cuquilibolan bieja.
- Magdalena Chucho biuda tiene un hijo y una hija el mayor baron de hasta zinco años.
- Madalena Chucho biuda tiene dos hijas y un hijo la mayor de seis años hembra.
- Magdalena Lulique vieja tiene una hija soltera de veynte años.

- Luysa Vchuibian biexa tiene una hija de veinte años soltera.
- Maria Angaschup viexa.
- Elena Cuchin biuda tiene un hijo de hasta seis años.
- Magdalena Vche viexa. /
- Costança Enio no tiene hijos.
- Magdalena Caluachup vieja.
- Joana Yondec viexa.
- Ysauel Latanchop viexa.
- Ynes Lulinun tiene tres hijos el mayor de nueue o diez años.
- Ynes En biuda tiene dos hijos y una hija el mayor varon de hasta seis años.
- Ynes Tusin biuda tiene un hijo de teta.
- Joana Chuticla biuda no tiene hijos.
- Luisa Dicon viexa.
- Ynes Chundian biexa e tiene un hijo de hasta seis años.

                    Huerfanos.
- Françisca Culquiymba de diez y siete años.
- Ynes Xoyan de catorze años.
- Ynes Chupgan de quinze años.
- Pablo Chupchacon de ocho años.

BIUDA
- Magdalena Chuasen biuda tiene una hija de veynte años y un hijo de doze o treze años.

El qual dicho prinzipal debaxo del dicho juramento dixo y declaro no tener mas yndios de los questan de suso declarados e que sy mas hallare los vendra a magnifestar por no / yncurrir en las penas que le estan puestas Diego Velazquez de Acuña. Bartolome de Prol.

En este dicho pueblo se hallaron de la pachaca de Xaxaden de ques prinzipal don Seuastian Ninalingon de la guaranga de Cuzmango los yndios siguientes que dixeron ser encomendados en doña Joradana Mexia.

NUEUO TRI-
BUTARIO
- Joan Ocheca y su muger Catalina Culundec no a tributado hasta agora de oy mas puede tributar que tiene hedad cumplida para ello.

BIUDAS
- Joana Llollozut tiene dos hijas y un hijo la mayor hembra de diez años.

– Joana Chaloque biexa no tiene hijos.

Y el dicho señor juez no hallo mas yndios de la dicha pachaca ny de otra alguna y lo firmo de su nombre Diego Belazquez de Acuña. Bartolome de Prol.

Yndios que se le oluidaron a don Francisco Chuquimitas en la pachaca de Chuzan y en el pueblo de Sant Francisco de Cuzmango encomendados en doña Jordana Mexia.

En el pueblo de San Benito Cadachona a treynta e / un dias del mes de diziembre de mill e quinientos y setenta e un años entrante el año del nazimyento de Nuestro Saluador Jesucristo de myll e quinientos y setenta e dos años ante el dicho señor juez parecio presente el dicho don Francisco Chuquimitas y dixo que de su pachaca de Chussan en el dicho pueblo de Santyago Catazalon se le auian oluidado los yndios siguientes.
– Joan Chuquipan del pueblo de Santiago es biudo no tiene hijos es tributario antiguo.
– Pedro Chichape soltero tributario antiguo no tiene hijos es deste propio pueblo y pachaca.
– Una biuda que se dize Ana Cabuste es biuda e no tiene hijos.
– Joan Hunbindo deste dicho pueblo y pachaca tiene dos hijos el mayor de hasta quatro años e no a tributado hasta agora de oy mas puede tributar que tiene hedad para ello bastante.

Y en el dicho pueblo de Sant Francisco de Cuzmango de la dicha pachaca se le oluidaron.
– Joan Chimybana soltero no a tributado hasta agora de oy mas podra bien tributar que tiene bastante hedad.
– Cristobal Piqui cassado tiene un hijo de teta no a tributado hasta agora de oy mas puede bien tributar que tiene hedad para ello bastante.

E de la pachaca de Pauxan se le oluido en el dicho pueblo de Santiago un huerfano que se le auia olbidado que manifesto don Gaspar Caboschilon prinzipal.

HUERFANO

— Cristobal Suyo huerfano de seis años.

En el dicho pueblo de San Benito en el dicho dia mes y año suso dicho en el dicho pueblo antel dicho señor juez parescio presente don Juan Astomalon cacique prinzipal e dixo que se auian olbidado en sus pachacas ansy en el pueblo de Santiago como en el de San Francisco los yndios siguientes.

VIEJOS

— Françisco Lumaque biudo biejo no tiene hijos.

— Françisco Maigenia biejo no tiene hijos.

— Juana Yabe soltera y huerfana de diez e ocho a veynte años.

— Magdalena Cossamunbui bieja e buida no tiene hijos.

— Tantaxicon bieja y biuda tiene dos hijos e dos hijas / las mayores son las henbras de diez e ocho o veynte años.

Estos son de Cuzmango e los de Santiago son.

VIEJA

— Magdalena Coxagon bieja e biuda tiene una hija de diez e ocho o veinte años.

E que estos son los que se le olbidaron e que por no yncurrir en las penas los bienen a descubrir e manifestar ante su merced. Diego Belazquez de Acuña, Bartolome de Prol.

Yndios de la pachaca de Chusan questan en el pueblo de San Benito de ques prinçipal don Francisco Chuquimitas de la guaranga de Cuzmango de doña Jordana Mexia.

En el pueblo de San Benito Cadachon de treinta e un dias del mes de diziembre de mill y quinientos e setenta e un años entrante el año del Señor de mill y quinientos e setenta e dos años el dicho señor juez hizo parescer ante si al dicho don Francisco Chuquimitas prinzipal de la dicha pachaca de Chussan al qual mando que luego traiga ante su merçed todos los yndios que tiene en esto dicho pueblo so las penas que le tiene puestas el qual dixo que ansy lo haria y cumpliria y luego traxo e presento los yndios siguientes. /

- Melchior Caxachoban fyscal e su muger Juana Puloque tiene dos hijos e dos hijas la mayor hembra de diez años.
- Alonso Tamay e su muger Magdalena Chuqui tiene dos hijos e una hija la mayor de siete años hembra.
- Martin Manya e su muger Catalina Cacune tiene un hijo e dos hijas la mayor hembra de diez años.
- Françisco Bundin biudo tiene tres hijas la mayor de zinco a seis años.
- Francisco Xituni biudo tiene un hijo e dos hijas la mayor hembra de hasta diez o honze años.
- Felipe Chimai biudo tiene un hijo de quatro o zinco años.
- Pedro Chuquitanta biudo tiene un hijo e una hija el mayor baron de zinco años.
- Alonso Labique e su muger Elbira Quitun tiene dos hijos el mayor de hasta quatro años.
- Domingo Tominen e su muger Magdalena Nonsseque tiene tres hijos el mayor de nueue años.
- Andres Chilenduli e su muger Barbola Tanta tiene tres hijos / e dos hijas el mayor baron de diez años.
- Anton Tipasco e su muger Maria Cansabel tiene un hijo he una hija el mayor baron de doze años.
- Domingo Querre y su muger Ysabel Pison tiene dos hijas la mayor de hasta diez años.
- Pedro Lyn y su muger Magdalena Limoque no tiene hijos.
- Juan Xumique e su muger Catalina Mico tiene un hijo e una hija la mayor hembra de hasta diez años.
- Juan Chup y su muger Costança Luquen tiene tres hijos e dos hijas el mayor baron de hasta nueue o diez años.
- Andres Conque e su muger Juana Zimiqui tiene dos hijas la mayor de seis años.
- Martin Llicsin y su muger Ysabel Sucosoco tiene un hijo e una hija la mayor hembra de hasta seis años.
- Cristobal Yoco e su muger Magdalena Malo tiene un hijo e quatro hijas la mayor es soltera hembra de diez e ocho años.

- Domingo Layan e su muger / Catalina Ysna tiene un hijo e una hija el mayor baron de zinco o seis años.
- Cristobal Hupan e su muger Catalina Chuti tiene tres hijos el mayor se llama Alonso Nyna es de hedad de diez e ocho años e mas.
- Juan Anluque e su muger Magdalena Supoc tiene un hijo e una hija la mayor es hembra de seis o siete años.
- Alonso Chaquinia e su muger Barbola Mafetilla tiene dos hijos e una hija el mayor Juan Pultania es de hedad de diez e ocho años.
- Martin Payaque e su muger Catalina Tilco tiene un hijo e una hija la mayor es hembra de doze a treze años.
- Domingo Pontel e su muger Catalina Lluqueyuque no tiene hijos.
- Alonso Moro y su muger Costança Cacanpunon tiene un hijo y una hija la mayor de seis años hembra.
- Françisco Caquimaque e su muger Maria Solo tiene un hijo e una hija el mayor baron de syete años. /
- Domingo Nelo y su muger Ysabel Motipo tiene un hijo de teta.
- Pedro Sacai y su muger Ynes Nonoyoco tiene una hija de teta.
- Anton Fornaque e su muger Juana Chuconyuque tiene una hija de teta.

FISCAL NO TRIBUTA

- Pedro Chis y su muger Catalina Chiteque no tiene hijos es fiscal y dizen que no tributa porque lo es.
- Pedro Combero y su muger Catalina Chamoc tiene un hijo que se dize Domingo Noi de hasta diez e syete años.
- Martin Pache e su muger Magdalena Penal tiene un hijo y una hija el mayor baron de nueue o diez años, anda huido tres años a que no se sabe del.
- Anton Quilcatanta soltero no tiene hijos a que anda huido tres años que no se sabe del.
- Domingo Tumbay e su muger Elbira Tipuc no tiene hijos anda huido tres a que no se halla.

- Andres Palaquen e su muger / Barbola Sucamon no tiene hijos.
- Francisco Bilcas enfermo e su muger Catalina Chuquisin tiene un hijo e una hija el mayor baron de nueue a diez años.
- Françisco Coluche biudo no tiene hijos.
- Alonso Tantanchacchon e su muger Costança Yma no tiene hijos.

NUEUO TRI-
BUTARIOS
- Andres Vesan e su muger Costança Tancaloa tiene un hijo e una hija la mayor hembra de nueue años no a tributado hasta agora de oy mas puede tributar que tiene hedad demasiada para ello.
- Andres Sango e su muger Catalina Fisun no tiene hijos no a tributado hasta agora de oy mas puede bien tributar de aqui adelante que tiene bastante hedad.
- Alonso Tipa e su muger Magdalena Syco no tiene hijos, no a tributado hasta agora de oy mas puede bien tributar que tiene hedad.
- Anton Chaloc soltero no tiene hijos no a tributado hasta agora / de oy mas puede bien tributar.
- Martin Pilalo soltero no tiene hijos de oy mas puede bien tributar que tiene hedad bastante.
- Diego Tolco soltero no a tributado hasta agora de oy mas puede bien tributar.
- Melchior Cuzco y su muger Barbola Tapique tiene una hija de hasta seis años no a tributado hasta agora de oy mas puede bien tributar que tiene hedad para ello.
- Juan Mangollaxa soltero no a tributado hasta agora de oy mas puede bien tributar.
- Domingo Tombe soltero esta enfermo no a tributado hasta agora de oy mas puede bien tributar que tiene hedad para ello bastante.
- Domingo Notco soltero no a tributado hasta agora de oy mas puede bien tributar que tiene bastante hedad para ello.

HUIDO
- Martin Chaney soltero no se sabe del que anda huido zinco años a.

NUEUOS TRI-
BUTARIOS
- Juan Comin soltero no a tributado hasta agora de oy mas puede bien tributar que tiene hedad para

ello al presente esta emfermo.

- Anton Maxa soltero tiene mal de coraçon no a tributado hasta agora hedad tiene para ello.
- Domingo Corera soltero no tiene hijos ny a tributado hasta agora de oy mas puede bien tributar que tiene bastante hedad.
- Alonso Oytopo soltero no a tributado hasta agora de oy mas puede bien tributar que tiene bastante hedad.

Biejos que no tributan.

- Françisco Synguile y su muger Catalina Chuquimi no tiene hijos.
- Martin Caru e su muger Maria Pastil tiene un hijo y una hija la mayor hembra de doze años.
- Baltasar Xambol e su muger Magdalena Churro tiene un hijo y una hija el mayor baron de diez años.
- Francisco Mino e su muger Juana Chibol biejos no tiene hijos.
- Francisco Pingo e su muger Maria Chux tiene tres hijas / la mayor de hasta doze años.
- Alonso Chilca y su muger Ysabel Yichul no tiene hijos.
- Martin Cunoc y su muger Maria Gil no tiene hijos.
- Pedro Çicla y su muger Costança Cholay tiene un hijo de doze años.
- Alonso Chaya e su muger Magdalena Tipimean tiene una hija de syete hasta ocho años.
- Pedro Xami biudo no tiene hijos.

Biudas y biejas

- Ynes Piyun biuda tiene tres hijas de diez años es la mayor.
- Ysabel Moyan biuda no tiene hijos.
- Barbola Channon biuda tiene dos hijas la mayor de doze años.
- Ysabel Bichiqui tiene dos hijos e una hija la mayor hembra de diez años.
- Ynes Chico biuda tiene un hijo e una hija la mayor de zinco años.
- Maria Pomati biuda no tiene hijos.

- Costança Tomi biuda tiene una hija de hasta diez años.
- Ynes Quizan biuda no tiene hijos. /
- Catalina Capzuque biuda tiene una hija de diez años.
- Magdalena Puyoque biuda tiene una hija de doze años.
- Catalina Charra bieja no tiene hijos.
- Magdalena Toyoc bieja tiene un hijo de nueue a diez años.
- Maria Lalai bieja no tiene hijos.

Huerfano.

- Alonso Luna de diez e syete años.
- Barbola Lletco de zinco a seis años.

El qual dicho principal dixo e declaro que debajo del juramento que fecho tiene no ay en el dicho pueblo en la dicha su pachaca mas yndios de los questan manifestados e numerados e que sy mas huuiere los bendra diziendo por no yncurrir en las penas que le estan puestas. Diego Velazquez de Acuña. Bartolome de Prol.

Yndios de la pachaca de Ayambla questan en
este pueblo de San Benito de ques prinzipal
don Juan Astomalon de la guaranga de
Cuzmango de doña Jordana Mexia.

E despues de lo suso dicho en el dicho pueblo de San Benito Cadachon en el dicho dia mes / e año suso dichos el dicho señor juez continuando la dicha vissita e quenta e razon de los dichos yndios hizo parescer ante si al dicho don Juan Astomalon cacique de la dicha pachaca e guaranga de Cuzmango al qual mando que debajo del juramento que antes de agora que fecho tiene que luego traiga ante su merced todos los yndios questan en este dicho pueblo de la dicha su pachaca so las penas que le tiene puestas el qual dixo que ansy lo haria e luego se numeraron los yndios siguientes.

TRIBUTARIOS
- Hernando Tongo y su muger Magdalena Pindin tiene una hija de teta.
- Martin Espingo y su muger Ysabel Silpai tiene una hija de teta.

– Domingo Munchacho e su muger Barbola Topo no tiene hijos.

– Hernando Tantaguaiaca biudo tiene dos hijas y un hijo la mayor hembra de hasta siete años.

NO TRIBUTA POR ENFERMO – Diego Chunon esta enfermo de mal de coraçon y su muger Magdalena Guaccha tiene un hijo y una hija el mayor baron de quatro años.

– Martin Sina y su muger Barbola Syrcun tiene un hijo / e una hija de quatro años la hembra.

Biexos que no tributan.

– Melchior Chiuan e su muger Madalena Chechan no tiene hijos.

– Alonso Gavinos e su muger Ysauel Seyoc no tiene hijos.

BIEXO – Pedro Enjul biudo tiene dos hixas la mayor de catorze años esta huido tres años ha.

El qual dicho principal dixo y declaro debajo del dicho juramento que en la dicha su pachaca en este dicho pueblo no ay mas yndios de los que estan numerados e que si mas hallare los vendra a manifestar por no yncurrir en las penas qye le estan puestas. Diego Velazquez de Acuña. Bartolome de Prol.

Yndios de la pachaca de Pauxan questan en el pueblo de San Benito Cadachon de que es prinçipal Juan Caches de la guaranga de Cuzmango de doña Jordana Mexia.

En el pueblo de San Benito Cadachon en el dicho dia mes y año suso dichos el dicho señor juez hiço pareçer ante si a don Gaspar Caboschilon e del resciuio juramento en forma de derecho e so cargo del le fue mandado que luego trayga los yndios de la dicha pachaca de Pauxan sin encubrir ninguno so pena de perjuro y que sera castigado y desterrado de sus tierras el qual ansi lo prometio y luego traxo y manifesto los yndios siguientes los quales el dicho señor juez mando asentar por numero y raçon en la forma siguiente.

— Domingo Cutilpa biudo tiene un hijo e dos hijas la mayor embra de seis a siete años.

— Françisco Guaman y su muger Madalena Vnpian tiene un hixo de hasta çinco años. /

— Domingo Casa viudo tiene un hijo de hasta quatro años.

— Juan Atoctoc biudo no tiene hijos.

— Alonso Subal viudo tiene dos hijos e una hija la mayor hembra de nueue o diez años.

— Domingo Caroatoto y su muger Costança Yanca tiene un hijo e una hija la mayor hembra de hasta seis o siete años.

— Martin Casca e su muger Catalina Calayuque tiene un hijo e una hija la mayor hembra de hasta quatro años.

— Juan Gualanga biudo tiene un hijo de teta.

— Domingo Cuchillo e su muger Madalena Yanyuc no tiene hijos.

— Juan Casavalen y su muger Catalina Ysuan tiene tres hijos e dos hijas el mayor es baron de diez años.

— Martin Songo y su muger Madalena Sacan tiene un hijo e dos hijas de dos años la enbra mayor.

— Alonso Cholan y su muger Barbola Binay tiene dos hijos el mayor de hasta quatro años.

— Baltasar Colqui e su muger Ynes Acon tiene un hijo e una hija el mayor baron de ocho años.

— Francisco Quito e su muger Catalina Nirlom tiene un hijo de teta.

— Juan Xibon e su muger Madalena Lutixi tiene un hijo e dos hijas el mayor baron de siete o ocho años.

— Anton Silco e su muger Barbola Suni tiene tres hijos el mayor de diez años.

— Martin Asco e su muger Catalina Luchan tiene dos hijos el mayor de hasta quatro años. /

— Alonso Tanta e su muger Baruola Oton no tiene hijos.

— Alonso Chuquichuan e su muger Ynes Chipaque tiene un hijo e una hija el mayor es baron de doze años.

— Juan Cono y su muger Barbula no tiene hijos.

— Anton Chilon y su muger Catalina Efechan tiene una hija de seis o siete años.

— Juan Sibilco y Madalena Tenio su muger tiene un hijo e una hija la mayor embra de hasta seis años.

— Andres Sacta soltero tributario.

NUEUOS TRI- BUTARIOS
— Martin Cacun soltero tributario.

— Juan Xilalos y su muger Barbula no tiene hijos ni a tributado hasta agora de oy mas puede tributar que tiene bastante hedad para ello.

— Juan Fancoy e su muger Barbora Fofay no tiene hijos de oy mas puede tributar que tiene hedad para ello bastante.

— Juan Pilon e su muger Catalina Elioco no tiene hijos de oy mas puede bien tributar que tiene bastante hedad.

— Martin Suti e su muger Catalina Anantuqui no a tributado hasta agora mas puede bien tributar que tiene hedad.

— Hernando Anian e su muger Ynes Cayute no tiene hijos ni a tributado hasta agora de oy mas puede tributar que tiene bastante hedad.

TRIBUTARIO ANTIGUO
— Juan Llauan y su muger Catalina Licxa tiene un hijo e una hija el mayor es baron de diez años es tributario antiguo.

Biejos que no tributan

— Pedro Chuquibitan e su muger Costança / Chilfui tiene una hija de hasta doçe o treçe años.

— Françisco Lluspi y su muger Maria Macho no tiene hijos.

— Juan Quispe e su muger Costança Lovle no tiene hijos.

— Alonso Yabache e su muger Catalina Nochara tiene un hijo e dos hijas la mayor es enbra de doçe años.

— Alonso Guanca biudo no tiene hijos.

Biudas y biexas.

BIUDAS
— Catalina Pilto biuda tiene una hija de teta.

— Costança Sus tiene un hijo e dos hijas la mayor es enbra de hasta doçe o treçe años.

— Magdalena Hiyay no tiene hijos.

- Catalina Caluayuc tiene una hija de hasta diez o honze años.
- Catalina Lulical no tiene hijos.
- Maria Moyoc bieja no tiene hijos.
- Maria Luti bieja no tiene hijos.
- Magdalena Lulinyan tiene un hijo de hasta syete o ocho años.
- Costança Syti bieja no tiene hijos.
- Magdalena Tononiqui bieja no tiene hijos.

Huerfanos.

- Catalina Cotin de doze años.
- Catalina Tati de treze años.
- Domingo Gomez de doze años.

El qual dicho prinzipal deuajo del dicho juramento dixo y declaro no auer / mas yndios en este dicho pueblo de la dicha su pachaca mas de los questan numerados e que si mas hallare los bendra a manifestar como dicho tiene por no yncurrir en las penas que le estan puestas. Diego Belazquez de Acuña. Bartolome de Prol.

Yndios de la pachaca de Collana que estan en el pueblo de Santana de Çimba de ques prinçipal don Alonso Caxabalen encomendados en doña Jordana Mexia vecina de Truxillo.

En el pueblo de Santana de Çimba a dos dias del mes de henero de mill y quinientos e setenta e dos años el dicho señor juez hiço paresçer ante si a Pedro Sil hermano que dixo ser de don Alonso Caxabalen principal de la pachaca de Collana e del resçiuio juramento en forma de derecho y lo hiço como se requeria y so cargo del le fue mandado al dicho Pedro Sitil que dixo conocer vien los yndios de la dicha pachaca que luego los junte y traiga todos ante su merced sin yncubrir ninguno para los manifestar y poner por ynbentario y numero como su Magestad lo manda el qual ansi lo prometio y luego traxo y presento los yndios que se numeraron por la forma siguiente.

- Domingo Pantasca e su muger Çecilia Lenique tiene dos hijos e dos hijas el mayor hasta de seis años baron.
- Martin Sadac biudo tiene un hijo e una hija el mayor de çinco años es baron.
- Alonso Yllo tiene dos hijos e dos hijas el mayor es enbra de nueue o diez años.
- Domingo Cimanamo e su muger Ysabel Chiquini no tiene hijos.
- Françisco Coles y su muger Magdalena Cason tiene una hija e dos hijos el mayor baron de diez años.
- Pedro Caico y su muger Magdalena Elco tiene dos hijos e una hija el mayor baron de doze a treze años.
- Martin Lacta e su muger Ynes Decanbian tiene un hijo e una hija el mayor baron de hasta zinco o seis años.
- Martin Sancho e su muger Maria Ocche tiene un hijo e tres hijas la mayor es hembra de diez años.
- Diego Caxatanta y su muger Costança Cuçi tiene zinco hijas la mayor es hembra de quince años.
- Gaspar Tum y su muger Catalina Tin tiene dos hijas e un hijo la mayor hembra de ocho años.
- Juan Yuba y su muger Juana Suipite tiene una hija de teta.
- Domingo Casaico enfermo e su muger Maria Puche / tiene tres hijos el mayor de ocho años.
- Cristobal Noya enfermo y su muger Ysabel Noloc no tiene hijos.
- Rodrigo Astonta y su muger Ysabel Panel tiene un hijo e una hija el mayor es baron de zinco años.
- Alonso Guamancala e su muger Maria Piayticla tiene dos hijas y un hijo la mayor es hembra de diez años.
- Pedro Bilte y su muger Magdalena Symai tiene tres hijas la mayor de hasta seis años.
- Andres Alliynque y su muger Ynes Guaca tiene tres hijas la mayor de syete años.
- Pedro Calua y su muger Maria Chenec tiene un hijo de teta.

- Pedro Tanta e su muger Juana Sil tiene dos hijos e dos hijas el mayor es baron de treze años.
- Gonçalo Condor y su muger Ysabel Quilnuy no tiene hijos.
- Martin Pallanco cassado con Maria Synoc no tiene hijos no a tributado hasta agora de oy mas tiene hedad para poder tributar. /
- Francisco Llacxabilca y su muger Ysabel Chen tiene un hijo e una hija el mayor baron de zinco años no a tributado hasta agora de oy mas tiene hedad bastante para tributar.
- Domingo Tumbac e su muger Elbira Guacchachuqui tiene dos hijos el mayor de hasta zinco años no a tributado hasta agora de oy mas tiene hedad bastante para tributar.
- Diego Pingo e su muger Ynes Tel tiene un hijo e una hija el mayor es baron de zinco años no a tributado porque le escondieron al vissitador pasado tiene hedad demasiada para poder tributar.
- Pedro Ynche cassado con Ana Zicon no tiene hijos ny a tributado hasta agora de oy mas puede bien tributar que tiene hedad bastante para ello.
- Gaspar Quespe e su muger Ysabel Moto no tiene hijos sera de hedad de diez e seis años no a tributado porque no tiene hedad. /

Biejos que no tributan.

- Gaspar Amanibilca e su muger Juana Çinique tiene dos hijos y una hija el mayor es baron que se dize Domingo Cupinxan de hedad de hasta diez e syete años.
- Baltasar Cayantala y su muger Magdalena Sanbi tiene tres hijos e dos hijas el mayor es baron dizese Pedro Enten de hasta quinze o diez e seis años.
- Françisco Vsulli e su muger Magdalena Gualmi tiene tres hijos e dos hijas la mayor es hembra de diez e seis años.
- Santiago Chetamanco e su muger Costança Lupo tiene un hijo e dos hijas la mayor hembra de diez e ocho años.

- Domingo Cariamango y su muger Costança Ge tiene dos hijos el mayor de hasta doze años.
- Miguel Yllamanco e su muger Costança Calpin tiene dos hijos el mayor de hasta diez años.
- Alonso Chipilon y su muger Magdalena Conayoc no tiene hijos. /

Biudas y biejas.

- Costança Lulimean no tiene hijos.
- Luisa Chipo biuda tiene dos hijas y un hijo de zinco años la mayor hembra.
- Costança Maxa biuda no tiene hijos.
- Malgarida Tuyan biuda tiene un hijo e una hija la mayor es hembra de nueue o diez años.
- Costança Munai biuda no tiene hijos.
- Maria Yancai biuda tiene un hijo e una hija la mayor de diez años hembra.
- Costança Sepenup biuda tiene una hija de doze años.
- Maria Llollac biuda no tiene hijos.
- Maria Elchen biuda tiene dos hijas la mayor es hembra de zinco años.
- Ana Çami bieja no tiene hijos.

El qual dicho prinzipal debajo del dicho juramento dixo y declaro que en la dicha su pachaca no auia mas yndios de los que tenia manifestados en este dicho pueblo e que sy mas hallaren los bendra a manifestar ante su merced por no yncurrir en las penas que le estan puestas Diego Belazquez de Acuña Bartolome de Prol. /

Yndios de la pachaca de Xaxaden de que es prinçipal don Sebastian Ninalingon questan en el pueblo de Santa Ana de Çimba de doña Jordana Mexia.

En el pueblo de Santa Ana de Zimba a los dichos dos dias del dicho mes de henero dez mill y quinientos e setenta e dos años el dicho señor juez hizo paresçer ante si a don Francisco Caxalingon hermano del cacique prinçipal de la dicha pachaca don Sebastian Ninalingon y del se rescibio juramento segun derecho so cargo del qual le fue mandado que traiga ante su merced todos los yndios que ay en este pueblo de la pachaca de Xaxaden syn yncubrir nynguno so pena de perjuro e que sera castigado e desterrado de sus tierras el qual asi lo prometio y luego traxo los yndios que se numeraron por la forma siguiente.

NUEUO TRI-
BUTARIO
— Anton Tuni y su muger Ysabel Piniche no tiene hijos ny a tributado hasta agora de oy mas puede tributar que tiene hedad para ello bastante.

— Andres Sucon y su muger Ynes Cipla no tiene hijos ny a tributado hasta agora de oy mas puede tributar que tiene hedad para ello. /

Biejos que no tributan.

— Martin Culan y su muger Barbola Yoyan tiene dos hijos e quatro hijas las mayores son hembras de diez e ocho a beinte años.

— Alonso Guayta y su muger Magdalena Bichique tiene dos hijas e un hijo el mayor baron de syete años.

Biudas y biejas.

— Maria Choben biuda tiene dos hijos e una hija el mayor baron de hasta diez años.

— Elena Chanca biuda tiene un hijo y dos hijas el mayor baron de hasta syete años.

— Maria Tantajoyan biuda tiene un hijo de treze o catorze años que se dize Anton Chinchon hijo de don Alonso Chuplingon cacique de Caxamarca.

Y el dicho don Françisco Caxalingon manifesto debajo del dicho juramento y traxo antel dicho señor juez los yndios que dixo ser de la pachaca de Xaxaden questan en este dicho pueblo de que es prinçipal don Melchior Carvaraico que son los siguientes.

NO TRIBUTAN
— Juan Checas biudo no tiene hijos parescio de diez e syete años / poco mas o menos y no tributa.

— Alonso Chanca soltero de quinze o diez e seis años no tributan ny an tributado hasta agora.

El qual dicho don Francisco debajo del dicho juramento dixo e declaro que en las dichas pachacas de suso declaradas no auia mas yndios de los que tenia manifestados e numerados e que si mas hallare los bendra a manifestar por no yncurrir en las di-

chas penas. Diego Belazquez de Acuña Bartolome de
Prol.

*Yndios de la pachaca de Ayambla questan en el
pueblo de Santa Ana de Çamba de que es
prinçipal don Juan Astomalon de la guaranga
de Cuzmango de doña Jordana Mexia.*

E despues de lo suso dicho en el dicho pueblo
de Santa Ana de Çimba a los dos dias del dicho
mes de henero y del dicho año el dicho señor juez
hizo paresçer ante si al dicho don Juan Astomalon
cacique principal de la dicha pachaca al qual mando
que debajo del dicho juramento que antes de agora
tiene fecho traiga a numerar todos los yndios que tiene
en este dicho pueblo de la dicha pachaca so las penas
que le tiene puestas / el qual ansy lo prometio de
cumplir e luego traxo los yndios que numeraron por
la forma siguiente.

TRIBUTARIOS
- Anton Guamanillo y su muger Magdalena Suyco tiene
dos hijas la mayor de doze o treze años.
- Domingo Tiquen e su muger Maria Titipoc tiene una
hija de teta.
- Gaspar Ananbit y su muger Ynes Cotca tiene dos
hijos e una hija el mayor baron de doze años.
- Hernando Guari e su muger Ysabel Poquio tiene tres
hijas la mayor de diez años.
- Alonso Siquina e su muger Ysabel Musta tiene un
hijo e una hija la mayor hembra de seis años.
- Hernando Ysco y su muger Margarita Calua tiene
una hija de zinco años.
- Andres Vsnaton y su muger Ysabel Conse tiene dos
hijos e tres hijas la mayor es soltera de diez e
syete años hembra.
- Martin Tinyoguanga e su muger Ana Mania tiene
dos hijas la mayor soltera de diez e seis años.
- Anton Calisto e su muger Costança / Molina tiene
una hija de zinco años.
- Gaspar Quibanda y su muger Ana Sactoto tiene un
hijo e una hija la mayor hembra de quatro años.

- Diego Cuni e su muger Ana Calami tiene una hija de quatro años.
- Pedro Tomay e su muger Magdalena Paçoay tiene un hijo e dos hijas la mayor hembra de zinco años.
- Domingo Poyoc e su muger Ana Pista tiene una hija de hasta zinco o seis años.
- Pedro Tibuco y su muger Magdalena Vicuti tiene tres hijas e dos hijos la mayor es hembra soltera de diez e ocho años.
- Françisco Bissi e su muger Catalina Cocheis tiene dos hijos e dos hijas el mayor uaron de hasta catorze años.
- Anton Chumiqui e su muger Maria Muto tiene tres hijas la mayor de zinco o seis años.
- Miguel Boyn e su muger Maria Yendeque tiene tres hijos y una hija el mayor baron de hasta treze o catorze años.
- Domingo Mollo y su muger / Chisitoque no tiene hijos.
- Anton Yocmuy y su muger Juana Culpiti no tiene hijos.
- Diego Chancalla soltero no tiene hijos.
- Anton Mauia y su muger Ysabel Laua no tiene hijos.
- Juan Cochallan e su muger Magdalena Mile tiene dos hijos de hasta quatro años el mayor.
- Martin Buto soltero tributario.
- Françisco Chel e su muger Juana Cheche tiene dos hijas e un hijo la mayor es hembra de diez años no a tributado hasta agora porque engañaron al juez visitador e se lo escondieron avia de aber mas de ocho años que avia de tributar de oy mas puede bien tributar.
- Diego Çoapo soltero no tiene hijos ny a tributado hasta agora de oy mas puede bien tributar que tiene hedad demasiada para ello.
- Miguel Diz biudo tiene un hijo y una hija la mayor es hembra de seis años no a tributado hasta agora de oy mas tiene hedad demasiada para / tributar.
- Andres Llacta y su muger Ysabel Pusa no tiene hijos

ni a tributado hasta agora de oy mas puede bien tributar que tiene hedad para ello.

— Hernando Çiban y su muger Magdalena Casapion no tiene hijos ny a tributado hasta agora de oy mas puede bien tributar que tiene hedad para ello.

— Sebastian Sungon e su muger Maria Sanec tiene un hijo de teta no a tributado hasta agora de oy mas puede bien tributar que tiene hedad para ello.

— Françisco Noca y su muger Francisca Guanga tiene un hijo de quatro años no a tributado hasta agora de oy mas puede bien tributar que tiene hedad para ello.

— Diego Condo y su muger Magdalena Yocho tiene un hijo e una hija el mayor es el baron de quatro años no a tributado hasta agora de oy mas puede bien tributar que tiene hedad para ello.

— Alonso Xanaque soltero no tiene hijos ny a tributado / hasta agora de oy mas puede tributar que tiene hedad cumplida.

— Alonso Chiquican soltero no a tributado hasta agora de oy mas puede bien tributar que tiene hedad bastante para ello.

Biejos que no tributan

— Alonso Çibque y su muger Juana Chupido no tiene hijos.

— Alonso Cheloque y su muger Maria Chomay tiene un hijo de ocho años.

— Alonso Yaili y su muger Catalina Chipinoc no tiene hijos.

— Martin Moina y su muger Catalina Tusan tiene una hija de teta.

— Hernando Yorna y su muger Ynes Cachin tiene tres hijos e dos hijas la mayor es hembra de quinze años soltera.

— Andres Bique e su muger Juana Cape biejos no tienen hijos.

Biudas y biejas.

— Maria Caçe biuda tiene dos hijos e una hija la mayor es hembra de diez e seis años.

- Ynes Machibel tiene tres hijas / la mayor de siete años.
- Ynes Buche biuda tiene un hijo de seis o siete años.
- Magdalena Peb biuda tiene dos hijos el mayor de zinco años.
- Magdalena Ybayut biuda tiene una hija de zinco años.
- Juana Calba biuda no tiene hijos.
- Ysabel Sac bieja no tiene hijos.
- Magdalena Quep bieja no tiene hijos.
- Ysabel Ter bieja no tiene hijos.
- Magdalena Tinamban bieja no tiene hijos.
- Catalina Myle biuda tiene dos hijos el mayor de siete años.
- Ysabel Cute biuda tiene un hijo e dos hijas es la hembra la mayor de hasta seis años.
- Magdalena Chimbac bieja no tiene hijos.
- Maria Lloquen bieja no tiene hijos.
- Ysabel Bitoc biuda tiene un hijo que se dize Pedro Çalca de hasta catorze o quinze años.

Huerfanos.

- Domingo Llaxac de treze años.
- Magdalena Suma de diez e seis años.
- Barbola Chachan de veinte años soltera. /
- Maria Cuchison de treze años.
- Ysabel Bulan de honze años.

El qual dicho principal debajo del dicho juramento dixo y declaro no aber mas yndios en la dicha su pachaca en este dicho pueblo e si mas hallare los bendra a manifestar ante su merced por no yncurrir que le estan puestas. Diego Belazquez de Acuña. Bartolome de Prol.

Yndios de la pachaca de Chusan questan en el pueblo de Santa Ana de Çimba de que es prinzipal don Françisco Chuquimitas de la guaranga de Cuzmango encomendado en doña Jordana Mexia.

En el dicho pueblo de Santa Ana de Çimbo a los dichos dos dias del dicho mes de henero del

dicho año de mill e quinientos y setenta e dos años
el dicho señor juez hizo parescer ante si a don Françisco Chuquimitas prinzipal de la pachaca de Chusan
al qual mando que debajo del juramento que antes de
agora tiene fecho que traiga ante su merced todos los
yndios questan en este dicho pueblo en la dicha su
pachaca so las penas que le tiene puestas el qual dixo
que ansy lo haria y cumpliria e luego traxo los yndios siguientes los quales se numeraron por la forma
siguiente. /

– Martin Zita y su muger Magdalena Chiman tiene un
  hijo e dos hijas la mayor es hembra de diez e
  syete o diez e ocho años.
– Pedro Zoui y su muger Magdalena Caloa no tiene
  hijos.
– Alonso Amalio y su muger Ynes Muso tiene un hijo
  de quatro años.
– Andres Velpe e su muger Ana Llesco no tiene hijos
  ny a tributado hasta agora de oy mas puede bien
  tributar que tiene hedad para ello bastante.

                    Biudas y biejas
– Magdalena Topanco bieja no tiene hijos.
– Maria Capoa biuda tiene un hijo de hasta nueue
  años.

                    Huerfanos
– Ysabel Catpi huerfana de catorze años.
– Pedro Choque de diez años.

          El qual dicho principal debajo del dicho jura-
mento dixo y declaro no tener mas yndios en este
dicho pueblo de Santa Ana de Çamba de la dicha
su pachaca e que sy mas hallare los manifestara por
no yncurrir en las penas puestas Diego Belazquez de
Acuña. Bartolome de Prol.

Yndios de la pachaca de Pauxan en el pueblo
de Santa Ana de Çimba de que es prinçipal
Juan Caches menor de la guaranga de
Cuzmango de que es encomendera
doña Jordana Mexia.

E despues de lo suso dicho en el dicho pueblo
de Santa Ana de Çamba a dos dias del dicho mes
y año el dicho señor juez hizo paresçer ante si a
don Gaspar Caboschicon perssona que conosce bien los
dichos yndios al qual mando que debajo del juramento
que fecho tiene antes de agora traiga todos los yndios
de la pachaca de Pauxan so las penas que le tiene
puestas el qual dixo que ansy lo cumpliria y luego
traxo los yndios que el dicho señor juez numero por
la forma e orden siguiente.

- Anton Choneque e su muger Catalina Ananchaque
  tiene tres hijos y tres hijas la mayor hembra de
  diez años.
- Andres Xoneque y su muger Luisa Suque tiene un
  hijo e dos hijas de zinco años el mayor baron.
- Alonso Pisca y su muger Luisa Ques tiene dos hijos
  e dos hijas / el mayor baron de seis años es fyscal
  e no tributa por ello.
- Alonso Chegas y su muger Juana Pixen tiene una
  hija de quatro años.
- Anton Cayan e su muger Çeçilia Cuche tiene un
  hijo e una hija la mayor hembra de zinco años.
- Gaspar Caca y su muger Juana Chus tiene una hija
  de teta.
- Pedro Chobe y su muger Ynes Quini tiene un hijo
  de teta.
- Juan Chuche e su muger Ynes Çisnabe tiene un
  hijo de hasta zinco años.
- Diego Michi soltero tributario.
- Pedro Chuchique soltero tributario.

                Viejos que no tributan.

- Pedro Tantallan biudo tiene dos hijas la mayor de
  diez e syete años soltera.
- Anton Tin y su muger Catalina Chiboo no tiene
  hijos.
- Pedro Chuspo e su muger Catalina Suyn tiene tres
  hijos e dos hijas el mayor es baron y dizesse Domingo
  Choque tiene hedad de mas de quinze años.

                Biudas y biejas. /

- Magdalena Como biuda tiene una hija de quatro años.

- Catalina Coneque biuda tiene un hijo que se dize Pedro Chuche de quinze años y mas.
- Ysabel Chapa biuda tiene dos hijos y una hija el mayor es baron de hasta zinco años.
- Catalina Minas biuda tiene un hijo y una hija el mayor es baron dizesse Diego Miche de mas de quinze años.

El qual dicho prinçipal debajo del dicho juramento dixo que en este dicho pueblo de la dicha pachaca no ay mas yndios de los questan manifestados e que si mas hallare los bendra a manifestar por no yncurrir en las penas que le estan puestas. Diego Belazquez de Acuña. Bartolome de Prol.

Yndios de la pachaca de Agomarca questan en el pueblo de San Gabriel Cascas de que es prinçipal don Martin Guacchatanta de la parçialidad de Colquemarca encomendados en doña Jordana Mexia.

En el pueblo de San Gabriel de Cascas a tres dias del mes de henero de mill y quinientos y setenta e dos años el dicho señor juez continuando la dicha vissita fue al dicho pueblo a donde hizo parescer ante si a don Pablo Cochala Françisco Paria mandones que dixeron ser de la pachaca de Agomarca de las quales e de cada uno de ellos fue resçibido juramento en forma de derecho e lo hizieron segun y como se requeria y dixeron si juro y amen e prometieron de dezir berdad so cargo del qual les fue mandado que luego traiga ante su merced todos los yndios de la dicha su pachaca syn yncubrir nynguno so pena de perjuro e que seran castigados e desterrados de sus tierras y luego traxeron los yndios que se numeraron por la forma e orden siguiente.
- El propio mandon Francisco Paria biudo tiene un hijo e una hija la mayor 'es hembra de hasta seis años.
- Pedro Çite y su muger Catalina Tepai tiene tres hijas la mayor es de hasta treze años.

- Françisco Guamiche e su muger Ynes Guamiche tiene dos hijas e un hijo la mayor es hembra de nueue años.
- Pedro Laca y su muger Ysabel Chan tiene dos hijos de teta. /
- Anton Colquilasa y su muger Ysabel Chami tiene un hijo de teta.
- Alonso Tuxilo e su muger Maria Caxa tiene un hijo de teta.
- Juan Guacchajulca y su muger Ysabel Machai tiene dos hijas la mayor de hasta nueue años.
- Francisco Vscuti y su muger Juana Juca tiene dos hijas y un hijo la mayor es hembra de seis años.
- Gaspar Pisco e su muger Maria Callai tiene tres hijas la mayor de quinze años y mas.
- Juan Guameque y su muger Catalina Pucho tiene dos hijas e un hijo la mayor es hembra de quatro años.
- Domingo Zipi e su muger Costança Pasti tiene dos hijos y dos hijas la mayor hembra de hasta seis años.
- Françisco Quiliche e su muger Juana Subin tiene dos hijos e dos hijas la mayor es hembra de diez e seis años soltera.
- Juan Xulli e su muger Ynes Ticlacha no tiene hijos.
- Alonso Chuco y su muger Catalina / Silin no tiene hijos.
- Juan Lachi e su muger Catalina Lachi tiene dos hijas e un hijo la mayor es hembra de quinze años.
- Alonso Tuqui y su muger Ysabel Chini tiene un hijo e dos hijas el mayor es baron de quatro o zinco años.
- Alonso Guaccha y su muger Ynes Pengoticla tiene dos hijos y una hija de seis años la mayor hembra.
- Juan Guacchamango y su muger Magdalena Capa no tiene hijos.
- Domingo Cala y su muger Maria Anco tiene una hija de quatro años.
- Juan Con e su muger Catalina Ablian tiene dos hijos el mayor de seis años.

- Juan Pila e su muger Ysbel Nyebla tiene un hijo de teta.
- Françisco Zipe y su muger Ynes Colsan no tiene hijos.
- Juan Paniac y su muger Catalina Vasa tiene dos hijas la mayor de quatro años e un hijo de siete o ocho años.
- Miguel Chome e su muger Ynes Caruabiche tiene un hijo / de quatro años.
- Anton Moco y su muger Ynes Loquen tiene un hijo de teta.
- Pedro Coyflen y su muger Catalina Pospes tiene un hijo de teta.
- Juan Soy e su muger Maria Chepsen tiene un hijo e una hija la mayor es la hembra de zinco años.
- Juan Casaico biudo no tiene hijos es biejo.
- Juan Nubque y su muger Ysabel Socsoc no tiene hijos es biejo ya para no tributar.
- Pedro Bircho y su muger Catalina Nialbil tiene un hijo de seis a syete años.
- Juan Pata y su muger Ysabel Chuqui tiene una hija de teta.
- Juan Muna e su muger Catalina Chechoy tiene una hija de quatro años.
- Juan Canssi e su muger Catalina Chuqui no tiene hijos.
- Juan Caloache e su muger Catalina Llune tiene dos hijos y una hija el mayor baron de siete o ocho años.
- Anton Songo y su muger Catalina Culubite tiene tres hijas la mayor de syete años. /
- Alonso Canali e su muger Catalina Abate tiene una hija de zinco años.
- Françisco Yampi e su muger Catalina Filnon tiene dos hijos el mayor de siete años e mas.
- Juan Cunun biudo tiene un hijo de hasta ocho años a' nueue.
- Françisco Sayco biudo tiene un hijo de catorze a quinze años que se dize Juan Llacxaguanga.

- Gaspar Turri biudo tiene un hijo e una hija el mayor es baron de hasta nueue años.
- Alonso Curro biudo tiene un hijo e una hija la mayor hembra de nueue años.
- Gaspar Chigne y su muger Ysabel Churi tiene dos hijos el mayor de nueue a diez años.
- Anton Mingon biudo no tiene hijos.
- Juan Colchumba e su muger Catalina Eptin no tiene hijos.
- Francisco Paliguanca e su muger Catalina Sualquen no tiene hijos.
- Alonso Parri biudo no tiene hijos.
- Juan Culquiyanoc biudo / tiene una hija de diez años.
- Juan Puquillaqui cassado con Margarita Ximan tiene dos hijas la mayor de quinze años.

NUEUOS TRI-
BUTARIOS
- Pedro Limin biudo no tiene hijos.
- Alonso Sati soltero no tiene hijos ny a tributado hasta agora de oy mas puede tributar que tiene hedad para ello.
- Juan Çerin soltero no a tributado hasta agora de oy mas puede bien tributar que tiene hedad para ello.
- Juan Chipo soltero no a tributado hasta agora de oy mas puede bien tributar.
- Martin Suqui soltero no a tributado hasta agora de oy mas puede bien tributar que tiene hedad.
- Alonso Cayan soltero no a tributado hasta agora de oy mas puede bien tributar que tiene hedad.
- Alonso Chuquitanta soltero no a tributado hasta agora de oy mas puede tributar que tiene hedad.
- Juan Vto soltero no a tributado hasta agora de oy mas puede tributar. /
- Juan Contuli soltero no a tributado hasta agora de oy mas puede tributar que tiene hedad para ello.
- Juan Bilcamango soltero no a tributado hasta agora de oy mas puede tributar que tiene hedad para ello bien cumplida.
- Juan Laneon biudo no tiene hijos es tributario antiguo.
- Pedro Lume biudo no tiene hijos es tributario antiguo.

- Pedro Luni biudo no tiene hijos es tributario antiguo.
- Pedro Tomallo soltero no a tributado hasta agora de oy mas puede bien tributar que tiene hedad para ello.
- Alonso Langoy soltero tributario antiguo antes de agora.

Biejos que no tributan

- Sebastian Yupan no tiene hijos.
- Juan Noyo y su muger Catalina Chuqui tiene tres hijas la mayor de quinze años soltera.
- Anton Echenerrefe e su muger Juana Salar tiene un hijo y una hija la hembra la mayor de doze años.
- Martin Guacho y su muger Maria Siquie tiene un hijo de quatro años.
- Françisco Chiclu y su muger Catalina Cuyan tiene dos hijas la mayor de treze o catorze años.
- Anton Lunaiqui e su muger Juana Luchi tiene un hijo de tres años esta tullido de un braço e una pierna.
- Anton Manco biudo no tiene hijos.

Biudas y biejas

- Magdalena Supsui tiene dos hijas la mayor de seis años.
- Beatriz Chan biuda tiene tres hijas la mayor de doze años.
- Ysabel Tomcul biuda tiene tres hijos el mayor de nueue años.
- Catalina Colfyn biuda tiene dos hijos e una hija la mayor de zinco o seis años es hembra.
- Ysabel Chaichai biuda tiene tres hijas la mayor de siete a ocho años.
- Catalina Syl biuda tiene una hija de doze a treze años.
- Maria Mayo bieja no tiene hijos.
- Ysabel Chen biuda tiene un hijo de diez años.
- Catalina Colin biuda tiene una hija de seis años.
- Ysabel Mocti biuda tiene dos hijas la mayor de syete años.
- Catalina Tantabichique tiene dos hijos e una hija la mayor es hembra de doze años.

- Beatriz Mozlun biuda tiene un hijo de hasta syete años.
- Catalina Mosan tiene un hijo e una hija la mayor hembra de hasta treze o catorze años.
- Maria Eful biuda tiene una hija de hasta catorze años.
- Ysabel Zipa bieja no tiene hijos.
- Ysabel Chuqui bieja no tiene hijos.
- Catalina Chete bieja no tiene hijos.
- Françisca Chuquibin bieja tiene una hija de ocho años.

Huerfanos

- Catalina Pasna de diez e siete años.
- Ysabel Chonchon de quinze años.

El qual dichos prinzipal es debajo del dicho juramento que tiene hecho dixeron y declararon que en la dicha pachaca ny en el dicho pueblo no tenian mas yndios de los questaban numerados e que sy mas hallase los bendra a manifestar con los demas por no yncurrir en las penas que les estan puestas. Diego Belazquez de Acuña, Bartolome de Prol.

Yndios de la pachaca de Lleden questan en el pueblo de San Gabriel Cascas de que hera prinzipal Cristobal Masatanta difunto de la parçialidad de Colquemarca de doña Jordana Mexia.

E despues de lo suso dicho en el dicho pueblo de San Gabriel de Cascas a los dichos tres dias del dicho mes de henero e del dicho año el dicho señor juez hizo paresçer ante si a Alonso Ninapona mandon de la pachaca de Lleden y de los yndios della questauan en el dicho pueblo del qual fue tomado e resçibido juramento en forma segun derecho y so cargo del le fue mandado que luego traiga ante su merced todos los yndios de la dicha su pachaca questan en este dicho pueblo syn yncubrir nynguno dellos so pena de perjuro e que sera castigado e desterrado de sus tierras el qual asy lo prometio e luego traxo y presento los yndios que se numeraron por la forma y orden siguiente.
- Anton Tantanoa y su muger Catalina Texen tiene un hijo y una hija el mayor de zinco años. /
- Sebastian Ponlian Catalina Tiqui su muger tiene dos

hijas y un hijo el mayor baron de hasta zinco o seis años.

- Alonso Pacha e su muger Catalina Machay tiene un hijo de syete años.
-         Juan Llaxatanta e su muger Catalina Misac tiene un hijo e una hija el mayor es baron de hasta siete años.
- Anton Zical y su muger Magdalena Oxen tiene un hijo de hasta ocho o nueve años.
          Biejos que no tributan
- Pedro Tego y su muger Ana Ochen tiene un hijo e dos hijas la mayor es hembra de hedad de catorze años.
- Martin Calo y su muger Beatriz Cano tiene una hija de doze años.
          Biudas y biudas [sic]
- Magdalena Nocai biuda tiene un hijo y una hija el mayor es baron de diez e siete años dizesse Juan Xulca.
- Catalina Cutin bieja tiene una hija de hasta doze años.
- Ysabel Estipe bieja tiene una hija soltera de diez e ocho años.

El qual dicho mandon debajo del dicho juramento dixo y declaro no aber mas yndios en el dicho pueblo ny en la dicha su pachaca e que si mas hallare los bendra a manifestar por no yncurrir en las penas que le estan puestas. Diego Belazquez de Acuña. Bartolome de Prol.

Yndios de la pachaca de Xaxaden questan en el pueblo de San Gabriel de Cascas de que es prinzipal don Melchior Caruaraico de la guaranga de Cuzmango de doña Jordana Mexia.

E despues de lo suso dicho en el pueblo de San Gabriel de Cascas a los dichos tres dias del dicho mes y año el dicho señor juez hizo paresçer ante si a Juan Pisconde e a Anton Luliyuca mandones en la pachaca de Xajaden de los quales fue rescibido juramento segun derecho y lo hizieron como se requeria so cargo del qual les fue mandado que luego traygan e pressenten ante su merced todos los yndios de la dicha su pachaca syn yncubrir nynguno so pena de perjuros e que seran castigados e desterrados de sus tierras los quales ansy lo prometieron y los que traxeron se se numeraron / por la forma siguiente.

TRIBUTARIOS

- Juan Pisoconde y su muger Magdalena Cuchu tiene quatro hijos e quatro hijas la mayor es hembra de diez o doze años.
- Anton Luliyuca biudo tiene quatro hijos e tres hijas la mayor de diez e ocho años.
- Juan Chotanta y su muger Juana Tupa no tiene hijos.
- Pedro Tipasco e su mguer Maria Cicon tiene dos hijos el mayor de diez años.
- Martin Quespe e su muger Ysabel Chuqui tiene tres hijas la mayor de hasta catorze años.
- Martin Exparepe e su muger Ynes Tanta tiene dos hijos el mayor de hasta doze años.
- Juan Oran e su muger Juana Seteme tiene una hija de quatro años.
- Juan Sapon y su muger Catalina Pispis tiene dos hijas y un hijo el mayor es baron que se dize Alonso Guaccha de diez e siete a diez e ocho años.
- Anton Eseso y su muger Catalina / Mentoco no tiene hijos.
- Pedro Pul y su muger Catalina Tocto tiene un hijo e una hija el mayor baron de seis años.
- Alonso Llaxaguatai tiene dos hijas la mayor de catorze años.
- Miguel Patenete y su muger Ysabel Cipnul tiene un hijo e una hija de quatro años la mayor hembra.
- Pedro Xulca y su muger Ana Alique no tiene hijos.
- Francisco Panca e su muger Costança Quepul tiene una hija de teta.
- Francisco Chuquibite e su muger Çeçilia Coyun tiene un hijo de treze años y mas.
- Françisco Xulca e su muger Ana Paloma no tiene hijos.

- Anton Coima y su muger Catalina Mulite tiene dos hijos e una hija la mayor hembra de doze años.
- Françisco Comchin e su muger Costança Pisqui tiene dos hijas y dos hijos la mayor es hembra de diez años.
- Domingo Toma y su muger Catalina Ychin tiene un hijo e dos hijas la mayor es hembra de seis años.
- Domingo Quepsep e su muger Costança Chonchen tiene un hijo de teta.
- Françisco Ansoco e su muger Costança Chuna tiene dos hijos el mayor de hasta seis años.
- Pablo Lulichobal y su muger Ynes Sirpai tiene dos hijas e un hijo la mayor es hembra de zinco años.
- Pedro Cayen e su muger Maria Gayan tiene dos hijas de quatro años la mayor.
- Anton Quimin biudo no tiene hijos.
- Felipe Ucipe biudo tiene un hijo y una hija es hembra la mayor de doze a treze años.
- Cristobal Coçana biudo tiene tres hijos el mayor de seis a siete años.
- Alonso Uquibe e su muger Catalina Motco un hijo e dos hijas la mayor es hembra de doze años.
- Andres Quesquen e su muger Ana Symanini tiene una hija de zinco a seis años.
- Françisco Chil e su muger Catalina Sen no tiene hijos.
- Alonso Cusnan y su muger Maria Caruayco tiene un hijo y una hija el mayor es baron de seis años. /
- Sebastian Tupluli e su muger Catalina Musa tiene un hijo e una hija la mayor es hembra de doze años.
- Pedro Piti soltero no tiene hijos.
- Cristobal Balen biudo tiene una hija de zinco años.
- Cristobal Alequinian y su muger e sus hijos a zinco años que no tributan porque se an huido del repartimiento e no se sabe dellos.
- Pedro Chul biudo no tiene hijos huido del propio tiempo que no se sabe del.

HUIDOS

— Gaspar Supe y su muger e hijos es huido que no se sabe del del dicho tiempo.

— Diego Pacha biudo huido del propio tiempo que no se sabe del.

NUEUOS TRI-
BUTARIOS

— Anton Soti soltero no a tributado hasta agora de oy mas puede tributar que tiene hedad cumplida para ello.

— Alonso Caluayanoc casado con Çeçilia Yspal tiene un hijo de teta no a tributado hasta agora de oy mas puede tributar que tiene hedad cumplida para ello. /

— Pedro Cuchec soltero no tiene hijos ny a tributado hasta agora de oy mas tiene hedad para poder tributar.

— Alonso Meo e su muger Ana Culiyeque tiene una hija de teta no a tributado hasta agora de oy mas puede tributar que tiene hedad.

— Alonso Salva e su muger Catalina Sanyco no tiene hijos ny a tributado hasta agora de oy mas puede tributar que tiene hedad.

— Pedro Tapoco e su muger Catalina Lenen tiene una hija de teta no a tributado hasta agora de oy mas puede bien tributar que tiene bastante hedad.

— Francisco Myle e su muger Ynes Tichache no tiene hijos ni a tributado hasta agora de oy mas puede tributar que tiene bastante hedad para ello.

— Gonçalo Parri y su muger Ysabel Pucha tiene una hija de teta e no a tributado hasta agora de oy mas puede bien tributar que tiene hedad bastante para ello. /

— Pedro Lluquilli y su muger Ysabel Marsa tiene un hijo e una hija el baron de zinco a seis años no a tributado hasta agora de oy mas puede bien tributar.

— Hernando Luli e su muger Ynes Laquimo tiene dos hijos el mayor de zinco a seis años no a tributado hasta agora porque escondieron al bissitador de oy mas puede bien tributar ya mas de diez años que podria tributar.

— Pedro Pascai e su muger Catalina Pusi tiene un hijo de teta no a tributado hasta agora de oy mas puede bien tributar que tiene hedad bastante.

— Françisco Yalpan soltero no a tributado hasta agora de oy mas puede bien tributar que tiene hedad.

— Diego Septe e su muger Elena Tamo no tiene hijos ny a tributado hasta agora de oy mas tiene hedad bastante para tributar es fyscal e no paga tributo. /

— Juan Cinga soltero no a tributado hasta agora de oy mas puede tributar que tiene hedad bastante para ello.

— Anton Sanca soltero tiene una hija de teta no a tributado hasta agora de oy mas puede vien tributar que tiene bastante hedad.

— Françisco Cabalo soltero no a tributado hasta agora de oy mas puede vien tributar que tiene hedad para ello.

— Françisco Condormango soltero no a tributado hasta agora de oy mas puede vien tributar que tiene bastante hedad para ello.

— Françisco Paico soltero no a tributado hasta agora de oy mas puede vien tributar que tiene bastante hedad.

— Françisco Pichin soltero no a tributado hasta agora de oy mas puede vien tributar que tiene cumplida hedad.

Biexos que no tributan.

— Pedro Morile y su muger Catalina Sil tiene dos hijos embra la mayor es de diez y ocho o veinte años y el hijo mayor sera de diez y siete años que se llama Anton Chontoli soltero.

— Pedro Quychin y su muger Maria Lechon tiene dos hijos e una hija la mayor es embra de diez y siete años y el hijo mayor de mas de diez y seis años que se dize Françisco Senxquena.

— Françisco Mania y su muger Catalina / Fipian tiene tres hijos el mayor se diçe Françisco Noyo de quinze años.

— Fylipe Soravi biudo tiene una hija de hasta nueue años.

— Francisco Cungusca biudo tiene tres hijas y un hijo la mayor embra de diez y ocho años.

BIEJOS	– Diego Seclon viudo no tiene hijos.
	– Pedro Pisoc viudo no tiene hijos.
	– Diego Aquin biudo tiene una hija de ocho años no
NUEUO TRI-	a tributado hasta agora porque le hescondieron en
BUTARIO	la vissita de oy mas puede vien tributar que tiene
	hedad demasiada para ello.
BIEJOS	– Pedro Suto viudo no tiene hijos.
	– Françisco Tipancosi viudo no tiene hijos.

Biudas y biejas

- Catalina Ocxen biuda tiene un hijo de hasta siete años.
- Catalina Carua biuda tiene un hijo de seis a siete años.
- Juana Subsi biuda tiene dos hijas e un hijo la mayor es embra de hasta seis años e mas.
- Maria Lule viuda tiene dos hixos el mayor de diez y siete años que se dize Juan Checas e mas hedad.
- Beatriz Acla viuda tiene tres hijas la mayor de catorçe años.
- Maria Lule viuda tiene una hija de teta.
- Maria Chupnu biuda tiene un hijo e una hija la embra es la mayor de hasta seis años.
- Catalina Punui biuda tiene un hijo y dos hijas el mayor baron de çinco a seis años.

BIEJAS
- Catalina Bichiqui vieja no tiene hijos.
- Ynes Pazna biuda tiene una hija de teta.
- Ysauel Subxi vieja no tiene hijos.
- Ynes Zocxen vieja no tiene hijos.
- Catalina Fimarren vieja no tiene hijos.
- Catalina Lulo bieja no tiene hijos.
- Maria Queyon vieja no tiene hijos.
- Ynes Yspiti vieja no tiene hijos.
- Maria Calapian vieja no tiene hijos.
- Ynes Lulen viuda no tiene hijos.

BIUDAS
- Ynes Chemoco biuda tiene dos hijas la mayor de hasta çinco años.
- Catalina Mucoy biexa no tiene hijos.
- Maria Ticol vieja no tiene hijos.
- Maria Çiquel vieja no tiene hijos.

Huerfanos

- Catalina Quelba de catorze años.
- Catalina Mian de diez y ocho años.
- Ysauel Vto de quinçe años.
- Ceçilia Luchoc de catorçe años.
- Catalina Ylpon de doze o treçe años.
- Françisco Totenoc de diez años.
- Elvira Chaluc de hasta ocho años.
- Ynes Yapcha de seis años.
- Juan Tanbo de çinco años.
- Domingo Pacha de seis años.
- Françisco Chuquel de catorçe a quinçe años.
- Domingo Chassan de nueue a diez años. /
- Françisco Cunquen de diez años.
- Francisco Chusan de nueue a diez años. /

El qual dicho mandon deuajo del dicho juramento dixeron y declararon no tener en la dicha su pachaca mas yndios de los que tiene numerados y manifestados y que si mas hallaren los traeran a numerar como los demas por no yncurrir en las penas que le estan puestas. Diego Velazquez de Acuña. Bartolome de Prol.

Yndyos de la pachaca de Collana questan en el pueblo de San Grauiel Cascas de ques prinçipal don Alonso Caxavalen de la guaranga de Cuzmango de doña Jordana Mexia.

En el dicho pueblo dia mes y año suso dichos el dicho señor juez hiço paresçer ante si al dicho don Alonso Caxavalen e del resçiuio juramento en forma so cargo del qual le mando que trayga todos los yndios que tiene en este dicho pueblo de la dicha su pachaca de Collana so pena de perjuro e que sera castigado e desterrado destos reinos el qual dixo que ansi lo cumpliria y luego traxo los yndios que se numeraron por la forma siguiente.

TRIBUTARIOS
- Alonso Tongolian y su muger Magdalena Vsnan tiene dos hijas la mayor es de doçe o treze años.
- Pedro Chico y su muger Ynes Chuquivin tiene un hijo e dos hijas el mayor es baron de quatro años.

NUEUO TRI-
BUTARIO
- Juan Chouan casado con Madalena Lacfid no a tributado hasta agora de oy mas puede tributar que tiene hedad cumplida para ello.

VIEJA
- Franisca Lambis vieja no tiene hijos. /

El qual devajo del dicho juramento dixo no aber mas yndios de la dicha su pachaca e que si mas hallare los vendra a manifestar por no yncurrir en las penas que le estan puestas. Diego Velazquez de Acuña. Bartolome de Prol.

E andando vissitando el dicho señor juez el dicho pueblo de San Grauiel hallo çiertos yndios que le dixeron ser de la pachaca de Ayambla de ques prinçipal don Juan Astomalon de doña Jordana Mexia de Cuzmango e hallo los yndios siguientes.

TRIBUTARIO
- Alonso Chuche e su muger Catalina Cosayne tiene un hijo e una hija de diez años es el mayor baron.
- Domyngo Oliche y su muger Catalina Site tiene una

NUEUO TRI-
BUTARIO
hija de teta no a tributado hasta agora de oy mas puede tributar que tiene hedad cumplida para ello.

E no hallo en el dicho pueblo mas yndios de la dicha pachaca ni de otra alguna para los numerar como su Magestad lo manda y lo firmo de su nombre. Diego Velazquez de Acuña. Bartolome de Prol.

Yndios de la pachaca de Colquemarca questan en el pueblo de San Joachin Poquio de ques prinçipal Cristobal Pallo de la parcialidad de Colquemarca de doña Jordana Mexia.

En el pueblo de San Joachin Poquio a cinco dias del mes de henero de mill e quinientos e setenta e dos años el dicho señor juez / hico parescer ante si a Alonso Jullui mandon que dixo ser de la pachaca de Colquemarca y de los yndios della questan en este pueblo del qual fue resçiuido juramento en forma de derecho so cargo del qual le fue mandado que luego trayga ante su merced todos los yndios que tiene en este dicho pueblo de la dicha pachaca para los numerar como su Magestad lo manda syn yncubrir nynguno so pena de perjuro y que sera castigado y desterrado de sus tierras el qual asy lo prometio e luego traxo los yndios siguientes que se numeraron por la forma siguiente.

- Cristobal Pollo y su muger Maria Moscan tiene tres hijos e un hija el mayor es baron de diez e syete años dizesse Pedro Pollo.
- Alonso Xullui e su muger Catalina Quipo tiene un hijo de zinco años.
- Anton Santon e su muger Ynes Pinian tiene un hijo e una hija de seis años es la hembra mayor.
- Françisco Quisico y su muger Çeçilia Anlique tiene dos hijas y dos hijos la mayor es hembra de quinze años soltera.
- Domingo Paico y su muger Maria Calla tiene dos hijos / el mayor de quatro o zinco años.
- Francisco Pamla y su muger Ana Nete tiene un hijo e una hija el mayor baron de siete años.
- Anton Calla y su muger Catalina Yen tiene una hija de hasta tres o quatro años.
- Pedro Cayqui e su muger Francisco Mychay no tiene hijos.
- Domingo Quispe e su muger Ana Tirpe no tiene hijos.
- Pedro Nopuco y su muger Elvira Zipa tiene un hijo de zinco o seis años.
- Pedro Llonna y su muger Magdalena Muchca tiene un hijo e una hija el mayor baron de nueue a diez años.
- Juan Lasquiche e su muger Ana Anyoc tiene dos hijos el mayor de quatro años.
- Alonsso Toyan y su muger Ana Lenus tiene un hijo de hasta quatro o zinco años.
- Alonso Pomas y su muger Ynes Cauache tiene dos hijas e un hijo el mayor baron de siete años.
- Diego Muspoc e su muger Catalina Colcay tiene un hijo e una hija el mayo es ba/ron de hasta diez años.
- Alonso Llocote y su muger Ynes Tantamean tiene un hijo e una hija es la hembra mayor de siete o ocho años.

- Alonso Asmat e su muger Ynes Llangot tiene un hio e una hija el mayor baron de hasta siete o ocho años.
- Juan Menchon y su muger Ynes O no tiene hijos.
- Francisco Ante y su muger Ynes Pachil tiene un hijo y una hija el mayor es baron de hasta siete o ocho años.
- Francisco Pinte y su muger Ynes Pachil tiene un hijo y una hija el mayor
- Alonso Pisutu e su muger Juana Chone tiene un hijo e una hija el mayor baron de siete o ocho años.
- Anton Llef y su muger Maria Chipse tiene tres hijos el mayor de siete a ocho años.
- Juan Chullen y su muger Luisa Caña tiene un hijo e una hija la mayor es hembra de doze años.
- Francisco Yangol y su muger Magdalena Poyoco tiene un hijo de hasta siete años.
- Juan Suchi y su muger Ysabel Quichul tiene un hijo e / una hija la mayor hembra de diez años.
- Juan Sarrin e su muger Ana Puysoco tiene una hija de teta.
- Francisco Chinchilo e su muger Catalina Sinsin tiene un hijo y una hija la mayor es hembra de zinco años.
- Anton Millo y su muger Ysabel Chipioc tiene un hijo e una hija de zinco años el mayor baron.
- Francisco Semelloc emfermo su muger Ana Licheny tiene una hija de zinco o seis años.
- Anton Chibcal y su muger Luisa Chilque tiene un hijo de teta.
- Pedro Llapa biudo no tiene hijos.
- Andres Saila e su muger Maria Coche tiene un hijo e una hija el mayor es baron de hasta siete o ocho años.
- Francisco Lloc y su muger Ynes Putai tiene un hijo e una hija el mayor es baron de seis años.
- Juan Sarrin e su muger Ynes Llyqueman tiene una hija de hasta seis o siete años. /

- Anton Chaman y su muger Ynes Calmache tiene una hija de siete o ocho años.

- Alonso Palla soltero no a tributado hasta agora de oy mas puede bien tributar que tiene hedad cumplida.
- Juan Bilca soltero no a tributado hasta agora de oy mas puede bien tributar que tiene hedad para ello.

Biejos que no tributan

- Juan Vicapoc y su muger Ana Chestan no tiene hijos.
- Anton Toyn y su muger Maria Yocomet tiene un hijo de diez e syete años dizesse Francisco Culca soltero.
- Pedro Jutuc y su muger Maria Sacnaque no tiene hijos.
- Anton Chona y su muger Çiçilia Çache tiene un hijo de hasta diez años.
- Martin Chono y su muger Maria Chomna tiene dos hijos e una hija el mayor baron de siete o ocho años.
- Pedro Femquiche e su muger Ysabel Momoyoc tiene una hija de hasta doze años. /
- Juan Salul y su muger Maria Fempem tiene dos hijas e un hijo el mayor baron de ocho años este no es biejo puede tributar estando sano.

Biudas y biejas

- Juana Yspon biuda no tiene hijos.
- Francisca Jul biuda no tiene hijos.
- Maria Ynche biuda tiene una hija de hasta diez o honze años.
- Maria Nulpul biuda tiene un hijo de diez o doze años.
- Ana Nypo bieja no tiene hijos.
- Magdalena Xanllac bieja no tiene hijos.
- Ynes Caman bieja no tiene hijos.

El qual dicho prinzipal debajo del dicho juramento dixo y declaro no tener mas yndios de los manifestados e numerados e que sy mas hallare los bendra a manifestar por no yncurrir en las dichas penas. Diego Belazquez de Acuña. Bartolome de Prol.

Yndios de la pachaca de Agomarca questan en el pueblo de San Juarqui (sic) Puquio de que es prinçipal don Martin Guacchatanta de la parcialidad de Colquemarca de doña Jordana Mexia. /

E despues de lo suso dicho en el dicho pueblo de San Juachin de Poquio a los dichos zinco dias del dicho mes de henero del dicho año el dicho señor juez hizo parescer ante si a Juan Comba mandon que dixo ser de los yndios de la pachaca de Agomarca del qual fue reszibido juramento en forma de derecho so cargo del qual le fue mandado que luego traiga ante su merced todos los yndios de la dicha pachaca sin yncubrir nynguno so pena de perjuro o que sera castigado e desterrado de sus tierras el qual asy lo prometio y luego traxo los yndios que se numeraron por la forma siguiente. /

TRIBUTARIOS
- El propio mandon Juan Conbal e su muger Magdalena Olbi tiene un hijo de syete años.
- Juan Chiquen y su muger Magdalena Xami tiene dos hijos la mayor de hasta quatro años.
- Hernando Chaquinop biudo tiene un hijo de hasta siete años.
- Domingo Saita y su muger Catalina Tantamachai tiene dos hijos el mayor de hasta tres o quatro años.
- Pedro Comiac y su muger Maria Synep tiene un hio de hasta zinco o seis años. /

Biejos que no tributan
- Françisco Colquechuan casado con Maria Cochen tiene una hija y un hijo el mayor es baron de diez e syete años y dizesse Pedro Xyp.
- Anton Chono y su muger Ynes Panne tiene un hijo e una hija de ocho años el mayor baron.

Biudas y biejas
- Maria Colquichu biuda tiene un hijo de diez e syete años dizesse Alonso Sitcot soltero.

- Çeçilia Namoc biuda.
- Ysabel Sanan biuda tiene una hija de syete años.
- Luzia Tanta biuda tiene un hijo de siete o ocho años.

El qual dicho principal debajo del dicho juramento dixo y declaro no tener mas yndios de los que tiene manifestados en la dicha pachaca ny en el dicho pueblo e que sy mas hallare los bendra a manifestar por no yncurrir en las penas que le estan puestas Diego Belazquez de Acuña Bartolome de Prol.

Yndios de la pachaca de Llaquaz questan en el pueblo de San Juachin Coquio de que es prinzipal Domyngo / Guacchatanta de la parcialidad de Colquemarca de doña Jordana Mexia.

En el pueblo de San Juachin Poquio a los dichos zinco dias del dicho mes de henero del dicho año de mill e quinientos y setenta e dos años el dicho señor juez hizo paresçer ante si a Juan Guancul mandon que dixo ser de los yndios de la pachaca de Llaquaz questan en este pueblo y del rescibio juramento en forma de derecho so cargo del qual le fue mandado que traiga ante su merced todos los yndios de la dicha pachaca questan en este dicho pueblo syn yncubrir nynguno so pena de perjuro e que sera castigado y desterrado de sus tierras el qual ansy lo prometio y traxo los yndios siguientes.

TRIBUTARIOS
- El propio mandon Juan Guançul e su muger Ynes Payan tiene un hijo e una hija el mayor baron de zinco años.
- Anton Carbabilca e su muger Magdalena Chel tiene un hijo de seis o siete años.
- Alonso Chiquine y su muger Juana Jucoy tiene dos hijos el mayor de diez o honze años.
- Juan Chucumango y su muger / Magdalena Calpen tiene hijos casados tributarios.
- Andres Yali y su muger Maria Quisbe tiene un hijo de teta.

– Anton Xambo y su muger Maria Suquip tiene un hijo de zinco años.

– Domingo Cansy y su muger Francisca Vchapo no tiene hijos no a tributado hasta agora de oy mas puede bien tributar que tiene hedad para ello.

– Francisco Llicsoco y su muger Juana Amanllan no tiene hijos no a tributado hasta agora de oy mas puede bien tributar que tiene bastante hedad para ello y demasiada.

– Pedro Poya e su muger Maria Poyanticla tiene una hija de hasta zinco años no a tributado hasta agora de oy mas puede bien tributar que tiene hedad bastante para ello.

Biejos que no tributan.

– Alonsso Ticla y su muger Magdalena Yspiti tiene un hijo de hasta tres años.

– Domingo Chono biudo no tiene hijos.

– Anton Bilca biuda tiene un hijo de hasta çinco años.

Biudas y biejas

– Maria Putei biuda no tiene hijos.

Huerfanos

– Pedro Man de diez e seis años.

– Françisco Cipa de diez e syete años.

– Juana Amiyni de siete años.

– Magdalena Bichi de seis años.

– Santiago Puymango de diez años.

– Juan Col de ocho o nueue años.

– Alonso Poma de syete años.

– Diego Pichiqui de seis años.

El qual dicho prinzipal mandon debajo del dicho juramento dixo y declaro que no tenia mas yndios en este dicho pueblo de la dicha pachaca e que sy mas hallare los bendra a manifestar por no yncurrir en las penas que le estan puestas. Diego Belazquez de Acuña. Bartolome de Prol.

*Yndios de la pachaca de Colquemarca questan
en el pueblo de San Felipe Canchaden de que
es prinzipal mandon Baltasar Cosma de la
parçialidad de Colquemarca de doña
Jordana Mexia.*

En el pueblo de San Felipe Canchaden a syete
dias del mes de henero de myll y quinientos e setenta e dos años / Diego Belazquez de Acuña hizo
paresçer ante si a Baltasar Cosme mandon que dixo
ser de la pachaca de Colquemarca e de los yndios
della questan en este dicho pueblo y ansi paresçido
resçibio juramento en forma de derecho del qual le
fue mandado que luego traiga ante su merced todos
los yndios de la dicha pachaca syn yncubrir ninguno
so pena de perjuro e que se proçedera contra el por
justiçia e que sera desterrado de sus tierras el qual
ansy lo prometio e luego traxo e presento los yndios
que se numeraron por la orden siguiente.

TRIBUTARIOS

- El propio mandon Baltasar Cosma buido tiene dos
  hijos el mayor de hasta siete años.
- Miguel Xulca y su muger Magdalena Ocsin tiene tres
  hijas la mayor de hasta nueve años.
- Juan Namotanta y su muger Çeçilia Cayoc tiene una
  hija de teta.
- Juan Collaue y su muger Luisa Llatan tiene dos hijas
  la mayor de hasta zinco años.
- Pedro Pilli y su muger Catalina Collun tiene dos
  hijas / y un hijo el mayor de zinco años baron.
- Juan Guaccha y su muger Catalina Coçi tiene una
  hija de teta.
- Francisco Chuquitinin e su muger Magadalena Ynmiche
  tiene una hija de tres años.
- Alonso Bilcamasa e su muger Magdalena Llatan tiene
  un hijo y una hija el mayor baron de hasta seis
  años.
- Martin Puncha e su muger Luisa Cocha tiene dos
  hijos el mayor de quatro o zinco años.
- Juan Masa emfermo e su muger Catalina Caia tiene

un hijo e una hija el mayor de hasta quatro años
varon.

– Alonso Xulca y su muger Magdalena Machai tiene
dos hijos el mayor de hasta zinco años.

– Alonso Paquin y su muger Maria Guacai tiene un
hijo e una hija la mayor hembra soltera de catorze
años.

– Alonso Chochoan soltero no a tributado hasta agora
de oy mas puede tributar que tiene hedad bastante para ello. /

– Juan Collaue e su muger Çeçilia Llatan tiene un
hijo e una hija la mayor es hembra de zinco años
no a tributado porque le escondieron tiene demasiada hedad para tributar de oy mas.

– Martin Xulca e su muger Catalina Chiba tiene dos
hijos el mayor de hasta tres años.

– Alonso Yamomasa e su muger Catalina Piynque tiene
un hijo de hasta quatro años.

– Alonso Collaue e su muger Catalina Luliticla tiene
una hija de otro marido de zinco años.

– Juan Yamocllaccli y su muger Ysabel Cuchinchon tiene
una hija de teta.

– Juan Chigne y su muger Luisa Tantanchun tiene una
hija de teta.

– Lorenço Puchan y su muger Ynes Colque tiene un
hijo e una hija la mayor es hembra soltera de hasta
diez e siete años.

– Juan Lullitinin e su muger Ynes Ticla tiene dos hijas
la mayor de hasta diez e seis años.

– Alonso Pilli sordo e su muger / Catalina Quiyuque
tiene un hijo e una hija el mayor baron de hasta
zinco años o seis.

– Andres Guamanmasa e su muger Ynes Choque tiene
dos hijos el mayor de siete años.

– Alonso Poma y su muger Ysabel Coyoque no tiene
hijos.

– Diego Cochaquispe emfermo y su muger Elbira Llatan
tiene una hija de hasta siete años.

– Anton Tantaraico e su muger Magdalena Anaiticla
tiene un hijo de teta.

- Domingo Xulca esta emfermo y su muger Ynes Machui tiene dos hijas y un hijo es la mayor la hembra de hasta seis años.
- Françisco Xusan biudo tiene un hijo y una hija la mayor de nueue años hembra.

NUEUOS TRI-
BUTARIOS
- Alonso Pimcha y su muger Ynes Bitilun tiene un hijo de teta no a tributado hasta agora de oy mas puede tributar que tiene hedad cumplida.
- Anton Caruajulca e su muger Catalina Lachan no tiene hijos ny a tributado hasta agora que le an escondido puede tributar que tiene hedad demasiada. /
- Pedro Chuquitanta soltero no a tributado hasta agora de oy mas puede tributar que tiene hedad
- Juan Masa soltero no a tributado hasta agora de oy mas puede tributar que tiene hedad para ello.
- Alonso Masanpe y su muger Ynes Chuqui tiene un hijo e una hija el mayor es baron de siete o ocho años no a tributado porque lo an escondido al bisitador de oy mas puede tributar que tiene hedad demasiada para ello mas de seis años.

TRIBUTARIOS
ANTIGUOS
- Alonso Tantachoyan e su muger Çeçilia Coloma tiene un hijo e una hija el mayor es hembra la mayor hembra de seis o siete años.
- Alonso Colquetanta y su muger Maria Colquemchimi no tiene hijos.
- Juan Namocate y su muger Ynes Tuquequixe no tiene hijos.
- Pedro Collaui y su muger Elbira Pinticla no tiene hijos.
- Françisco Guaccha y su muger Catalina Tanta tiene dos hijas y un hijo la mayor es hembra de diez o doze años. /
- Françisco Susto soltero no tiene hijos.
- Juan Tantaxulca e su muger Ynes Muchoy tiene un hijo de teta.
- Juan Limac y su muger Beatriz Tantamollon tiene un hijo e una hija el mayor es baron de hasta quatro o çinco años.

- Alonso Chigni y su muger Costança Angas tiene un hijo de teta.
- Alonso Quispe e su muger Françisca Tiquilla tiene un hijo e dos hijas el mayor baron de nueue años o diez e mas.
- Juan Guaccha e su muger Ynes Chuquichon tiene un hijo e dos hijas e la mayor hembra de catorze años.
- Anton Ylca y su muger Ynes Machai tiene un hijo e tres hijas la mayor es hembra de doze años.
- Pedro Quispe y su muger Juana Chuqui tiene dos hijos el mayor de hasta zinco años.
- Pedro Masa y su muger Juana Colquemolin no tiene hijos.
- Anton Tantaxulca e su muger Çeçilia Vsticla tiene dos hijos / e una hija el mayor baron de hasta ocho o nueue años.

NUEUOS TRI-BUTARIOS

- Juan Masantiguan e su muger Ynes Caxamyllan tiene una hija de teta no a tributado hasta agora de oy mas puede tributar que tiene hedad demasiada para ello.
- Albaro Namoctinni y su muger Ynes Llatan no tiene hijos ny a tributado hasta agora de oy mas puede tributar que tiene hedad demasiada para ello.
- Juan Colquetuntun y su muger Ana Baraschuche tiene dos hijos e dos hijas la mayor es hembra de hasta zinco o seis años.
- Martin Xulca biudo no tiene hijos.
- Francisco Cusique y su muger Luisa Colque tiene dos hijos el mayor de tres a quatro años.
- Diego Chuquichullan y su muger Ysabel Chuquichu-chi no tiene hijos.
- Alonso Guacchatongo no tiene hijos.
- Pedro Collabi biudo tiene un hijo de hasta quatro o zinco años.
- Diego Suman soltero no tiene hijos.
- Juan Collaui soltero no tiene hijos ny a tributado hasta agora de oy mas puede tributar / que tiene hedad para ello.

– Alonso Guamanxulca y su muger Catalina Yumochec tiene un hijo de quatro años no a tributado hasta agora de oy mas puede tributar que tiene hedad cumplida.

Biejos que no tributan

– Pedro Cocho biudo no tiene hijos.

– Pedro Chanchaqui viudo tiene una hija soltera de diez e ocho años.

– Pedro Musa viudo tiene un hijo e una hija la mayor es embra de diez y siete años soltero.

– Pedro Choan biudo no tiene hijos.

– Pedro Anape biudo tiene una hija soltera de diez e ocho años.

– Pedro Tendix y su muger Maria Yamaticla tiene una hija de diez años.

– Pedro Cusma y su muger Catalina Chuquiticla no tiene hijos.

– Pedro Xulca y su muger Maria Quiyuque no tiene hijos.

– Pedro Maqui e su muger Maria Nachay tiene dos hijas la mayor soltera de diez e ocho años.

– Domingo Guamanmaqui biudo.

Biudas y biejas

– Catalina Xutqui biuda tiene dos hijas la mayor de quinze años.

– Maria Machai bieja no tiene hijos.

– Ynes Tanta bieja no tiene hijos.

– Catalina Cacho bieja no tiene hijos.

– Magdalena Chuquichurai bieja no tiene hijos.

– Maria Asquichuche bieja.

– Maria Colquichu bieja.

– Maria Colqueticla bieja.

– Çeçilia Vsin biuda tiene un hijo e una hija de ocho años el mayor baron.

– Maria Yamoticla bieja.

– Magdalena Alpa biuda tiene una hija de hasta zinco años.

– Costança Ossin biuda tiene un hijo y una hija la mayor es hembra de hasta diez años.

- Magdalena Tanta biuda tiene dos hijas la mayor de zinco o seis años.
- Maria Pongoticla no tiene hijos.
- Ynes Llatan bieja tiene una hija de quinze años.
- Magdalena Asna tiene una hija de veynte años.
- Maria Quiynque biuda tiene un hijo e una hija la mayor es hembra soltera de diez e siete años.
- Maria Llacxa bieja tiene una hija de veynte años. /
- Maria Xiquile bieja tiene una hija de diez e ocho años.
- Luzia Suyac bieja no tiene hijos.
- Maria Llatan bieja no tiene hijos.

Huerfanos

- Alonso Pinchon de nueue a diez años.
- Lorenço Chuquitanta de diez años.
- Çeçilia Llatai de doze años huerfana.
- Catalina Guacmanticlla de treze años.
- Catalina Colquechun de quinze años.
- Ysabel Cullima de catorze años.
- Çezilia Chen de quinze años.
- Juan Yamotanta soltero de diez e syete años.

El qual dicho principal debajo del dicho juramento que tiene fecho dixo que en la dicha su pachaca en el dicho pueblo de San Felipe Canchaden no tiene mas yndios ni los ay e que sy mas hallare los bendra a manifestar por no yncurrir en la penas que le estan puestas. Diego Belazquez de Acuña. Bartolome de Prol.

Yndios de la pachaca de Llaquaz questan en el pueblo de San Felipe Canchaden de que hera principal don Lorenço Astomalon / difunto de la parcialidad de Colquemarca de la encomienda de doña Jordana Mexia.

E despues de lo suso dicho en el dicho pueblo de San Felipe Canchaden a los dichos siete dias del dicho mes de henero del dicho año de mill e quinientos e setenta y dos años el dicho señor juez hiço paresçer ante si a Martin Colquitanta mandon que dixo ser en los yndios de la dicha pachaca de Llaquaz y del resçiuio juramento en forma de derecho so cargo del qual le fue mandado que diga e declare o traiga ante su merced questan en este dicho pueblo de la dicha pachaca syn yncubrir ni esconder ninguno so pena de perujuro e que sera castigado e desterrado de sus tierras el qual ansi lo prometio e luego traxo los yndios que se vissitaron y numeraron por la forma y orden siguientes.

TRIBUTARIOS
- El propio mandon Martin Colquitanta y su muger Luisa Capus tiene dos hijas la mayor de hasta catorze años.
- Françisco Xactac e su muger Madalena Cuçi tiene tres hijos e dos hijas la mayor es hembra de quinçe años soltera.
- Martin Tonan e su muger Catalina Cuchu tiene dos hijos y una hija la mayor es embra de ocho años.
- Juan Vilcatoma e su muger Madalena Caroaticla tiene una hija de teta.
- Françisco Caxambo e su muger Juana Cochaticla tiene dos hijas la mayor de hasta çinco años o seis.
- Juan Quispe e su muger Maria Ruzu tiene dos hijos e dos hijas es embra la mayor de seis años.
- Pedro Chican biudo tiene un hijo e una hija la mayor es embra de hasta seis años. /
- Anton Choan e su muger Juana Castiquilla no tiene hijos.
- Alonso Xulca soltero no tiene hijos.
- Alonso Xulca viudo tiene un hijo de seis o siete años no paresçio porque diçen que handa huido que no se saue del.

NUEUOS TRI- BUTARIOS
- Anton Cuzma e su muxer Ynes Pintequilla tiene dos hijas la mayor de seis años no a tributado hasta agora que le hascondieron de oy mas puede tributar que tiene hedad demasiada para ello.
- Anton Casi e su muger Catalina Yamoticla tiene tres hijas la mayor de seis años no a tributado hasta agora que le escondieron de oy mas puede tributar que tiene demasiada hedad para ello.

Biejos que no tributan

- Alonso Tantajulca e su muger Barvula Chuquipacocoy tiene dos hijas la mayor de treçe años.
- Juan Tantachigne e su muger Maria Queyo es çiego no tiene hijos.
- Pedro Quequitente e su muger Ana Tantallon no tiene hijos.
- Alonso Guamantanta e su muger Catalina Amayticla tiene un hijo de hasta diez años.

Biudas y biejas

- Catalina Cuchu biuda tiene un hijo y dos hijas la mayor es embra soltera de diez y ocho años.
- Ysauel Tantanchani biuda tiene una hija de diez y siete años soltera.
- Ana Chuche viuda no tiene hijos.
- Luysa Cuyuque viuda tiene tres / hijas e un hijo la mayor es embra de hasta catorce años.
- Maria Asnan biuda tiene un hijo de quatro o cinco años.
- Maria Xudqui viuda tiene un hijo de çinco años.
- Madalena Vsin viuda tiene una hija de çinco o seis años.
- Maria Tantamachai biuda no tiene hijos.

Huerfanos

- Catalina Cho de hasta doçe años.
- Juan Condol de hasta ocho años.
- Hernando Llasco de siete años.
- Alonso Tiquillaguanca de seis años.
- Luçia Caroachuche soltera de veinte años.

NUEUO TRI-
BUTARIO
- Anton Abstinan soltero no tiene hijos ni a tributado hasta agora de oy mas puede vien tributar que tiene hedad para ello.

El qual dicho mandon debajo del dicho juramento que fecho tiene dixo y declaro no tener en el dicho pueblo de la dicha pachaca mas yndios de los que tiene manifestados y estan bisitados e numerados y que si mas hallare los vendra a manifestar por no yncurrir en las penas que le estan puestas Diego Belazquez de Acuña. Bartolome de Prol.

*Yndios de la pachaca de Llequen questan en el
pueblo de San Felipe Canchaden de que hera
prinzipal Cristobal Maxatanta difunto de la
parcialidad de Colquemarca de doña
Jordana Mexia.*

E despues de lo suso dicho en el dicho pueblo
de San Felipe Canchaden en el dicho dia mes y año
suso dichos el dicho señor juez andando vissitando el
dicho pueblo para buscar los yndios que / en el avia
hallo çiertos yndios que dixeron ser de la pachaca de
Lleden de que hera su prinçipal Cristobal Maxatanta
y el dicho señor los hizo traer ante si para los numerar
como su Magestad lo manda y se numeraron por la
forma siguiente.

TRIBUTARIOS
- Anton Quispe y su muger Madalena Chuquima tiene
  dos hijos e una hija es la mayor embra de diez
  años.
- Alonso Bilca e su muxer Ana Chuqui tiene quatro
  hijos e una hija el mayor es baron de doçe años.
- Juan Churuc y su muger Luisa Cugi tiene una hija
  de teta.
- Lorenço Coche e su muger Ynes Yamocmilla tiene
  una hija de hasta seis años.
- Juan Caruachigne soltero no tiene hijos.
- Alonso Tantachan e su muger Catalina Caruachuchi
  tiene un hijo e una hija el mayor baron de diez
  años.

Viejos que no tributan.

- Pedro Chuquitanta e su muger Magdalena Manchuy
  tiene dos hijos el mayor de ocho o nueve años.
- Martin Xiton biudo no tiene hijos.
- Françisco Chotanta biudo no tiene hijos.

Biudas y biejas.

- Luisa Astete biuda tiene dos hijas e tres hijos el
  mayor / es baron de diez años.
- Luisa Chuptic biuda tiene dos hijas la mayor de quinze
  años.
- Ana Cucho biuda tiene dos hijas e un hijo el mayor

baron de catorze o quinze años dizesse Diego Tan-
tavilca soltero.

- Ysabel Coçi biuda tiene una hija de diez e seis años
soltera.
- Ana Cheba biuda tiene una hija e un hijo el mayor
baron de hasta nueue o diez años.
- Maria Chuqui biejo no tiene hijos.
- Alonso Colquetanta soltero no tiene hijos ny a tributado hasta agora de oy mas podra tributar que tiene
hedad bastante para ello.
- Juan Chochoban casado ocn Magdalena Colquecho-
ray no tiene hijos ny a tributado hasta agora porque le escondieron al vissitador de oy mas puede
tributar que tiene hedad cumplida e demasiada para
ello.

E aunque el dicho señor juez hizo todas las
diligençias nesçesarias para buscar los dichos yndios no
se hallaron mas de la dicha pachaca en el dicho pueblo
e lo fyrmo de su nombre Diego Velazquez de Acuña.
Bartolome de Prol.

*Yndios de la pachaca de Agomarca questan en
el pueblo / de San Felipe de que es prinzipal
don Andres Rantamoro de la parçialidad de
Colquemarca encomendados en doña
Jordana Mexia.*

E despues de lo suso dicho en el dicho pueblo
de San Felipe a los dichos siete dias del dicho mes
de henero del dicho año el dicho señor juez hizo paresçer ante si a Miguel Pachabilca mandon que dixo
ser en la pachaca de Agomarca de los yndios della
questan en este dicho pueblo del qual rescibio juramento en forma de derecho y lo hizo como se requeria y so cargo del le fue mandado que luego traiga
ante su merced todos los yndios de la dicha pachaca
syn yncubrir nynguno so pena de perjuro e que sera
castigado e desterrado de sus tierras el qual dixo que
ansy lo cumpliria y luego traxo ante su merced los
yndios que se ynbentariaron por la forma y orden siguiente.

TRIBUTARIOS   – Alonso Llaxapoma y su muger Catalina Tantamachai tiene dos hijos y una hija el mayor es baron de hasta doze años.

– Anton Poyan e su muger Ana Quicnique tiene un hijo e una hija es la mayor hembra de diez e seis a diez e syete años. /

– Baltasar Quispe casado con Magdalena Guamanticla tiene dos hijos la mayor de seis años.

– Baltasar Quiliche e su muger Catalina Chin tiene un hijo de tres años e mas.

NUEUO TRI-
BUTARIO   – Joan Colquetanta soltero no tiene hijos ny a tri butado hasta agora de oy mas puede bien tributar que tiene hedad cumplida para ello.

Huerfanos.

– Françisco Pomajulca huerfano soltero de diez e siete años.

Biudas.

– Ynes Aschi biuda tiene una hija de tres años.

El qual dicho mandon debajo del dicho juramento dixo y declaro que no tiene mas yndios en el dicho pueblo de San Felipe de la dicha pachaca mas de los manifestados e visitados e que sy mas hallaren los bendra a manifestar por no yncurrir en las penas que le estan puestas. Diego Belazquez de Acuña. Bartolome de Prol.

E despues de lo suso dicho en el dicho pueblo de San Felipe en el dicho dia mes y año suso dichos el dicho señor juez andando bissitando el dicho pueblo hallo ciertos yndios que dixeron ser de la pachaca de Choan de Santiago Tanta / su principal de la guaranga de Chuquimango de doña Jordana Mexia que son los siguientes.

BIEJO   – Anton Carutamango viejo casado con Catalina Ciquil tiene una hija y un hijo la mayor es hembra de hasta diez e syete años no es tributario que es biejo.

E aunque el dicho señor juez hizo diligencias nesçesarias no se hallaron mas yndios de la dicha pachaca y lo firmo de su nombre Diego Belazquez de Acuña. Bartolome de Prol.

Yndios olbidados de la pachaca de Colquemarca
deste pueblo de San Felipe de Canchaden que
biene a manifestar el dicho mandon
Baltasar Cosna.

E despues de lo suso dicho en el dicho pueblo de San Felipe a los dichos siete dias del dicho mes de henero del dicho año ante el dicho señor juez paresçio pressente Baltasar Cosma mandon de la pachaca de Colquemarca e dixo que a el se le avian olbidado ciertos yndios de la dicha pachaca que los benia a manifestar por no yncurrir en las penas y el dicho señor juez los mando asentar como los demas por la forma siguiente.

TRIBUTARIOS NUEUOS
– Juan Nasa y su muger Ysbel Pintilla tiene un hijo de teta / no a tributado hasta agora de oy mas puede tributar que tiene hedad para ello.
– Alonso Guamanta y su muger Ynes Chqueticla no tiene hijos ny a tributado hasta agora de oy mas puede tributar que tiene hedad para ello.
– Juan Tanta y su muger Çeçilia Abosque tiene una hija de tres años no a tributado hasta agora de oy mas puede tributar que tiene hedad para ello bastante.
– Diego Chinchilpoma y su muger Ysabel Pachaguacai no tiene hijos ny a tributado hasta agora de oy mas puede tributar que tiene hedad bastante para ello.
– Diego Tantachigne y su muger Ysabel Chuquina tiene una hija de tres a quatro años no a tributado hasta agora de oy mas puede bien tributar que tiene hedad bastante para ello.
– Alonso Namocache e su muger Catalina Alpa no tiene hijos ni a tributado hasta agora de oy mas puede tributar que tiene hedad bastante para ello.

NUEUOS TRIBUTARIOS
– Alonso Paytatanta e su muger Maria Cucho tiene un hijo e una hija el mayor es baron de quatro años no a tributado hasta agora de oy mas puede tributar que tiene hedad bastante para ello.
– Françisco Chomes soltero no tiene hijos ny a tri-

butado hasta agora de oy mas tributario que tiene hedad para ello.

— Juan Xulcatanta soltero no tiene hijos ny a tributado hasta agora de oy mas puede bien tributar que tiene hedad bastante para ello.

— Françisco Collaxal soltero no tiene hijos ny a tributado hasta agora de oy mas puede bien tributar que tiene hedad bastante.

— Domingo Cayan y su muger Luisa Anyca tiene una hija de quatro años no a tributado hasta agora de oy mas puede bien tributar.

TRIBUTARIO ANTIGUO — Juan Culquitintin biudo tiene dos hijas la mayor de quatro años es tributario antiguo.

NUEUOS TRI-BUTARIOS — Pedro Xulca y su muger Magdalena Ynbique tiene un / hijo de quatro a zinco años no a tributado hasta agora de oy mas puede tributar que tiene hedad bastante para ello.

— Pedro Colquepoquin soltero no tiene hijos y no a tributado hasta agora de oy mas puede tributar que tiene hedad bastante para ello.

— Pedro Caruachigne y su muger Ysabel Tantachuchi tiene un hijo de seis a siete años no a tributado hasta agora porque le escondieron de oy mas puede bien tributar que tiene demasiada hedad para ello y mas de seis años.

Huerfanos.

— Juan Lullitunan soltero huerfano de hedad de diez e siete años.

— Diego Poques soltero de diez e ocho años poco mas o menos huerfano.

— Martin Vscuti soltero de hedad para poder tributar de oy mas aunquesta tollido de la pierna yzquierda e por esso dizen no a de tributar.

NUEUOS TRI-BUTARIOS — Diego Lullitan biudo no tiene hijos ny a tributado hasta agora aunque tiene mas de treinta e seis años por / que le escondieron al bisitador de oy mas puede tributar muy bien.

— Françisco Bilcatanta e su muger Maria Colque no tiene hijos ny a tributado hasta agora porque le escondieron tiene mas de treynta e seis años puede tributar de oy mas.

HUERFANA
- Catalina Llachi soltera de veynte años huerfana.
- Juana Chuquiticla biuda tiene un hijo de hasta seis a syete años.
- Catalina Chuchu biuda tiene una hija de zinco a seis años.
- Catalina Bitllan soltera de veinte años e mas huerfana.
- Ysabel Colquenchun biuda tiene un hijo que se dize Domingo Nyna de hasta doze años.
- Catalina Chuquechame biuda tiene un hijo e una hija la mayor es hembra de siete años.
- Çeçilia Llatan biuda no tiene hijos.

El qual dicho mandon dixo debajo del dicho juramento questos yndios se le avian olbidado de la dicha pachaca e que si mas hallaren los bendra / a manifestar con los demas y lo firmo el dicho señor juez Diego Belazquez de Acuña. Bartolome de Prol.

Yndios que se olbidaron de la pachaca de Lleden en este pueblo de San Felipe que biene a manifestar Sebastian Tantaguaccha.

E despues de lo suso dicho en el dicho dia mes y año suso dichos antel dicho señor juez parescio pressente Sebastian Guaccha y dixo que en la pachaca de Lleden se abian olbidado çiertos yndios que el los benia a manifestar para que se vissitasen como los demas los quales son los siguientes.

TRIBUTARIOS
- Diego Llullitanta e su muger Juana Chote tiene un hijo de seis años hasta siete.
- Diego Tongochoyan y su muger Beatriz Çiquel tiene

NUEUO TRI-
BUTARIO
un hijo de hasta quatro años no a tributado hasta agora de oy mas puede tributar que tiene hedad bastante para ello.

E que estos se olbidaron en la dicha pachaca de asentar y el dicho señor juez le encargo que si mas hallase de la dicha pachaca o de otra alguna los biniese / a manifestar el qual ansy lo prometio y lo fyrmo Diego Belazquez de Acuña Bartolome de Prol.

Yndios que se oluidaron de la pachaca de
Xaxaden en el pueblo de San Gabriel
Cascas son estos.

En el pueblo de San Martin Agomarca a nueue
dias del mes de henero de mill y quinientos e setenta
e dos años antel dicho señor juez parescio presente
don Cristobal Macalingon y dixo que en la pachaca
de Xaxaden que se auia vissitado en el pueblo de San
Gabriel Cascas se avian olbidado a su hermano don
Melchior Carbaraico ciertos yndios de los quales el abia
dado por memoria para traer ante su merced son los
siguientes.

BIUDAS
– Ynes Caboch biuda tiene un hijo de hasta quatro
o zinco años.
– Ynes Llamo biuda no tiene hijos.

Biejas.
– Catalina Petin bieja no tiene hijos.
– Catalina Cachen bieja no tiene hijos.
– Ysabel Cutca bieja no tiene hijos.

HUERFANO
– Domingo Basa huerfano de hasta seis o siete
años. /

E questos manifestauan por el dicho su hermano por no yncurrir en las penas que le estan puestas. Diego Belazquez de Acuña. Bartolome de Prol.

Yndios que se olbidaron de la pachaca de
Agomarca en el pueblo de San Gabriel Cascas.

E despues de lo suso dicho en el dicho pueblo
de San Martin Agomarca a los dichos nueue dias del
dicho mes de henero del dicho año antel dicho señor
juez parescio presente Francisco Pariamangon de la pachaca de Agomarca y dixo que en la dicha pachaca
en el pueblo de San Gabriel Cascas que ante su merced
avia traido para los bissitar y numerar se le avian olbidado
ciertos yndios e que por no yncurrir en las penas que
le abian sido puestas los traia ante su merced para
que se asentasen como los demas y el dicho señor
juez los mando asentar como se sigue.

VIEJOS

- Juan Tocto y su muger Catalina Guaypon tiene un hijo e una hija el mayor es baron de diez años.
- Martin Luliton y su muger Malgarida Llache tiene dos hijos el mayor de seis años.
- Lorenço Xalca y su muger Catalina Vsco tiene un hijo / e una hija la mayor es hembra soltera de hasta diez e seis años.
- Alonso Ximi biudo tiene un hijo de hasta diez años.
- Juan Xantul y su muger Catalina Cabra tiene un hijo de hasta seis o siete años.
- Cristobal Llamay e su muger Catalina Pusoc tiene un hijo e una hija el mayor baron de hasta seis o siete años.
- Alonso Chibar biudo tiene un hijo de hasta seis o siete años.

Biejas y biudas

- Catalina Cuchu bieja tiene una hija soltera de diez e ocho años.
- Catalina Chanta bieja tiene una hija de siete o ocho años.
- Catalina Sucoticla biuda tiene dos hijos el mayor de hasta siete años.
- Magdalena Colquemonai   bieja.
- Juana Machan bieja no tiene hijos.
- Ynes Zitail bieja no tiene hijos.
- Catalina Puxac bieja tiene un hijo de hasta seis o siete años.

El qual dicho mandon dixo que el auia myrando los yndios de la dicha su pachaca y estos abia olbidado y por no yn/currir en las penas que le estan puestas los benia a manifestar ante su merced e que si mas hallase haria lo mismo Diego Belazquez de Acuña. Bartolome de Prol.

Yndios olbidados de la pachaca de Lleden del pueblo de San Gabriel Cascas.

E despues de lo suso dicho en el dicho pueblo de San Martin Agomarca a los dichos nueue dias del dicho mes de henero y del dicho año antel dicho señor juez parescio presente Anton Tamia e dixo que el como mandon abia manifestado en el dicho pueblo de San Gabriel Cascas los yndios de la pachaca de Lleden que alli se le avian olbidado ciertos yndios por bissitar que el benia ante su merced y los traia por memoria para los poner como los demas por no yncurrir en las penas que le estan puestas y son los siguientes.

BIEJOS QUE NO TRIBUTAN
– Martin Usbelia y su muger Ynes Picsa no tiene hijos.
– Juan Cutqui y su muger Maria Pachil tiene una hija de hasta quatro o zinco años.
– Juan Namoc e su muger Catalina Pitquen tiene dos hijas la mayor de hasta seis o siete años. /
– Anton Pilli y su muger Catalina Pabtel tiene un hijo e una hija la mayor es hembra de hasta zinco o seis años.

NUEUOS TRIBUTARIOS
– Anton Astenan sioltero no a tributado hasta agora de oy mas puede tributar que tiene hedad para ello.
– Juan Sigelpoc soltero no a tributado hasta agora de oy mas puede tributar que tiene hedad para ello.
– Anton Mango soltero no a tributado hasta agora de oy mas puede bien tributar que tiene hedad bastante para ello.

HUERFANO
– Juan Quespe de hasta seis años huerfano.

El qual dicho mandon dixo questos yndios se le auian olbidado en la dicha su pachaca e que los benia a manifestar por no yncurrir en las penas Diego Velazquez de Acuña Bartolome de Prol.

Yndios de la pachaca de Lleden del pueblo de San Felipe Canchaden.

E despues de lo suso dicho en el dicho pueblo de San Martin Agomarca a los dichos nueue dias del dicho mes de henero del dicho año antel dicho señor juez parescio presente Sebastian Tanta/guaccha hermano de Cristobal Masatanta difunto e dixo que en la pachacas de Lleden de que el dicho su hermano hera prinzipal el dicho señor juez abia bissitado los della en el pueblo de San Felipe Canchaden e alli se abian olbidado çiertos yndios que el los traia ante su merced para que se bisitasen e supiesen quales e quantos heran e bisto por el dicho señor juez los mando asentar como los demas.

HUERFANOS
- Alonso Llacxapoma huerfano soltero de hasta diez e seis años o diez e siete años.
- Juan Tintis de syuete años.
- Magdalena Vsan huerfana de hasta quatro años.
- Çeçilia Yllac de tres años.

E que estos huerfanos se abian olbidado en ella e que los manifestaua por no yncurrir en pena alguna. Diego Belazquez de Acuña. Bartolome de Prol.

Yndios olbidados de la pachaca de Colquemarca del pueblo de San Felipe Canchaden.

E despues de lo suso dicho en el dicho pueblo de San Martin de Agomarca a los dichos nueue dias del dicho mes y año antel dicho señor juez parescio pressente Baltasar Cosma e dixo que demas de los yndios que abia mani/festado en la pachaca de Colquemarca de que hera pricipal Gonçalo Oche difunto se abian olbidado çiertos yndios que el por el juramento que tiene fecho e por no yncurrir en las penas que le tiene puestas las trae a manifestar por que se asienten con los demas y son los siguientes.

NUEUO TRI-
BUTARIO
- Pedro Cucha e su muger Catalina Colquechuco tiene un hijo de tres o quatro años este escondieron al bissitador passado y no a tributado hasta agora puede bien tributar que tiene hedad demasiada.
- Anton Pomatongo casado con Çiçilia Cachon tiene un hijo y una hija el mayor es baron de hasta quatro años.tambien le escondieron tiene hedad demasiada para tributar porque hasta agora no lo a hecho.
- Pedro Vichanga y su muger Catalina Binticla tiene una hija de teta no a tributado hasta agora porque le escondieron tiene hedad demasiada para poder tributar de oy mas.
- Pedro Ambo soltero no a / tributado hasta agora de oy mas puede bien tributar que tiene hedad bastante para ello.

VIEJO

- Pedro Villan y su muger Maria Cacho tiene un hijo de hasta seis o syete años es biejo que no tributa por tal.
- Luisa Moyocho biuda no tiene hijos.
- Juan Masa huerfano de hasta seis años.
- Catalina Chigua huerfana de zinco años.

E que estos yndios se le abian holbidados e que por no yncurrir en las dichas penas los biene a manifestar e que sy mas hallare hara lo mesmo Diego Belazquez de Acuña Bartolome de Prol.

Yndios olbidados de la pachaca de Llaquaz del pueblo de San Felipe Cachaden.

. E despues de lo suso dicho en el dicho pueblo de San Martin de Agomarca en el dicho dia mes y año suso dicho antel dicho señor juez parescio presente Pedro Choan y dixo que en la pachaca de Llaquaz de que era prinzipal Lorenço Toma difunto en el pueblo de San Felipe se le habia holbidado / al mandon que abia manifestado los yndios de la dicha pachaca en el dicho pueblo çiertos yndios los que los traia en su nombre para los asentar con los demas por no yncurrir en las dichas penas y son los siguientes.

NUEUOS TRI-
BUTARIOS
CASADOS

- Anton Rima casado con Ysabel Casa no tiene hijos no a tributado hasta agora de oy mas puede tributar que tiene hedad para ello bastante.
- Juan Tongochoan emferno de hedad de diez e siete años.

E questos se le abian olbidado e que si mas hallare los traeria a manifestar con los demas Diego Belazquez de Acuña, Bartolome de Prol.

AGOMARCA

Yndios de la pachaca de Agomarca questan en el pueblo de San Martin Agomarca de que es prinzipal don Martin Guacchatanta de la parçialidad de Colquemarca encomendados en doña Jordana Mexia.

En el pueblo de San Martin Agomarca a nueue dias de henero de mill y quinientos y setenta e dos años el dicho señor juez hizo paresçer ante si a don Pablo / Cocha prinzipal y del reszibio juramento en forma de derecho so cargo del qual le fue mandado que luego traiga ante su merced todos los yndios questan en este dicho pueblo de la pachaca de Agomarca syn yncubrir nynguno para los bisitar y numerar como su Magestad lo manda so pena de perjuro e que sera castigado e desterrado de sus tierras el qual ansi lo prometio e luego traxo los yndios que se numeraron por la orden siguiente.

El propio don Pablo Cocha e su muger Catalina Bitio tiene tres hijas la mayor soltera de hasta veinte años. e no tributa porque es biejo y prinzipal.

- Cristobal Tocas e su muger Catalina Cicho no tiene hijos.
- Alonso Carvatocas e su muger Magdalena Suticla tiene dos hijas e un hijo la mayor hembra soltera de diez e ocho años.
- Baltasar Lunai e su muger Luisa Tantamollan tiene dos hijos el mayor de hasta quatro años. /
- Anton Cusma e su muger Magdalena Tantabichique tiene una hija de zinco o seis años.
- Anton Manga e su muger Francisca Guacachamoc tiene un hijo e una hija la mayor hembra de hasta diez años.
- Gonçalo Guacchatanta e su muger Catalina Gilqui tiene dos hijas e dos hijos la mayor es hembra de hasta siete años.
- Martin Condor y su muger Ynes Pollan tiene un hijo e una hija la mayor hembra de hasta seis o siete años.
- Alonso Oche e su muger Maria Ynoqui tiene tres hijos el mayor es de seis o siete años.
- Pedro Xulca y su muger Çeçilia Colquepichin tiene un hijo e una hija la mayor es hembra de quinze años esta emfermo.
- Gaspar Colquechoan e su muger Catalina Vsi tiene dos hijos y dos hijas la mayor es hembra de hasta diez años.
- Alonso Carvaquispe e su muger Catalina Carva/bichiqui

tiene dos hijos e una hija el mayor es baron de hasta doze años.

- Cristobal Cocha e su muger Catalina Cachun tiene dos hijas e un hijo el mayor es hembra de ocho años.
- Françisco Quiliche e su muger Catalina Bitemullan tiene tres hijas y un hijo la mayor es hembra de doze años y mas.
- Domingo Tantaquispe e su muger Maria Bichic tiene dos hijos el mayor de hasta quatro años.
- Juan Achiqui y su muger Ynes Pentiquilla tiene un hijo e una hija la mayor es hembra de hasta seis o siete años.
- Juan Chicon y su muger Magalena Xutqui tiene tres hijos el mayor de hasta çinco o seis años.
- Pedro Maspongo y su muger Françisca Tantacosquen tiene dos hijos y una hija el mayor baron de hasta seis o siete años.
- Anton Pura y su muger / Juana Casachan tiene una hija de hasta dos o tres años.
- Alonso Calua y su muger Maria Tantamian tiene dos hijas e un hijo el mayor es hembra de seis años esta emfermo.
- Juan Llaqui y su muger Çeçilia Colquechuan tiene dos hijas la mayor de zinco o seis años.
- Alonso Tantaguaman y su muger Juana Caxa tiene dos hijas la mayor de seis o siete años.
- Lorenço Pariavilca emfermo y su muger Catalina Misa tiene una hija de teta.
- Alonso Tantaxicon y su muger Ynes Chete tiene una hija de tres años no parescio syno su muger e un hijo porque dizen questa huido dos años a e que no se sabe del.
- Gonçalo Pariatongo emfermo e su muger Catalina Cusi tiene un hijo e una hija el mayor baron de siete o ocho años.
- Anton Colquetanta y su muger Magdalena Cachonpia no tiene hijos. /
- Anton Tanta y su muger Magdalena Tongotilla no tiene hijos.

- Miguel Juan biudo no tiene hijos.
- Baltasar Colquetanta biudo no tiene hijos.
- Juan Xulca biudo no tiene hijos.
- Miguel Pachabilca e su muger Catalina Malcandic tiene dos hijos e una hija el mayor baron de diez años e mas.

TRIBUTARIOS NUEUOS

- Juan Ticas soltero no tiene hijos ny a tributado hasta agora de oy mas puede tributar que tiene hedad.
- Alonso Nauca soltero no tiene hijos ny a tributado hasta agora de oy mas puede tributar que tiene hedad.
- Alonso Condor soltero no tiene hijos ny a tributado hasta agora de oy mas puede tributar que tiene hedad.
- Pedro Quichini soltero no tiene hijos ny a tributado hasta agora de oy mas puede tributar que tiene hedad bastante para ello.
- Alonso Nynatanta soltero no a tributado hasta agora / de oy mas puede bien tributar que tiene hedad para ello bastante.
- Juan Tantaquispe soltero no a tributado hasta agora de oy mas puede tributar que tiene hedad.
- Alonso Xulcapoma soltero no a tributado hasta agora de oy mas puede tributar que tiene hedad bastante.
- Pedro Masa y su muger Ynes Gete no tiene hijos ny a tributado hasta agora de oy mas puede bien tributar que tiene hedad bastante.

TRIBUTARIO ANTIGUO

- Pedro Cuchiqui biudo tiene dos hijas la mayor de doze a treze años es tributario antiguo.

Biejos que no tributan.

- Baltasar Julca y su muger Catalina Xaquen tiene un hijo e una hija la mayor es hembra de hasta doze años.
- Anton Ocho y su muger Catalina Cosi no tiene hijos.
- Pedro Coluachoan y su muger Luisa Myan tiene un hijo y una hija la mayor hembra de doze años. /
- Pedro Tantachigni e su muger Ysabel Bilcachun tiene una hija de hasta doze o treze años.
- Diego Chigni y su muger Ysabel Chuquichon no tiene hijos.

– Pedro Oche e su muger Catalina Colque tiene un hijo e dos hijas la mayor es hembra de hasta ocho años.

– Pedro Chun y su muger Catalina Chuqui tiene tres hijos e una hija el mayor es baron de hasta honze o doze años.

– Alonso Cho y su muger Catalina Ziquil tiene un hijo e dos hijas es la hembra la mayor de catorze años.

– Baltasar Asan e su muger Ynes Chut tiene una hija de teta.

– Diego Peli e su muger Maria Quiyuqui tiene dos hijas e un hijo la mayor es hembra de hasta nueue años.

– Juan Tantacusma e su muger Luisa Guamanticla tiene tres hijas la mayor de hasta quinze años.

– Domingo Chinuxo biudo tiene una hija de hasta quinze años soltera. /

– Alonso Tantarayco e su muger Magdalena Bilcadic no tiene hijos.

– Juan Nabol y su muger Luçia Yacchi tiene dos hijos el mayor de quatro años.

– Anton Xotanta y su muger Catalina Xutqui no tiene hijos.

Biudas y biejas.

– Çeçilia Tantachurai biuda tiene tres hijas la mayor de nueue años.

– Juana Coçi biuda tiene un hijo e dos hijas la mayor es hembra de hasta diez años.

– Ynes Caxac biuda no tiene hijos.

– Magdalena Chuquimachai no tiene hijos.

– Ynes Chapo biuda no tiene hijos.

– Catalina Cochabicla biuda tiene una hija de quatro años.

– Luisa Cheba biuda tiene dos hijos e dos hijas la mayor es hembra soltera de quinze años.

– Luisa Coles biuda tiene dos hijas la mayor de hedad quatro años.

– Çeçilia Tantamachai biuda tiene un hijo e una hija de / diez años y mas el baron mayor.

- Juana Colqui biuda tiene dos hijas la mayor tiene ocho años.
- Catalina Tantacunan biuda.
- Catalina Coquebichique biuda tiene un hijo de hasta quatro años.
- Catalina Tantamachai tiene una hija de syete años.
- Ysabel Cassa bieja no tiene hijos.
- Ysabel Colquemachai bieja.
- Ysabel Colquelun bieja no tiene hijos.
- Luisa Tongo bieja no tiene hijos.
- Ysabel Vcsin bieja no tiene hijos.
- Magdalena Masino bieja.
- Ysabel Cassa bieja.
- Magdalena Chusep bieja.
- Juana Tantapiscan bieja.
- Maria Chuquichan bieja.
- Ysabel Colquezitan bieja.
- Maria Lacho bieja no tiene hijos.
- Luisa Xaya bieja no tiene hijos.
- Ysabel Yucque biuda tiene un hjio de hasta diez años e mas.

HUERFANAS
- Catalina Chuxun soltera huerfana de diez e ocho años.
- Ysabel Coles bieja no tiene hijos.

El qual dicho prinzipal debajo del / dicho juramento que fecho tiene dixo que no tiene mas yndios en este dicho pueblo de la dicha su pachaca e que si mas hallare los bendra a manifestar por no yncurrir en las penas que le estan puestas. Diego Belazquez de Acuña. Bartolome de Prol.

AGOMARCA
Yndios de la pachaca de Lleden questan en el pueblo de San Martin Agomarcaa de que hera prinzipal Cristobal Maxatanta difunto de la parcialidad de Colquemarca encomendado en doña Jordana Mexia.

E despues de lo suso dicho en el dicho pueblo de San Martin Agomarca a los dichos nueue dias del dicho mes y año el dicho señor juez hizo parescer ante si a Sebastian Tantaguaccha mandon que dixo ser de la pachaca de Lleden y de los yndios della questan en este dicho pueblo del qual fue tomado e resçibido juramento en forma de derecho del qual le fue mandado que luego traiga ante su merced todos los yndios que ay en este dicho pueblo de la dicha pachaca syn yncubrir nynguno so cargo del dicho juramento / y so pena de perjuro e que sera castigado y desterrado de sus tierras el qual ansy lo prometio e luego traxo los yndios que se numeraron por la forma y oden siguientes.

TRIBUTARIOS

- El propio mandon Sebastian Tantaguaccha e su muger Çeçilia Asnechon tiene una hija de hasta seis años.
- Andres Nynatanta y su muger Ysabel Tantaticla no tiene hijos.
- Alonso Nynapoma y su muger Ynes Tantaxoco tiene un hijo de hasta siete años.
- Alonso Caxapoyoc y su muger Catalina Guacayticla tiene dos hijos el mayor de hasta siete años.
- Lorenço Chuan y su muger Juana Tongoticla tiene dos hijos una hija la mayor es baron de hasta seis años.
- Andres Guacchatanta y su muger Beatriz Quedic tiene un hijo y dos hijas el mayor es hembra de diez años.
- Alonso Caya e su muger Magdalena Cusy tiene un hijo e una hija es hembra la mayor de ocho años.
- Francisco Acche e su muger Luisa Ticlla tiene un hijo e una / hija el mayor es el baron de zinco años.
- Domingo Guacchaquispe su muger Magdalena Nysa tiene dos hijos y una hija el mayor es baron de quatro a zinco años.
- Juan Peca e su muger Luisa Caroamachai tiene dos hijas e un hijo es la mayor hembra de siete a ocho años.
- Juan Quespe viudo tiene un hijo e una hija la mayor es hembra de syete o ocho años.
- Francisco Cixan y su muger Maria Chiquil tiene una hija e un hijo el mayor es baron de zinco años.

- Diego Axatanta y su muger Magdalena Chupquisquen no tiene hijos.,
- Hernando Vilatanta e su muger Catalina Vxen tiene un hijo de teta.
- Alonso Vchotantabi yndios no tiene hijos.
- Juan Jularimai e su muger Catalina Xaya tiene un hijo y una hija es el mayor baron de hasta zinco o seis años.
- Alonso Chual y su muger Ysabel Yachi tiene dos hijos e una hija el mayor baron de / siete o ocho años.
- Domingo Guacchaticnini biudo tiene un hijo de hasta quatro años.
- Anton Tantaquispe enfermo y su muger Luzia Nynaguacay tiene un hijo e una hija la mayor es hembra de hasta ocho o nueue años.
- Juan Guachamasa e su muger Ynes Pentiquilla tiene una hija de teta o no mas.
- Juan Tantaxiban e su muger Ynes Git no tiene hijos.
- Francisco Xip y su muger Ynes Coche no tiene hijos.

NUEUOS TRI-
BUTARIOS
- Pedro Condor soltero no a tributado hasta agora de oy mas puede tributar que tiene hedad.
- Domingo Quispe soltero no a tributado hasta agora de oy mas puede tributar que tiene bastante hedad para ello.
- Juan Pariapoma soltero no a tributado hasta agora de oy mas puede tributar que tiene hedad bastante.
- Andres Nynaquispe soltero no a tributado hasta agora de oy mas puede tributar que tiene hedad para ello. /
- Diego Tantachoban soltero no a tributado hasta agora de oy mas puede bien tributar que tiene hedad.
- Alonsso Casachoban soltero no a tributado hasta agora de oy mas puede tributar que tiene hedad.
- Alonso Tantaxucan soltero es de hedad de diez e syete años.

Biejos que no tributan.
- Alonso Achiqui e su muger Ysabel Chuquicasa tiene dos hijas y un hijo la mayor es hembra de diez e ocho años e mas.

- Pedro Pomabilca biudo tiene un hijo de hasta siete años.
- Juan Julca y su muger Maria Tantaticla tiene una hija de teta.
- Alonso Chimi y su muger Maria Colquedic tiene un hijo e tres hijas la mayor es hembra de diez e ocho o veinte años.
- Alonso Chimi e su muger Juana Colque tiene dos hijos de hasta zinco años es el mayor.
- Alonso Chaloque e su muger Ynes Feltiquilla tiene dos hijos e una hija el mayor es baron dizesse Juan Çixate de / hedad de hasta diez e ocho años.
- Diego Oche e su muger Catalina Munchuy tiene un hijo de diez o honze años.
- Alonso Antex y su muger Luçia Luçia (sic) Chuquixaya tiene un hijo e una hija el mayor de hasta seis años.
- Martin Pomatanta e su muger Ynes Chotiquilla tiene un hijo e una hija la mayor es hembra de diez e ocho años y mas.
- Alonso Chibatanta e su muger Catalina Chuquisup no tiene hijos.
- Alonso Tantatongo y su muger Maria Chete no tiene hijos.

Biudas y biejas.

- Catalina Choticla biuda tiene un hijo y una hija la mayor es hembra de diez e ocho a veinte años y el baron sera de diez e ocho años y llamase Juan Tomaiquinte soltero.
- Magdalena Sotiquilla biuda tiene una hija de zinco o seis años.
- Çeçilia Llamabichic biuda no tiene hijos.
- Maria Chan biuda tiene /una hija de diez años soltera.
- Luisa Casachon biuda tiene un hijo e una hija la mayor es hembra de hasta nueue años.
- Lucia Tantamonai biuda tiene un hijo e una hija la mayor es hembra de hasta nueue años.
- Beatriz Acho biuda tiene dos hijos e una hija la mayor es hembra de ocho o nueue años.
- Ynes Puxen bieja no tiene hijos.

- Ysabel Subque bieja no tiene hijos.
- Maria Chep bieja no tiene hijos.
- Ynes Colquecaxa bieja no tiene hijos.
- Juana Xaya bieja no tiene hijos. /

El qual dicho mandon debajo del dicho juramento dixo y declaro no tener mas yndios en la dicha su pachaca en este dicho pueblo e que sy mas hallaren los bendria a manifestar por no yncurrir en las penas que le estan puestas Diego Belazquez de Acuña. Bartolome de Prol.

Yndios de la pachaca de Llaquaz questan en el pueblo de San Martin Agomarca de que hera prinzipal Lorenço Yama difunto de la parçialidad de Colquemarca de doña Jordana Mexia.

E despues de lo suso dicho en el dicho pueblo de San Martin Agomarca a los dichos nueue dias del dicho mes de henero del dicho año de mill y quinientos e setenta e dos años el dicho señor juez hizo parescer ante si a Alonso Guacchamango mandon que dixo ser de la pachaca de Llaquaz del qual se rezibio juramento en forma de derecho y sobre una señal de Cruz y le hizo segun y como se requeria so cargo del qual le fue mandado que luego traiga ante su merced todos los yndios questan en este dicho pueblo de la dicha pachaca de Llaquaz de que es mandon syn encubrir nynguno e so pena de perjuro e que sera castigado e desterrado de sus tierras el qual dixo que ansy lo cumpliria y luego traxo los yndios siguientes que se nomeraron en forma.

TRIBUTARIOS

- El propio mandon Alonso Guacchamango e su muger Ynes Guacai tiene dos hijos e dos hijas y tres hijos la mayor es hembra de diez e ocho años soltera.
- Diego Chuquicusna y su muger Ynes Pacai tiene dos hijos / e una hija la mayor es hembra de hasta treze o catorze años.
- Hernando Quispe y su muger Costança Moyanchon

tiene un hijo e tres hijas el mayor es baron de nueue o diez años.

- Martin Maycondor y su muger Luisa Tantacotai tiene un hijo de hasta seis o siete años.
- Alonso Tantacondor e su muger Ynes Maucaca tiene dos hijas e un hijo la mayor es hembra de catorze años.
- Domingo Tayanquispe y su muger Ynes Colqueguacay tiene un hijo de hasta seis años.
- Anton Pariaticas e su muger Luisa Tiquilla tiene una hija de teta.
- Alonso Caruatocas e su muger Magdalena Chamoco tiene dos hijos e una hija la mayor hembra soltera de quinze años.
- Diego Chignine y su muger Ynes Chucabacai no tiene hijos.
- Martin Rimapasca biudo tiene una hija de zinco o seis años.
- Lorenço Caroarali soltero tributario.
- Alonso Pariaquiliche e su muger Juana Guacaychuqui no tiene hijos.
- Diego Vhuquirimai e su muger Ynes Guacchaguacai tiene dos hijos e una hija la mayor es hembra de catorze a quinze años.
- Andres Collamoro y su muger Costança Anaychuqui tiene un hijo y una hija el mayor baron de hasta quatro o zinco años.
- Alonso Guacchacondor y su muger Juana Llamaguacay tiene dos hijas e un hijo la mayor es la hembra de diez años.
- Pedro Caruarimay y su muger Catalina Guachapaniac tiene un hijo de hasta zinco o seis años.
- Françisco Caruacocha soltero tributario a quatro años que anda huido que no se sabe del e ansy no paresçio.

NUEUOS TRI-
BUTARIOS
- Anton Caruapoma soltero no a tributado hasta agora de oy mas puede tributar que tiene hedad. /
- Lorenço Caroarali soltero tributario.
- Alonso Paria Quiliche e su muger Juana Guaraychuqui no tiene hijos.

- Diego Chuquirimai e su muger Ynes Guaccha Guarai tiene dos hijos e una hija la mayor es hembra de catorze a quinze años.
- Andres Colcamoro y su muger Costança Amay Chuqui tiene un hijo y una hija el mayor varon de hasta quatro o zinco años.
- Alonso Guacchacondor y su muger Juana Llamaguarai tiene dos hijas e un hijo la mayor es la hembra de diez años.
- Pedro Caruarunay y su muger Catalina Guachapamias tiene un hijo de hasta zinco o seis años.
- Francisco Caruacocha soltero tributario a quatro años que a huido que no se sabe del e ansi no parescio

NUEUOS TRI-
BUTARIOS

- Anton Caruapoma soltero no a tributado hasta agora, de oy mas puede tributar que tiene hedad./
- Pedro Maycun y su muger Magdalena Cucho no tiene hijos ny a tributado hasta agora de oy mas puede bien tributar que tiene hedad para ello.
- Domingo Quispe es soltero no a tributado hasta agora de oy mas puede tributar que tiene hedad para ello, bastante.
- Martin Amaymango y su muger Ynes Chuquimachai no tiene hijos de oy mas puede bien tributar que tiene hedad bastante para ello.
    Biejos no tributan por lo ser.
- Martin Pariaguacha e su muger Juana Cullo tiene dos hijas e un hijo es mayor la hembra de diez e ocho años.
- Lorenço Caroayali e su muger Catalina Yache tiene un hijo de hasta siete o ocho años.
- Pedro Caruatompa biudo no tiene hijos.
- Anton Nyna Quispe e su muger Juana Yacchi tiene dos hijos e dos hijas el mayor baron de ocho o nueue años.
- Pedro Chuquimango e su muger / Ynes Morochan no tiene hijos.
- Pedro Caxatanta e su muger Ynes Alpa tiene tres hijos el mayor de siete a ocho años.
    Biudas y biejas

- Magdalena Chiquicote biuda tiene una hija de siete años.
- Catalina Guacapamac no tiene hijos es biuda.
- Ana Muchoy biuda tiene vna hija de hasta diez e syete años.
- Alonso Guaccha Quispe e su muger Elbira Llaxa tiene una hija de diez e ocho años y mas.
- Maria Guamantilla tiene una hija de hasta diez e seis años.
- Elbira Cucho biuda tiene un hijo de hasta siete o ocho años
- Ysabel Cucho bieja no hijos e tiene un nieto que se dize Antonyo de ocho o nueue años.
- Costança Casgua bieja no tiene hijos.
- Luzia Tombai bieja no tiene hijos.
- Costança Tanatacora bieja no tiene hijos.
- Catalina Ame bieja no tiene hijos. /
- Ysabel Anaichuque bieja no tiene hijos.
- Maria Congo bieja y biuda no tiene hijos.
- Luisa Caie biuda tiene una hija de hasta seis años.

Guerfanos

- Juana Colque soltera guerfana de diez e ocho años.
- Pedro Guacchapoma soltero de diez e seis años.

El qual dicho mandon dijo y declaro debajo del dicho juramento que si que el no sabe de mas yndios que ay en este dicho pueblo de la pachaca de Llaquaz e que sy mas hallarelos traera a numerar con los demas por no yncurrir en las penas que le estan puestas. Diego Belazquez de Acuña Bartolome de Prol.

COLLANA

Yndios de la pachaca de Collana que estan en este pueblo de San Martin de Agomarca de que es principal don Alonso Caxavallen de la guaranga de Cuzmango Encomendados en doña Jordana Mexia.

Despues de los susodichos el dicho pueblo de San Martin de Ago/marca a los dicho nueue dias del dicho mes de henero del dicho año el dicho señor Juez hiço parescer ante si a Sancho Astomacon persona nombrada por el dicho don Alonso Caxavalent para manifestar los yndios que ay. Este dicho pueblo de la pachaca de Collana a el pertenecientes e del fue tomado e resçiuido juramento. en forma de derecho E lo hiço como se requeria so cargo del qual le fue mandado que luego trayga los yndios de la dicha pachaca sin encubrir ninguno dellos so pena de perjuro e que sera castigado y desterrado de sus tierras el qual ansi lo prometio y luego traxo los yndios que se numeraron por la forma siguiente.

NUEUOS TRIBUTARIOS
– Juan Vilcatanta soltero no tiene hijos y ni a tributado hasta agora de oy mas puede tributar que tiene hedad para ello bastante.

– Pedro Xulca soltero no a tributado hasta agora de oy mas puede vien tributar que tiene hedad vastante.

– Alonso Condor soltero guerfano de diez años.

El qual dixo y declaro debajo del dicho juramento no en la dicha pachaca ni este pueblo mas yndios y que si mas hallare o supiere que ay los vendra a manifestar por no yncurrir en las dichas penas. Diego Velazquez de Acuña. Bartolome de Prol.

XAXADEN
Yndios de la pachaca de Xaxaden questan en este pueblo de San Martin de Agomarca de ques principal don Melchior Caroaraico de la guaranga de Cuzmango de doña Joradana Mexia. /

E despues de lo suso dicho en el dicho pueblo de San Martin de Agomarca a los dichos nueue dias del dicho mes y año El dicho señor juez hiço paresçer ante si a Don Cristobal Macalingon del qual resçiuio juramento segun derecho y lo hiço como se requeria so cargo del qual le fue mandado que luego trayga ante su merced todos los yndios que tiene en este pueblo de la dicha pachaca de Jajaden so pena de perjuro e que sera castigado y desterrado de sus tierras. y luego trajo los yndios siguientes.

TRIBUTARIOS
– Diego Chiquini e su muger Ysauel Caroayaco tiene una hija de hasta quatro o cinco años.

VIEJO
- Anton Guacha y su muger Francisca Tantaquilla tiene un hijo de hasta seis o siete años. Es viejo y no tributa por eso.
- Ynes Chete es casada con un yndio que no se saue donde esta y es de fuera desta prouinçia tiene una hija de teta.

El qual dicho principal deuajo del dicho juramento dixo y declaro que no tiene mas yndios en esta pachaca y que si mas hallare los vendra a manifestar por no yncurrir en las penas. Diego Velazquez de Acuña. Bartolome de Prol.

COLLANA
Yndios de la pachaca de Collana questan en el pueblo de San Mateo Contumasa de ques principal don Alonso Caxavalent de la parcialidad de Cuzmango Encomendados en doña Jordana Mexia.

En este pueblo de San Mateo Contumasa a honce/ dias del mes de henero de mill e quinientos y setenta y dos años el Dicho señor Juez para la dicha vissita hico parescer ante si a don Alonso Caxavalent principal de la pachaca de Collana del qual fue tomado y resciuido Juramento en forma de derecho y lo hiço como se rrequeria y so cargo del dicho juramento le fue mandado que luego traiga todos los yndios que tiene en la dicha su pachaca sin encubrir ny esconder ninguno so pena de perjuro e que sera castigado y desterrado de sus tierras el qual dixo ansi lo cumpliria. E luego traxo los yndios que se numeraron por la forma siguiente.
- El propio cacique don Alonso Caxavalent y su muger doña Catalina Colquilachoz tiene dos hijos y una hija la mayor embra de hasta seis años. Es cacique no tributa.

TRIBUTARIOS
- Don Diego Lachosnapon y su muger Juana Cosasuyo tiene tres hijas y un hijo la mayor es embra de diez y siete años.
- Alonso Tantalandon y su muger Madalena Lachos tiene dos hijas la mayor es embra soltera de quince años.
- Martin Cabosgubas y su muger Ynes Chuscalua tiene

dos hijas y un hijo la mayor es embra de hasta doce años.

- Sancho Astomacon y su muger Ynes Cauoslandin tiene dos hijas la mayor de siete años.
- Pedro Cictil y su muger Juana Angaslatan tiene un hijo e una hija la mayor es embra de hasta quatro años.
- Juan Yandeque e su muger Juana Cabas no tiene hijos. /

TRIBUTARIOS

- Pedro Guaccha e su muger Catalina Cachasub tiene quatro hijas y dos hijos la mayor es embra soltera de diez y ocho años e mas.
- Hernando Astombacon e su muger Ynes Chançipata tiene una hija e un hijo la mayor es embra de diez años y mas.
- Pedro Astoquiton y su mguer Francisca Chubcolan no tiene hijos.
- Pedro Tacoche y su muger Ysauel Chilca tiene una hija y un hijo la mayor es embra de quatro años.
- Francisco Quedquincoscon y su muger Francisca Chuxsis tiene dos hijos e dos hijas el mayor baron de hasta seis o siete años.
- Pedro Chuchiquin e su muger Juana Chipas tiene quatro hijos y una hija la mayor es embra de ocho a nueue años.
- Alonso Chuquinbac y su muger Ysauel Chotrila tiene tres hijas la mayor es embra soltera de hasta quinçe años y mas.
- Diego Taculi y su muger Francisco Bidel tiene dos hijos y una hija el mayor es varon de hasta seis o siete años.
- Francisco Chile e su muger Madalena Chuz tiene un hijo e una hija el mayor varon de quatro años.
- Luis Guaccha enfermo e su muger Costança Cambis tiene tres hijos y dos hijas la mayor embra soltera de diez y ocho años.
- Domingo Chalque viudo tiene quatro hijas e tres hijos la mayor embra soltera de diez y ocho años.
- Pedro Yundec y su muger Ynes Gindun tiene un

hijo y una hija el mayor es baron de hasta cinco o seis años.

- Francisco Osenchin y su muger Ynes Uxo tiene un hijo de teta.
- Juan Quichil e su muger Catalina Tantatila tiene dos hijos el mayor de seis o siete años.
- Martin Cauoschucan e su muger Juana Llachos tiene quatro hijas la mayor es de seis años.
- Andres Cuchomes y su muger Juana Cauoschicon tiene dos hijos e tres hijas la mayor es embra de hasta seis años.
- Francisco Quiax e su muger Luisa Caxandec tiene una hija de teta.
- Alonso Chupcoxan y su muger Madalena Chochu tiene un hijo e quatro hijas la mayor es embra de catorçe años.
- Diego Cusquimacon e su muger Anica Angasçichan tiene dos hijos el mayor de quatro años.
- Francisco Cuxax y su muger Luissa Gaya tiene un hijo de hasta siete o ocho años.
- Gaspar Yanax y su muger Ysauel Llan tiene tres hijos el mayor de doçe años y mas.
- Martin Coles y su muger Catalina Choxoc tiene tres hijos y una hija el mayor varon de hasta diez años y mas.
- Francisco Alaxuc e su muger Elena Chixiynco tiene dos hijos y dos hijas el mayor varon de çinco o seis años. /

TRIBUTARIOS
- Miguel Cuyo y su muger Ysauel Milcoc tiene un hijo e dos hijas la mayor es embra de hasta quatro o çinco años.
- Martin Sancha viudo tiene un hijo de hasta quatro a çinco años.
- Anton Malca e su muger Ysauel Chamin no tiene hijos.
- Domingo Yamocbitan e su muger Francisca Cançique no tiene hijos.
- Francisco Guatay y su muger Catalina Chuquimian no tiene hijos.

- Pedro Coque e su muger Ysauel Pulnanchox tiene dos hijas la mayor de siete o ocho años.
- Lucas Tomay e su muger Juana Latan tiene tres hijos el mayor de hasta ocho años esta enfermo el padre dellos.
- Martin Gangas soltero e su muger Madalena Cabus tiene dos hijos el mayor de diez y siete años e mas llamase Pedro Muschu soltero.
- Alonso Malcanaton y su muger Ysauel Chuçin no tiene hijos.
- Alonso Quiche soltero no tiene hijos.
- Francisco Canche soltero no tiene hijos.
- Juan Sachiqui soltero no tiene hijos.
- Pedro Xibin soltero no tiene hijos.
- Diego Cumba soltero no tiene hijos.
- Pedro Yandeque soltero no tiene hijos.
- Andres Cunbacon soltero no tiene hijos.
- Alonso Yandeque soltero no tiene hijos.
- Anton Masa y su muger Costança Achin tiene una hija de teta.
- Juan Apiche soltero no tiene hijos.

NUEUO
TRIBUTARIO
- Pedro Nurso y su muger Ysabel Xayanchin no tiene hijos ny a tributado hasta agora de oy mas puede tributar que tiene hedad para ello cumplida.
- Alonso Salcate y su muger Catalina Amachas tiene un hijo de teta no a tributado hasta agora de oy mas puede tributar que tiene hedad cumplida.
- Francisco Vitilian soltero no a tributado hasta agora de oy mas puede bien tributar que tiene hedad cumplida para ello.
- Pablo Cala soltero no tiene hijos ny a tributado hasta agora de oy mas puede tributar que tiene hedad cumplida para ello.
- Pablo Quixa soltero tributario antiguo no tiene hijos.
- Alonso Cheloque soltero no tiene hijos ny a tributado hasta agora de oy mas puede tributar que tiene hedad cumplida para ello.
- Francisco Cuchoque soltero no tiene hijos ny a tributado hasta agora de oy mas puede / bien tributar que tiene hedad cumplida.

BIEJOS

Biejos que no tributan.

- Pedro Achebet biudo no tiene hijos.
- Miguel Xuque y su muger Juana Chupecayen tiene dos hijos e dos hijas el mayor es baron de syete a ocho años.
- Alonso Bitan y su muger Çeçilia Tantaxupi tiene un hijo e dos hijas la mayor es hembra de seis o siete años.
- Martin Tanatanan y su muger Elbira Machay no tiene hijos.
- Juan Mangos biudo no tiene hijos.
- Anton Xulas biudo no tiene hijos.
- Diego Chino no tiene hijos ni muger
- Martin Caltani ny tiene hijos ny muger.

Biudas y biejas

- Doña Ynes Caxantiton bieja.
- Ynes Tantanon biuda tiene una hija soltera de beynte años.
- Costanca Tantaxoyan bieja.
- Magdalena Llatan bieja tiene una hija soltera de diez e ocho o veynte años.
- Maria Chubey biuda tiene una hija de diez años.
- Ana Cossaliboc bieja no tiene hijos. /
- Beatriz Ucho biuda no tiene hijos.
- Ynes Chuquixoyan bieja.
- Ynes Canchazapi biuda no tiene hijos.
- Juana Caxansus biuda tiene una hija de hasta siete años.
- Ysabel Quique biuda no tiene hijos.
- Cecilia Chuclo biuda no tiene hijos.
- Ynes Chachique biuda no tiene hijos.
- Juana Viecaqui biuda no tiene hijos.
- Ynes Chigue biuda no tiene hijos.
- Luisa Caluacandin bieja.
- Luisa Naucachin bieja.
- Costança Cabue bieja no tiene hijos.
- Ysabel Chongoyop bieja.
- Maria Suplatan bieja.
- Magdalena Tansajupe vieja.
- Juana Xaya bieja.

– Magdalena Tupo bieja.
– Juana Cispe bieja.
– Magdalena Chucin biuda tiene dos hijas la mayor de treze o catorze años. /
– Magdalena Calualando bieja.
– Maria Lanchuni bieja.
– Ynes Axax bieja.
– Magdalena Colquenicon bieja. /
– Catalina Vesen bieja.
– Ysabel Tiquilla bieja.
– Luissa Chami bieja.
– Ysabel Chatilla bieja.
– Juana Caxanpunon bieja.
– Françisca Asanguillen biuda tiene tres hijas e un hijo es la mayor hembra soltera de quinze años.
– Maria Copre biuda no tiene hijos.
– Catalina Jomama biuda tiene un hijo y una hija la mayor es hembra de quatro o zinco años.
– Ysabel Biecca biuda tiene dos hijos y tres hijas la mayor es hembra de hasta diez e ocho años.
– Catalina Chiera biuda tiene dos hijas la mayor es de veynte años.
– Margarita Llatan bieja.
– Maria Çieques bieja.
– Catalina Xon bieja.
– Ysabel Lachoz bieja.
– Catalina Calpi biuda tiene una hija de doze años.
– Ynes Chipac biuda no tiene hijos. /

Huerfanos

– Alonso Tulxi soltero huerfano de hasta honze años.
– Luisa Chan huerfana soltera de diez e ocho años.
– Magdalena Casandel de doze años guerfana.
– Luisa Vesen de doze años.
– Juana Chisiyoc de quinze años.
– Ynes Minsec de diez e seis años.
– Catalina Aguacai de diez e ocho años.
– Francisco Banga de diez e seis años.

El qual dicho principal debajo del dicho juramento dixo y declaro no aber mas yndios en la dicha su pachaca de los que tiene manifestados y estan numera-

dos en este dicho pueblo e que si mas hallare los
bendria a manifestar por no yncurrir en las penas que
le estan puestas. Diego Belazquez de Acuña. Bartolome de Prol.

XAXADEN

*Yndios de la pachaca de Xaxaden que estan en
este pueblo de San Mateo de Contumasa de
que es principal don Melchior Cavaraya de la
guaranga de Cuzmango de doña
Jordana Mexia. /*

E despues de lo susodicho en el dicho pueblo
de San Mateo de Contumasa a los dichos honze dias
del dicho mes de henero del dicho año de mil y quinientos e setenta e dos años el dicho señor Juez hizo
parecer ante si a don Cristobal Masalingon hermano
del dicho don Melchior Caravaico del qual fue tomado y resicibido juramento en forma de derecho e lo
hizo como requeria so cargo del qual le fue mandado que luego traiga ante su Merced todos los yndios
que ay en este dicho pueblo de la pachaca de Xaxaden
syn yncubrir nynguno so pena de perjuro e que sera
castigado e despues desterrado de sus tierras el qual
ansi lo prometio y luego traxo los yndios que se numeraron por la forma e orden siguiente.

- Don Melchior Carbaraico cacique principal de la dicha
  pachaca e su muger doña Magdalena Cabuslachoz
  tiene dos hijos e quatro hijas las mayores son hembras de diez e ocho e veynte años no tributa ques
  cacique.
- Don Cristobal Masalingon su hermano del dicho cacique
  y su muger doña Magdalena / Caruasoachon tiene
  un hijo de seis años e no tributa porque es hijo
  de cacique principal y asy esta mandado.

TRIBUTARIOS
- Francisco Muso y su muger Ana Catan tiene un
  hijo de hasta seis años.
- Pablo Caboschicon e su muger Ynes Cocho tiene
  un hijo de teta esta enfermo el padre.
- Alonso Chisioc e su muger Magdalena Gen tiene un

hijo e una hija la hembra es la mayor de diez e seis años soltera y mas.

- Anton Xabe casado con Catalina Maspa tiene un hijo e dos hijas la mayor es hembra de ocho años.
- Alonso Chamijos e su muger Costança Xambo tiene un hijo e dos hijas el mayor baron de hasta doze años.
- Alonso Manso y su muger Magdalena Vitixoyan tiene tres hijos e dos hijas el mayor baron de hasta ocho años.
- Alonso Anchor y su muger Chup tiene un hijo e una hija la hembra es la mayor de hasta tres o quatro años. /
- Juan Xuques y su muger Ynes Axiat tiene una hija de teta.
- Domingo Chiplaca y su muger Maria Chuche tiene un hijo e una hija el mayor baron de hasta quatro o zinco años.
- Pablo Toman y su muger Ysabel Manchuy tiene un hijo e una hija la hembra es la mayor de quatro años.
- Pedro Preci y su muger Magdalena Chipichue tiene un hijo de teta.
- Hernando Caldos y su muger Juana Pasna tiene tres hijas la mayor de quatro o zinco años.
- Sebastian Paco y su muger Magdalena Chamen tiene un hijo y tres hijas la mayor es hembra soltera de hasta catorze años.
- Gaspar Tolo y su muger Magdalena Tantamayon tiene tres hijas la mayor de hasta doze años.
- Alonso Puque e su muger Catalina Maspa tiene tres hijos y dos hijas el mayor es baron de hasta zinco o seis años.
- Juan Cuyo y su muger Ynes Chipac tiene dos hijos / e una hija el mayor es el baron de diez años.
- Alonso Casaluli y su muger Margarita Yonga tiene dos hijos e una hija el mayor de hasta quatro años.
- Alonso Choco e su muger Magdalena Cayanin tiene dos hijos e dos hijas el mayor es el baron de hasta ocho o nueue años.

- Blas Cini e su muger Costança Choticla tiene un hijo e tres hijas de seis años mayor hembra.
- Juan Cuchi y su muger Catalina Lachoz tiene un hijo e una hija el mayor es el baron de zinco o seis años.
- Alonso Chupesit e su muger Magdalena Nyscan tiene un hijo e dos hijas el mayor es el baron de zinco años.
- Alonso Choquepe biudo tiene dos hijos e tres hijas la mayor es hembra de hasta diez años.
- Pedro Machan y su muger Juana Chon tiene dos hijos el mayor de hasta quatro años.
- Diego Xabe soltero tributario.
- Pablo Chayoc soltero tributario.
- Pablo Checas soltero tributario. /
- Alonso Coles soltero tributario.

NUEVOS
TRIBUTARIOS

- Alonso Chapi soltero no a tributado hasta agora porque le escondieron al bissitador pasado es de hedad cumplida y demasiada para poder tributar de oy mas. porque hasta agora no lo asse.
- Diego Bitclian e su muger Juana Tongo tiene un hijo e una hija el mayor es baron de seis años no a tributado hasta agora porque le escondieron al bissitador pasado de oy mas puede tributar que tiene hedad demasiada.
- Gaspar Caruachicon y su muger Magdalena Xabe es de hedad de hasta diez e ocho años no tributa porque no tiene hedad.
- Pedro Chap soltero no tributa porque tiene hedad de hasta diez e ocho años y no mas.

Biejos que no tributan

- Pedro Gonçalez Chupchachon e su muger Ynes Penxat tiene dos hijos e quatro hijas el mayor baron de hasta doze años.
- Felipe Achuplandon e su muger Catalina Yacche no tiene hijos. /
- Pedro Mosenbas y su muger Costança Pasac tiene hijo que se dice Pablo Xabi de diez e siete o diez e ocho años.
- Pedro Palcabindo no tiene hijos.

- Anton Tantachan y su muger Luisa Pasna no tiene hijos.
- Diego Chinmoc e su muger Catalina Chuz tiene dos hijos e una hija la mayor hembra de zinco años.
- Diego Chamcha e su muger Catalina Yacollaxa tiene dos hijas la mayor es soltera de diez e ocho años.
- Pedro Gonçalez Chaloc e su muger Luisa Ucha tiene una hija de catorze o quinze años.
- Sebastian Canxip y su muger Magdalena Vepay no tiene hijos.
- Juan Coles e su muger Magdalena Machoticla tiene un hijo y una hija es la mayor de doze años la hembra.

Biudas y biejas.

- Magdalena Chipac bieja.
- Maria Machesa bieja.
- Maria Ynes bieja. no tiene hijos. /
- Ana Rosa Catezan biuda tiene dos hijos el mayor de zinco años.
- Catalina Puyco bieja no tiene hijos.
- Ana Tumabay bieja.
- Catalina Huilaco bieja.
- Maria Nuccho biuda tiene un hijo de hasta diez años.
- Luisa Mubcho biuda no tiene hijos.
- Magdalena Cassajum biuda tiene tres hijos e dos hijas la mayor es hembra de diez e syete años.
- Francisca Cassacoliqui biuda tiene un hijo de ocho o nueue años.
- Costança Anchina biuda no tiene hijos.
- Costança Llacxa biuda no tiene hijos.
- Ynes Boz biuda no tiene hijos.
- Juana Xanma bieja.
- Catalina Cosatilla bieja.
- Ysabel Xoyan bieja.
- Ynes En biuda tiene dos hijas la mayor de diez años.
- Magdalena Chopiz biuda tiene un hijo e una hija el mayor / el baron de siete años.
- Ynes Chocho biuda tiene una hija de diez años e mas.

- Magdalena Losanjut biuda tiene dos hijos e dos hijas el mayor es baron de ocho años.
- Luisa Caxalaton biuda no tiene hijos.
- Ynes Piar biuda tiene dos hijas de quatro o zinco años la mayor.
- Catalina Ciques biuda tiene tres hijos y una hija la mayor hembra soltera de diez e ocho años y mas.
- Magdalena Xoas biuda tiene un hijo y una hija el mayor baron de hasta seis años.
- Luisa Xabi no tiene hijos.
- Ynes Lachez biuda tiene una hija soltera de diez e syete años.
- Catalina Sema biuda no tiene hijos.
- Magdalena Chemix bieja no tiene hijos.

TRIBUTARIO
ANTIGUO
- Hernando Lique e su muger Ysabel Chuchepan tiene una hija de doze años.

NUEUO
TRIBUTARIO
- Diego Machan soltero no tiene hijos ny a tributado hasta agora de oy mas puede tributar que tiene hedad para ello. / cumplida y demassiada.

BIUDA
- Juana Choachon biuda tiene dos hijos e dos hijas el mayor es el baron llamase Diego Luchic es de hasta diez e seis años.

Huerfanos.
- Pablo Bitilian huerfano de doze años.
- Pablo Guaccha huerfano de nueue años.

El qual dicho mandon debaxo del dicho juramento dixo y declaro no tener mas yndios de los questan manifestados e que sy mas hallare los bendria a manifestar como los demas para los numerar por no yncurrir en las dichas penas que le estan impuestas. Diego Belazquez de Acuña. Bartolome de Prol/.

Yndios de la Pachaca de Xaxaden questan en el pueblo de San Mateo de Contumasa de ques principal don Sebastian Nynalongon de la guaranca de Cuzmango de doña Jordana Mexia.

E despues de lo susodicho en el dicho pueblo de San Mateo de Contumasa a los dichos honze dias del dicho mes de henero del dicho año el dicho señor

Juez hizo parescer ante si a Pedro Cosachongon man/
don que dixo ser de la pachaca de Xaxaden e de
los yndios della questan en este pueblo del qual resçibio
Juramento en forma de derecho e lo hizo como se
requiere so cargo del qual le fue mandado que luego
traiga ante su Merced todos los yndios de la dicha
pachaca que estan en este dicho pueblo syn yncubrir
nyngunos so pena de perjuro e que sera castigado y
desterrado de su tierras el qual dixo que ansy lo cumpliria
y luego traxo los yndios que se numeraron por la forma
siguiente.

TRIBUTARIOS
- Pedro Cossachongon mandon e su muger Ynes Xamoc
  tiene dos hijos e quatro hijas la mayor es hembra
  soltera de diez e ocho años.
- Gaspar Chuso e su muger Catalina Çicon tiene un
  hijo e una hija el mayor baron de quatro o zinco
  años o mas.
- Alonso Myta e su muger Elbira Chuquisuc no tiene
  hijos.
- Pedro Choc y su muger Luisa Xeloc tiene dos hijos
  el mayor de hasta seis o siete años.
- Alonso Chima y su muger Ynes Chuquixoyan tiene
  un hijo / e dos hijas la mayor es hembra de doze
  años.
- Alonso Cheras e su muger Ynes Cuchica tiene tres
  hijos e dos hijas el mayor es baron de hasta seis
  o siete años.
- Diego Cache y su muger Magdalena Lipan tiene una
  hija de teta.
- Juan Xiton y su muger Magdalena Lumon tiene un
  hijo de teta.
- Pedro Gonçalez Chapa e su muger Juana Cosquepunon
  tiene dos hijos y tres hijas la mayor es hembra de
  doze años.
- Pedro Cabusmytas y su muger Magdalena Chochin
  tiene dos hijos el mayor de quatro años.
- Sebastian Chonapon biudo no tiene hijos.
- Diego Chusso soltero tributario.
- Pedro Lingon soltero tributario.

– Diego Naybin soltero tributario.

– Domingo Minachon y su muger Magdalena Cox no tiene hijos ny a tributado hasta agora de oy mas puede tributar / que tiene hedad bastante para ello.

– Juan Minachon soltero no a tributado hasta agora de oy mas puede tributar que tiene hedad demasiada para ello.

– Dyego Chuso soltero no a tributado hasta agora de oy mas puede bien tributar que tiene hedad bastante para ello.

Biejos que no tributan.

– Anton Tantamangon y su muger Juana Chipaque tiene una hija e un hijo nyeto suyo la mayor es la hija de quinze años soltera.

– Alonso Lulinapon y su muger Ysabel Lalo tiene quatro hijos y tres hijas la mayor es la hembra de diez e ocho años y el hijo mayor se dice Pedro Muschin. de diez e syete años e mas.

– Ynes Cochetaban biuda tiene un hijo de teta.

– Magdalena Chupaque no tiene hijos.

– Ynes Cabosdeque no tiene hijos.

– Magdalena Colomachot biejo tiene una hija de doze años.

– Juana Minchot no tiene hijos.

– Magdalena Chuche bieja.

– Costança Cat no tiene hijos.

– Catalina Chup bieja.

– Juana Chipac bieja no tiene hijos.

Huerfanos.

– Pedro Cosquimaxan de diez e seis o diez e syete años.

– Luisa Chipiti de diez e siete años.

– Juana Moxe de diez años.

– Alonso Xibin huerfano de quatro años.

El qual dicho mandon debajo del dicho Juramento dixo y declaro no tener mas yndios de la dicha su pachaca en este dicho pueblo e que sy mas hallare los bendra a manifestar como los demas por no yncurrir en las penas que le estan puestas. Diego Belazquez de Acuña. Bartolome de Prol.

*Yndios de la pachaca de Ayambla questan en
este pueblo de San Mateo de Contumasa de
que es cacique principal don Juan Astomacon de
la guaranga de Cuzmango de doña Jordana
Mexia.*

E despues de lo susodicho en dicho pueblo de
San Mateo de Contumasa a los dichos / honze dias
del dicho mes de henero del dicho año de mil y quinientos
y setenta e un años el dicho señor Juez hizo paresçer
ante si a Pedro Gonçalez Camasmalcon mandon que
dixo ser de la pachaca de Ayambla e de los yndios
della del qual fue resçibido Juramento en forma de
derecho e lo hizo como se requiere y dixo si juro
y so cargo le fue mandado que luego traiga todos
los yndios que huuiere en la dicha pachaca en este
dicho pueblo syn yncubrir nyngunos so pena de perjuro
e que sera castigado y desterrado destas tierras el qual
ansy lo prometio e luego truxo los yndios que se numeraron por la forma e horden siguientes.

TRIBUTARIOS
- El propio mandon Pedro Gonçalez Omasmacon e su
  muger Juana Calostasan tiene quatro hijas e dos
  hijos la mayor es hembra de diez e siete años.
- Andres Quina soltero tributario.
- Baltasar Cabuschucan y su muger Catalina Chilac tiene
  una hijo e zinco hijas la mayor es hembra de doze
  años e mas. /
- Hernanso Chambacon e su muger Ynes Casuslunon
  tiene un hijo y dos hijas la mayor es hembra de
  nueue o diez años.
- Sebastian Nimoxalan e su muger Catalina Chimo no
  tiene hijos.
- Andres Astoquipon e su muger Luisa Xabe tiene una
  hija de teta de tres años.
- Andres Chaquilut y su muger Ynes Mas tiene dos
  hijos el mayor tiene tres o quatro años.
- Alonso Malac e su muger Costança Lapeque no tiene
  hijos.
- Gonçalo Malcandeque e su muger Elena Catancuscon

tiene dos hijos e quatro hijas la mayor hembra de catorze años.

- Alonso Bitilla y su muger Ynes Xaya tiene dos hijos e una hija el mayor baron de hasta quatro o zinco años.
- Juan Penten e su muger Elena Pixin tiene tres hijos y cinco hijas la mayor es hembra de catorze a quinze años.
- Juan Casuz y su muger Catalina Ulache tiene un hijo de quatro años.
- Diego Xamote e su muger Catalina Nyla tiene dos hijos el mayor de tes o quatro años.

TRIBUTARIOS

- Andres Poxema y su muger Maria Tomanxoyon tiene un hijo e una hija el mayor es baron de hasta quatro o zinco años.
- Alonso Chobi e su muger Magdalena Les tiene quatro hijos e dos hijas el mayor es baron de hasta diez e siete o diez e ocho años diezesse Anton Macon este es biejo y dejara de tributar dentro de un año.
- Alonso Colil y su muger Catalina Cachan tiene tres hijas la mayor es soltera de doze años, este aunque es tributario este año sale de tributo por es biejo.
- Luis Chanon e su muger Maria Cochenac tiene tres hijos e quatro hijas el mayor es baron de hasta diez e seis años llamase Juan Guaccha.
- Francisco Yoap e su muger / Juana Cholat tiene tres hijos e una hija el mayor es baron de doze años.
- Diego Chiletut soltero tributario.
- Francisco Yxilan soltero tributario.
- Juan Xilan casado con Ynes Chochu tiene un hijo e una hija el mayor es la hembra de hasta seis años.

NUEUO
TRIBUTARIOS

- Pedro Guaytayoc soltero no a tributado hasta agora de oy mas puede tributar que tiene hedad para ello.
- Diego Cosquin soltero no a tributado hasta agora de oy mas puede bien tributar que tiene hedad cumplida para ello.
- Juan Chouan soltero no a tributado hasta agora de oy mas puede bien tributar que tiene hedad.

- Martin Coxabalia soltero no a tributado hasta agora de oy mas puede tributar que tiene hedad cumplida para ello.
- Agustin Chebas soltero no a tributado hasta agora de oy mas puede tributar / que es de hedad cumplida para ello.

TRIBUTARIO
ANTIGUO
- Alonso Guacon biudo tiene un hijo de hasta zinco o seis años tributario antiguo.

Biejos que no tributan.

- Gaspar Chaquilaico biudo tiene una hija soltera de veinte años.
- Alonso Quel e su muger Ysabel Moyan tiene dos hijos el mayor es de hedad de diez e ocho años es tollido de las manos e manco.
- Pedro Sul biudo no tiene hijos.

Biudas y biejas.

- Catalina Abro bieja no tiene hijos.
- Ynes Namoxot bieja no tiene hijos.
- Ynes Lulepion bieja tiene una hija soltera de veynte años.
- Elena Loquien bieja tiene dos hijas solteras de diez e ocho e de veynte años entre ambas
- Catalina Coscanpanon biuda tiene dos hijos e una hija es la mayor hembra de diez e siete años.
- Maria Xoti biuda tiene un hijo y una hija la mayor hembra de zinco o seis años.
- Luisa Gen biuda no tiene hijos.
- Catalina Carvaçicon bieja / tiene una hija de veinte años soltera.
- Ysabel Chipaque biuda no tiene hijos.
- Costança Moxo bieja.

Huerfanos

- Juana Acuche huerfana de diez e ocho años soltera.
- Domingo Tomin de hasta ocho años.
- Catalina Yundel de quinze años.

NUEUO
TRIBUTARIO
- Pedro Limay soltero no a tributado hasta agora de oy mas puede tributar que tiene hedad bastante para ello.

HUERFANOS
- Maria Chuzuyan [enmendado] soltera huerfana de diez e ocho años.

- Maria Bit soltera de diez e siete años huerfana.

El qual dicho mandon dixo e declaro debajo del dicho juramento que se tiene que no ay mas yndios en la dicha su pachaca en este dicho pueblo e que sy mas hallare los bendra a manifestar por no yncurrir en las penas que le estan puestas. Diego Belazquez de Acuña. Bartolome de Prol.

Yndios de la pachaca de Chuçan questan en el pueblo / de San Mateo de Contumaça de que es principal don Francisco Chuquinmitas de la guaranga de Cuzmango de doña Jordana Mexia.

E despues de lo suso dicho en el dicho pueblo de San Mateo de Contumasa a los dichos honze dias del mes de henero e del dicho año el dicho señor Juez hizo parescer ante si al dicho don Francisco Choquinmitas al qual mando debajo del juramento que antes de agora tienesse que luego le traigan todos los yndios que tiene en este pueblo de la dicha pachaca de Chusan sin yncubrir nynguno so las penas que tiene puestas el qual dixo que ansy lo cumplira y luego truxo los yndios que se numeraron por la forma siguiente.

TRIBUTARIOS

- Diego Calosquipan y su muger Magdalena Auchejouan tiene una hija de diez años.
- Alonsso Cabustanpi e su muger Ynes Castaxuxo tiene dos hijos e dos hijas la mayor es hembra de diez años e mas.
- Martin Tantamusso e su muger Ynes Chanet tiene quatro hijos e dos hijas. El mayor es de diez e siete años dizesse Pedro Xisan soltero.

Viejos que no tributan.

- Alonso Uscuti y su muger Ysabel Caxandoc tiene una hija de hasta siete o ocho años.
- Ynes Chabe bieja tiene una hija de hasta doze o treze años.
- Luisa Juapi bieja no tiene hijos.
- Catalina Coseben bieja tiene una hija soltera de diez e ocho años o veynte.
- Catalina Carvatiquilla bieja.

El qual dicho principal debajo del dicho juramento dixo y declaro no tener mas yndios de la dicha
pachaca en este dicho pueblo e que si mas hallare
los berna a manifestar por no yncurrir en las dichas
penas. Diego Belazquez de Acuña. Bartolome de Prol.

*Yndios de la pachaca de Pauxan questan en el
pueblo de San Mateo Contumasa de que es
principal Juan Caches menor de la guaranga de
Cuzmango de doña Jordana Mexia.*

E despues de lo susodicho en el dicho pueblo
de San Mateo de Contumasa el dicho dia mes y año
susodicho el dicho señor Juez andando vissitando el dicho
pueblo hallo en el çiertos yndios que dixeron ser de
la pachaca de Pauxan de los quales hizo numero e
los puso por quenta / e razon y hallo los yndios
siguientes.

TRIBUTARIOS
- Alonso Junames y su muger Magdalena Machipaque
  tiene dos hijos y tres hijas la mayor es hembra de
  diez años.
- Alonso Checas y su muger Costança Chimbay tiene
  dos hijas la mayor de hasta nueue o diez años.
- Pedro Gonçalez Caboschuchon soltero.
- Martin Chachas soltero tributario.
- Cristobal Chupe cassado con Juana Chipac no tiene
  hijos ny a tributado hasta agora de oy mas puede
  bien tributar que tiene hedad bastante para ello.
               Biejos que no tributan.
- Luis Yamaspian biudo no tiene hijos.
- Maria Yamocdix bieja tiene una hija soltera de quinze
  años e una nyña su nyeta de quatro años.
- Juan Cabustaban biuda tiene un hijo y una hija el
  mayor es baron de honze o doze años.
- Diego Cuchi hijo de Maria Yamosdiz es de hedad
  de doze años /
               Huerfanos
- Pedro Bite de doze años.
- Domingo Cayanchuc de nueue años.
- Magdalena Piltoche de diez e ocho años huerfana.

– Ynes Enchuque de veynte años soltera.
– Ynes Chacol de quinze años.

E aunque el dicho señor busco en el dicho pueblo si avia mas yndios de la dicha pachaca e hizo todas las diligençias neçesarias e no hallo mas yndios della e lo fyrmo. Diego Belazquez de Acuña. Bartolome de Prol.

Yndios olbidados de la pachaca de Xaxaden de don Melchior Caruarayco son los siguientes.

E despues de lo susodicho en el dicho dia mes y año susodicho ante el dicho señor Juez parescio pressente el dicho don Cristobal Moscalingon e dixo que entre los yndios que abia manifestado ante su merced de la pachaca de Xaxaden se le olbidaron ciertos yndios que los benya a manifestar por no yncurrir en las penas y son los siguientes.

TRIBUTARIO

– Juan Pichi soltero no tiene hijos / es tributario antiguo y es ya biejo que puede salir de aqui a un año de no tributar.
– Martin Xima esta cassado con Juana Cuz tiene un hijo e dos hijas el mayor de ocho años este no tributa porque no es del repartimyento solamente la muger es desta pachaca, Elvira Gen biuda no tiene hijos.

Y estos declaro el dicho principal e que se le a olbidado de mas de los que tenia manifestados e que los venia a declarar por no yncurrir en las penas que le estan puestas Diego Belazquez de Acuña. Bartolome de Prol.

Yndios de la pachaca de Collana de ques principal don Alonso Caxavalent questan en el pueblo de Sant Eldefonso Chanta de la guaranga de Cuzmango encomendados en doña Jordana Mexia.

En el pueblo de San Ylefonso Chanta a trese dias del mes de henero de mill y quinientos y setenta

y dos años el dicho señor juez hiço parescer ante si
a don Francisco Angaspacon principal del dicho pueblo
de San Ylefonso y del resçiuio Juramento en forma
de derecho e lo hizo como se requiere e so cargo
del le fue mandado que luego traiga antel todos los
yndios de la pachaca de Collana questan en este dicho
pueblo sin yncubrir ninguno dellos so pena de perjuro
y que sera castigado e desterrado de sus tierras el
qual dixo que ansi lo cumpliria / e luego truxo ante
su merced los yndios que se numeraron por la forma
e horden siguientes.

- El propio don Francisco Angaspacon principal y su
  muger Ynes Collicoliqui tiene tres hijos y quatro hijas
  la mayor hembra de diez y ocho años soltera no
  tributa porques principal e es biejo.

TRIBUTARIOS
- Luis Canchooua e su muger Maria Muchui no tiene
  hijos.
- Juan Challoc e su muger Catalina Chotila tiene dos
  hijos y una hija el mayor es varon de seis o
  siete años.
- Fermin Lingon e su muger Ynes Lachoz no tiene
  hijos.
- Juan Yandec y su muger Madalena Acxalaton tiene
  un hijo e tres hijas la mayor hembra de seis años.
- Alonso Cascalian y su muger Ynes Cascalachoz tiene
  un hijo y una hija mayor embra de seis años.
- Diego Tintin y su muger Madalena Cachque tiene
  dos hijos y dos hijas es el mayor varon de asta
  siete años.
- Pablo Cuchis e su muger Juana Lachoz tiene tres
  hijos e tres hijas el mayor varon de hasta diez y
  seis años diçese Pedro Cochic.
- Gaspar Mabel y su muger Ynes Yache tiene tres
  hijos y dos hijas es la hembra la mayor de diez
  y ocho años soltera.
- Francisco Xulac e su muger Ynes Xeritiquilla tiene
  dos hijos e una hija el mayor varon de quatro hasta
  çinco años. /
- Pedro Cucha y su muger Catalina Macatis tiene una
  hija de quatro a çinco años.

- Cristobal Chuquitanta y su muger Juana Colquixip tiene dos hijos e una hija el mayor baron de seis a siete años.
- Pedro Xip soltero no tiene hijos es tributario.
- Juan Tongo y su muger Juana Chuquisux tiene un hijo y una hija el mayor baron de hasta quatro años.
- Juan Comuches biudo tiene dos hijas la mayor de seis años.
- Diego Culiqui e su muger Madalena Çicon tiene dos hijos y una hija de seis años el mayor varon.
- Pedro Guacan y su muger Maria Colquindec tiene tres hijos y una hija el mayor es varon de hasta diez años e mas.
- Cristobal Yandex e su muger Juana Chipac tiene tres hijas la mayor es hembra de diez años.
- Anton Estochocan e su muger Ynes Chipac tiene un hijo e una hija el mayor de hasta cinco o seis años baron.
- Juan Tongo y su muger Ynes Soja tiene tres hijos e dos hijas la mayor es hembra soltera de hasta diez y ocho años.
- Hernando Xaxan y su muger Ynes Yarche tiene un hijo de quatro años.
- Gaspar Canche y su muger Maria Nalbin tiene zinco hijas la mayor de hasta seis a siete años. /
- Juan Chayoc y su muger Ysabel Pustel tiene una hija de teta.
- Juan Tantabilac y muger Ynes Panxan tiene tres hijas la mayor de seis o siete años.
- Anton Collo y su muger Ynes Chicon tiene tres hijos el mayor es de seis años.
- Diego Chaloc y su muger Maria Yulatula tiene dos hijos el mayor de diez o honze años.
- Alonso Pidly e su muger Ysabel Mache tiene dos hijas la mayor de hasta ocho años.
- Anton Caussi y su muger Ynes Axa tiene un hijo e dos hijas la mayor hembra de seis años.
- Francisco Julac e su muger Magdalena Callin tiene una hija de hasta tres o quatro años.
- Andres Chabie e su muger Juana Xayan tiene un

hijo y una hija la mayor es hembra de hasta zinco o seis años.

- Domingo Guaman y su muger Maria Vegen tiene tres hijos e una hija el mayor baron de hasta ocho o nueue años.
- Andres Limaitongo y su muger Maria Llatai tiene un hijo / de hasta seis o siete años.
- Pedro Luili soltero tributario.
- Martin Ascanca soltero tributario.
- Alonso Polchoban soltero tributario.
- Juan Caxan soltero tributario.
- Diego Xana cassado con Magdalena Cuchagancai no tiene hijos, dizen que a tres años que anda huido y no saben del.
- Anton Pullun enfermo soltero no tiene hijos tributario.
- Miguel Guaman soltero tributario no paresçio dizen que anda huido tres años a que no saben del ny lo hallan.
- Anton Coles soltero no tiene hijos es tributario.

NUEUO
TRIBUTARIO

- Pedro Ayac y su muger Maria Chiman tiene dos hijos e dos hijas la mayor es hembra de treze años este es de hedad de treynta años y no a tributado hasta agora porque le escondieron al bissitador de oy mas tributara.
- Francisco Chobes soltero no tiene hijos ny a tributado hasta agora de oy mas puede tributar que tiene hedad para ello./ bastante.
- Pedro Chublitan biudo tiene un hijo de hasta quatro o zinco años.
- Diego Pecoles y su muger Ynes Catanchun tiene dos hijos e dos hijas el mayor baron de ocho años hasta nueue este tiene hedad de treynta años no a tributado hasta agora porque le escondieron al bissitador de oy mas puede tributar.
- Martin Caxan soltero no a tributado hasta agora de oy mas puede tributar que tiene hedad.
- Juan Pinque soltero no tiene hijos ny a tributado hasta agora de oy mas puede tributar que tiene hedad para ello.
- Cristobal Cuna y su muger Magdalena Culquinpat tiene

un hijo de teta no a tributado hasta agora de oy mas puede tributar que tiene hedad.

- Martin Cucha soltero no tiene hijos ny a tributado hasta agora de oy mas puede tributar que tiene bastante hedad para ello. /

- Martin Choban y su muger Luisa Caruacai tiene dos hijas e dos hijos el mayor es baron de hasta ocho años es de hedad de treynta años no a tributado hasta agora porque le escondieron al vissitador de oy mas puede tributar.

- Juan Conun soltero es de hedad de veynte e quatro años no a tributado hasta agora porque le escondieron al bisitador de oy mas puede tributar que tiene hedad para ello.

- Anton Limac soltero no tiene hijos ny a tributado hasta agora porque lo escondieron es de hedad de veynte e quatro años de oy mas puede tributar.

- Luis Llaxac soltero no tiene hijos ny a tributado hasta agora porque lo escondieron al vissitador de oy mas puede tributar.

- Anton Pichi soltero no tiene hijos es de veynte e quatro años no a tributado hasta agora porque le negaron al bisitador de oy mas puede tributar.

- Anton Munche soltero hijo de don Francisco Agaspacon no a tributado hasta agora porque no tiene hedad de / oy mas puede tributar que ya tiene hedad de veynte años e que tributa.

Viejos que no tributan.

- Pedro Chiden vihudo tiene una hija de hasta çinco e seis años.

- Alonso Cayan y su muger Juana Cachin tiene un hijo de siete años.

- Hernando Caroaca y su muger Luisa Llamoticla tiene una hija de nueue años.

- Juan Caroabila y su muger Costança Collor no tiene hijos.

- Pedro Quequitanta biudo tiene un hijo de teta.

- Luis Naucar y su muger Maria Checca tiene dos hijas y un hijo la mayor es hembra soltera de diez y siete o diez y ocho años.

– Pedro Caxan y su muger Maria Caxin tiene dos hijas y un hijo la mayor es hembra de veynte años.

– Juan Mannia y su muger Madalena Chuche no tiene hijos.

– Juan Tongo no tiene muger ni hijos.

– Alonso Cumias y su muger Maria Chuchi no tiene hijos.

– Juan Cossanchilon biudo tiene dos hijos la mayor de catorce años.

– Anton Nicco biudo tiene una hija de diez y seis años soltera

– Pedro Tinte es mudo e sordo ni tiene muger ni hijos.

– Hernando Chuquilayas y su muger Catalina Cachin tiene una hija soltera de diez e ocho años./

Biudas y biejas.

– Maria Tanta biuda tiene una hija de mas de quinze años.

– Juana Caxalacan biuda tiene tres hijas e dos hijos el mayor es baron de hasta diez años.

– Catalina Chueburda tiene una hija soltera de diez e seis años.

– Juana Tantajoyan no tiene hijos.

– Catalina Lachozcarua no tiene hijos.

– Catalina Colquemion biuda tiene una hija de catorze años.

– Maria Chussepe bieja no tiene hijos.

– Costança Patin bieja tiene una hija de diez e siete años soltera.

– Catalina Xaya biuda tiene un hijo y una hija el mayor baron de hasta ocho o nueue años.

– Juana Tantadec tiene dos hijas y un hijo el mayor baron de hasta ocho o nueue años.

– Ana Quiynque biuda tiene dos hijos e una hija el mayor el baron de hasta zinco o seis años.

– Catalina Villatiquila biuda.

– Luisa Muchuy bieja tiene una hija soltera de diez e ocho años./

– Maria Llatan biuda tiene dos hijas e dos hijos el mayor el baron de hasta diez años.

- Costança Bichiqui biuda no tiene hijos.
- Luisa Caruayaco biuda.
- Juana Asmen biuda tiene una hija de zinco o seis años.
- Ysabel Choticla es bieja.
- Catalina Caxanchuton bieja.
- Catalina Anyai es bieja.
- Maria Colquechuche es bieja.
- Pedro Julca y su madre Catalina Pler biuda tiene otra hija es el baron el mayor de catorze a quinze años.

Huerfanos.

- Catalina Colquellychiquide de doze años.
- Ynes Llatan de diez e siete años.
- Maria Obreni de diez e seis años.

TRIBUTARIO
- Andres Pote e su muger Maria Llachoz tiene un hijo de teta. es tributario antiguo.
- Pedro Tantamango soltero no tienne hijos ny a tributado hasta agora de oy mas puede bien tributar que tiene hedad demasyada de mas quatro años porque lo escondieron al bisitador.

El qual dicho principal debajo de dicho juramento dixo y declaro no / aber mas yndios en la dicha pachaca en este dicho pueblo y que si mas hallare los berna a manyestar e traira para que se vissiten por no yncurrir en las penas que le estan puestas Diego Velazquez de Acuña Bartolome de Prol.

Yndios de la pachaca de Chucan que estan en el pueblo de Sant Allfonso Chanta de ques prinçipal don Francisco Chuquimitas de la guaranga de Cuzmango de doña Jordana Mexia.

E despues de lo suso dicho en el dicho pueblo de Sant Allfonso Chanta a los dichos treçe dias del dicho mes y año el dicho senor Juez hiço paresçer ante si a Diego Cabuzquipan hermano del dicho cacique principal del qual resçiuio juramento en forma de derecho e lo hiço como se requeria e so cargo del le fue mandado que luego traiga ante su merced todos los yndios que ay en este dicho pueblo de la dicha guaranga e pachaca de Chuscan sin encubrir ninguno so pena de perjuro e que sera castigado y desterrado destas tierras el qual ansi lo prometio de cumplir e luego truxo e se vissitaron los yndios siguientes.

TRIBUTARIOS
- Baltassar Choçer su muger Catalina Caxacatan tiene quatro hijos y una hija el mayor es baron se diçe Alonso Xollon de hasta diez y seis años y mas.
- Lorenço Conan y su muger Ynes Chipac tiene tres hijas la mayor de hasta seis años e mas.
- Alonso Cuzma e su muger Catalina Mussan tiene tres hijas y un hijo la mayor es hembra de hasta seis años.
- Martin Abechuas e su muger Catalina / Len tiene un hijo e una hija el mayor baron de hasta quatro años o çinco.
- Pedro Xapon y su muger Juana Chona tiene dos hijos e una hija la mayor es hembra de hasta seis e siete años.
- Alonso Bitieney es biudo tiene tres hijos el mayor de çinco años.
- Gomez Chacit y su muger Ynes Bisana tiene dos hijos y una hija el mayor baron de quatro anos o çinco.
- Martin Chabe e su muger Ysauel Llanbis no tiene hijos.
- Juan Malac soltero no tiene hijos.
- Juan Aschiban soltero no tiene hijos.
- Pedro Cuche soltero no tiene hijos.
- Alonso Chupnapon soltero no tiene hijos.

Biejos que no tributan.
- Diego Cabuschoban es biudo biexo.
- Domingo Bilca biudo es biejo.

Biudas y biejas.
- Catalina Lachoz Çichon biuda tiene una hija de ocho años.
- Madalena Lacon biuda tiene un hijo de hasta diez años.
- Juana Xuchen bieja no tiene hijos.
- Çeçilia Caxataban bieja.

– Catalina Chochi bieja no tiene hijos.

El qual dicho principal debaxo del dicho juramento dixo y declaro no tener mas yndios de los que tiene manifestados y estan numerados y que si mas hallare los verna a manifestar por no yncurrir en las penas que le estan impuestas / Diego Belazquez de Acuña. Bartolome de Prol.

Indios de pachaca de Pauxan questan en el pueblo de Sant Allfonso Chanta de ques principal Juan Caches menor de la guaranga de Cuzmango de doña Jordana Mexia.

E despues de los suso dicho en el dicho pueblo de Sant Ilefonso a los dichos treçe dias del dicho mes de henero e del dicho año el dicho senor Juez hiço paresçer en este dicho pueblo los yndios que dixeron ser de la pachaca de Pauxan del dicho menor los quales numero y bissito conforme a como su Magestad lo manda por la forma siguiente.

TRIBUTARIOS
– Cristobal Vitilian y su muger Catalina Pisoco tiene tres hijas y dos hijos el mayor es baron de hasta nueue o diez años.
– Alonso Bitulanton y su muger Juana Ticla tiene un hijo y dos hijas el mayor es baron de hasta quatro o çinco años.
– Anton Bitilian y su muger Costança Chuquinlatas tiene un hijo y dos hijas e la mayor es hembra de hasta quatro o çinco anos no a tributado hasta agora porque les escondieron al bissitador pasado de oy mas puede tributar.
– Juan Clana soltero no tiene hijos ni a tributado hasta agora porque lo escondieron al bissitador de oy mas puede tributar que tiene hedad demassiada para ello.
– Miguel Guarcha soltero no a tributado porque no tiene hedad los de hasta diez y ocho anos.
– Francisco Cocheuas soltero no a tributado hasta agora no tiene hedad es de hasta diez y siete o diez y ocho años no tiene hijo./

— Martin Muluche soltero no tiene hijos es tributario antiguo.

Biudas y biejas.

— Juana Chacen biuda tiene un hijo y dos hijas la mayor es hembra de hasta seis e siete años.

— Catalina Cax viuda tiene dos hijos el mayor de hasta seis años.

HUERFANA   — Juana Xadin de diez y seis años soltera huerfana.

El dicho señor Juez aunque hiço todas las dilixençias necessarias para hallar mas yndios de los numerados no se hallaron mas yndios e lo firmo de su nombre. Diego Belazquez de Acuña. Bartolome de Prol.

Yndios de la pachaca de Xaxaden questan en este pueblo de San Ilefonso Chanta de ques prinçipal don Sebastian Niinalingon de la guaranga de Cuzmango de doña Jordana Mexia.

E despues de los suso dicho en el pueblo de Sant Ilefonso en el dicho dia mes y año susodicho el dicho senor Juez andando vissitando el dicho pueblo hallo en el çiertos yndios que dixeron ser de la pachaca de Xaxaden los quales numero por la forma e horden siguientes.

TRIBUTARIOS — Juan Con y su muger Catalina Chuti tiene un hijo de seis años es fiscal y no tributa porque lo es.

— Luis Cabisjucan y su muger Maria Chusep tiene tres hijos y dos hijas la mayor es hembra de diez y siete años soltera.

— Alonso Cosquinchachon e su muger Namolo tiene un hijo de hasta tres o quatro años./

— Gonçalo Chinoco soltero no tiene hijos ny ha tributado hasta agora de oy mas puede tributar que tiene hedad para ello.

BIEJAS   — Ynes Amaschut vieja tiene una hija soltera de diez y ocho años.

BIUDA   — Ynes Colquexaman biuda.

— Ynes Yamoc bieja no tiene hijos.

E no hallo en el dicho pueblo el dicho señor
Juez mas yndios de los numerados para vissitar ynbentariar aunque para ellos hiço todas las diligençias neçesarias y lo firmo Diego Belasquez de Acuña. Bartolome
de Prol.

Yndios de la pachaca de Ayanbla questan en el
pueblo de Sant Allfonso Chanta de ques
prinçipal don Juan Astomalon de la guaranga
de Cuzmango de doña Jordana Mexia.

En el pueblo de Sant Allfonso Chanta a los
dichos treçe dias del dicho mes de henero de mill
y quinientos y setenta y dos años el dicho señor Juez
andando vissitando el dicho pueblo hallo çiertos yndios
que dixeron ser de la pachaca de Ayanbla de don
Juan Astomalon los quales se numeraron por la forma
siguiente.

VIEJO
- Martin Anasvico e su muger Maria Chimin tiene una
  hija soltera de diez y ocho años.
                    Biejas y biudas.
- Madalena Cantacoscon biuda tiene dos hijos y dos
  hijas la mayor es hembra soltera de diez y ocho
  años.

Aunquel dicho señor Juez hiço todas las diligencias / neçessarias no hallo mas yndios de la dicha
pachaca para los numerar y lo firmo Diego Velazquez
de Acuña. Bartolome de Prol.

Yndios de la pachaca de Lleden questan en el
pueblo de Sant Allfonso Chanta de que hera
principal Cristobal Maxatanta difunto de la
parcialidad de Colquemarca encomendados en
doña Jordana Mexia.

E despues de los suso dicho en el dicho pueblo
de Sant Allfonso Chanta en los dichos treçe dias del
dicho mes e año el dicho señor Juez hiço paresçer
ante si a Anton Quiendie mandon que dixo ser de
la pachaca de Lleden y de los yndios della que estan

en este dicho pueblo del qual fue tomado e resçiuido juramento en forma de derecho e lo hiço segun y como se requiere so cargo del qual le fue mandado que luego traiga todos los yndios de la dicha pachaca questan en este pueblo sin yncubrir ninguno so pena de perjuro e que sera castigado e desterrado destas tierras el qual dixo que ansi lo cumpliria e luego truxo los yndios que se numeraron en la forma y horden siguientes.

TRIBUTARIOS

- El propio mandon Anton Quileche e su muger Madalena Quinque tiene un hijo de hasta çinco años.
- Pedro Challoco y su muger Ynes Chamoco tiene un hijo e dos hijas la mayor es hembra de hasta çinco o seis años.
- Pedro Tantaquisxi y su muger Ynes Guachamachay tiene una hija de hasta çinco años.
- Pedro Tantacuzmay y su muger Maria / Anyayguacas tiene dos hijos y dos hijas el mayor es baron de hasta nueue o diez años.
- Alonso Limay soltero no a tributado hasta agora de oy mas puede tributar que tiene hedad cumplida de veinte años.

Biudas y biejas.

- Maria Cuchu biuda tiene tres hijas e dos hijos la mayor es soltera hembra de quinçe años y mas.
- Maria Colquetilla biuda tiene un hijo y tres hijas la mayor es hembra soltera de diez y ocho años.
- Catalina Caxa viuda tiene un hijo y dos hijas la mayor hembra soltera de diez y siete años.

El qual dicho principal deuajo del dicho juramento dixo y declaro no tener mas yndios de la dicha pachaca en este dicho pueblo e que si mas hallare los verna a manifestar ante su merced para que se numeren como los demas por no yncurrir en las dichas penas. Diego Velazquez de Acuña. Bartolome de Prol.

Yndios de la pachaca de Llaquaz questan en el
pueblo de Sant Allfonso Chanta de que hera
principal Lorenço Toma de la parçialidad de
Colquemarca encomendados en Doña
Jordana Mexia. /

E despues de lo susodicho en el dicho pueblo
de Sant Allfonso a los dichos treze dias del dicho mes
de henero de mill y quinientos y setenta y un años
el dicho señor Juez hizo paresçer ante si a Martin
Anarcondor persona que biene a declarar los yndios
de la dicha pachaca de Llaquaz e del resçibio juramento
en forma de derecho y el lo hizo como se requiere
so cargo del qual le fue mandado que luego traiga
ante su merced todos los yndios de la pachaca sin
yncubrir ninguno so pena de perjuro e que sera castigado
y desterrado destas tierras el qual ansy lo prometio
y luego traxo los yndios que se nomeraron por la
forma y horden siguiente.

TRIBUTARIOS
— Pedro Coro y su muger Catalina Anaytido tiene un
   hijo e una hija el mayor baron de hasta quatro
   o zinco anos.
— Alonso Collaue y su muger Catalina Colquecuzcon
   tiene dos hijos e una hija la mayor es hembra de
   hasta seis años.
— Pedro Pedro Tantaquiene y su muger Maria Tiquilla
   tiene dos hijas la mayor es soltera de mas de diez
   y ocho años./
— Alonso Quespie biudo tiene un hijo e una hija el
   mayor baron de hasta diez años e mas.
            Biejos que no tributan.
— Diego Rimapasta y su muger Juana Chutila tiene dos
   hijos e una hija el mayor baron de hasta ocho o
   nueue años.
— Costança Chanco biuda tiene dos hijos e una hija
   la mayor es hembra soltera de diez e ocho años.
         El qual dicho principal dixo y declaro debaxo
del dicho juramento no tener mas yndios en este dicho
pueblo de la dicha pachaca e que sy mas hallare los
berna a manifestar como los demas por no yncurrir

en las penas que le estan puestas. Diego Belazquez de Acuña. Bartolome de Prol.

Yndios de la pachaca de Colquemarca questan en este pueblo de Sant Allfonso Chanta de que hera principal Juan Oche difunto encomendado en doña Jordana Mexia.

E despues de lo suso dicho en el dicho pueblo de Sant Allfonso a los dichos treze dias del dicho mes de henero del dicho año el dicho señor Juez andando vissitando el dicho pueblo hallo en el çiertos yndios / que dixeron ser de la pachaca de Colquemarca los quales numero por la forma e horden siguientes.

TRIBUTARIOS
- Gaspar Bilaltanta e su muger Juana Cheba tiene dos hijos e una hija la mayor es hembra de doze o catorze años, soltera.
- Juan Guacchapaico y su muger Maria Chupchup tiene dos hijos el mayor de hasta çinco o seis años.
- Juan Choban y su muger Ynes Chupchup tiene dos hijos el mayor de hasta zinco o seis años.
- Costança Colqueruxi bieja tiene un hijo e una hija la mayor es hembra de diez e ocho años.
- Maria Coxentel bieja no tiene hijos.
- Martin Masaliqui çiego no tiene hijos.

E aunque hizo todas las diligençias neçesarias para saber si avia mas yndios no los hallo y firmolo de su nombre. Diego Belazquez de Acuña. Bartolome de Prol.

El dicho señor Juez ansymesmo hallo de la pachaca de Agomarca los yndios siguientes.

TRIBUTARIO
- Lorenço Achiqui su muger Catalina Aguaccha no tiene hijos ny se hallo mas / que dar notiçia del que abia tres años que el y su muger andan huidos que no se sabe dellos.
- Pablo Oche biudo tiene un hijo que se dize Miguel Caruacuzmi de diez e siete años.
- Çeçilia Colquechimi biuda tiene un hijo de hasta nueue o diez años.
- Catalina Quiyoc bieja no tiene hijos.

E aunque el dicho señor Juez hizo todas las diligençias neçesarias e no hallo mas yndios de la dicha pachaca y lo fyrmo Diego Velazquez de Acuña. Bartolome de Prol.

Yndios olbidados de la pachaca de Lleden en el pueblo de San Martin Agomarca de que hera prinzipal Maxatanta difunto de la parcialidad de Colquemarca de doña Jordana Mexia.

E despues de lo suso dicho en el dicho pueblo de Sant Allfonso a los dichos treze dias del dicho mes y año ante el dicho señor Juez paresçio pressente Andres Andres Nynatanta y dixo que en la pachaca de Llenden en el pueblo de San Martin Agomarca se abian olbidado ciertos yndios que los benia a manifestar por su cacique por no yncurrir / en las penas que le estan puestas e su merçed les mando poner como los demas por la forma siguiente.

TRIBUTARIOS NUEUOS

- Melchior Tantapoma enmendado soltero no tiene hijos ny a tributado hasta agora de oy mas puede tributar que tiene hedad de veynte años para ello.
- Pedro Tiquillamango soltero no tiene hijos ny a tributado hasta agora de oy mas puede tributar que es de hedad de beynte años y mas.
- Ynes Cochen soltera de diez e ocho a veynte años.
- Juana Colqueninos soltera de diez e ocho años hasta veynte.

El qual dixo que el dicho su caçique le embio a manifestar los dichos yndios por no caer en las dichas penas e lo fyrmo de su nombre. Diego Belazquez de Acuña. Bartolome de Prol.

Yndios olbidados de la pachaca de Collana del pueblo de San Mateo Contumasa de ques prinzipal don Alonso Caxavalent de doña Jordana Mexia.

En el pueblo de Sant Allfonsso / a treze diaz del mes de henero del dicho año ante el dicho señor

Juez paresçio pressente Pedro Çtil en nombre de don Alonso Caxabalent e dixo que en la dicha pachaca de Collana se le abian olvidado los yndios siguientes.
– Luisa biuda no tiene hijos.
– Maria Chuqui biuda no tiene hijos.
– Luisa Lata biuda no tiene hijos.

E ansymesmo manifesto que de la pachaca de Xaxaden en el dicho pueblo de San Mateo Contumassa de que es prinzipal don Sebastian Nynalingon se olvidaron los yndios siguientes.

BIUDAS
– Ynes Chuche biuda no tiene hijos.
– Juana Manochuta biuda no tiene hijos.

HUERFANA
– Maria Sopo huerfana de doze años.
– Luzia Catan biuda no tiene hijos.
– Magdalena Poque biuda no tiene hijos.
– Juan Cho soltero anda huido seis años a que no se sabe del ny paresçe puede tributar que tiene hedad demasiada para ello.

Y ansy lo manifestaron ante el dicho senor Juez por no yncurrir en las penas que le estan puestas Diego Belazquez de Acuña. Bartolome de Prol./

Yndios de pa Pachaca de Xaxaden questan en el pueblo de Santa Magdalena de Lachan de que es prinçipal don Sebastian Ninalongon de la guaranga de Cuzmango encomendados en doña Jordana Mexia.

En el pueblo de Santa Maria Magdalena de Lachan a catorze dias del mes de henero de mill y quinientos e setenta e un años el dicho señor Juez hizo paresçer ante si a Juan Cosapalla mandon que dixo ser de la dicha pachaca de Xaxaden de los yndios della del qual fue tomado y resçibido juramento en forma de derecho e sobre una señal de cruz e lo hizo como se requeria e so cargo del fue mandado que luego traiga ante su Merced todos los yndios que tiene en este dicho pueblo de la dicha pachaca syn yncubrir ninguno so pena de perjuro e que sera castigado y

desterrado de sus tierras el qual ansy lo prometio y
luego traxo y pressento los yndios que se numeraron
por la forma e orden siguiente.

TRIBUTARIOS — Pedro Paria y su muger Ysabel Conacho tiene quatro
hijos el mayor es baron de hasta seis años. /

— Anton Paque cassado con Ynes Axas tiene dos hijas
e tres hijos el mayor baron de hasta seis años y
mas.

— Pedro Abenchia y su muger Ysabel Sonacho tiene
dos hijas la mayor es hembra e tres hijos de hasta
ocho o nueue años.

— Juan Bitanchima y su muger Luisa Ymba tiene un
hijo de quatro años.

— Martin Carva y su muger Ynes Guacalchima tiene
dos hijas la mayor de hasta diez años.

— Alonso Cocha y su muger Maria Aminche tiene dos
hijas la mayor de hasta diez años e mas.

— Anton Colque e su muger Juan Allatan tiene un
hijo e una hija la mayor hembra de hasta trece
años.

TRIBUTARIOS — Diego Paco y su muger Ynes Xec no tiene hijos.

— Domingo Quispe biudo tiene un hijo de hasta quatro
años.

— Alonso Rucho e su muger Ynes Lulan tiene dos
hijas y un hijo el mayor baron de quatro años.

— Domingo Fima y su muger Ynes Xocxoc tiene dos
hijos / y tres hijas el mayor es baron de hasta
diez años.

— Alonso Chamin y su muger Catalina Chipxa tiene
dos hijas e un hijo el mayor baron de seis años.

— Francisco Nyep y su muger Maria Nocaibilac tiene
dos hijos e dos hijas el mayor baron de treze o
catorze años y mas.

— Alonsso Min y su muger Maria Pue tiene un hijo
de hasta diez años.

— Pablo Pod biudo tiene tres hijas la mayor de hasta
nueue o diez años.

— Cristobal Sama e su muger Luissa Namia tiene un
hijo e dos hijas la mayor de hembra de catorze
o quinze años soltera.

- Andres Checacpoc e su muger Catalina Cossi no tiene hijos.
- Hernando Choyan casado con Ysabel Chichot tiene dos hijos y una hija la mayor hembra de hasta seis años deste marido e un hijo de otro primer marido el mayor son los dos barones cada uno de hasta diez años /.
- Alonso Xuayunga e su muger Luisa Chachunpoco tiene dos hijos y una hija.
- Juan Senquen e su muger Ysabel Cachema tiene una hija de teta.
- Juan Tacha e su muger Ysabel Ynyni tiene dos hijas la mayor de hasta seis anos.
- Francisco Xefes y su muger Ynes Ecoche tiene un hijo e una hija el mayor baron de hasta quatro años.

NUEUOS TRI-
BUTARIOS
- Pedro Limac y su muger Maria Quiscun tiene un hijo de teta no a tributado hasta agora porque le escondieron al vissitador pasado de oy mas puede tributar que tiene hedad para ello bastante.
- Alonso Cache e su muger Ysabel Machi tiene un hijo de teta no a tributado hasta agora de oy mas ouede tributar que tiene bastante hedad para ello.
- Martin Chobis y su muger Magdalena Tiquilla tiene un hijo e una hija de teta entrambos e dos no an tri/butado hasta agora de oy mas puede bien tributar que tiene hedad para ello demasiada.
- Alonso Llan y su muger Catalina Chuchinsupi tiene un hijo e una hija el mayor de hasta quatro años no a tributado hasta agora de oy mas puede bien tributar que tiene bastante hedad para ello.
- Anton Anysit y su muger Çeçilia Chipac tiene dos hijos el mayor de zinco años no a tributado hasta agora de oy mas puede tributar que tiene hedad bastante e demasiada para ello.
- Juan Adin e su muger Magdalena Yliche no tiene hijos ny a tributado hasta agora de oy mas puede bien tributar que tiene hedad para ello.
- Cristobal Badan y su muger Magdalena Coxe tiene un hijo de hasta diez años no a tributado hasta

agora de oy mas puede tributar que tiene hedad bastante para ello.

- Françisco Lenelo e su muger Maria Gualme tiene un hijo de tres años no a tributado hasta agora de oy mas puede tributar que tiene hedad bastante para ello.

- Françisco Apache e su muger Chicpac tiene dos hijas la mayor de tres años no a tributado hasta agora de oy mas tributara porque tiene hedad bastante para ello.

- Pedro Colque soltero no tiene hijos ny a tributado hasta agora de oy mas puede tributar que tiene hedad para ello.

- Alonso Tucas soltero no tiene hijos ny a tributado hasta agora de oy mas puede tributar que tiene bastante hedad para ello.

- Anton Cudan es soltero no tiene hijos ny a tributado hasta agora de oy / puede tributar que tiene hedad para ello.

- Alonso Codan es soltero no tiene hijos ni a tributado hasta agora de oy mas tributara que tiene hedad para ello. Es de los que negaron al vissitador passado y a todos los demas e tiene hedad de mas de treinta años.

- Juan Seneque y su muger Luisa Selse no tiene hijos ni a tributado hasta agora de oy mas tributara que tiene hedad vastante para ello.

- Anton Llaz es soltero no tiene hijos ny a tributado hasta agora de oy mas puede tributar que tiene hedad para ello.

- Françisco Cancha es soltero no tiene hijos ny a tributado hasta agora de oy mas puede tributar que tiene hedad.

- Andres Liquio huido tiene un hijo de hasta quatro años no ha tributado hasta agora de oy mas tributara que tiene bastante hedad..

- Domingo Noseche y su muger Ysabel Yarron no tiene hijos ny a tributado hasta agora de oy mas tributara que tiene hedad para ello.

- Domigno Guaccha e su muger / Ysabel Quesme tiene

dos hijos e dos hijas la mayor es hembra de zinco años no a tributado hasta agora que le escondieron de oy mas tributara que tiene hedad.
- Françisco Macsic y su muger Ynes Mochico tiene un hijo y dos hijas la mayor es hembra de zinco años tiene hedad de mas de treinta años no a tributado hasta agora porque le escondieron de oy mas puede tributar que tiene hedad.
- Alonsso Sunco y su muger Ynes Macsa tiene una hija de dos años no a tributado hasta agora de oy mas tributara que tiene hedad bastante demasiada para ello.
- Françisco Sanpacho y su muger Catalina Farchon tiene una hija de hasta dos años e mas no a tributado hasta agora de oy mas puede bien tributar que tiene hedad bastante para ello y demasiado.
- Pedro Chapai y su muger Ysabel / Cucho tiene una hija de seis años no a tributado hasta agora porque le escondieron de oy mas puede tributar que tiene demasiada hedad para ello.
- Cristobal Xecnuco y su muger Ynes Chirra tiene un hijo de teta no a tributado hasta agora de oy mas puede bien tributar que tiene hedad bastante para ello y demasiada.
- Françisco Cacalla y su muger Luisa Ruche tiene dos hijos la mayor hembra de diez años no ha tributado hasta agora de oy mas puede bien tributar que tiene hedad demasiada.
- Françisco Chuca e su muger Catalina Asullan no tiene hijos no a tributado hasta agora de oy mas puede tributar que tiene demasyada hedad para ello este e todos los demas son negados al visitador pasado.
- Domingo Soyo biudo tiene un hijo de hasta tres años no a tributado hasta agora de oy mas puede tributar que tiene hedad bastante para ello. / es tambien de los escondidos al bissitador que los bisito postrero.

Viejos que no tributan.
- Pedro Cachai y su muger Catalina Bançus tiene tres

hijas e dos hijos el mayor baron de doze a treze años y mas.

- Andres Singan y su muger Ysabel Lecho tiene dos hijos e tres hijas la mayor es hembra de diez años y mas.
- Hernando Ponsu y su muger Sabachupo tiene un hijo de hasta seis años.
- Andres Choban ny tiene muger ny hijos es tonto y por eso esta reserbado de tributar.
- Anton Quilla biudo tiene un hijo y una hija el mayor es baron de hasta diez años.
- Anton Lencon y su muger Catalina Pechepon tiene tres hijos el mayor de hasta doze años.
- Pedro Poquis e su muger Magdalena Mis tiene tres hijas y un hijo la mayor es hembra de hasta ocho o diez años. /

Biudas y biejas.
- Catalina Xoque vieja.
- Ynes Chacha viuda tiene un hijo de teta.
- Catalina Llansa viuda tiene una hija Maria de hasta seis años.
- Ysauel Puni biexa.
- Catalina Sulfain biuda tiene un hijo de hasta seis años.
- Luisa Cheua viuda tiene dos hijos el mayor de siete años.
- Maria Misechec biexa.
- Madalena Aminsit biuda no tiene hijos.
- Catalina Nis biuda tiene un hijo y una hija la mayor es hembra de hasta nueue años.
- Ysauel Muchete viuda no tiene hijos.
- Ysauel Niquea vieja.
- Maria Cochu bieja tiene un hijo de hasta diez y ocho años. que se dice Françisco Guaccha.
- Ynes Chuquinchun biuda tiene un hijo y una hija es la mayor hembra de mas de catorçe años soltera.
- Ysauel Cunoc bieja no tiene hijos.
- Catalina Pojen bieja.
- Ysauel Cayon biuda tiene una hija de hasta seis años. /

- Ynes Chaue biuda tiene una hija de hasta çinco años.
- Ynes Munes viuda tiene dos hijas la mayor de siete a ocho años y mas.
- Catalina Yuba biuda tiene un hijo e dos hijas la mayor es la hembra de ocho años.
- Catalina Chanie biuda tiene una hija de hasta tres años.
- Maria Yqui biuda no tiene hijos.
- Ines Chachi tiene dos hijos y una hixa la mayor es la hembra de hasta doçe o treçe anos.
- Ynes Mancoy biuda tiene una hija de hasta catorçe años.
- Catalina Llama biexa.
- Luisa Naucay bieja.
- Costança Aninchun biuda no tiene hijos.
- Ana Quiyana biuda no tiene hijos.

Huerfanos.

- Juana Topan de diez y siete anos huerfana soltera.
- Ysabel Anas de diez y ocho años huerfana soltera.
- Françisco Muchan huerfano de hasta diez y ocho años.
- Juan Musquen de hasta diez años.
- Maria Bas de diez o honçe años.
- Juan Chifoc huerfano de hasta diez y nueue años e mas.
- Françisco Chayo huerfano de diez años./
- Ysauel Chestan huerfana de diez años.
- Ysabel Culchain de seis años.
- Ysauel Ycha de siete años.
- Maria Zic huerfana soltera de diez e ocho años e mas.
- Costança Puchu huerfana de çinco años.
- Juan Sinu huerfano de doce años.
- Anton Pichun hijo de Pedro Gonçalez Chuichichon de Contumasa de diez y siete años y mas.

E con otros dos hijos e una hija solteros de diez y siete años y los muchachos el mayor de hasta seis o siete años.

- Diego Coynache guerfano de dos años.
- Pedro Subas de diez y ocho años huerfano soltero.

NUEUO TRI-
BUTARIO

— Françisco Piqui soltero no tiene hijos ni a tributado hasta agora de oy mas puede tributar que tiene bastante hedad para ello.

El qual dicho prinçipal y mandon debajo del dicho juramento que hecho tiene dixo y declaro no tener mas yndios en el dicho pueblo en la dicha pachaca e que si mas hallare los verna a manifestar por no yncurrir en las penas que le tiene puestas. Diego Belasquez de Acuña. Bartolome de Prol.

Yndios de la pachaca Chusan questan en el pueblo de Santa Maria Madalena de Lachan de ques principal don Françisco Chuquinitas de la guaranga de Cuzmango de doña Jordada Mexia. /

E despues de lo suso dicho en el dicho pueblo de Santa Maria Madalena de Lachan a los dichos catorçe dias del dicho mes de henero del dicho año el dicho senor Juez hiço parescer ante si a Anton Colyol mandon que dixo ser en la pachaca de Chusan en este dicho pueblo y de los yndios della del qual resçiuio juramento en forma de derecho e lo hiço como se requeria e so cargo del qual le fue mandado que traiga todos los yndios de la dicha pachaca a numerar sin encubrir ninguno dellos so pena de perjuro e que sera castigado e desterrado de sus tierras el que ansi lo cumpliria y luego traxo los yndios que se numeraron por la forma y orden siguientes.

TRIBUTARIOS

— Juan Sellepoco biudo tiene un hijo de hasta seis años.
— Juan Chonmun y su muger Maria Çestan tiene dos hijas la mayor es de hasta seis o siete anos.
— Diego Tannos viudo no tiene hijos.
— Françisco Mayquen y su muger Ynes Silleque no tiene hijos ni a tributado hasta agora de oy mas puede tributar que tiene hedad para ello.

NUEUO TRI-
BUTARIO

— Diego Chicapoco es cassado con Catalina Puchai no tiene hijos ni a tributado hasta agora de oy mas podra tributar que tiene hedad para ello aunque esta enfermo de las piernas no estando sano tributa.

Biejos que no tributan

- Anton Çubcol biudo tiene un hijo y una hija el mayor
baron de hasta seis o siete años./
- Alonso Coy e su muger Ysauel Caca tiene un hijo
de seis años.
- Juan Chipoco biudo biejo.
- Maria Efuchin biuda tiene un hijo e una hija la mayor es hembra de hasta seis o siete años.

Huerfanos

- Françisco Coxen huerfano de diez años.
- Catalina Naten huerfana de diez años.

El qual dicho mandon debajo del dicho juramento dixo y declaro no tener mas yndios en el dicho
pueblo de la dicha su pachaca e que si mas hallare
los verna a manifestar por no yncurrir en las penas
que le estan puestas. Diego Velazquez de Acuña. Bartolome de Prol.

*Yndios de la pachaca de Collana questan en
este pueblo de Santa Maria Magdalena Lachan
de ques principal don Alonso Caxavalen de la
guaranga de Cuzmango de doña Jordana Mexia.*

E despues de lo susodicho en el pueblo de
Santa Maria Madalena Lachan a dos dichos catorce dias
del dicho mes de henero y del dicho año el dicho
senor Juez hiço paresçer ante si a Pedro Çitil persona
que enbio el dicho prinçipal a manifestar los yndios
de la dicha pachaca al qual mando que debajo del
juramento que hecho tiene antes de agora le traiga
todos los yndios questan en este dicho pueblo de la
pachaca de Collana so las penas que le tiene puestas
el qual dixo que ansi lo aria / e luego truxo los
yndios que se numeraron en la forma y horden siguientes.

TRIBUTARIOS
- Pedro Mochen y su muger Ynes Nopon no tiene
hijos ningunos.
- Pedro Choque y su muger Ynes Gen tiene tres hijos
y una hija el mayor es baron de seis años.
- Anton Myssa viudo no tiene hijos.

- Alonso Piqui soltero no tiene hijos ni a tributado hasta agora de oy mas puede tributar que tiene hedad para ello.

Biudas y biejas.

- Maria Aquipe viuda tiene un hijo de diez o doce años.
- Madalena Quinaque tiene un hijo de hasta quatro o çinco años.
- Ynes Quexen biuda tiene un hijo e tres hijas la mayor es hembra de hasta çinco o seis años.

Huerfanos

- Juan Chiguine de quinçe años huerfano.
- Juan Yandec soltero no tiene hijos ni a tributado hasta agora de oy mas puede tributar que tiene hedad para ello.

El qual dicho mandon deuajo del dicho juramento que hecho tiene dixo y declaro que en este dicho pueblo en la dicha pachaca no ay mas yndios de los que tiene numerados e que si ma gallare los verna a manifestar por no yncurrir en las penas que le tiene puestas. Diego Belazquez de Acuña. Bartolome de Prol. /

Yndios de la pachaca de Malcadan que estan en este pueblo de la Magdalena Lachan de ques prinçipal don Pablo Malcadan de la propia parcialidad de Malcadan encomendados en doña Jordana Mexia.

E despues de lo suso dicho en el dicho pueblo de Santa Magdalena Lachan en el dicho dia mes y año suso dichos el dicho señor Juez hiço paresçer ante si a Luis Colquechuyan como a persona que venia por el dicho caçique a manifestar los yndios de la pachaca de Malcadan deste dicho pueblo e del resçiuio juramento en forma de derecho e una señal de cruz e lo hizo como se requiere so cargo del qual le fue mandado que luego traiga todos los yndios questan en este dicho pueblo de la dicha pachaca sin encubrir ninguno so pena de perjuro e que sera castigado e desterrado destas tierras el qual ansi lo prometio e luego truxo los yndios que se numeraron por la forma siguiente.

TRIBUTARIOS
- Anton Apon e su muger Catalina Llopi tiene un hijo de teta.
- Pedro Peduc e su muger Juana Yer tiene un hijo de teta.
- Alonso Lopo y su muger Ysauel Çachon tiene un hijo de teta.
- Alonso Moquiche y su muger Madalena Chuquiymba tiene dos hijos e una hija la mayor es hembra de hasta çinco o seis años es biejo que no tributa. /
- Sancho Mindon biudo no tiene hijos.

El qual dicho principal dixo y declaro debajo del dicho juramento no tener mas yndios en la dicha pachaca en el dicho pueblo de Santa Magdalena y que si mas hallare los vendra a manyfestar por no yncurrir en las penas que le estan puestas. Diego Belazquez de Acuña. Bartolome de Prol.

Yndios de la pachaca de Pauxan questan en el pueblo de San Seuastian Acaden de ques principal Juan Caches menor de la guaranga de Cuzmango doña Jordana Mexia.

En el pueblo de San Seuastian Gacaden a quince dias del mes de henero de mill e quinientos y setenta y dos años el dicho señor Juez hiço paresçer ante si a Antonio Astuquipan Piqui gobernador del dicho Juan Caches menor al qual que deuajo del juramento que antes de agora tiene hecho luego le traiga todos los yndios que ay en este dicho pueblo de la pachaca de Pauxan sin yncubrir ninguno dellos so las penas que tiene puestas el qual ansi lo prometio y luego truxo ante su merced los yndios que dixo que avia en la dicha pachaca los quales se numeraron por la forma siguiente.

TRIBUTARIOS
- Gomez Caxancucas e su muger Catalina Jat tiene

un hijo e una hija el mayor baron de hasta cinco o seis años.

- Luis Sanches Ostin y su muger Catalina Taban no tiene hijos./
- Melchor Cino y su muger Ynes Mul tiene una hija de siete años.
- Juan Cac y su muger Ysauel Latai tiene un hijo e una hija es la mayor hembra de çinco años.
- Felipe Chen viudo tiene tres hijos e una hija la hembra es la mayor de çinco o seis años.
- Françisco Comita y su muger Ysauel Yuba tiene tres hijos y dos hijas la mayor es hembra de hasta diez años.
- Juan Pinxoc y su muger Catalina Chuz tiene tres hijos e dos hijas el mayor es baron de hasta seis o siete años.
- Pedro Pul y su muger Ysauel Chona tiene un hijo de teta.
- Anton Ducos y su muger Catalina Songo tiene un hijo de hasta çinco o seis años.
- Anton Tul y su muger Catalina Mion tiene un hijo de teta.
- Juan Ypanbo y su muger Ana Chuya tiene dos hijos y una hija el mayor es varon de ocho años.
- Diego Chumbel y su muger Ynes Coli tiene tres hijas y un hijo el mayor baron de siete años.
- Seuastian Chapo y su muger Ysauel Monibui tiene una hija de teta. /
- Françisco Chabe e su muger Ysauel Tula tiene dos hijos e dos hijas el baron es el mayor de hasta treze o catorze años.
- Anton Quipe y su muger Magdalena Quipe tiene un hijo e tres hijas la mayor es hembra de zinco o seis años.
- Luis Choban y su muger Catalina Misluc no tiene hijos.
- Juan Chui biudo tiene una hija de hasta zinco o seis años es biejo queste año cesaran de la tasa.
- Françisco Feyllan y su muger Ysauel Chum no tiene hijos.

- Luis Bilac y su muger Luissa Lunes tiene un hijo de hasta seis años no a tributado hasta agora porque le escondieron al vissitador pasado de oy mas puede tributar que tiene demasiada hedad para ello.
- Pedro Lulinchon y su muger Catalina Penchuc tiene un hijo de teta no a tributado hasta agora porque no fue tributado por el bissitador pasado que se lo escondieron de oy mas puede tributar / que tiene hedad demasiada.
- Juan Lian y su muger Luissa Chis no tiene hijos ny a tributado hasta agora porque fue escondido en la vissita de oy mas puede tributar / que tiene hedad demassiada.
- Françisco Leche y su muger Luisa Chuli enmendado no tiene hijos ny a tributado hasta agora de oy mas puede tributar que tiene hedad para ello demasiada.

Biejos que no tributan

- Melchior Chipo y su muger Ynes Melun tiene un hijo e una hija la mayor hembra de catorze años.
- Juan Lilas e su muger Catalina Cayanlumon no tiene hijos.
- Miguel Tomax y su muger Çeçilia Casol tiene dos hijas solteras de diez e siete a diez e ocho años cada una.
- Anton Chanan y su muger Catalina Llamoc no tiene hijos.
- Juan Xuton biudo tiene un hijo y una hija la mayor es / hembra de ocho o nueue años.
- Pedro Yalo biudo no tiene hijos.

Biudas y Biejas

- Juana Chisa biuda tiene dos hijas la mayor de hasta quinze años.
- Catalina Duc biuda tiene quatro hijas la mayor es de honze o doze años.
- Catalina Chup biuda tiene dos hijos el mayor de quatro años.
- Catalina Chus biuda tiene dos hijos y dos hijas el mayor es baron de diez e siete o diez e ocho años y se llama Alonso Llalloyo.
- Magdalena Canon biuda tiene dos hijos y tres hijas

el mayor es baron de diez e siete a diez e ocho
años que se llama Alonso Llallox.
- Catalina Lon biuda tiene un hijo de teta.
- Catalina Cayo bieja no tiene hijos.
- Catalina Chinon bieja no tiene hijos.

Huerfanos

- Françisco Chilit huerfano de diez e seis o diez e
siete años.
- Catalina Chut de diez o honze años. /
- Alonso Cuqui de zinco o seis años huerfano.

El qual dicho governador dixo e declaro debajo
del dicho juramento que tiene hecho no tiene mas yndios que poder vissitar en este dicho pueblo de la
dicha pachaca e que sy mas hallaren los bendra a
manifestar por no yncurrir en las penas que le estan
puestas. Diego Belazquez de Acuña. Bartolome de Prol.

*Yndios de la pachaca de Collana questan en
este pueblo de San Sebastian de Caçaden de
que es principal don Alonso Caxavalente de la
guaranga de Cuzmango de doña Jordana Mexia.*

E despues de lo suso dicho en el dicho pueblo
de San Sebastian de Caçaden a los dichos quinze dias
del dicho mes de henero del dicho año el dicho señor
Juez hizo paresçer ante si a Juan Tongopacon mandon
que dixo ser en la dicha pachaca de Collana e de
los yndios della questan en este dicho pueblo del qual
fue tomado e resçibido juramento en forma de derecho
so cargo del qual le fue mandado que luego traigan
todos los yndios que ay en este dicho pueblo de dicha
pa/chaca sin yncubrir ninguno so pena de perjuro e
que sera castigado e desterrado destas tierras el qual
ansi lo prometio e luego truxo a los yndios que se
numeraron por la forma y horden siguientes.

TRIBUTARIOS
- El propio mandon Juan Tongopacon y su muger Costança Chilcos tiene tres hijos el mayor delos se dice
Anton Yaca sera de hedad de hasta quinze o diez
y seis años.

- Juan Chuchicos biudo tiene dos hijos e una hija el mayor varon de hasta seis o siete años.
- Diego Vichilian e su muger Juana Cunoque tiene un hijo e una hija el mayor es el baron de hasta çinco o seis anos.
- Cristobal Caxan y su muger Luisa Pulloc tiene dos hijos y una hija el mayor es varon de çinco o seis años.
- Pedro Cacia soltero no tiene hijos.
- Juan Tax soltero no tiene hijos.
- Françisco Aniar y su muger Ynes Tunbai no tiene hijos.
- Alonso Ynchan y su muger Madalena Chucun tiene quatro hijas e un hijo la mayor es hembra de treçe a catorçe años.
- Cristobal Ynchanchis y su muger Ysauel Chuche tiene una hija de teta.
- Françisco Anchat soltero no tiene hijos.

NUEUO TRI-
BUTARIO
- Luis Caruaxulca soltero viudo no tiene hijos ni a tributado hasta agora de oy mas puede vien tributar que ya tiene veinte años. /

Biudas y Biejas

- Maria Colqueyopo bieja tiene un hijo e una hija la mayor es la hembra de hasta quinçe años.
- Ysauel Casin biuda tiene una hija de diez o honce años.
- Ynes Lalox viuda tiene dos hijos e dos hijas la mayor es hembra de hasta nueue o diez años.
- Madalena Chuquinjut vieja tiene dos hijas e un hijo la mayor es hembra de diez y seis años soltera.
- Madalena Cuscon tiene un hija de hasta seis años.

Huerfanos

- Françisco Anapo huerfano de treçe años.
- Ysauel Cayon soltera de diez y ocho años.
- Ynes Chuquimunos de siete años.
- Ysauel Chun de doçe años huerfana.

El qual dicho mandon deuajo del dicho juramento dixo y declaro no tener mas yndios en el dicho pueblo de la dicha pachaca y que si mas hallare los bendra a manfiestar por no yncurrir en las penas que le estan puestas. Diego Velasquez de Acuña. Bartolome de Prol.

En este dicho pueblo en el dicho dia mes y año suso dichos hallose mas en este dicho pueblo de la pachaca de Xaxaden de don Seuastian Ninalingon los yndios siguientes.

BIUDA
- Leonor Joxteque biuda tiene una hija hermana de don Juan Astomacon que sera de hedad de diez y seis años y mas. /

E no se hallo de la dicha pachaca en el dicho pueblo mas yndios. Diego Velazquez de Acuña. Bartolome de Prol.

Yndios de la pachaca de Jucon que estan en el pueblo de San Sebastian Caçaden de ques principal don Alonso Caxaxiguan difunto de la guaranga de Chuquimango de doña Jordana Mexia.

E despues de lo susodicho en el dicho pueblo de San Sebastian Caçaden a los dichos quinçe dias del dicho mes de henero del dicho año de mill e quinientos e setenta y dos años el dicho señor Juez hiço paresçer ante si a Domingo Quispe mandon que dixo ser en la pachaca de Xucon de los yndios della que estan en este dicho pueblo del qual fue tomado y resçiuido juramento en forma de derecho e le hiço como se requeria so cargo del qual le fue mandado por el dicho señor Juez que luego traiga antel todos los yndios que tiene en este dicho pueblo de la dicha pachaca sin yncubrir ninguno so pena de perjuro e que sera castigado e desterrado de sus tierras el qual ansi lo prometio y luego truxo ante su merced los yndios que se numeraron por la forma y horden siguientes.

TRIBUTARIOS
- El propio mandon Domingo Quispi e su muger Catalina Xacon tiene un hijo y una hija el mayor es baron de çinco o seis años.
- Anton Apus y su muger Catalina Chin tiene quatro hijos e dos hijas el mayor es baron de diez y seis años que se dixe Diego Cabus e de la primera muger

tiene otro hijo de diez y siete años que se diçe Juan Pinacho solteros estanbos.

- Domingo Des y su muger Catalina Tonbai tiene un hijo y una hija el mayor baron de quatro años.
- Martin Tongochouan e su muger Madalena Avsa tiene dos hijos e dos hijas la mayor hembra de ocho años. /
- Alonso Ton y su muger Ynes Cançel tiene un hijo de çinco años.
- Diego Xandec es viudo tiene un hijo e tres hijas el mayor es baron de hasta treçe años.
- Alonso Chungos y su muger Catalina Pis tiene una hija de hasta seis o siete años.
- Alonso Tongoschis y su muger Ynes Çiquel tiene un hijo y una hija el mayor es baron de seis años.
- Seuastian Linay e su muger Çeçilia Caboslandin tiene un hijo de teta.
- Miguel Palia e su muger Luisa Chimi tiene dos hijos y una hija el mayor es el baron de çinco años.
- Anton Caxabal y su muger Ysauel Latannya tiene dos hijas la mayor de hasta tres o quatro años.
- Françisco Chongos y su muger Catalina Yamocchon no tiene hijos.

TRIBUTARIOS NUEUOS
- Anton Yoax y su muger Luçia Cacanchon tiene un hijo de teta no a tributado hasta agora porque no le vio el vissitador e le engañaron en la hedad de oy mas puede tributar que tiene hedad demasiada para ello.
- Juan Limay e su muger Catalina Canon no tiene hijos ni a tributado hasta agora de oy mas puede tributar que tiene hedad bastante para ello de veinte años.
- Alonso Bacon y su muger Catalina Con tiene una hija de tete no a tributado hasta agora de oy mas puede vien tributar que tiene bastante hedad para ello.
- Juan Yabi soltero no tiene hijos ni a tributado hasta agora de oy mas puede tributar que tiene bastante hedad de veinte años./

Biejos que no tributan

- Domingo Cil y su muger Ynes Ynes (sic) Llatan tiene dos hijos el mayor de hasta tres o quatro años.
- Juan Laxac y su muger Ysauel Coyabal no tiene hijos.

Viejas y Biudas

- Madalena Chuquimean biuda tiene un hijo de quatro años y mas.
- Leonor Luli biuda tiene tres hijas e un hijo el mayor es baron de hasta nueue o diez años.
- Luisa Asmunobai viuda tiene una hija de hasta quatro años.
- Juana Ochemenilan biuda no tiene hijos.

BIEJAS
- Ynes Coxo bieja no tiene hijos.
- Catalina Posquire bieja.
- Magdalena Llatan bieja no tiene hijos.
- Maria Suchon bieja no tiene hijos.
- Catalina Chixo bieja no tiene hijos.
- Catalina Lul biuda tiene dos hijos y dos hijas la mayor es la hembra de diez o doze años.

HUERFANAS
- Luisa Tonoçique huerfana de diez e ocho años.
- Catalina Xat huerfana de diez y siete años.
- Luçia Bis huerfana de diez e siete años.
- Catalina Anas de doze años huerfana./
- Catalina Çicon de catorze años huerfana.

El qual dicho mandon dixo y declaro debajo del dicho juramento que no ay ny el tiene en este dicho pueblo mas yndios de la dicha pachaca e que sy mas hallare los bendra a manifestar por no yncurrir en las penas que le estan puestas Diego Balazquez de Acuña. Bartolome de Prol.

Y en este dicho pueblo en el dicho dia mes y año susodichos el dicho señor Juez andando bissitando hallo en el de la pachaca de Chalaquedon de que es prinzipal Hernando Tantachuchon de la guaranga de Chuquimango de doña Jordana Mexia hallo los yndios siguientes.

TRIBUTARIO NUEUO
- Juan Julca y su muger Çeçilia Lin tiene una hija de teta no a tributado hasta agora de oy mas puede tributar que tiene hedad de mas de veynte años para ello.

BIEJA

– Çeçilia Colan bieja no tiene hijos.

E no hallo mas yndios de la dicha pachaca aunque hizo las diligençias nesçesarias para los buscar. Diego Belazquez de Acuña. Bartolome de Prol.

Yndios de la Pachaca de Chiton questan en el pueblo de San Sebastian Cacaden de que es prinçipal / don Antonio Caxapichin de la guaranga de Chuquimango de doña Jordana Mexia.

E despues de lo suso dicho en el dicho pueblo de San Sebastian Caçaden a los dichos quinze dias del dicho mes de henero del dicho ano el dicho señor Juez hizo paresçer ante si a Gonçalo Tantanapon mandon que dixo ser de la pachaca de Chiton de los yndios de ella del qual fue reszibido juramento en forma de derecho e lo hizo como se requeria so cargo del qual le fue mandado que luego traiga ante su merced todos los yndios que tiene en este dicho pueblo de la dicha pachas syn yncubrir ninguno dellos so pena de perjuro e que sera castigado e desterrado de sus tierras el qual asi lo prometio y luego traxo los yndios que se numeraron por la manera siguiente.

TRIBUTARIOS

– Hernando Chan e su muger Juana Chinquinyani tiene un hijo e quatro hijas las dos mayores hembras solteras de diez e ocho e de veinte años.

– Andres Caxatanta y su muger Catalina Cocho tiene quatro hijas e un hijo la mayor es hembra soltera de diez e siete años.

– Andres Bico y su muger Luisa Xamon tiene un hijo e una hija el mayor baron de hasta zinco o seis años.

– Marcos Chucan y su muger Ana Osca tiene un hijo e una hija de quatro años y la mayor hembra.

– Lorenço Anchi biudo tiene dos hijos e una hija el mayor es el baron de zinco años.

– Gaspar Soton soltero no tiene hijos.

– Hernando Malssa y su muger Beatriz Chiz tiene dos

hijos e dos hijas la mayor es la hembra de onze años.

– Alonso Chabet y su muger Juana Tomsay no tiene hijos.

– Anton Lulinchan e su muger Malgarida Chanon tiene un hija de zinco años no a tributado hasta agora de oy mas puede tributar que tiene hedad de mas de veynte años.

– Anton Ochelian y su muger Ynes Tula tiene una hija de teta no a tributado hasta agora de oy mas puede tributar que tiene hedad bastante para ello de veinte años.

– Gonçalo Casabian y su muger Luisa Pisan no tiene hijos ny a tributado hasta agora de oy mas puede tributar que tiene hedad para ello.

– Diego Chucan soltero no tiene hijos ny a tributado hasta agora de oy mas puede tributar que tiene hedad bastante para ello.

– Hernando Xat cassado con Ynes Sanon no tiene hijos ny a tributado hasta agora de oy mas puede tributar que tiene hedad bastante.

– Juan Xuxin soltero no tiene hijos ny a tributado hasta agora de oy mas puede bien tributar que tiene hedad bastante para ello.

– Alonso Lulinapo y su muger Ysauel Chuxion tiene un hijo de hasta quatro o zinco años. no a tributado hasta agora de oy mas puede tributar que tiene hedad bastante.

– Diego Cache soltero no tiene hijos ny a tributado hasta agora de oy mas puede tributar que tiene bastante hedad para ello.

Biejos que no tributan.

– Gonçalo Tantapanon mandon y su muger Beatriz Xanani tiene dos hijas y un hijo la mayor es hembra de doze o treze años.

– Alonso Chin y su muger Ysabel Chayon tiene dos hijas solteras de diez e ocho a veynte años.

– Juan y su muger Catalina Esanchon tiene dos hijos e dos hijas la mayor la hembra de diez e nueue años y el hijo mayor de diez e syete años llama-sse/Diego Tantaque soltero.

- Alonso Pingo biudo tiene un hijo de diez e ocho años que se dize Juan Sayabas soltero.
- Domingo Poco y su muger Ysabel Xaxa tiene dos hijas e un hijo la mayor es la hembra de diez e ocho años soltera.
- Juan Chanon y su muger Ysabel Lulichuco no tiene hijos.

BIUDA
- Juan Yabecute biudo no tiene hijos.
- Catalina Joyan biuda tiene tres hijos e dos hijas la mayor es hembra de diez e seis años.
- Catalina Choxac biuda tiene una hija de teta.
- Luisa Luli biuda tiene dos hijos e dos hijas la mayor es hembra de hasta diez e ocho años el baron sera de hasta diez e seis años y llamase Françisco Llaxa soltero,
- Catalina Guayoc biuda tiene un hijo de hasta siete o ocho años.
- Margarida Lulipuno biuda tiene dos hijas y un hijo la mayor es la hembra de nueue años.
- Ysabel Xeyoc bieja no tiene hijos.
- Catalina Cutique no tiene hijos bieja. /
- Ysabel Cuchique bieja no tiene hijos.
- Magdalena Capac bieja.
- Catalina Syen bieja no tiene hijos.
- Ysabel Meonche bieja no tiene hijos.
- Catalina Chuqui bieja no tiene hijos.

Huerfanos.

- Diego Caxasalia huerfano de zinco años.
- Ysabel Meonche bieja no tiene hijos
- Catalina Chuqui bieja no tiene hijos

Huerfanos

- Catalina Cheben huerfana de zinco años.
- Catalina Chapo de zinco o seis años.
- Juan Tonton huerfano de zinco años.
- Cristobal Xos huerfano de quatro años.

El qual dicho mandon debajo del dicho juramento que hecho tiene dixo y declaro no tener mas yndios de los questan numerados en la dicha su pachaca ny en este dicho pueblo e que sy mas hallare los traera ante su merced a numerar como los demas por no yncurrir en las dichas penas que le estan puestas. Diego Belazquez de Acuña. Bartolome Prol.

Yndios de la pachaca de Choad que estan en este dicho pueblo de San Sebastian / Caçaden de ques principal Santiago Tanta de la guaranga de Chuquimango de doña Jordana Mexia.

En el pueblo de San Sebastian en el dicho dia mes y año suso dichos el dicho señor Juez hizo parescer ante si al dicho Domingo Quispe e debajo del dicho juramento que tiene hecho manifesto que abia en la pachaca de Choat de Santiago Tanta los yndios que se ynbentariaron por la forma siguiente.

TRIBUTARIOS

- Alonso Moche e su muger Maria Pixi tiene un hijo e dos hijas la mayor es hembra de seis años.
- Pedro Cimiqui soltero no a tributado hasta agora de oy mas puede tributar que tiene bastante hedad para ello.
- Catalina Ebon bieja biuda tiene una hija de diez e ocho años.

El qual dicho principal debajo del dicho juramento declaro no tener mas yndios de la dicha pachaca en este dicho pueblo e que sy mas obiesse los bendra a manifestar con los demas por no yncurrir en las penas que le estan puestas. Diego Belazquez de Acuña. Bartolome de Prol.

Yndios de la pachaca de Malcaden questan en el pueblo de San Sebastian Caçaden de ques principal don / Pablo Malcadan de la parcialidad de Malcadan de doña Jordana Mexia.

E despues de lo suso dicho en el dicho pueblo de San Sebastian Caçaden en el dicho dia mes y año suso dichos el dicho señor Juez hizo parescer ante si a don Pedro Gonçalez Chata persona que embio a descubrir yndios de la pachaca de Malcadan el prinzipal

don Pablo Malcadan del qual fue reszibido juramento
en forma de derecho y lo hijo segun como se requeria
y so cargo del qual fue mandado que luego traiga
ante el todos los yndios de la dicha pachaca de Malcadan
syn encubrir ninguno so pena de perjuro e que sera
castigado e desterrado destas tierras el qual ansy le
prometio y luego traxo los yndios que ynbentariaron
y pusieron por la forma siguiente.

TRIBUTARIOS
- Pedro Maqui biudo tiene dos hijos de siete o ocho
años el mayor.
- Sebastian Tilla tiene dos hijos el mayor de zinco
a seis años.
- Françisco Anaymoro cassado con Catalina Chimi tiene
un hijo y una hija el mayor baron es de tres a
quatro años.
- Juan Chaquipichan y su muger Magdalena Suruyran
tiene un hijo e una hija la mayor es hembra de
seis o siete años.
- Juan Tauani biudo no tiene hijos. /
- Pedro Boton biudo tiene un hijo e dos hijas el mayor
baron de zinco o seis años.
- Antonio Gualcha biudo no tiene hijos.
- Alonso Chilli y su muger Ysabel Chibue no tiene
hijos.
- Antonio Bieca esta emfermo y su muger Maria Atan
no tiene hijos.
- Juan Tantabitan y su muger Catalina Tocas tiene un
hijo de quatro años. no a tributado hasta agora de
oy mas puede bien tributar que tiene hedad cumplida
para ello.
- Juan Lengari y su muger Ynes Aysan no tiene hijos
ny a tributado hasta agora de oy mas puede tributar
que tiene hedad bastante para ello.
- Pedro Yamac soltero no tiene hijos ny a tributado
hasta agora de oy mas puede tributar que tiene hedad
bastante par ello.
- Hernando Bicos soltero no tiene hijos ny ha tributado
hasta agora de oy mas puede tributar que tiene hedad
bastante para ello.

Viejos que no tributan.

- Francisco Santon y su muger Cata / lina Cachen tiene tres hijas la mayor soltera de diez e ocho años.
- Andres Poma ny tiene muger ny hijos.
- Catalina Chican biuda tiene dos hijas la mayor de diez e   ocho años.
- Ynes Amanxo tiene una hija de hasta quatro o zinco años.
- Catalina Yinba biuda tiene una hija de diez e siete años.
- Ynes Chopcon biuda no tiene hijos.
- Catalina Latan huerfana soltera de diez e seis o diez e siete años.
- Ana Sotos huerfana soltera de diez e ocho años y mas.
- Françisco Caynsa huerfana soltera (sic) de diez e ocho años.

El qual dicho principal debajo del dicho juramento dixo y   declaro no tener mas yndios en la dicha su pachaca de los numerados e que sy mas hallare los bendra a manifestar por no yncurrir en las penas que le estan puestas. Diego Belazquez de Acuña. Bartolome de Prol.

Yndios de la pachaca de Chiont questan en este pueblo de San Sebastian Caçaden de ques principal Pero Gonçalez Beca de la parcialidad de Malcadan de doña Jordana Mexia.

E despues de lo suso dicho en el dicho pueblo de San Sebastian Caçaden a los dichos quinze dias del dicho mes de henero del dicho año el dicho señor Juez hizo paresçer ante si al dicho Pero Gonçalez Chata al qual mando que debajo del dicho juramento que tenia hecho le traxesse los yndios que abia en este dicho pueblo de la pachaca de Chiont el qual dixo questaba presto de lo cumplir y luego traxo los yndios que se numeraron por la forma   siguiente.

TRIBUTARIOS
- Alonso Chauan y su muger Ynes Llatan tiene quatro hijas y dos hijos la mayor es la hembra soltera de diez e seis o diez e syete años.

NUEUO
TRIBUTARIO

– Françisco Yinpai soltero no tiene hijos ny a tributado hasta agora de oy mas puede tributar que tiene hedad para ello.

– Maria Colqueynba bieja no tiene hijos.

HUERFANO

– Juan Tin huerfano de hasta ocho años.

El qual dicho principal debajo del dicho juramento dixo no aber mas yndios de la dicha pachaca en este dicho pueblo e que sy mas hallassen los bendria a manifestar por no yncurrir en las penas que le heran puestas. Diego Belaz (sic) de Acuña. Bartolome de Prol.

Yndios de la pachaca de Canchanasol de que hera prinçipal Hernando Asto difunto que esta en el pueblo de San Sebastian Caçaden de la parcialidad de Malcadan de doña Jordana Mexia.

E despues de lo suso dicho en el dicho pueblo de San Sebastian Caçaden a los dichos quinze dias del dicho mes de henero del dicho año, el dicho Señor Juez hizo paresçer ante si al dicho Pero Gonçalez Chata al qual mando que debajo del juramento que hecho tiene le traiga e manifieste todos los yndios quay (sic) en este dicho pueblo de la pachaca de Canyanasol syn yncubrir ninguno sobre dichas penas el qual en cumplimiento dello le traxo los yndios que se numeraron por la forma siguiente.

TRIBUTARIOS

– Alonso Tanta y su muger Catalina Chuquilatan tiene dos hijas y un hijo la mayor es hembra soltera de hasta catorze a quinze años.

– Juan Tanta soltero no tiene hijos es tributario antiguo.

BIEJA

– Juana Corceque bieja no tiene hijos.

El qual dicho principal dixo que no tiene mas yndios esta dicha pachaca en este dicho / pueblo e que si mas hallare los bendria a manifestar por no yncurrir en las penas. Diego Belazquez de Acuña. Bartolome de Prol.

*Yndios de la pachaca de Cañar de mytimas
questan en el pueblo de San Sebastian Caçaden
de que es principal don Melchior Tanibara de la
guaranga de Mytimas de doña Jordana Mexia.*

En el pueblo de San Sebastian Caçaden a los
dichos quinze dias del dicho mes y año el dicho señor
Juez hizo paresçer ante si a Pedro Tarisca mandon
en la pachaca de cañar de mytimas deste dicho pueblo
del qual reszibio juramento en forma de derecho e lo
hizo como se requeria e so cargo del le fue mandado
que luego le traiga todos los yndios que ay en este
dicho pueblo de la dicha pachaca syn yncubrir ninguno
so pena de perjuro e que sera castigado e desterrado
de sus tierras el qual ansy lo prometio y luego traxo
los yndios que se numeraron por la forma e orden
siguiente.

TRIBUTARIOS

- El propio mandon Pedro Tarisca e su muger Maria
  Abiara tiene tres hijas la mayor tiene hasta zinco
  a seis años/.
- Françisco Congorachi y su muger Luisa Guaman tiene
  un hijo de quatro o zinco años.
- Pedro Gatin y su muger Çeçilia Curo tiene tres hijos
  e una hija el mayor baron de hasta nueue o diez
  años.
- Juan Luchuqui e su muger Ana Anai tiene dos hijos
  e una hija el mayor es baron de hasta zinco o
  seis años.
- Alonso Pan e su muger Elvira Anai tiene un hijo
  e quatro hijas la mayor es hembra de mas de doze
  o treze años.
- Juan Chit e su muger Ynes Chimo no tiene hijos.
  ### Biudas y biejas
- Magdalena Suscul biuda tiene una hija de doze años.
- Ana Noca biuda tiene un hijo e una hija la mayor
  es la hembra de hasta zinco o seis años.
- Ynes Paca biuda tiene una hija de hasta siete o
  ocho años.
- Ynes Caba biuda tiene dos hijas la mayor de quatro
  o zinco años.

- Catalina Ugue biuda tiene una hija de hastá quatro o zinco años./
- Ysabel Mami biuda tiene una hija de siete o ocho años.
- Juana Leipe bieja no tiene hijos.
- Maria Mucho bieja no tiene hijos.
- Ynes Caba bieja no tiene hijos.
- Ana Chisco bieja no tiene hijos.
- Maria Çichuc bieja no tiene hijos.
- Maria Caba bieja no tiene hijos.
- Ana Caba bieja no tiene hijos.
- Luisa Tubo bieja no tiene hijos.
- Maria Quibir bieja no tiene hijos.

HUERFANA
- Ysabel Yara huerfana soltera de diez e seis o diez e syete años.
- Juan Putca huerfano de diez años es sordo y tonto.

El qual dicho mandon debajo del dicho juramento dixo e declaro no tener en este dicho pueblo mas yndios de los que estan numerados e que sy mas hallare los bendra a manifestar por no yncurrir en las penas que le estan puestas. Diego Belazquez de Acuña. Bartolome de Prol.

Y en este dicho pueblo hallo el dicho señor Juez en este dicho dia mes y año susodichos un yndio tributario de la pachaca de Colquemarca de que hera prinzipal Gonçalo Che difunto de la parcialidad de Colquemarca de doña Jordana Mexia. que es el siguiente.

TRIBUTARIO
- Martin Chigui biudo tiene un hijo e una hija la mayor es la hembra / de hasta zinco o seis años.

E ansy mesmo hallo de la pachaca de Cayao en este dicho pueblo este dicho dia mes y año suso dichos de que es prinzipal Rodrigo Nyno menor çiertos yndios de la guaranga de Caxamarca de doña Jordana Mexia que son los siguientes.

VIEJO
- Pedro Condorquispe e su muger Ysabel Sup no tiene hijos.

BIUDA
- Catalina Chupsamon biuda tiene dos hijos e dos hijas el mayor es baron de seis o siete años.
- Catalina Tantachuche biuda tiene un hijo e una hija

el mayor es baron de diez e seis años e dizesse Pedro Xulcarimai.

E aunque el dicho señor Juez hizo todas las diligençias nesçesarias para saber si abia mas yndios de las dichas pachacas no hallo otros algunos y los firmo de su nombre. Diego Belazquez de Acuña. Bartolome de Prol.

Yndios de la pachaca de Xucon de ques prinçipal don Alonso Caxaxisni difunto questa en este pueblo de Sant Esteuan de Chitilla de la guaranga de Chuquimango de doña / Jordana Mexia.

En el pueblo de Santisteban de Chitilla a diez e siete dias del mes de henero de mill y quinientos e setenta e dos años el dicho señor Juez hizo paresçer ante si a Domingo Quispi mandon de los yndios de la pachaca de Xucon questan en este dicho pueblo de Santistevan el qual mando que debajo del juramento que hecho tiene luego traiga todos los yndios de la dicha pachaca sin yncubrir ninguno dellos so las penas que le tiene puestas el qual dixo que assi lo haria y cunmpliria e luego traxo los yndios que se numeraron por la forma e orden siguientes.

TRIBUTARIOS
- Anton Cauz y su muger Juana Pul tiene un hijo e dos hijas la mayor es hembra de siete años.
- Françisco Chupique e su muger Ysabel Munubui tiene dos hijos el mayor de hasta quatro años.
- Anton Xonba y su muger Catalina Camipe tiene un hijo e tres hijas la mayor es la hembra de doze o treze años.
- Andres Masac y su muger Catalina Tantanxin no tiene hijos.
- Alonso Tongochoan e su muger Juana Colquemean tiene dos hijos el mayor de hasta siete o ocho años.

NUEUOS TRIBUTARIOS
- Juan Yacec y su muger Ynes Nonai no tiene hijos ny a tributado hasta agora de oy mas puede tributar que tiene hedad bastante para ello.
- Marcos Quiliche soltero no tiene hijos ny a tribu-

tado hasta agora de oy mas puede tributar que tiene hedad para ello.

Biejos que no tributan

– Alonso Chunam biudo no tiene hijos.
– Juan Tantaguaccha e su muger Ana Coy no tiene hijos.

Biudas y biejas

– Costança Gus biuda tiene dos hijas solteras de diez e siete e diez e ocho años.
– Juana Anyay biuda tiene dos hijos e una hija. La mayor hembra de doze a catorze años soltera.
– Luisa Colqueyinba biuda tiene dos hijas la mayor de siete años.

HUERFANA

– Ynes Cuton huerfana soltera de hasta diez e siete años.
– Ynes Caruanyan biuda tiene dos hijas e un hijo la mayor es hembra de hasta diez e syete a diez e ocho años. soltera/

El qual dicho prinzipal mandon debajo del dicho juramento dixo y declaro que no abia mas yndios en la dicha pachaca en este dicho pueblo de los bisitados e que sy mas hallare los bendra a manifestar por no yncurrir en las demas penas que le estan puestas. Diego Belazquez de Acuña. Bartolome de Prol.

Yndios de la pachaca de Chalaquedon questan en este pueblo de Santisteuan de Chitilla de que es principal Hernando Tantachitan de la guaranga de Chuquimango de doña Jordana Mexia.

E despues de lo suso dicho en este dicho pueblo de Santisteuan de Chitilla en los dichos diez e siete dias del dicho mes de henero del dicho año el dicho señor Juez hizo parescer ante si al dicho Domingo Quispe mandon en los yndios de la pachaca de Chalquedon al qual mando debajo de juramento que antes de agora tiene hecho que luego traiga los yndios questan en este dicho pueblo de la dicha pachaca syn yncubrir ninguno so las penas que le tiene hechas y puestas el qual ansy lo prometio e luego traxo çiertos yndios que se bisitaron e numeraron por la forma siguiente./

TRIBUTARIOS
- Andres Tomochean biudo tiene un hijo e una hija el mayor es baron que se dize Lonreço Lulli es biudo ques de hedad de hasta diez e ocho años.
- Alonso Falsyque e su muger Catalina Muni tiene dos hijas e un hijo el mayor es el baron de hasta nueue o diez años es biejo que no tributa.

BIUDA
- Catalina Calua biuda tiene tres hijas e dos hijos la mayor es hembra soltera de diez e syete años.

El qual dicho mandon debajo del dicho juramento dixo y declaro no tener mas yndios de los manifestados e que si mas hallare los bendra a manifestar por no yncurrir en las penas que le estan puestas. Diego Belazquez de Acuña. Bartolome de Prol.

En la pachaca de Chiton de ques prinçipal don Antonio Caxapichon de la guaranga de Chuquimango de doña Jordana Mexia se hallaron los yndios siguiente.

TRIBUTARIO
- Françisco Choban e su muger Magdalena Chunun tiene un hijo e dos hijas el mayor es baron de hasta quatro o zinco años.
- Juana Chup biuda tiene hijos e son de otra pachaca porque lo es el padre della y lleua a los hijos consigo.

HUERFANA
- Ana Angas huerfana de seis años.
- Elbira Puxan huerfana de zinco años.
- Juan Ton huerfano de nueue o diez años.

Y en la pachaca de Choan en este dicho pueblo de Santisteuan en este dicho dia mes y año ques principal Santiago Tanta de la guaranga de Chuquimango de doña Jordana Mexia se hallaron los yndios siguientes.

TRIBUTARIO
- Alonso Bitisap y su muger Ysabel Cho tiene un hijo de zinco años.

Y el dicho señor Juez aunque andubo buscando el dicho pueblo de las dichas dos pachacas no hallo mas yndios e lo firmo de su nombre. Diego Belazquez de Acuña. Bartolome de Prol.

*Yndios de la pachaca de Malcadan questan en
este pueblo de Santisteuan de ques prinzipal don
Pablo Malcadan de la parcialidad de Malcadan
encomendados en doña Jordana Mexia.*

E despues de los suso dicho en el dicho pueblo
de Santistevan de Chitillan a los dichos diez e siete
dias del dicho mes de henero del dicho año el dicho
señor juez hizo pa/resçer ante si al dicho Gonçalez
Chata mandon de la pachaca de Malcadan e de los
yndios della questan en este dicho pueblo al qual mando
que debajo de juramento que antes de agora tiene hecho
le traiga luego todos los yndios de la dicha pachaca
syn yncubrir ninguno so las penas que le tiene puestas
el qual dixo que ansy lo cumpliria e luego traxo los
yndios siguientes que se numeraron por la orden e
forma siguiente.

TRIBUTARIOS
- Sancho Tantaxapon con su muger Elbira Tantai tiene
  un hijo y dos hijas la mayor es hembra de hasta
  diez e seis años o diez e siete años.
- Françisco Llayque e su muger Magdalena Llatan tiene
  quatro hijos el mayor de hasta diez años.
- Domingo Chaljoc e su muger Catalina Monuboy no
  tiene hijos,
- Alonso Chic e su muger Catalina Pallai tiene dos
  hijos e una hija el mayor es baron de hasta seis
  años o siete.
- Pedro Llac y su muger Ynes Caxaçicon tiene un
  hijo de hasta nueue o diez años.
      Biejos que no tributan por lo ser. /
- Pedro Quispe y su muger Magdalena Chuyin tiene
  un hijo e una hija el mayor es baron y se dize
  Pedro Mas es de hedad de diez e ocho años.
- Pedro Quilis y su muger Magdalena Coloma tiene
  dos hijos y dos hijas la mayor es la hembra e sera
  de diez e seis años y el baron mayor sera catorze
  a quinze años dizese Alonso Paques soltero.
- Alonso Cami y su muger Maria Landin son biejos.
- Alonso Chayac y su muger Juana Bichimas no tiene
  hijos es sordo y tonto y esta reserbado de no tributar

por ello aunque es moço por esto se pone aqui.

Biejas y biudas

- Ynes Lulicuscon bieja no tiene hijos.
- Catalina Tanay bieja.
- Maria Tambai bieja no tiene hijos.

HUERFANOS

- Françisco Chomi huerfano de quinze años.
- Catalina Caxanchuto huerfana de hasta diez e ocho años soltera.
- Ynes Chupo huerfana de zinco años. /

El qual dicho prinzipal debaxo del dicho juramento dixo y declaro no tener mas yndios en este dicho pueblo de la dicha pachaca e que sy mas hallare los bendra a manifestar por no yncurrir en las penas que le estan puestas. Diego Belazquez de Acuña. Bartolome de Prol.

Yndios de la pachaca de Chocad questan en este pueblo de Santistevan Chitilla de ques prinzipal don Baltasar Chucanpon de la parcialidad de Malcadan de doña Jordana Mexia.

E despues de los suso dicho en el dicho pueblo de Santisteuan de Chitilla en el dicho dia mes y año suso dichos el dicho señor Juez hizo paresçer ante si al dicho Pedro Gonçalez Chata al qual mando debaxo del dicho juramento le traiga los yndios de la pachaca de Yocan questan en este dicho pueblo syn yncubrir nynguno dellos so las penas que le tiene puestas el qual ansy dixo que lo cumpliria e luego truxo los yndios que se numeraron por la forma y orden siguiente.

TRIBUTARIOS

- Anton Chal y su muger Catalina Pulo tiene un hijo e dos hijas la mayor es hembra de hasta siete o ocho años.
- Françisco Pachaque e su muger Magdalena Xoyan tiene un hijo e una hija el mayor baron de tres años.
- Alonso Capiti e su muger Elbira Chuso tiene un hijo de teta.
- Juan Chasyin biudo tiene dos hijos el mayor de hedad de ocho o diez años.
- Alonso Colquepiton y su muger Ysabel Caluanpini tiene una hija de otra muger de hasta diez años.

NUEUO
TRIBUTARIO
– Andres Ulon y su muger Ana Citon no tiene hijos ny a tributado hasta agora de oy mas puede tributar que tiene hedad para ello bastante de veynte años.

BIUDA
– Juana Çinta biuda tiene dos hijos el mayor se llama Pedro Chancol es de hedad de hasta diez e seis años.

El qual dicho mandon dixo y declaro debajo del dicho juramento no tener mas yndios en este dicho pueblo de Santisteuan de la dicha pachaca e que sy mas hallare los bendra a manifestar por no yncurrir en las dichas penas que le estan puestas Diego Belazquez de Acuña. Bartolome de Prol. /

Yndios de la pachaca de Chion questan en el pueblo de Santisteuan de ques prinzipal Pedro Gonçalez Beca de la parcialidad de Malcadan de doña Jordana Mexia.

E despues de lo suso dicho en el dicho pueblo de Santistevan de Chitilla a diez e siete dias del dicho mes de henero del dicho año el dicho señor Juez hizo paresçer ante si a Pedro Gonçalez Beca prinzipal de la pachaca de Chion del qual resçibio juramento en forma de derecho e lo hizo como se requeria so cargo de qual le fue mandado traiga ante el todos los yndios de la dicha su pachaca questan en este dicho pueblo syn yncubrir ninguno dellos so pena de perjuro e que sera castigado y desterrado de sus tierras el qual asy lo prometio e luego traxo los yndios que se numeraron por la forma siguiente.

TRIBUTARIOS
– Cristobal Machai y su muger Ynes Blatai tiene dos hijos e dos hijas es el mayor baron de hasta siete o ocho años.
– Hernando Xico e su muger Ynes Quina tiene una hija de hasta zinco o seis años.
– Andres Colque e su muger Ysabel Juanan no tiene hijos.
– Cristobal Boton y su muger Ynes Diezmo no tiene hijos.

TRIBUTARIO
– Juan Açochilin soltero no tiene hijos ny a tributado

NUEUO

hasta agora de oy mas puede tributar que tiene hedad bastante de veynte años.

— Anton Chuquixapon biejo e su muger Elvira Anchon tiene dos hijos el mayor baron de hasta siete años.

— Catalina Deco biuda tiene un hijo de ocho o nueue años.

— Ysabel Cotejan biuda tiene un hijo de hasta quatro años.

— Maria Chuquinlion bieja.

— Ynes Namoc bieja.

HUERFANOS

— Ynes Luruçique huerfana de hasta doze o treze años.

— Luçia Xaman huerfana de seis años.

— Luisa Mollon de siete o ocho años huerfana.

El qual dicho prinzipal debajo del dicho juramento dixo y declaro no tener mas yndios de la dicha su pachaca en este dicho pueblo e que si mas hallare los bendra a manifestar por no yncurrir en las penas que le estan puestas. Diego Belazquez de Acuña. Bartolome de Prol. /

Yndios de la pachaca de Cañares de Mytimaes questan en el pueblo de Santisteuan de Chitilla de ques prinzipal Melchior Tanibara de doña Jordana Mexia.

E despues de lo suso dicho en el dicho pueblo de Santisteuan de Chitilla a los dichos diez e syete dias del mes de henero el dicho año el dicho señor Juez hizo paresçer ante si a Diego Taqui mandon que dixo ser de la pachaca de Cañares de mytimas questan en este pueblo de Santistevan de Chitilla e del rescibio juramento en forma de derecho y lo hizo como se requeria so cargo del qual le fue mandado que luego traiga ante el todos los yndios que ay en este dicho pueblo de la dicha pachaca syn yncubrir nynguno so pena de perjuro e que sera castigado e desterrado de sus tierras el qual dixo ansy lo cumpliria y luego traxo los yndios que se numeraron por la forma e orden siguiente.

TRIBUTARIOS
- Lorenço Chamai y su muger Maria Xompos no tiene hijos.
- Catalina Amis bieja madre de la dicha /
- Magdalena Porque biejo no tiene hijos.

E de la pachaca de Guayacondo se hallaron los yndios siguientes.

TRIBUTARIO
- Juan Guacarcondo e su muger Magdalena Sycon no tiene hijos.
- Domingo Chuquiriora e su muger Ynes Gallina tiene una hija de hasta seis a siete años es biejo que no tributa por ser tan biejo.

E de la pachaca de Collasuyo en el dicho pueblo de Santisteuan de Chitilla de la guaranga de Mytima de doña Jordana Mexia se hallaron los yndios siguientes.

BIUDA
- Ysabel Xoyen biuda tiene un hijo y dos hijas la mayor es la hembra de quatro o zinco años.

Huerfana.
- Luisa Namic huerfana soltera de diez e ocho a veinte años.

E de la pachaca de Quichua en el dicho pueblo de Santisteuan de ques principal Alonso Quichoananga de la dicha guaranga de Mytima se hallaron los yndios siguientes.

TRIBUTARIO
NUEUO
- Françisco Guamani casado con Catalina Yacche tiene una hija de teta no a tributado hasta agora porque no fue bisitado/ de oy mas puede tributar que tiene hedad demasiada para ello.

E aunque el dicho señor Juez hizo buscar todos los yndios de las dichas pachacas en este dicho pueblo no se pudieron hallar mas yndios de los questan numerados en ellos y lo firmo. Diego Belazquez de Acuña. Bartolome de Prol.

E ansymesmo el dicho señor Juez andando bissitando en el dicho pueblo hallo çiertos yndios que dixeron ser de la pachaca de Cayao de ques prinçipal don Andres Caruallaque de la guaranga de Caxamarca de doña Jordana Mexia que son los siguientes.

TRIBUTARIO
- Andres Llatas y su muger Costança Llatani tiene dos hijos y dos hijas el baron es de hasta nueue años

ỳ es el mayor e no se hallaron mas yndios de
la dicha pachaca.

E aunque se hizieron las diligençias nesçesarias
e lo firmo Diego Belazquez de Acuña. Bartolome de
Prol.

*Yndios de la pachaca de Bacas questan en este
pueblo de Santisteban de Chitilla de / prinçipal
Françisco Mosquera de la guaranga de Caxamarca
de doña Jordana Mexia.*

E despues de lo suso dicho en el dicho pueblo
de Santisteuan de Chitilla a los dicho diez e siete dias
del dicho mes de henero del dicho año el dicho señor
Juez andando bissitando el dicho pueblo hallo çiertos
yndios que dixeron ser de la pachaca de Bacas de
ques prinzipal Françisco Mosquera de la guaranga de
Caxamarca encomendados en doña Jordana Mexia que
son los siguientes.

TRIBUTARIO   - Francisco Munchan es soltero no tiene hijos es tributario
antiguo.

BIUDA   - Catalina Guachac biuda tiene un hijo y una hija el
mayor es baron de hasta quinze años dizesse Miguel
Xalca.

E aunque el dicho señor Juez hizo todas las
diligencias nesçesarias para saber si en la dicha pachaca
o en otra alguna en el dicho pueblo abia mas yndios
por numerar e no hallo mas nyngunos y firmolo de
su nombre. Diego Belazquez de Acuña. Bartolome de
Prol. /

*Yndios de la pachaca de Agomarca questan en
este pueblo de San Cristobal Chumara de ques
prinçipal don Martin Guacchatanta de la
parcialidad de Colquemarca de doña
Jordana Mexia.*

En el pueblo de San Cristobal Chumara a diez
e nueue dias del mes de henero de mill e quinientos
e setenta e dos años el dicho señor Juez hiço paresçer

ante si a Martin Llaxacondor mandon que dixo ser en la pachaca de Agomarca del qual fue resçiuido juramento en forma de derecho so cargo del qual le fue mandado que luego traiga ante el todos los yndios que tiene en este dicho pueblo de la dicha pachaca sin encubrir ninguno so pena de perjuro e que sera castigado e desterrado de sus tierras el qual ansi lo prometio e luego traxo los yndios que se numeraron por la horden siguiente.

TRIBUTARIO
- Domingo Parya y su muger Ynes Quisquin tiene tres hijas y un hijo el mayor es baron de hasta doçe o treçe años.
- Françisco Cacha soltero no tiene hijos.

NUEUOS
TRIBUTARIOS
- Juan Aynaquispi casado con Catalina Cuchu tiene una hija de teta no a tributado hasta agora de oy mas puede tributar que tiene hedad vastante para ello.
- Juan Pariabilca y su muger Ynes Colquequixi tiene dos hijas la mayor de hasta çinco años. no a tributado hasta agora porque no fue bisitado tiene demasiada hedad para poder / tributar de oy mas en adelante.

Viejos que no tributan.
- Lorenço Colquebitan y su muger Magdalena Caruacoel tiene dos hijos e dos hijas la mayor es hembra de hasta catorze años.
- Diego Chigni y su muger Françisca Omuch tiene dos hijas e un hijo la mayor es hembra de hasta diez o doze añosç
- Alonso Cayan biudo biejo.

Biudas y biejas.
- Catalina Chuchi biuda no tiene hijos
- Catalina Abelan biuda no tiene hijos.
- Magdalena Chuquitilla tiene un hijo de hasta quatro años.
- Ynes Casquen biuda tiene una hija soltera de quinze años.
- Catalina Pongotiquilla bieja.
- Magdalena Colque biuda tiene un hijo e una hija la mayor es hembra de siete o ocho años.
- Maria Chuqui no tiene hijos.

- Maria Cosquen bieja tiene / una hija soltera de hasta
veinte años y esta hija tiene otra hija de tres o
quatro años tiene mas esta bieja otro hijo que se
dize Diego Xip de diez e ocho años es manco e
loco.

HUERFANOS — Magdalena Tantacaxen de dies e seis años huerfana
soltera.

El qual dicho prinçipal mandon debajo del dicho
juramento dixo e declaro no tener mas yndios en este
dicho pueblo de la dicha pachaca e que si mas hallare
los bendra a manifestar. Diego Belazquez de Acuña.
Bartolome de Prol.

Yndios de la pachaca de Lleden questan en
este pueblo de San Cristobal Chumara de ques
principal Cristobal Maxatanta difunto de la
parcialidad de Colquemarca encomendados en
doña Jordana Mexia.

E despues de lo suso dicho en el dicho pueblo
de San Cristobal Chumara a los dichos diez e nueue
dias del dicho mes y año el dicho señor Juez hizo
paresçer ante si a Martin Llaxacosma mandon que dixo
ser de los yndios de la pachaca de Lleden deste dicho / pueblo al qual mando que debajo del juramento
que tiene hecho antes de agora en esta causa que
luego traiga ante el todos los yndios de la dicha pachaca questan en este dicho pueblo so las penas que le
tiene puestas el qual dixo que ansy lo cumpliria y luego
traxo los yndios que se numeraron por la forma y
orden siguientes.

TRIBUTARIOS — Alonso Ocho cassado con Catalina Desni tiene dos
hijos e dos hijas la mayor es hembra de treze hasta
catorze años.

— Alonso Cochiqui e su muger Amanchai tiene tres
hijos e una hija la mayor es hembra de hasta zinco
o seis años.

— Juan Bilcatanta y su muger Catalina Ciquil tiene dos
hijas la mayor de hasta quatro años.

– Juan Chupidan y su muger Luisa Colquesupo tiene un hijo de teta.

Biudas y biejas

– Françisca Yacche biuda tiene tres hijos el mayor de siete o ocho años. /

– Catalina Xaya biuda tiene un hijo e una hija la mayor es la hembra de hasta siete años.

– Maria Llullitiquilla bieja tiene una hija de diez e ocho años.

– Luisa Colquetiquilla bieja.

El qual dicho prinzipal debajo del dicho juramento dixo y declaro no tener mas yndios en este dicho pueblo de la dicha pacachaca e que sy mas hallare los bendra a manifestar por no yncurrir en las penas que le estan puestas. Diego Belazquez de Acuña. Bartolome de Prol.

Yndios de la pachaca de Colquemarca questan en el pueblo de San Cristobal Chumara de la parcialidad de Colquemarca de que hera prinçipal Pedro Oche difunto de doña Jordana Mexia.

E despues de lo suso dicho en el dicho pueblo de San Cristobal Chumara a los dichos diez e nueue dias del dicho mes y año el dicho señor Juez hizo parescer ante si a Martin Llacxacuzmango mandon que dixo ser de la pachaca de Colquemarca de los yndios / della questan en este pueblo al qual mando que debajo del juramento que hecho tiene antes de agora que luego traiga ante el todos los yndios de la dicha pachaca so las penas que le tiene puestas el qual dixo que ansy lo cumpliria e luego traxo los yndios que se numeraron por la forma siguiente.

TRIBUTARIOS – Alonso Namoctintin y su muger Ysabel Cochamoncai tiene dos hijas la mayor de zinco años.

NUEUO
TRIBUTARIO – Françisco Tantapoma e su muger Magdalena Chuqui no a tributado hasta agora porque le negaron al bissitador pasado y no le vissito de oy mas puede bien tributar que tiene hedad para tributar.

HUERFANA – Magdalena Muchui huerfana soltera de hasta veynte años.

E de la pachaca de Llaquaz en este pueblo de San Cristobal Chimara en este dicho dia mes y año suso dichos el dicho mandon manifesto los yndios siguientes de que hera prinzipal Lorenço Tomas de la parcialidad / de Colquemarca de doña Jordana Mexia.

TRIBUTARIOS

- Alonso Xulca casado con Catalina Caruachucho tiene zinco hijos e una hija el mayor es baron de hasta nueue o diez años.

NUEUO
TRIBUTARIO

- Domingo Estanta y su muger Costança Begin tiene un hijo de teta. No ha tributado hasta agora de oy mas puede tributar que tiene hedad demasyada para ello. Fue negado al bisitador pasado.
- Juan Julcatanta y su muger Catalina Tancachun tiene una hija de teta no a tributado hasta agora de oy mas puede tributar que a hedad bastante e demasiada para ello es de los que se negaron al bisitador pasado.
- Antonio Asuma y su muger Ysabel Chete tiene un hijo de teta aunque tiene hedad para poder tributar tiene mal de la raçon y por esto no tributa.
- Juan Caussi biudo tiene dos hijos el mayor de seis años no a tributado por estar emfermo ya esta sano y puede bien tributar/, tiene hedad demasiada para ello.

Viejos que no tributan

- Juan Caxatanta y su muger Ynes Tantacusi tiene dos hijas la mayor de diez e siete años y mas soltera.
- Francisco Quispi y su muger Ynes Tanta tiene una hija soltera de hasta treze años.
- Maria Machai biuda tiene una hija soltera de diez e ocho años.
- Ynes Xutca biuda tiene un hijo de hasta tres o quatro años.

HUERFANOS

- Luisa Tantayacchi huerfana de hasta treze o catorze años.
- Juan Quillaue de hasta diez o doze años soltero huerfano.

El qual dicho mandon dixo e declaro debajo del dicho juramento que en las dichas pachacas no ay mas yndios de los questan numerados e que si mas hallare los bendra a manifestar por no yncurrir en las penas que le fueron puestas. Diego Belazquez de Acuña. Bartolome de Prol.

Yndios de la pachaca de Collana questan en el pueblo de San Cristobal / Chumaran de ques prinçipal Andres Pote de la guaranga de Chuquimango ecomendados en doña Jordana Mexia.

E despues de lo suso dicho en el dicho pueblo de San Cristobal Chumara a los dicho diez e nueue dias del dicho mes de henero del dicho año el dicho señor Juez hizo paresçer ante si a Andres Pote Angaslingon prinçipal que dixo ser de la pachaca de Collana del qual fue resçibido juramento en forma de derecho e so cargo del le fue mandado que luego traiga antel todos los yndios que tiene en este dicho pueblo de la dicha pachaca so pena de perjuro e que sera castigado e desterrado de sus tierras el qual ansy lo prometio y luego traxo los yndios que se numeraron por la orden siguiente.

TRIBUTARIOS
- Gonçalo Chustan y su muger Luisa Quisusque tiene dos hijos el mayor de hasta quatro años o zinco.
- Domingo Quecatanta e su muger Luisa Chitiqui / tiene dos hijos el mayor de hasta quatro años.
- Anton Pari soltero no tiene hijos a un año que anda huido. e que no se sabe de el ny se halla.

NUEUOS TRIBUTARIOS
- Diego Suaccha e su muger Catalina Numas tiene un hijo de teta no a tributado hasta agora de oy mas puede tributar que tiene hedad para ello.
- Juan Yacha e su muger Magdalena Munchan tiene un hijo de teta no a tributado hasta agora de oy mas puede tributar que tiene hedad bastante para ello.
- Diego Gan soltero no tiene hijos ny a tributado hasta agora porque le dixeron la hedad al bisitador pasado de oy mas puede bien tributar que tiene bastante hedad para ello.
- Juan Taco soltero no tiene hijos esta enfermo no a tributado hasta agora porque negaron al bisitar pasado

la berdad de oy mas tributara que tiene hedad bastante
para ello. /

Biejos que no tributan

- Martin Quiscac y su muger Madalena Vigemean tiene
un hijo e quatro hijas la mayor es hembra soltera
de diez y seis años.
- Diego Xulca y su muger Maria Chimy tiene tres hijos
el mayor de hasta çinco o seis años. no tributa
porques enfermo esta reseruado.
- Pedro Maya e su muger Catalina Llatan tiene dos
hijos y una hija el mayor es baron de hasta nueue
o diez años.

Biudas y biejas

- Catalina Colquechan viuda no tiene hijos.
- Madalena Chutula viuda.
- Ynes Chuiquindeque biuda.
- Luisa Sen viuda no tiene hijos.
- Ynes Colque viuda bieja tiene dos hijas solteras de
diez y ocho años.
- Costança Monobui bieja.
- Maria Ziquil bieja no tiene hijos.

HUERFANO
- Antonio Chis huerfano de diez años.

El qual dicho prinçipal deuajo del dicho juramento dixo y declaro no tener en este dicho pueblo
mas yndios de la dicha su pachaca y que si mas hallare
los vendra a manifestar por no yncurrir en las penas
que le estan puestas antes de agora. Diego Velazquez
de Acuña. Bartolome de Prol.

*Yndios de la pachaca de Colla de ques
prinçipal don Alonso Caxualen questan en este
pueblo de San Cristobal Chumara de la
guaranga de Cuzmango de doña
Jordana Mexia.*

E despues de lo suso dicho en el dicho pueblo / de San Cristobal Chumara a los dichos diez e
nueue dias del dicho mes y año el dicho señor Juez
hizo pareçer ante si a Andres Poteangaslingon persona
numerada por el caçique prinçipal de la dicha pacha-

ca para traer los yndios della ante su merced para los numerar el qual le mando debajo del juramento que hecho tiene traiga luego ante su merced los yndios de la pachaca de colla de don Alonso Caxavalen syn yncubrir ninguno dellos so las penas que le tiene puestas el qual asy lo prometio y luego traxo los yndios siguientes.

TRIBUTARIOS
- Anton Luliquipan e su muger Ysabel Ynbaçicon tiene dos hijos e dos hijas el mayor es baron de hasta ocho o nueue años.
- Juan Pacali e su muger Luisa Chutiquilla tiene dos hijos e tres hijas la mayor es hembra soltera hasta diez e siete años.

VIEJA
- Ynes Coxapican biuda no tiene hijos.
- Catalina Chipal bieja.

El qual dicho prinzipal debajo del dicho juramento dixo y declaro no tener mas yndios de los numerados e que si mas hallaren lo bendra a manifestar por no yncurrir en las penas / que le tiene puestas. Diego Belazquez de Acuña. Bartolome de Prol.

Y en la pachaca de Ayambla en este dicho pueblo de que es prinzipal don Juan Astomanlon el dicho señor Juan andando el vissitando hallo çiertos yndios de la dicha pachaca de la guaranga de Cuzmango de doña Jordana Mexia y son los siguientes.

VIEJO
- Lorenço Mocana y su muger Elena Chipac tiene dos hijas la mayor de hasta catorze a quinze años no tributa por ser biejo.

BIUDA
- Catalina Colqueyusa biuda no tiene hijos.

HUERFANO
- Françisco Yondec huerfano de hasta zinco años.

E ansymesmo del dicho señor Juez andando bissitando el dicho pueblo en este dicho dia mes y año suso dicho hallo un yndios que dixo ser de la pachaca de Xaxaden de don Sebastian Nynaligon de la guaranga de Cuzmango de doña Jordana Mexia que es el que se sigue.

BIEJO
- Juan Malinchon biudo no tiene hijos.

E ansymesmo otro biejo que dixo ser de la guaranga de Chuquimango de doña Jordana Mexia en el dicho pueblo que es el siguiente./

– Alonso Cobas biejo biudo no tiene hijos y tiene un nyeto que se dize Domingo Chalan huerfano de hasta ocho o nueue años.

E ansymesmo hallo en este dicho pueblo el dicho señor Juez en este dicho dia e mes y año suso dichos çiertos yndios que dixeron ser de la pachaca de Chuxan de ques prinçipal don Françisco Chaquimytas de la guaranga de Cuzmango de doña Jordana Mexia y son los siguientes.

TRIBUTARIOS
– Diego Yondeque e su muger Ynes Pana tiene dos hijos el mayor de hasta zinco o seis años.
– Juan Tantachoan e su muger Catalina Chimin tiene un hijo e dos hijas el mayor baron de hasta seis o siete años.

E aunque el dicho señor Juez en el dicho pueblo hizo todas las diligençias neçesarias no hallo en este pueblo de las dichas pachacas mas yndios de los questan numerados en cada una dellas y fyrmolo de su nombre Diego Belazquez de Acuña. Bartolome de Prol.

Yndios de la pachaca de Malcadan questan en este pueblo de San Cristobal Chumara de que es / prinçipal don Pablo Malcadan de la parcialidad de Malcadan de doña Jordana Mexia.

E despues de lo suso dicho en el dicho pueblo de San Cristobal Chumara a los dichos diez e nueue dias del dicho mes de henero del dicho año el dicho señor Juez hizo paresçer ante si a don Pedro Conçalez Chata mandon que dixo ser de la pachaca de Malcadan de los yndios della que estan en este dicho pueblo al qual mando que debajo del juramento que hecho tiene antes de agora le triga luego todos los yndios de la dicha pachaca so las penas que le tiene puestas el qual ansy lo prometio y luego traxo los yndios que se numeraron siguientes.

TRIBUTARIOS
– Diego Quichi y su muger Catalina Lulisaque tiene una hija de quatro años.
BIEJO
– Juan Chuquitan y su muger Magdalena Amyay biejo no tributa ny tiene hijos.

BIUDAS
- Costança Colquechuyin biuda tiene un hijo e una hija el mayor baron de hasta seis o siete años.
- Maria Chapgoyan biuda tiene un hijo de hasta seis o siete años. /
- Juana Chipas biuda tiene una hija de diez e seis o diez e siete años soltera.
- Ysabel Chacoco bieja no tiene hijos.
- Ysabel bieja no tiene hijos.
_ Maria Gen bieja no tiene hijos.

El qual dicho principal dixo que debajo del dicho juramento que tiene hecho no tiene mas yndios en este dicho pueblo de la dicha pachaca e que si mas hallaren los bendra a manifestar por no yncurrir en las penas que le estan puestas. Diego Belazquez de Acuña. Bartolome de Prol.

Yndios de la pachaca de Xucat de ques prinçipal don Baltasar Chupnapon de la parcialiadad de Malcadan de doña Jordana Mexia questan en este pueblo de San Cristobal Chumara.

E despues de lo suso dicho en el dicho pueblo de San Cristobal Chumara a los dichos diez e nueue dias del dicho mes de henero del dicho año el dicho señor Juez hizo paresçer ante si al dicho don Pedro Gonçalez Chata al qual mando que debajo del juramento que hecho tiene antes de agora le traiga todos los yndios / de la pachaca de Xucat so las penas que le tiene puestas el qual dixo que ansy lo cumpliria y luego traxo los yndios siguientes.

TRIBUTARIO
- Anton Lalai y su muger Luisa Ynbacan tiene dos hijos e dos hijas la mayor es hembra de diez o doze años.

NUEUO
TRIBUTARIO
- Domingo Cuzqui e su muger Catalina Chichi tiene un hijo de teta no a tributado hasta agora porque no se bissito y lo escondieron de oy mas puede tributar que tiene hedad para ello bastante y demasiada.

VIEJOS
- Juan Conde e su muger Costança Tiquilla biejo que no tributa no tiene hijos.

- Françisco Pelaxapoma y su muger Ysabel Yabejuas tiene quatro hijas la mayor soltera de diez e ocho o veynte años.
- Lorenço Chabitan biudo no tiene hijos.
- Juana Cusi bieja no tiene hijos.
- Costança Quiyaqui bieja no tiene hijos.
- Costança Amendeque bieja no tiene hijos.

HUERFANOS
- Barbola Chacho huerfana de diez años. /
- Ysabel Ychiricon huerfana de hasta seis o siete años. tiene hermanito de teta Françisco Chican.
- Ynes Uçichicon de zinco o seis años.
- Ynes Xanan de siete años huerfana.

El qual dicho prinçipal debajo del dicho juramento dixo y declaro no tener mas yndios en la dicha pachaca en este dicho pueblo e que sy mas hallare los bendra a manifestar por no yncurrir en las penas. Diego Belazquez de Acuña. Bartolome de Prol.

Yndios de la pachaca de Chion questan en este pueblo de San Cristobal Chumara de ques prinzipal Pedro Gonçalez Beca de la parcialidad de Malcadan de doña Jordana Mexia.

E despues de los suso dicho en el dicho pueblo de San Cristobal Chumara en el dicho dia mes y año suso dichos el dicho señor Juez hizo parescer ante si a Pedro Gonçalez Beca prinçipal de la pachaca de Chion al que mando que debajo del juramento que tiene hecho antes de agora le traiga todos los yndios de la dicha su pachaca questan en este dicho pueblo sin yncubrir ninguno dellos so las penas que le tiene puestas el qual / dixo que asi lo cumpliria y luego traxo los yndios que se numeraron por la orden siguiente.

TRIBUTARIOS
- Domingo Bale y su muger Costança Mollon tiene dos hijos el mayor de hasta quatro o zinco años.
- Cristobal Bite y su muger Leonor Ceque no tiene hijos.
- Alonso Bichan e su muger Catalina Colome tiene un hijo de hasta seis o siete años.

- Alonso Chamanon y su muger Catalina Mosca tiene dos hijos el mayor de zinco o seis años.

NUEUOS TRIBUTARIOS
- Juan Bittlian y su muger Ynes Chuto tiene un hijo de teta no a tributado hasta agora porque le yncubrieron en la visyta pasada de oy mas puede tributar que tiene bastante hedad.
- Diego Xulca soltero no tiene hijos ny a tributado hasta agora de oy mas puede tributar que tiene hedad bastante.
- Diego Apon y su muger Ynes Ynsa tiene dos hijos e una hija es la mayor de hasta quinze años.
- Juan Chilon biudo tiene un hijo / e dos hijas el baron es el mayor de hasta ocho años.

BIUDAS
- Costança Coyan biuda tiene una hija de seis años.
- Ysabel Cuzqui tiene dos hijas la mayor soltera de hasta diez e ocho o veynte años.
- Costança Latancilon biuda.
- Maria Chibis biuda no tiene hijos.
- Magdalena Chupo biuda tiene una hija de dos o tres años.

HUERFANOS
- Anton Quinte huerfano de siete o ocho años.
- Magdalena Pulicique huerfana soltera de diez e ocho años.

El qual dicho prinzipal debajo del dicho juramento dixo y declaro no tener mas yndios en la dicha su pachaca en este dicho pueblo e que si mas hallare los bendra a manifestar por no yncurrir en las penas que le estan puestas. Diego Belazquez de Acuña. Bartolome de Prol.

Yndios de la pachaca de Canchanabol questan en este pueblo de San Cristobal Chumara de que hera prinzipal Hernando Asto difunto de la parcialidad de Malcadan de doña Jordana Mexia.

E despues de lo suso dicho en el dicho pueblo / de San Cristobal Chumara a los dichos diez e nueue dias del mes de henero del dicho año el dicho señor Juez hizo paresçer ante si a Françisco Challan mandon que dixo ser de la pachaca de Canchanabol e de los yndios della questan en este pueblo del qual fue tomado e resçiuido juramento en forma de derecho so cargo del qual le fue mandado que luego traiga antel todos los yndios de la dicha pachaca syn yncubrir ninguno so pena de perjuro e que sera castigado e desterrado de sus tierras el qual ansi lo prometio e luego traxo los yndios que se numeraron por la forma y orden siguiente.

TRIBUTARIOS
- Alonso Bete biudo no tiene hijos aunque es tributario es ya biejo de aqui a dos años puede salir de tal tributario reseruado.
- Hernando Yandeque biudo tiene dos hijas la mayor es de hasta quatro o zinco años.
- Anton Chocan soltero no tiene hijos es tributario antiguo.
- Juan Bel y su muger Magdalena Cachayoc tiene un hijo de teta.

NUEUOS TRIBUTARIOS
- Anton Limai y su muger Catalina Colon no tiene hijos ny a tributado porque no fue bissitado de oy mas puede tributar que tiene hedad bastante./
- Anton Aman soltero no tiene hijos ny a tributado hasta agora de oy mas puede bien tributar que tiene hedad para ello bastante.
- Sebastian Marca y su muger Beatriz Candejan enmendado tiene tres hijas e un hijo la mayor es la hembra de hasta siete o ocho años. no a tributado hasta agora aunque tiene hedad bastante para ello y demasiada esta coxo de una pierna que la tiene mala y emferma.

VIEJO
- Alonso Bete y su muger Catalina Yabecocho tiene dos hijas la mayor soltera de diez e ocho años.
- Alonso Uchilando e su muger Costança Gayan tiene dos hijos e dos hijas la mayor de hasta catorze o quinze años.
- Domingo Pile biudo tiene dos hijos e una hija el mayor es baron de diez o doze años.
- Domingo Pili soltero no tiene hijos.
- Ysabel Tiquilla biuda tiene un hijo de ocho o nueue años.
- Ynes Chami biuda no tiene hijos.

- Maria Xayoc bieja no tiene hijos.
- Maria Chaca bieja tiene un hijo de hasta siete o ocho años. /
- Costança Chuyin no tiene hijos.

El qual dicho prinçipal debajo del juramento dixo y declaro no tener mas yndios de la dicha su pachaca en este dicho pueblo e que sy mas hallare los bendra a manifestar por no yncurrir en las penas que le tiene puestas. Diego Belazquez de Acuña. Bartolome de Prol.

Yndios olbidados del pueblo de San Sebastian
Caçaden de la pachaca de Canchanabol de
la parcialidad de Malcadan dixeron ser su
prinçipal Hernando Asto difunto de doña
Jordana Mexia son los siguientes.

TRIBUTARIOS
- Lorenço Ny e su muger Luisa Pisac tiene dos hijos e dos hijas la mayor es hembra de diez e ocho años soltera.

E de la pachaca de Chion de quien es prinçipal Pedro Gonçalez Beca de la parcialidad de Malcadan de doña Jordana Mexia manifesto en este dicho pueblo de San Cristobal de Chumara un yndio el dicho prinzipal que se le abia olbidado en el pueblo de Santisteuan de Chitilla por no yncurrir en las penas que le estauan puestas que es el siguiente.

TRIBUTARIO
- Juan Mango soltero no tiene hijos es tributario antiguo.

Los quales manifestaron por olbidados ante el dicho señor / bisitador y lo firmo. Diego Belazquez de Acuña. Bartolome de Prol.

En el dicho pueblo de San Cristobal de Chumara en el dicho dia mes y año suso dichos el dicho señor Juez hallo un yndio que dixo ser de la pachaca de Cañares de mytimas de que es prinçipal Melchior Tamibara de doña Jordana Mexia que es el siguiente.

TRIBUTARIO
- Pedro Guacchatanta y su muger Costança Bichique tiene dos hijos el mayor de hasta tres o quatro años.

E aunque el dicho señor Juez hizo todas las diligençias nesçesarias para ber sy auia mas yndios de la dicha pachaca e de otra alguna e no se hallaron mas e fyrmolo Diego Belazquez de Acuña. Bartolome de Prol.

Yndios de la guaranga de Mytimas de la pachaca de Guacondor de que es prinçipal don Miguel Ticiacache e su governador don Hernando Cayapalca questan en este pueblo de Caxamarca de doña Jordana Mexia.

En el pueblo de Santo Antonio de Caxamarca a veynte e tres dias del mes de henero de mil y quinientos e setenta e dos años el dicho señor / Juez hizo paresçer ante si a don Hernando Cayapalca gobernador del dicho don Miguel Ticiacache del qual fue tomado e reszibido juramento en forma de derecho y siendole mandado que debajo del dicho juramento que a hecho luego le traiga todos los yndios que tiene de la dicha pachaca para los bisytar e numerar como su Magestad lo manda so pena de perjuro e que sera castigado y desterrado de sus tierras el qual dixo que ansy lo cumpliria y luego traxo los yndios que se numeraron por la forma siguiente.

- Don Miguel Ticiacache caçique prinçipal de la dicha guaranga casado con Luisa Mayguaca tiene un hijo de teta.
- Don Hernando Cayapasca gobernador del dicho don Miguel Ticiacache casado con Catalina Caroanamoy tiene tres hijos e dos hijas la mayor es la hembra de hasta diez e ocho años no tributa porque es biejo reseruado de tributo.

TRIBUTARIOS
- Pedro Nayrima y su muger Ynes Guacaichami tiene quatro hijas la mayor de hasta diez e seis años.
- Hernando Guamanrirca y su muger / Costança Curupaloy tiene un hijo e una hija la hembra es la mayor de tres años.
- Alonso Llacxapoma y su muger Ysabel Cica tiene tres hijos e una hija el mayor de seis años es el baron.
- Gomez Condorguaman y su muger Ysabel Cide no tiene hijos.

- Françisco Tama y su muger Ynes Bichecaroa no tiene hijos.
- Juan Chata y su muger Ysabel Calcon tiene dos hijos e una hija el mayor es baron de zinco años.
- Diego Carvapoma e su muger Juana Panpas tiene una hija de hasta tres años.
- Alonso Llaxarura y su muger Juana Pasha tiene tres hijos el mayor de hasta siete años.
- Anton Guamancache y su muger Juana Pariaticla tiene dos hijos e dos hijas el mayor es la hembra de hasta diez e seis años.
- Hernando Colqueguanga y su muger Luysa Bichique tiene un hijo e una hija el mayor baron de quatro años.
- Diego Tantaxulca y su muger Catalina Llaxabichique / tiene dos hijos el mayor de hasta zinco años.
- Pedro Jalcaguanca y su muger Ynes Musca tiene un hijo e dos hijas el mayor baron de hasta quatro o zinco años.
- Anton Cochachin biudo no tiene hijos.
- Baltasar Anyaipoma e su muger Magdalena Chiquichama tiene un hijo e dos hijas la mayor es hembra de hasta diez o doze años.
- Hernando Choquinga e su muger Maria Chusmi no tiene hijos.
- Alonso Libiac e su muger Ynes Yacche no tiene hijos.
- Geronimo y su muger Chiquicote no tiene hijos dizen que anda huido ocho meses a paresçio su muger e dixo que no se llamava mas de Geronimo.
- Martin Carbaguanaga e su muger Ysabel Rimai tiene un hija de teta.
- Juan Pariaguanca biudo tiene dos hijos e una hija de diez años el mayor baron.
- Alonso Guamancache e su muger Luisa Yanyan tiene / una hija de hasta diez e doze años.
- Pedro Llaxaguanga e su muger Ana Chupmean tiene un hijo de zinco años paresçio su muger deste y dixo que su muger andaba huido quatro años avia que no se sabia del.

– Françisco Ghigni y su muger Ynes Changa no a tributado hasta agora de oy mas puede tributar que tiene hedad para ello.

– Melchior Chuquinaupai soltero no a tributado hasta agora de oy mas puede tributar que tiene hedad para ello.

– Juan Cochacondor soltero no tiene hijos ny a tributado hasta agora de oy mas puede tributar que tiene hedad para ello.

– Anton Luissan soltero no tiene hijos y esta huido dos meses a no a tributado hasta agora de oy mas puede bien tributar que tiene hedad para ello.

– Miguel Chalimaca soltero no tiene hijos dize que anda huido seis o siete años a que no se sabe del e por eso no tributa. /

– Juan Guancallaxaque e su muger Catalina Guamantiquila tiene dos hijos e dos hijas la mayor es hembra de doze años no a tributado hasta agora esta huido puede bien tributar que tiene hedad de mas de treynta años.

Biejos que no tributan.

– Françisco Colquecondor e su muger Ysabel Carbabichique tiene tres hijos e dos hijas el mayor es baron de hasta ocho años.

– Françisco Munchapa y su muger Ysabel Caruabichique tiene tres hijos e dos hijas el mayor baron de hasta ocho años.

– Juan Capan y su muger Ynes Supo tiene dos hijas e un hijo la mayor es soltera de diez e ocho años y tiene una hija de teta.

– Pedro Compalle y su muger Ysabel Nabinchoque tiene dos hijas soltera la mayor de hasta veynte años.

Biudas y biejas

– Françisca Carbaxaymaco biuda tiene zinco hijos e / zinco hijas la mayor es la hembra de diez e ocho años soltera.

– Jordana Romay biuda no tiene hijos ny hijas.

– Catalina Pampaguacai biuda tiene una hija soltera de hasta diez e siete años.

– Luisa Chuquibichique biuda no tiene hijos ny hijas.

- Magdalena Tumbai biuda no tiene hijos.
- Maria Turimai biuda tiene dos hijos e dos hijas la mayor hembra de hasta zinco a seis años.
- Ysabel Lunabichique biuda tiene dos hijos solteros el mayor sera de hasta diez e siete años y dizesse Anton Titui otro sera de hasta quinze o diez e seis años dizese Juan Pilco.
- Ysabel Chutiquilla biuda tiene dos hijos el mayor se llama Diego Suangallaxac de hasta diez e siete años.
- Luçia Pachoac biuda tiene una hija soltera de diez e ocho años.
- Juana Chuquitumbai biuda tiene un hijo e una hija el mayor es baron de hasta siete o ocho años.
- Ysabel Anayticla biuda tiene una hija de teta.
- Ysabel Libchima biuda tiene una hija de diez o honze años.
- Catalina Anaichiqui bieja.
- Catalina Colqueacche bieja.
- Juana Guamanllai bieja.
- Elbira Guacaychique bieja no tiene hijos.
- Juana Tantabichiqui bieja tiene una hija soltera de beynte años.

HUERFANOS
- Domingo Lloqueca huerfano de hasta siete años.
- Françisco Xulcaguanca huerfano de seis años.
- Ynes Muchui huerfana de zinco años.
- Françisco Xulcacondor soltero no tiene hijos es tributario antiguo.

El qual dicho prinçipal debajo del dicho juramento dixo y declaro que no tenia mas yndios en la dicha pachaca en este dicho pueblo e que sy mas hallare los bendra a manifestar por no yncurrir en las penas que le estan puestas. Diego Belazquez de Acuña. Bartolome de Prol.

Yndios de la pachaca de Collasuyo questan en el pueblo / de Caxamarca de la guaranga de Mytimas de que es prinçipal Luis Palla de doña Jordana Mexia.

E despues de lo suso dicho en el dicho pueblo
de Santo Antonio de Caxamarca a los dichos beynte
e tres dias del dicho mes de henero del dicho año
el dicho señor Juez hizo paresçer ante si a Luis Palla
prinçipal de la pachaca de Collasuyo del qual fue tomado
y resçibido juramento en forma de derecho y sobre
una señal de Cruz hizo como se requeria so cargo
del qual le fue mandado que luego traiga antel todos
los yndios de la dicha su pachaca questan en este
dicho pueblo syn yncubrir ny esconder ninguno dellos
so pena de perjuro e que sera castigado e desterrado
de sus tierras el qual ansy lo prometio y luego traxo
antel los yndios de la dicha pachaca los quales se numeraron por la forma siguiente.

- Luis Palla el propio prinzipal de la dicha pachaca
  y su muger Magdalena Cualca tiene un hijo e una
  hija el mayor es baron de hasta diez o doze años
  soltero no tributa porque es prinçipal de la dicha
  pachaca.

TRIBUTARIOS
- Diego Taqui y su muger Ysabel / Mai tiene un
  hijo de hasta quatro años.

- Juan Titogualpa y su muger Ynes Llacchaqui tiene
  tres hijos y una hija es la mayor hembra de diez
  e seis a diez   e siete años.

- Pedro Pancaryali y su muger Çeçilia Llacta tiene dos
  hijos e dos hijas la mayor es la hembra de hasta
  zinco o seis años.

- Anton Caça y su muger Ysabel Cayanaque no tiene
  hijos.

- Pedro Xupa y su muger Elbira Mosca tiene una hija
  de teta.

- Juana Muy e su muger Caxajoni tiene dos hijos el
  mayor de hasta seis o siete años.

- Domingo Uchacauana y su muger Barbola Guairocarua
  tiene dos hijas la mayor de hasta seis o siete años.

- Francisco Pomaconcha e su muger Catalina Cauny
  tiene una hija de hasta tres o quatro años.

- Pedro Quincho y su muger Ysabel Mosco tiene un
  hijo e una hija el mayor es baron de hasta tres
  o quatro años. /

– Pedro Pocachabe y su muger Francisca Guairococa tiene tres hijos e una hija el mayor es baron de hasta zinco o seis años.

– Lucas Guamanpaucar biudo tiene dos hijos y una hija el mayor es baron de hasta seis o siete años.

– Pedro Bacpoma y su muger Juana Cocorma tiene una hija de teta.

– Pedro Aucapomagualpa soltero no tiene hijos tributario.

– Pedro Pomagualpa soltero no tiene hijos tributario.

– Pedro Llamoca soltero tributario no tiene hijos.

– Cristobal Guamanquispi soltero no tiene hijos.

NUEUOS TRIBUTARIOS

– Juan Xulca y su muger Maria Rapo tiene un hijo de quatro años no a tributado hasta agora por emfermo de oy mas puede tributar porque tiene hedad para ello.

– Andres Guaitapallo y su muger Ynes Guancacolque tiene un hijo de teta no a tributado hasta agora de oy mas puede tributar que tiene hedad para ello.

– Anton Cusiraupa y su muger Ysabel Caulla no tiene hijos / ny a tributado hasta agora de oy mas puede bien tributar que tiene hedad para ello.

– Juan Yanquigualpa soltero no a tributado hasta agora de oy mas puede tributar que tiene hedad bastante para ello.

Biejos que no tributan

– Alonso Maraz y su muger Catalina Xalca tiene dos hijos e una hija el mayor es baron de hasta diez e siete años e mas dizesse Alonso Aucapoma.

– Lorenço Tarco y su muger Beatriz Bilpa tiene un hijo de hasta ocho o nueue años biejos.

– Françisco Quicha y su muger Ysabel Cana tiene dos hijos e una hija el mayor es baron de hasta zinco o seis años dizen questa syempre emfermo y que por esto no tributa estando sano no es biejo puede bien tributar.

– Alonso Quispeguanga y su muger Luisa Chimbolorma tiene quatro hijas la mayor de hasta doze años.

– Domingo Oyba e su muger / Ana Chapo tiene un hijo e una hija el mayor es baron de doze a treze años soltero.

- Pedro Cusipaucar y su muger Ysabel Cusiurma tiene un nyeto hijo de Anton Cusinaupa de hasta seis o siete años.
- Gonçalo Cusipaucar y su muger Catalina Calis no tiene hijos.
- Pedro Callo soltero no tiene hijos. es moço para poder tributar y esta sano dizen que tiene mal de coraçon e que por eso no tributa.
- Anton Chaballa y su muger Juana Uxulli no tiene hijos.
- Hernando Acayanqui y su muger Ynes Pico tiene dos hijos e una hija el mayor es baron que se llama Hernando Chami de diez e seis años y mas.
- Françisco Calisto biudo tiene un hijo e dos hijas la mayor es hembra soltera de diez e seis años.
- Alonso Naupacauana biudo tiene una hija de hasta tres años.
- Françisco Ango biudo y çiego tiene una hija de hasta tres o quatro años.

Biudas y biejas. /

- Françisca Caqueyaguarme biuda tiene una hija de ocho años.
- Magdalena Asco biuda no tiene hijos.
- Catalina Guayllama biuda no tiene hijos.
- Juana Ayna biuda no tiene hijos.
- Maria Tinta biuda tiene una hija de hasta zinco o seis años.
- Ynes Pampa biuda tiene un hijo e una hija el mayor es baron de diez o doze años.
- Juana Chiquia biuda tiene dos hijas la mayor de diez años.
- Ynes Xaxi biuda tiene una hija soltera de diez e seis o diez e ocho años.
- Ysabel Cumi bieja no tiene hijos.
- Costança Uquilla bieja no tiene hijos.
- Beatriz Chuquiloquillai bieja.
- Ysabel Galnallona bieja.
- Magdalena Chimboquilla bieja.
- Ynes Biqui bieja no tiene hijos.
- Ysabel Yalichimbo bieja.

- Leonor Guayroguaca bieja.
- Juana Yupi bieja no tiene hijos.
- Ysabel Nabe bieja no tiene hijos. /
- Costança Tarpo bieja no tiene hijos.
- Maria Caruapaque bieja no tiene hijos.
- Catalina Yayache bieja no tiene hijos.
- Ana Cana biuda no tiene hijos.
- Luisa Toto no tiene hijos.
- Beatriz Pucoymama bieja no tiene hijos.

HUERFANOS
- Elbira Anas huerfana. de hasta diez e ocho o veinte años soltera.
- Catalina Misaca de diez e seis años soltera huerfana.
- Ysabel Tocto huerfana soltera de hasta diez e seis años.
- Margarita Oquillai soltera huerfana de hasta diez e seis años.
- Juan Guacchacori huerfano de hasta seis años.
- Alonso Aucarimache huerfano de hasta siete o ocho años.
- Françisco Coro huerfano de hasta diez o doze años.
- Maria Xipoco huerfano (sic) de hasta diez o honze años.
- Ynes Rimai huerfana de hasta zinco años.

El qual dicho prinçipal debajo del dicho juramento dixo y declaro no tener mas yndios en la dicha pachaca en este / dicho pueblo para los ynbentariar e que si mas hallare los bendra a manifestar por no yncurrir en la pena que le tiene puesta. Diego Belazquez de Acuña. Bartolome de Prol.

Yndios de la pachaca de Cañares de la guaranga de Mytimas de que es prinzipal Melchior Tanabara questa en este pueblo de Santo Antonio de Caxamarca de doña Jordana Mexia.

E despues de lo suso dicho en el dicho pueblo de Santo Antonio de Caxamarca a los dichos beynte e tres dias del dicho mes henero del dicho año de mill e quinientos e setenta e dos años el dicho señor

Juez hizo paresçer ante si a Juan Tingal mandon que dixo ser de la pachaca de Cañares e de los yndios della del qual fue tomado e resçibido Juramento en forma de derecho e lo hizo como se requeria so cargo del qual le fue mandado que luego traiga ante el todos los yndios de la dicha pachaca syn yncubrir ninguno so pena de que sera castigado e desterrado de sus tierras el qual ansy lo prometio e luego traxo los yndios que se numeraron por la orden siguiente.

TRIBUTARIOS

- Juan Tingal mandon desta pa/chaca casado con Catalina Ynas tiene tres hijos e dos hijas la mayor es hembra de hasta nueue o diez años.
- Cristobal Xpopa biudo tiene una hija de teta.
- Pedro Pisilcha y su muger Ysabel Ynsai tiene dos hijos el mayor de hasta doze años.
- Baltasar Xipa e su muger Ysabel Xirique tiene un hijo e una hija la mayor hembra de zinco o seis años.
- Alonso Tenezipul y su muger Ana Naschoca tiene dos hijos e una hija la mayor hembra soltera de hedad de diez e ocho años.
- Andres Coyaque y su muger Ysabel Caua tiene dos hijas la mayor de hasta zinco años.
- Diego Cuchaque e su muger Juana Yaspic tiene una hija desta muger y la muger tiene otra hija de don Martin Çaracosma y esta es la mayor de hasta seis o siete años.
- Pablo Enam y su muger Ynes Chaluis tiene un hijo e una hija el mayor es baron de hasta quatro o zinco años.
- Sebastian Cabchimaca e su muger Elbira Amay tiene / un hijo e dos hijas el mayor es baron de hasta zinco o seis años.
- Françisco Ysco e su muger Françisca Mysnache tiene dos hijas la mayor es de hasta doze años.
- Domingo Nypo y su muger Ynes Nache tiene dos hijos e una hija el mayor es baron de siete a ocho años.
- Diego Beny y su muger Catalina Chicha tiene un hijo de teta.

- Alonso Guapil y su muger Ynes Chulay no tiene hijos. que no sean tributarios.
- Miguel Ynasycha y su muger Catalina Abi tiene un hijo de teta.
- Martin Guapa y su muger Ynes Chumbi tiene un hijo de zinco años.
- Melchior Potol y su muger Barbola Cava tiene un hijo e una hija la mayor es hembra de hasta quinze años. soltera.
- Andres Panti y su muger Barbola Nynaguacai tiene un hijo y quatro hijas la mayor es hembra de quatro o zinco años./
- Pedro Tamay y su muger Juana Pasna tiene un hijo e tres hijas la mayor es la hembra de hasta siete o ocho años.
- Domingo Sicha y su muger Leonor Calpai tiene tres hijos e una hija la mayor es la hembra de siete o ocho años.
- Françisco Chuso y su muger Ysabel Anai tiene dos hijos e una hija la mayor es la hembra de hasta seis o siete años.
- Juan Yanpai y su muger Ysabel Sitoc no tiene hijos si no son los que tiene casados.
- Pedro Culpa y su muger Ysabel Chubai tiene tres hijas e un hijo es la mayor la hembra de zinco o seis años. esta enfermo.
- Pedro Rimas biudo tiene un hijo de zinco o seis años.
- Alonso Coral biudo esta emfermo al presente no tiene hijos.
- Pedro Pulitana y su muger Ysabel Caua tiene un hijo e una hija la mayor es hembra soltera de diez e ocho años y mas.
- Françisco Poton y su muger Françisca Anai tiene una hija de teta. / no a tributado hasta agora de oy mas puede tributar que tiene hedad bastante para ello.

NUEVOS
TRIBUTARIOS
- Diego Cichi y su muger Juana Cholai tiene una hija de teta no a tributado hasta agora de oy mas puede tributar que tiene hedad cumplida para ello.

– Juan Ynaçicha e su muger Juana Çiriqui tiene dos hijas la mayor de hasta dos años. no a tributado hasta agora de oy mas puede tributar que tiene hedad cumplida/.

– Pedro Quimi y su muger Catalina Xiriqui tiene dos hijos el mayor de hasta quatro años no a tributado hasta agora de oy mas puede tributar que tiene hedad bastante para ello.

– Juan Vyquisac e su muger Maria Muchui tiene una hija de teta no a tributado hasta agora de oy mas puede tributar que tiene mas de veinte e quatro o beinte e zinco años.

– Gaspar Yampa y su muger Ynes Chumibloc tiene / una hija de teta no a tributado hasta agora de oy mas puede tributar que tiene hedad demasiada para ello.

– Juan Capari e su muger Barbola Tasycon no tiene hijos ny a tributado hasta agora de oy mas puede bien tributar que tiene hedad para ello.

NUEUOS TRIBUTARIOS

– Luis Abisicha e su muger Catalina Abiarap no tiene hijos ny a tributado hasta agora de oy mas puede bien tributar que tiene hedad bastante.

– Martin Guayamai soltero no tiene hijos ny a tributado hasta agora de oy mas puede bien tributar que tiene hedad para ello.

– Anton Quispe soltero no tiene hijos ny a tributado hasta agora tiene hedad de mas de treynta años podra bien tributar.

– Pedro Chiqui e su muger Juana Chi tiene dos hijos el mayor de hasta seis o siete años. no a tributado hasta agora por dezir que tiene mal de coraçon esta bueno puede tributar que tiene mas de treynta años./

Biejos que no tributan

– Françisco Table y su muger Costança Colque es biejo no tiene hijos que no sean casados tributarios.

– Ambrosio Poma biudo.

– Hernando Quisny biudo tiene dos hijas e un hijo la mayor es la hembra de diez e ocho años.

- Pedro Pisnabic e su muger Ana Chamai tiene una hija de teta.

Biudas e biejas

- Ysabel Pucho biuda tiene dos hijos el mayor de hasta diez años a doze.
- Çeçilia Llamas biuda tiene un hijo e una hija el mayor es el baron de hasta ocho años.
- Magdalena Chuai biuda tiene un hijo e una hija la mayor es la hembra de hasta tres años.
- Maria Pancha biuda tres hijas y un hijo la mayor es la hembra de hasta diez e siete años.
- Catalina Caba biuda tiene un hijo e una hija el mayor es baron de hasta quatro años./
- Françisca Timbai biuda tiene dos hijas la mayor es de doze años.
- Çeçilia Luxi viuda no tiene hijos.
- Luçia Chuto biuda tiene una hija de teta.
- Margarita Lulipanta biuda no tiene hijos.
- Catalina Ynaicorapo biuda tiene un hijo de teta.
- Ana Caua biuda tiene una hija soltera de diez e seis años.
- Luçia Mana biuda tiene dos hijos e una hija el mayor es el baron de hasta siete años.
- Ysabel Curumunai biuda e bieja tiene una hija soltera de hasta diez e seis o diez e siete años.
- Magdalena Guaccha biuda tiene un hijo e una hija la mayor es la hembra de hasta diez e ocho años.
- Maria Caba bieja no tiene hijos.
- Juana Abai no tiene hijos. bieja

BIEJAS

- Maria Ybao bieja no tiene hijos.
- Ynes Anai bieja no tiene hijos.
- Catalina Abay bieja no tiene hijos.
- Juana Abai bieja no tiene hijos./
- Ysabel Chimbo bieja no tiene hijos.
- Ana Ydao bieja no tiene hijos.
- Catalina Abai no tiene hijos.
- Ynes Çinaconche bieja no tiene hijos.

bieja

- Maria Caba no tiene hijos.
- Elbira Bai bieja no tiene hijos.

- Ynes Caichoc bieja.
- Elbira Yallac bieja no tiene hijos.
- Maria Mastin bieja no tiene hijos.
- Catalina Abay bieja no tiene hijos.
- Maria Llaxa bieja no tiene hijos.
- Ysabel Abay bieja no tiene hijos.
- Catalina Abai bieja no tiene hijos.
- Maria Vichila bieja no tiene hijos.
- Luisa Lusmi bieja no tiene hijos.

HUERFANAS

- Maria Nai de quinze a diez e seis años huerfana soltera.
- Ynes Guacaitiquila de diez e siete años soltera huerfana.
- Leonor Naichimi soltera de hasta quinze años huerfana.
- Catalina Maga huerfana de zinco o seis años.
- Elbira Anay de quatro o zinco años y su madre se dize Maria Mibchuco biuda tiene otra hija de teta.
- Elvirica de quatro años huerfana.
- Françisca Ucho huerfana de zinco años.

El qual dicho prinzipal debajo del dicho juramento dixo e declaro que no tenia en la dicha su pachaca mas yndios de los numerados e que si mas hallare los bendra a manifestar por no yncurrir en las penas que le estan puestas. Diego Belazquez de Acuña. Bartolome de Prol.

Yndios de la pachaca de Quichua questa en
este pueblo de Santo Antonio de Caxamarca de
que es prinçipal Alonso Quichoananca de la
dicha guaranga de Mitima de doña
Jordana Mexia.

E despues de lo suso dicho en el pueblo de Santo Antonio de Caxamarca a los dichos veynte e tres dias del dicho mes de henero del dicho año de mill y quinientos y setenta e dos años el dicho señor Juez hizo parescer ante si a mandon que dixo ser de la pachaca de Quichua questa en este dicho pueblo del qual fue resçibido juramento en forma de derecho y sobre una señal de cruz y lo hizo como se requeria so cargo del qual / le fue mandado que luego traiga antel todos los yndios de la dicha su pachaca a los bissitar como su Magestad lo manda esto sin yncubrir ninguno so pena de perjuro e que sera castigado e desterrado de sus tierras el qual ansi lo prometio y luego traxo y presento los yndios que se numeraron por la forma siguiente,

TRIBUTARIOS

- Domingo Uscobaygua y su muger Magdalena Chiquine tiene dos hijos y dos hijas la mayor es hembra de seis o siete años.
- Hernando Xala y su muger Elbira Guacai tiene un hijo y tres hijas la mayor es hembra de hasta doze o treze años soltera.
- Juan Cositopo y su muger Ynes Nabin tiene dos hijos e una hija el mayor baron de zinco o seis años.
- Antonio Guantape e su muger Magdalena Chachi tiene un hijo de teta esta emfermo.
- Juan Marcatamba y su muger Cathalina tiene una hija de teta.
- Alonso Manga y su muger Catalina Coray tiene una hija de teta emferma. /
- Pedro Pomacaua biudo no tiene hijos.
- Diego Asca biudo tiene un hijo e dos hijas la mayor hembra de diez e ocho años a veinte.
- Diego Guaccha biudo no tiene hijos.

Biejos que no tributan

- Juan Cangui biudo no tiene hijos.
- Alonsso Cosintombai y su muger Elbira no tiene hijos. que no sean tributarios.
- Çeçilia Chupcalua biuda tiene dos hijos y una hija el mayor de hasta zinco años.
- Françisca Alis biuda tiene dos hijas la mayor de hasta quatro años.
- Ynes Linacarua biuda tiene quatro hijas e un hijo el mayor es baron de quatro o zinco años.
- Catalina Torinal no tiene hijos.
- Ysabel Campoc biuda no tiene hijos.
- Juana Chiquillapoco bieja.

– Catalina Mayatiquila bieja.
– Catalina Cochac bieja no tiene hijos.

El qual dicho prinzipal debajo del dicho juramento dixo e declaro / no tener mas yndios de los questan numerados e que sy mas hallare los bendra a manifestar por no yncurrir en las penas que le estan puestas. Diego Belazquez de Acuña Bartolome de Prol.

Yndios de la pachaca de Cayao questan en el pueblo de Santo Anton de Caxamalca de ques prinçipal don Rodrigo Nino menor de la guaranga de Caxamarca encomendados en doña Xordana Mexia.

En el pueblo de Santo Antonio de Caxamarca a veinte y quatro dias del mes de henero de mill e quinientos e setenta y dos años el dicho señor Juez hiço paresçer ante si a don Andres Caruallaqui governador de Rodrigo Nino menor prinçipal de la pachaca de Cayao del qual tomo e resçiuio juramento en forma de derecho y lo hiço como se requeria so cargo del qual le fue mandado que luego traiga antel todos los yndios de la dicha su pachaca sin esconder ni esconder (sic) ninguno so pena de perjuro y que sera castigado e desterrado de sus tierras el qual ansi lo prometio e luego traxo los yndios que se numeraron por la forma y horden siguiente.

TRIBUTARIOS
– Don Andres Caruallaque mandon y governador del menor biudo tiene un hijo e una hija el mayor es el baron de hasta diez años.
– Alonso Anairicia y su muger Ynes Llacxatiquilla tiene quatro hijos e dos hijas el mayor es baron de diez e siete años dizesse Pedro Rimaitanta.
– Françisco Caruaguaccha y su muger Ynes Llatan tiene una hija de hasta quatro o zinco años. /
– Baltazar Carvatanta e su muger Beatriz Bichuque tiene dos hijas de tres o quatro años el mayor.
– Juan Yaibilca e su muger Magdalena Colquepamar tiene dos hijos e una hija el mayor es de seis o siete años.

- Pedro Tantaguanca y su muger Margarita Molluchan tiene dos hijos el mayor de quatro años.
- Felipe Llacxabilca y su muger Magdalena Guacaichuqui tiene tres hijos e dos hijas el mayor baron de hasta diez años.
- Alonso Colquitanta y su muger Catalina Tantamachai tiene una hija de teta.
- Pedro Poma y su muger Catalina Tantaguacai tiene una hija de hasta seis o siete años.
- Françisco y su muger Leonor Julca tiene dos hijas y un hijo es la hembra la mayor de siete años.
- Juan Anaichigui e su muger Catalina Guanai tiene un hijo y una hija la mayor es hembra de zinco o seis años./
- Diego Guacchaquepa y su muger Çeçilia Chayamonai tiene tres hijas la mayor de hasta seis años.
- Anton Pampacondor y su muger Costança Cucho tiene un hijo de hasta zinco años.
- Diego Guaman y su muger Ana Caroamonai tiene un hijo y una hija es el mayor baron de seis o syete años.
- Martin Guacchaguaman y su muger Ynes Pacocai tiene dos hijas y un hijo la mayor es la hembra de seis años.
- Cristobal Yangatomba y su muger Magdalena Anas tiene dos hijas la mayor de hasta quatro años.
- Juan Anyaiguanca y su muger Maria Pasma tiene una hija e un hijo el mayor baron de quatro años.
- Françisco Tomayquipe biudo tiene dos hijos el mayor de hasta quatro o zinco o seis años.
- Hernando Chiqui y su muger Margarita Munmun tiene dos hijos e dos hijas la mayor / es enbra de hasta ocho o nueue años.
- Diego Guaman y su muger Luisa Chuquivicheque tiene un hijo y una hija el mayor el varon de siete o ocho años.
- Juan Guacchatanta y su muger Ysabel Puyan tiene un hijo y dos hijas el mayor es el baron de hasta siete u ocho años.

- Andres Xulcaguaccha y su muger Catalina Quillacaroa tiene un hijo de teta.
- Luis Guamanyallo y su muger Madalena Guacchanaycay tiene un hijo e dos hijas la mayor es de hedad de hasta doce años.
- Diego Llaxaton e su muger Catalina Guacchacalcon tiene dos hijos el mayor de quatro años.
- Juan Xulcayaci e su muger Maria Caroamachai tiene una hija de teta.
- Juan Llaxapoma e su muger Magdalena Guacaitiquilla tiene dos hijos el mayor es de hasta zinco o seis años.
- Diego Caruaquispe e su muger Catalina Bichic tiene un hijo y una hija la mayor de hasta quatro o zinco años dizesse Pedro Rimaytanta.
- Françisco Caruaguaccha y su muger Ynes Llatan tiene una hija de hasta quatro o zinco años./
- Andres Julcaguaccha y su muger Catalina Quillacarua tiene un hijo de teta.
- Luis Guamanyalloc e su muger Magdalena Guacchanaicay tiene un hijo e dos hijas la mayor es de hedad de hasta doze años.
- Diego Llaxatan y su muger Catalina Guacchacaun tiene dos hijos el mayor de quatro años.
- Juan Xulcayali e su muger Maria Caruamachai tiene una hija de teta.
- Juan Llaxapoma y su muger Magdalena Guacaitiquilla tiene dos hijos el mayor es de hasta zinco o seis años.
- Alonso Julcarimai y su muger Françisca Tumbai tiene dos hijas la mayor de hasta zinco o seis años.
- Diego Carvaquispi y su muger Catalina Bichic tiene un hijo y una hija el mayor de hasta quatro o zinco años.
- Juan Caruacondor y su muger Catalina Muscha no tiene hijos.
- Juan Pariamanco y su / muger Magdalena Guacai tiene una hija de hasta seis años.
- Pedro Cudejutde es soltero no tiene hijos.
- Juan Caga es soltero no tiene hijos.

- Martin Guaccha biudo no tiene hijos.
- Hernando Purique soltero no tiene hijos.
- Juan Xulcatanta soltero no tiene hijos.
- Martin Guaylaquiliche soltero.
- Domingo Tanta sucas soltero.
- Diego Carvamango soltero. no tiene hijos.
- Pedro Colquerayco soltero no tiene hijos.
- Juan Tantachigui soltero.
- Françisco Condormachai soltero no tiene hijos.
- Domingo Carvaguacha soltero no tiene hijos.
- Diego Caruatucas soltero no tiene hijos.
- Domingo Xulcachoro soltero.
- Antonyo Billique y su muger Magdalena Charra tiene dos hijos e una hija el mayor es baron de hasta seis o siete años./
- Alonsso Munchani y su muger Magdalena Naco tiene una hija de teta.
- Pedro Axo y su muger Çiçilia Mypipi tiene dos hijas e un hijo el mayor es baron de seis años.
- Alonso Sachol y su muger Juana Urin tiene dos hijas e un hijo es de diez años la mayor hembra.
- Miguel Falme y su muger Maria Canna no tiene hijos.
- Martin Quispe y su muger Luçia Chaucho tiene un hijo e una hija la mayor es hembra de ocho o nueue años.
- Juan Caraz y su muger Maria Nusta tiene una hija de zinco años.
- Alonso Condor y su muger Ysabel Fupe no tiene hijos.
- Francisco Colque e su muger Catalina Mixipique que no tiene hijos.
- Padre Payco y su muger Juana Fechin tiene dos hijos e una hija el mayor es baron de hasta diez años.
- Lorenço Pollongoce biudo tiene un hijo de hasta seis o siete años.
- Anton Pischibil y su muger / Maria Bilichin tiene quatro hijos e dos hijas es la hembra mayor de hasta nueue o diez años.

- Alonso Limas y su muger Ynes Bilchin tiene dos hijos e una hija el mayor es el baron de diez años.
- Diego Quisbiqui y su muger Ysabel Manique tiene un hijo de teta.
- Pablo Chuxo y su muger Ysabel Pul tiene dos hijos e una hija el mayor es baron de diez o doze años.
- Domingo Cachin y su muger Catalina Lanchan no tiene hijos.
- Cristobal Xallar y su muger Catalina Matin tiene tres hijas e un hijo el mayor es el baron de hasta siete o ocho años.
- Pedro Llacxic y su muger Catalina Musquin tiene una hija de hasta quatro o zinco años.
- Pedro Churi y su muger Catalina Chene tiene dos hijas e un hijo el mayor es baron de hasta ocho años.
- Françisco Guamichi e su muger Catalina Llanchan no tiene hijos.
- Françisco Tinto y su muger / Ynes Luchin tiene una hija de seis o siete años.
- Pedro Osquen e su muger Ysabel Muxique tiene dos hijas e un hijo la mayor es la hembra de hasta seis o siete años.
- Hernando Chingai y su muger Ynes Ynco tiene dos hijos e una hija la mayor es la hembra soltera de diez e ocho años e mas.
- Diego Bloco e su muger Maria Chipnoco tiene dos hijas e un hijo la mayor es la hembra de hasta diez o honze años.
- Andres Quipo y su muger Ysabel Sunqui tiene tres hijas e dos hijos la mayor es la hembra de diez e seis o diez e siete años es soltera.
- Françisco Collas y su muger Ysabel Chipco tiene dos hijos e una hija la mayor es la hembra de zinco años.
- Martin Yocoy e su muger Çiçilia Apusni tiene dos hijas e un hijo el mayor es el baron de hasta hedad de diez e ocho años. dizesse Françisco Cache.
- Alonso Chora y su muger Luisa Pallichucho tiene

un hijo y una hija la mayor es la yndia de siete
o ocho años. /

- Juan Lliqui y su muger Ysabel Mari tiene un hijo
en ella e una hija de dos años el mayor baron.
- Francisco Canche y su muger Catalina Tepin tiene
un hijo y una hija el mayor es el baron de hasta
zinco o seis años.
- Françisco Pilco y su muger Ynes Pinpo tiene dos
hijos el mayor de zinco o seis años.
- Françisco Panol e su muger Catalina Xinmeque no
tiene hijos.
- Françisco Cuxmanco y su muger Ynes Sotque tiene
un hijo de teta.
- Martin Moyo e su muger Magdalena Nochen tiene
dos hijos y tres hijas el mayor es el baron de nueue
a diez años.
- Francisco Estefel y su muger Maria Chipon tiene dos
hijos el mayor de hasta dos o tres años.
- Francisco Pazben y su muger Catalina Chone tiene
dos hijos el mayor dellos es de hasta dos o tres
años.
- Diego Chuloc y su muger Ysabel Pomyc tiene un
hijo de teta.
- Pablo Cauache y su muger Maria Chopo tiene dos
hijas / la mayor de hasta quatro o zinco años.
- Pablo Benco y su muger Luçia Panti tiene una hija
de quatro años.
- Diego Caxaguaman y su muger Ysabel Pamelo tiene
un hijo de teta.
- Marcos Yuco y su muger Luisa Lumai tiene un hijo
de hasta dos o tres años.
- Andres Quispile biudo tiene dos hijos y una hija el
mayor es el baron de hasta doze años.
- Diego Mantin biudo tene dos hijos el mayor de quatro
o zinco años.
- Domingo Chilcale biudo tiene un hijo de nueue o
diez años.
- Diego Quis biudo no tiene hijos.
- Alonso Mimipo biudo tiene un hijo de hasta diez
o honze años.

- Françisco Chaibac biudo no tiene hijos.
- Pedro Cuyan y su muger Costança Niquimi tiene un hijo de hasta dos años.
- Françisco Libac biudo no tiene hijos.
- Andres Consciz biudo no tiene hijos.
- Francisco Llarro biudo no tiene hijos.
- Juan Chanma y su muger / Ynes Prequini tiene tres hijas e un hijo el mayor es el baron de siete o ocho años.
- Juan Lliqua y su muger Luisa Tenen tiene tres hijas e un hijo la mayor es hembra de hasta zinco o seis años.
- Andres Chanmi y su muger Ysabel Michu tiene tres hijas es la mayor de hasta zinco o seis años.
- Juan Tomasca y su muger Juana Caroanauca tiene dos hijos e dos hijas es la mayor hembra de hasta siete o ocho años.
- Diego Pariachiquine y su muger Çiçilia Puxai tiene un hijo e una hija el mayor es el baron de hasta quatro o zinco años.
- Diego Gumai y su muger Ynes Ponnique tiene una hija de teta no a tributado hasta agora de oy mas puede tributar que tiene hedad para ello demasiada.
- Pedro Pinico y su muger Bilchima no tiene hijos ny a tributado hasta agora de oy mas puede tributar / que tiene mas de los veinte años para ello.
- Juan Limas y su muger Llatas tiene un hijo de teta no a tributado hasta agora de oy mas puede tributar que tiene hedad demasiada para ello. e mas de la hedad.
- Alonso Changay y su muger Ynes Tonelo tiene un hijo de teta no a tributado hasta agora de oy mas puede tributar que tiene hedad para ello.
- Alonso Chez y su muger Ynes Chupo no tiene hijos. ny a tributado hasta agora de oy mas puede bien tributar que tiene mas de los veynte años en que se tributan.
- Juan Chasqui y su muger Maria Mili no tiene hijos ny a tributado hasta agora de oy mas puede bien tributar que tiene hedad demasiada para ello.

- Domingo Xalca es casado con Ysabel Masque no tiene hijos ny a tributado hasta agora de oy mas puede bien tributar que tiene hedad demasiada para ello.
- Alonso Yangole soltero / no tiene hijos ny a tributado hasta agora de oy mas puede tributar que tiene hedad bastante para ello.
- Pedro Quispi soltero no tiene hijos ny a tributado hasta agora de oy mas puede tributar que tiene hedad cumplida demasiada para ello.
- Françisco Chango soltero no tiene hijos ny a tributado hasta agora de oy mas puede tributar que tiene hedad para ello.
- Juan Guanca soltero no tiene hijos ny a tributado hasta agora de oy mas puede bien tributar que tiene hedad bastante para ello.
- Felipe Anaypoma soltero no tiene hijos ny a tributado hasta agora de oy mas puede tributar que tiene hedad bastante para ello.

NUEUOS TRIBUTARIOS
- Lorenço Guamancuzana soltero no tiene hijos ny a tributado hasta agora de oy mas puede bien tributar que tiene bastante hedad de veynte años para ello.
- Juan Sonon y su muger Ysabel Chiri tiene un hijo de hasta zinco años no a tributado hasta agora de oy mas puede / tributar que tiene mas de veynte años.
- Juan Liapa soltero no tiene hijos de oy mas puede tributar que tiene bastante hedad para ello e hasta agora no a tributado en cosa alguna.

Viejos que no tributan

- Anton Coxatoma e su muger Ana Manianchimo tiene quatro hijos el mayor de hasta doze o treze años.
- Diego Coquellaxar y su muger Juana Mamanchuqui tiene un hijo e quatro hijas la mayor es la hembra de hasta zinco o seis años.
- Alonso Llaxac y su muger Juana Curumonai no tiene hijos aun que es moço dexa de tributar porque dizen que tiene mal de coraçon e por ello esta reseruado.
- Juan Chiquine e su muger Luisa Llamanaucai tiene un hijo y seis hijas las dos mayores son hembras

solteras de diez e siete a diez e ocho años.

- Baltazar Yacoquispe biudo no tiene hijos que no sean tributarios.
- Juan Condor biudo no tiene hijos./
- Gregorio Guachatoma y su muger Luisa Guaccha tiene dos hijos e dos hijas las dos hijas son las mayores solteras de diez e siete o diez e ocho años.
- Lorenço Tantallacxa y su muger Luisa Cinga tiene una hija soltera de diez e seis años.
- Juan Chuquitodo biudo no tiene hijos que no sean tributarios.
- Andres Axac biudo tiene una hija soltera de diez e ocho o veynte años. no tiene hijos.
- Pablo Cachin e su muger Catalina Chuqui tiene tres hijas la mayor de quinze años.
- Alonso Leche y su muger Maria Soquella tiene un hijo e una hija el mayor es baron de hasta diez años o honze.
- Gonçalo Mayen e su muger Catalina Pollon tiene un hijo e una hija el mayor es baron de doze o treze años e mas.
- Andres Culqui y su muger Ysabel Supchani tiene dos hijas e un hijo la mayor es hembra soltera de diez e siete o diez e ocho años.
- Juan Caper y su muger Ysabel Yabac tiene una hija / de hasta seis o siete años.
- Juan Calen e su muger Çeçilia Chutiqui tiene un hijo e una hija el mayor es baron de hasta doze años.
- Juan Quinte y su muger Maria Guancor no tiene hijos aunque es moço no tributa porque dizen que tiene mal de coraçon e que por ello esta reseruado.
- Pedro Ostipe y su muger Marhia Chuspo tiene una hija e dos hijos el mayor es baron de hasta ocho o nueue años.
- Pedro Salpo biudo no tiene hijos.
- Domingo Quiscil biudo tiene un hijo de hasta diez o honze años.
- Domingo Cochique biudo tiene dos hijos el mayor

de hasta diez años aunque es moço dizen que le reseruaron por emfermo que no tribute jamas.

- Pedro Toro biudo no tiene hijos.
- Alonso Tollon biudo no tiene hijos.
- Domingo Ariai biudo no tiene hijos.

Biudas y biejas.

- Ysabel Guacchaguacai biudo tiene dos hijos e una hija el baron es el mayor de hasta / diez o honze años.
- Luçia Rimaitiquilla biuda tiene dos hijas solteras de beynte años para arriba.
- Catalina Rimai biuda tiene quatro hijos e tres hijas es la mayor hembra soltera de diez e seis a diez e siete años.
- Magdalena Tombai biuda tiene un hijo e dos hijas la mayor es hembra de ocho o nueue años.
- Barbola Tantaguacai biuda tiene un hijo e dos hijas la mayor es la hembra de hasta diez e seis o diez e siete años soltera.
- Costança Lachi biuda no tiene hijos.
- Beatriz biuda no tiene hijos.
- Maria Chuqui bieja no tiene hijos.
- Ysabel Muchai biuda tiene dos hijos y una hija es la mayor hembra de hasta diez e seis años.
- Ana Llatan biuda tiene un hijo y una hija la mayor es hembra soltera de diez e seis años.
- Ysabel Tiquillaguacai biuda tiene una hija de hasta zinco o seis años. /
- Maria Guacchaguacai biuda tiene un hijo e una hija la mayor es hembra de siete años.
- Juana Pasai biuda tiene un hijo y tres hijas la mayor es hembra de zinco o seis años.
- Juana Rimai biuda tiene dos hijos y una hija es el mayor baron de hasta zinco o seis años.
- Elbira Minchuy biuda no tiene hijos.
- Ynes Tantanaucai biuda tiene un hijo e una hija la mayor es la hembra de hasta zinco años.
- Costança Tumbai biuda no tiene hijos.
- Catalina Tonxo biuda tiene un hijo e dos hijas es la mayor hembra de hasta zinco o seis años.

- Maria Llamaguacai bieja.
- Cecia Tiquillachuche bieja tiene un hijo de hasta seis años.
- Maria Chuquicanan biuda no tiene hijos.
- Ynes Colquenabai bieja.
- Maria Colquenaucai bieja.
- Luisa Guamancalcon bieja.
- Luisa Caronmachai bieja.
- Maria Caronpacai bieja.
- Leonor Colquenaupai bieja. /
- Luisa Chuquinguacai bieja.
- Françisco Tantabichuque bieja.
- Catalina Chuxuan biuda tiene una hija de hasta zinco años y tiene un hijo de quatro.
- Catalina Uschuni biuda tiene dos hijos e una hija el mayor es baron de diez o doze años.
- Catalina Pachibie biuda tiene un hijo e una hija de zinco años la mayor hembra.
- Catalina Pesen biuda tiene un hijo y una hija el mayor es baron de doze años y mas.
- Costança Caco biuda no tiene hijos.
- Ysabel Yche biuda tiene una hija de teta.
- Maria Chami biuda tiene un hijo de quatro o zinco años.
- Catalina Cochi biuda no tiene hijos.
- Çeçilia Nani biuda no tiene hijos.
- Ysabel Machin biuda no tiene hijos.
- Maria Chalpo tiene una hija de teta.
- Maria Nyngo biuda no tiene hijos.
- Juana Pasna biuda tiene tres hijos el mayor de hasta seis o siete años. /
- Magdalena Llaren biuda no tiene hijos.
- Ynes Balen tiene un hijo e dos hijas el mayor es el baron de ocho o nueue años.
- Catalina Lloxi biuda tiene un hijo de doze años.
- Catalina Yamai biuda tiene tres hijas la mayor soltera de hasta diez e siete años.
- Catalina Papas biuda tiene un hijo de hasta catorze años.

- Ysabel Timan biuda tiene un hijo y una hija el mayor es baron de zinco o seis años.
- Ynes Guacon biuda tiene dos hijas la mayor de hasta quatro años.
- Ynes Xuxi biuda tiene una hija de teta.
- Catalina Bai bieja no tiene hijos.
- Maria Ytillo biuda tiene dos hijas solteras de diez e seis años.
- Ysabel Chichi biuda no tiene hijos.
- Catalina Lluma bieja no tiene hijos.
- Çeçilia Pisbil biuda tiene una hija de teta.
- Ysabel Ponna biuda tiene una hija de teta. /
- Çeçilia Nabme biuda tiene un hijo de hasta zinco o seis años.
- Ysabel Xamil biuda no tiene hijos.
- Çeçilia Larro biuda no tiene hijos.
- Luisa Chixina bieja no tiene hijos.
- Luis Anacloco es cassado con Luisa Osco tiene dos hijos e una hija el mayor es el baron de hasta diez o honze años.

Huerfanos.

- Pedro Poma huerfano de doze años.
- Juan Pulla huerfano de doze años.
- Magdalena Calla huerfana de doze años.
- Domingo Guaccha huerfano de treze o catorze años.
- Pedro Guacchachiguine huerfano de diez e ocho años y mas.
- Domingo Xulcatanta de diez e siete años huerfano.
- Domingo Pariaquiliche de hasta catorze años huerfano.
- Pedro Anaymango de hasta siete o ocho años huerfano.
- Françisco Anainaucai huerfano de hasta zinco o seis años.
- Ysabel Pini huerfana de hasta diez e seis años soltera.
- Ynes Punchan huerfana de hasta diez o honze años.
- Ynes Bancos huerfana de hasta diez e siete años soltera.
- Diego Llarin de asta dos o tres años huerfano.
- Catalina Quinopanan huerfana soltera de hasta quinze años.
- Maria Caroaschiqui huerfana de treze o catorze años.

- Anton Colquequiriche de hasta diez o honze años huerfano.
- Luisa Chuquicallai huerfana de hasta zinco o seis años.
- Domingo Mango huerfano de hasta zinco o seis años.
- Françisca Caropalca huerfana de hasta diez o doze años.
- Cristobal Pariaguaman de hasta zinco o seis años huerfano.
- Ysabel Guaccha huerfana de hasta zinco o seis años.
- Magdalena Chumbibichiqui huerfana soltera de diez e seis años.
- Françisca Chuquilurai huerfana de hasta catorze años.
- Magdalena Chuquinaucai huerfana de hasta catorze años.
- Juana Chuquinaucai huerfana de hasta zinco o seis años.
- Magdalena Tanta posbai huerfana de seis años.
- Juana Guamancallai huerfana de hasta doze o treze años.
- Juan Xulcatiquilla hijo de Catalina Cariacallai la madre es de otra pachaca es este de hasta diez o honze años.
- Juan Tantaguaman huerfano de hasta nueue o diez años.
- Ysabel Rimai huerfana de hasta diez o doze años e mas.

NUEUOS
TRIBUTARIOS
- Miguel Nabayali soltero no tiene hijos ny a tributado hasta agora de oy mas puede tributar que tiene hedad bastante para ello.
- Gaspar Guamantanta soltero no tiene hijos ny a tributado hasta agora de oy mas puede tributar que tiene bastante hedad para ello.

El qual dicho mandon del dicho juramento que tiene hecho dixo y declaro no tener mas yndios de la dicha pachaca e que sy mas hallare los bendra / a manifestar por no yncurrir en las dichas penas que le tiene puestas para que se numeren como los demas questan bisitados. Diego Belazquez de Acuña. Bartolome de Prol.

Yndios de la pachaca de Otusco questan en el
pueblo de Santo Antonio de Caxamarca de
que es prinçipal don Cristobal Caroaguatai de la
guaranga de Caxamarca encomendados en doña
Jordana Mexia.

En el pueblo de Santo Antonio de Caxamarca
a beynte e zinco dias del mes de henero de mill y
quinientos y setenta e dos años el dicho señor Juez
hizo paresçer ante si a don Pedro Navarro por si y
en nombre del dicho don Cristobal Caroaguatai su hermano del qual fue tomado y resçibido juramento en forma
de derecho e lo hizo segun y como se requeria so
cargo del qual le fue mandado que luego le traiga
e presente ante su merced todos los yndios que tiene
en la pachaca de Otusco para los numerar como su
Magestad lo manda syn yncubrir ninguno / so pena
de perjuro e que sera castigado e desterrado de sus
tierras el qual asi lo prometio y luego traxo ante su
merced todos los dichos yndios que se numeraron por
la forma e orden siguientes.

- El propio don Pedro Nauarro e su muger Ysabel
Tumbai tiene tres hijos y una hija el mayor es baron de hasta seis años, no tributa porque es prinzipal.
- Alonso Tiquillacondor y su muger Luisa Aguacaitiqui-
lla tiene dos hijas de hasta seis o siete años la
mayor.

TRIBUTARIOS
- Cristobal Chuquiguaman y su muger Luisa Anyay tiene
tres hijos e una hija el mayor es el baron de ocho
o nueue años.
- Cristobal Palta y su muger Magdalena Monai tiene
tres hijos el mayor es de hasta seis o syete años.
- Juan Colqueguatai y su muger Çiçilia Cuquiti tiene
dos hijos e dos hijas es el mayor de hasta ocho
o nueue años. /
- Alonso Nynaguaman y su muger Magdalena Llacxabi-
chic tiene dos hijos e una hija de hasta seis o siete
años el mayor.
- Juan Tomaiquiliche e su muger Juana Llamaguacai

tiene dos hijos el mayor es de hasta tres años.

- Alonso Rimaiquispi e su muger Yuli Lacheguacai tiene un hijo e una hija la mayor es la hembra de siete o ocho años.
- Juan Mamaycondor e su muger Ysabel Caruamunay tiene dos hijas e un hijo es la mayor hembra de hasta quatro años.
- Pedro Nunçiquispi y su muger Luisa Guacchacalcon tiene una hija de teta.
- Gonçalo Chinpillaxac e su muger Leonor Naucaque tiene un hijo de hasta siete o ocho años.
- Luis Rimaitanta e su muger Caruanaucai tres hijos.
- Alonso Guacchaquispe y su muger Ynes Guacchacalan tiene un hijo e quatro / hijas la mayor es hembra de hasta quinze años es soltero.
- Alonso Pomamango e su muger Ysabel Cochaguacai tiene dos hijas la mayor de hasta quatro o zinco años.
- Diego Xulcatoco es casado con Ynes Tantaguatai tiene dos hijos e dos hijas el mayor es baron de hasta diez e seis años que se dize Juan Chuquiricra dizen que siempre tiene mal de coraçon.
- Juan Quispe y su muger Luisa Caruachurai tiene dos hijos y una hija la mayor es hembra de hasta siete o ocho años.
- Pedro Sayuc e su muger Magdalena Guaraz tiene dos hijos e una hija el mayor baron de zinco años.
- Domingo Guamanchuroc e su muger Catalina Caquia no tiene hijos.
- Juan Amiaichoco e su muger Maria Llichicalcan no tiene hijos.
- Luis Carvacha e su muger Costança Caruatiquilla tiene quatro hijos el mayor de diez años.
- Françisco Tantacondor y su / muger Françisca Tantacutiqui tiene un hijo de hasta seis o siete años.
- Domingo Xulcatanta y su muger Leonor Comaichuc tiene dos hijos e dos hijas el mayor es baron de seis a siete años.
- Andres Caruacondor y su muger Magdalena Tantayal-

che tiene dos hijos e dos hijas el mayor es baron de nueue o diez años.

- Pedro Quispepoma e su muger Ynes Tanpachurai no tiene hijos.
- Alonso Colquechaquini esta emfermo e su muger Ysabel Chusmipaniac no tiene hijos.
- Diego Guaman Quyspe esta emfermo y su muger Magdalena Tantacunai tiene dos hijos y dos hijas el mayor es baron de seis años.
- Hernando Tomaiguaccha y su muger Ynes Ayannaucaque tiene tres hijos e una hija es el baron el mayor de hasta seis o siete años. /
- Juan Rimaitanta y su muger Ynes Colquebuche tiene dos hijas e un hijo es la mayor hembra de hasta siete o ocho años.
- Juan Guacchatanta e su muger Catalina Miçito tiene dos hijas la mayor de hasta zinco años.
- Pedro Julacatanta e su muger Ynes Xino no tiene hijos.
- Diego Coran y su muger Ysabel Chimi no tiene hijos.
- Alonso Nynaquispe biudo tiene un hijo e una hija el mayor baron de seis años.
- Alonso Palta biudo tiene un hijo de seis años.
- Pedro Cochatoma biudo no tiene hijos.
- Diego Guacchacondor soltero no tiene hijos.
- Anton Chuquiguanca biudo es biejo que sale agora de tributar tiene tres hijas las dos mayores son solteras de diez e ocho e de veynte años. /
- Alonso Quispeguanca soltero no tiene hijos.
- Alonso Puyan soltero no tiene hijos.
- Françisco Umun soltero no tiene hijos.
- Domingo Colquitanta soltero.
- Miguel Quispe y su muger Catalina Paypar tiene un hijo y una hija el mayor es baron de hasta nueue o diez años.
- Alonso y su muger Catalina Olla tiene un hijo e una hija el mayor es baron de hasta zinco años.
- Pedro Jonapin y su muger Catalina Buchan tiene una hija de hasta zinco a seis años.

- Juan Quiponamo *e* su *muger* Ynes Guaccha tiene una hija de teta.
- Alonso Chanuno y su *muger* Elbira Munnana tiene un hijo de hasta zinco a seis años.
- Hernando Syaquinan *e* su *muger* Luçia Mis tiene / una hija de teta.
- Pedro Cortara y su *muger* Costança Paioc no tiene hijos.

NUEUOS
TRIBUTARIOS

- Pedro Tantamux *e* su *muger* Ysabel Yut no tiene hijos no a tributado hasta agora de oy mas puede tributar que tiene hedad demasiada para ello mas de quatro años.
- Alonso Quilpen *e* su *muger* Ysabel Myxchon no tiene hijos.
- Domingo Yeguan y su *muger* Maria Xulpa no tiene hijos.
- Pedro Coynta soltero no tiene hijos ny a tributado este *e* los otros dos antes deste hasta agora no an tributado aunque tiene hedad demasiada para ello todos.

Viejos que no tributan.

- Alonso Aniay *e* su *muger* Luisa Colquecutiqui tiene tres hijos el mayor de diez *e* doze años.
- Hernando Tantachiguine *e* su *muger* Françisca Caroaguatai tiene quatro / hijos y una hija es la mayor hembra soltera de diez *e* siete a diez *e* ocho años.
- Juan Llacxac *e* su *muger* Veatriz Rimai tiene tres hijas las dos dellas son hembras solteras de a diez y seis *e* a diez y siete años.
- Miguel Chunchai *e* su *muger* Madalena Caroay tiene dos hijas *e* un hijo es la mayor hembra de hasta quinçe años.
- Juan Panias *e* su *muger* Luisa Malcaguacai tiene dos hijos *e* dos hijas el mayor varon de hasta diez o doçe años.
- Pedro Guaccha y su *muger* Luçia Malcaguacai tiene una hija soltera de diez y siete años.
- Alonso Tantapasca y su *muger* Magdalena Paniac tiene tres hijos *e* dos hijos las dos hembras son las mayores solteras de diez *e* siete *e* diez *e* ocho *e* diez

e nueue años.

- Felipe Chuquiraicol y su muger Ynes Quinocalcon no tiene hijos.
- Gonçalo Maniaytanta y su muger Catalina Yacogua-cai tiene tres hijas la mayor de diez años hembra soltera. /
- Juan Mangotanta y su muger Aldonça Chuna tiene un hijo de teta es moço que puede tributar esta reserbado por emfermo que no tribute y puede bien tributar no lo estando emfermo.
- Alonso Chigne e su muger Luisa Guamanchuche no tiene hijos.
- Pedro Calla e su muger Catalina Chorre tiene dos hijos el mayor de siete o ocho años.
- Pedro Xalac e su muger Luisa Chima tiene una hija de diez e ocho soltera.
- Pablo Amayco e su muger Leonor Paitai no tiene hijo que no sean casados tributarios.
- Luis Yamcol e su muger Çiçilia Chuiloc tiene dos hijas e un hijo son las hembras las mayores de diez e ocho a diez e nueue años solteras.
- Pedro Xicxa e su muger Ynes Munniac tiene un hijo emfermo que se dize Alonso Pantal de hasta diez e ocho años manco de una pierna.

Biudas y biejas.

- Ysabel Guaraz biuda tiene / dos hijas es la mayor de doze años.
- Magdalena Biqui biuda tiene una hija soltera de hasta quinze o diez e seis años.
- Ysabel Guacchacalcon biuda tiene un hijo e una hija el mayor es baron de hasta zinco años.
- Ynes Caronaucai biuda tiene dos hijos e una hija el mayor es el baron de hasta diez e siete años. soltero que se dize Alonso Chiquiricondor.
- Françisca Agai biuda tiene dos hijos e dos hijas el mayor baron de hasta diez e seis e diez e siete años soltero que se dize Domingo Guamanlisac.
- Magdalena Turinnac biuda tiene un hijo e dos hijas el mayor es la hembra de seis o siete años.

- Magdalena Chambile biuda tiene dos hijas la mayor es de hasta siete o ocho años.
- Magdalena Tantachamai biuda tiene dos hijos e una hija la mayor es la hembra soltera de hasta diez e siete años. /
- Ysabel Rimai biuda tiene dos hijos e dos hijas el mayor es el baron de quinze años. dizesse Françisco Rimayguancai esta emfermo.
- Ynes Guaccha biuda tiene dos hijas la mayor de hasta quinze años.
- Françisca Yangacai bieja tiene dos hijas solteras de diez e ocho e de veynte años.
- Elbira Guayacotique bieja.
- Françisca Tiquillaguacai bieja.
- Françisca Caroanaucai bieja.
- Ysabel Colquenaucai bieja.
- Ynes Colquepacai bieja.
- Catalina Acalloy bieja.
- Ynes Tonco bieja no tiene hijos.
- Luisa Tonco bieja tiene una hija de diez e ocho años.
- Costança Tantayacchi bieja tiene una hija de diez e ocho años.
- Ynes Caruacotiqui bieja.
- Luisa Tiquillamacai bieja.
- Catalina Chuquicunan bieja.
- Magdalena Culquicunan bieja. /
- Ynes Calcon bieja no tiene hijos.
- Françisca Pariabichique bieja.
- Ysabel Muruchan bieja.
- Catalina Tiquilla bieja.
- Ynes Tonço bieja no tiene hijos.
- Ysabel Caruabichique bieja.
- Françisca Naucai bieja no tiene hijos.
- Ysabel Chuquinaucay bieja.
- Françisca Agay bieja no tiene hijos.
- Luisa Chimi bieja tiene una hija de hasta quinze o diez e seis años.
- Catalina Xus biuda tiene un hijo de hasta seis o siete años.

- Maria Llachinmuchoy bieja.
- Ynes Chepsis biuda tiene dos hijos el mayor es baron de hasta diez e seis años dizese Françisco y no tiene sobrenombre.
- Ysabel Chumapur bieja no tiene hijos.
- Luisa Nunnun biuda tiene un hijo e una hija el mayor baron de hasta siete o ocho años.
- Elbira Llepe biuda tiene una hija de hasta zinco o seis años. /
- Maria Colloco bieja no tiene hijos.
- Elbira Sayan biuda tiene un hijo e tres hijas la mayor es la hembra de hasta diez años.
- Juana Cune biuda no tiene hijos.
- Ynes Llacheme biuda tiene una hija soltera de diez e siete años.
- Françisca Pulque biuda tiene dos hijos el mayor de hasta quatro o zinco años.

HUERFANOS
- Françisco Anyayricca huerfano de hasta diez e seis o diez e siete años y mas soltero.
- Costança Chayan de diez e siete o diez e ocho años soltera.

El qual dicho prinçipal debajo del dicho juramento que hecho tiene dixo e declaro no auer mas yndios en este dicho pueblo de los questan bisitados e que si mas hallare los bendra a manifestar por no yncurrir en las dichas penas. Diego Belazquez de Acuña. Bartolome de Prol.

Yndios olbidados de la pachaca de Cayao de ques prinzipal Rodrigo Nino menor en este pueblo de Caxamarca de doña Jordana Mexia de la guaranga de Caxamarca. /

En este dicho pueblo en este dicho dia mes y año suso dichos en este dicho pueblo de Santo Antonio de Caxamarca el prinçipal don Andres Caroallaqui manifesto ante el dicho señor Juez ciertos yndios que se le abian olbidado en su pachaca de Cayao que son los siguientes.

BIUDAS
- Catalina Yanamachai bieja.

- Çeçilia Tiquen biuda tiene un hijo e una hija la mayor es hembra de hasta çinco a seis años.
- Ysauel Pariaconcon viuda tiene un hijo e una hija es la mayor hembra de hasta seis años.
- Ysauel Paria biexa no tiene hijos.

SOLTERA
- Aldonça Muchui de hedad de diez e seis años soltera.
- Çeçilia Corai de hasta seis años.
- Juana Coromunai de hasta diez e siete años soltera.
- Ysauel Caroatiquilla huerfana de hasta diez y ocho años soltera.
- Pablo Chamoro huerfano de quatro años.
- Françisca Tantapania huerfana de hasta quatro o zinco años.
- Juana Tiquillabichique de hasta diez años huerfana.

NUEUOS TRIBUTARIOS
- Juan Lucas soltero no tiene hijos ny a tributado hasta agora de oy mas puede tributar que tiene hedad bastante para ello.
- Domyngo Pechan y su muger Ysauel Calliua tiene un hijo de teta no a / tributado hasta agora de oy mas puede bien tributar que tiene hedad bastante para ello.

BIUDA
- Luisa May biuda tiene una hija de seis o siete años.
- Marcos Guamanillo soltero no tiene hijos y es de hedad de hasta diez y siete anos y aun diez y ocho años.

     El qual dicho prinçipal dixo que venia a manifestar los dichos yndios por no yncurrir en las penas que le estan puestas por el dicho señor Juez. Diego Velazquez de Acuña. Bartolome de Prol.

Yndios de la pachaca de Bacas questan en este pueblo de San Antonio de Cajamarca de ques prinçipal Francisco Mosquera de la guaranga de Caxamarca de doña Jordana Mexia.

     E despues de lo susodicho en el dicho pueblo de Santo Antonio de Caxamarca a los dichos veinte y çinco dias del dicho mes de henero del dicho año de mill e quinientos y setenta y dos años el dicho

señor Juez hiço paresçer ante si al dicho Françisco
Mosquera prinçipal de la pachaca de bacas del qual
fue tomado e resçiuido juramento en forma de derecho
e lo hiço segun y como se requeria so cargo del
qual le fue mandado que luego traiga todos los yndios
de la dicha su pachaca questan en este dicho pueblo
sin yncubrir ninguno dellos so pena de perjuro y que
sera castigado e desterrado de sus tierras el qual ansi
lo prometio y luego traxo todos los yndios que dixo
que tenia los quales se numeraron por la forma y
horden siguiente./

El propio prinçipal Françisco Mosquera y su muger Ynes Bique tiene tres hijos y una hija la mayor
es la hembra soltera de diez y siete años en el prinçipal
no tributa.

TRIBUTARIOS
- Juan Julcamoro y su muger Catalina Guacchacalcon
tiene un hijo de teta.
- Pedro Chuquitoto y su muger Juana Tantaviqui tiene
dos hijos e dos hijas el mayor baron de hasta çinco
años.
- Juan Julcaguacchaqui e su muger Leonor Aniaxcalcon
no tiene hijos.
- Pedro Julcacondor y su muger Costança Caroatiquilla no tiene hijos.
- Juan Guanchui e su muger Luisa Puyan no tiene
hijos.
- Juan Guachapoma y su muger Ynes Pariacalcon no
tiene hijos.
- Pedro Tantamoro y su muger Ynes Tantapacoay tiene
un hijo de teta.
- Andres Xulcaquispe y su muger Ysabel Ysabel Tantacallai tiene quatro hijos y una hija el mayor es baron
de siete años.
- Hernando Guamanguaccha y su muger Maria Gua-
bal tiene un hijo y una hija la mayor es la hembra de ocho años.
- Pedro Ricra e su muger Catalina Caroapanxai no
tiene hijos.
- Pedro Guaroquispe y su muger Maria Chuspacuay tiene

dos hijas e un hijo la mayor es hembra de quatro o çinco años.

- Anton Minayali y su muger Ysauel Anyai tiene una hija de hasta   quatro o çinco años./
- Pedro Pariabilca y su muger Maria Tumbai tiene quatro hijas es la mayor de hasta çinco o seis años.
- Juan Coxar y su muger Juana Guagai tiene dos hijos y una hija la mayor es la hembra de hasta çinco o seis años.
- Pedro Mexatanta y su muger Luisa Colquebichique tiene dos hijas e un hijo la mayor es la hembra de doçe años.
- Pedro Guamanpasa y su muger Françisca Tiquillavicheq- na no tiene hijos.
- Françisco Caroatanta y su muger Ynes Guacai tiene una hija de teta.
- Alonso Guaman y su muger Juana Quinopaniac tiene un hijo de teta.
- Juan Guachachiguine y su muger Ynes Colquipanpai tiene una hija de teta.
- Hernando Purique e su muger Yncona Aniaycalcon tiene quatro hijas e un hijo la mayor es la hembra de hasta nueue a diez años.
- Pedro Caroarimay e su muger Catalina Bil tiene una hija de teta.
- Gonçalo Aniaquileche soltero no tiene hijos es tributario.
- Diego Quilichequispe cassado con Juana Chuche tiene un hijo y una hija el mayor es baron de hasta seis años.
- Andres Paxquenamo e su muger Çeçilia Chamifle tiene dos hijos y dos hijas la mayor es hembra soltera de diez y ocho años.
- Felipe Aucchu y su muger Maria Pezpon tiene quatro hijas la mayor es de catorçe a quinçe años.
- Alonso Nopon y su muger Ynes Chuxgen tiene dos hijos es una hembra e un baron el mayor de hasta seis años./
- Juan Quispe y su muger Maria Yspiche tiene un hijo e una hija la mayor es la hembra de hasta seis o siete años.

17

- Bartasar Lipiche y su muger Juana Chipiymba tiene dos hijas la mayor de quatro o çinco años.
- Alonso Çiquinac y su muger Madalena Chaipique tiene una hija de quatro o çinco años.
- Anton Juyan y su muger Catalina Ymba tiene una hija de hasta çinco o seis años.
- Sauastian Yun e su muger Ysauel Chuche tiene dos hijos el mayor de hasta quatro años.
- Melchor Chumbol e su muger Maria Ynquen tiene una hija de quatro años.
- Hernando Ciscache y su muger Varuara Falme tiene un hijo y una hija la mayor es la hembra de seis años.
- Diego Quisquen y su muger Catalina Coschen no tiene hijos.
- Françisco Yenquen y su muger Catalina Rapique tiene una hija de teta.
- Martin Edfequen e su muger Juana Heche tiene dos hijas y un hijo la mayor es la hembra de quinçe o diez y seis años.
- Anton Chanque y su muger Çiçilia Valla tiene un hijo de hasta cinco o seis años.
- Juan Elts y su muger Costança Maxa tiene un hijo de teta./
- Diego Chaman y su muger Ysauel Anox tiene dos hijas de hasta quatro años la mayor es hembra.
- Alonso Fincon y su muger Catalina Esfon tiene una hija de teta.
- Alonso Quispe y su muger Çeçilia Chafes tiene dos hijas la mayor de çinco o seis años.
- Juan Nyn e su muger Madalena Nipo no tiene hijos.
- Luis Yuycon y su muger Luisa Llanchon tiene un hijo de quatro años.
- Juan Llocpa y su muger Luisa Ponyo tiene tres hijos e una hija el mayor es el baron de nueue o diez años.
- Juan Muillan y su muger Ynes Tonmache tiene un hijo de dos años que mama.
- Françisco Conabarro y su muger Catalina Facchun

tiene un hijo e una hija la mayor es la hembra
de çinco años.

— Melchor Cherpen y su muger Catalina Llenmas tiene
dos hijos y una hija el mayor es el baron de quatro
a çinco años.

— Anton Coxua y su muger Madalena Choche tiene
un hijo y una hija la mayor es hembra de hasta
çinco o seis años.

— Mateo Rique y su muger Machuspa tiene dos hijas
la mayor soltera de hasta diez y ocho años.

— Alonso Ucin y su muger Ysauel Malxa tiene un hijo
y una hija la mayor es hembra de çinco años.

— Hernando Conba y su muger Çeçilia Chuscol tiene
tres hijos y tres hijas la / mayor es soltera de diez
y ocho años.

— Alonso Maccin y su muger Ysauel Ullan tiene un
hijo de   teta.

— Martin Asmat y su muger Elbira Paxallud tiene dos
hijos e una hija el mayor baron de ocho o nueue
años.

— Alonso Quipo y su muger Ysauel Llacas tiene dos
hijos y una hija el mayor varon de ocho a nueue
años.

— Diego Xanvn y su muger Catalina Chabuche tiene
un hijo y una hija el mayor varon de hasta quatro
o çinco años.

— Pedro Chuxan y su muger Ysauel no tiene sobrenombre tiene un hijo e una hija la mayor es al
hembra de seis años.

— Françisco Chiyan biudo tiene una hija soltera de diez
y seis años.

— Juan Guaccha y su muger Costança Bichiqui es biejo
emfermo de mal de doraçon y puede ser reseruado
de tributo tiene dos hijos e una hija la mayor es
la hembra soltera de quince a diez y seis años.

— Andres Cuncoy y su muger Ysauel Ysauel (sic) Lachin
no tiene hijos.

— Diego Guacli viudo tiene un hijo y una hija la hembra
es la mayor de diez y siete años.

– Anton Chucai biudo tiene una hija de hasta çinco o seis años.

– Juan Cequen biudo tiene dos hijas la mayor de hasta çinco años.

– Cristobal Palxec biudo tiene dos hijos el mayor de seis años.

– Domingo Machilico biudo no tiene hijos.

NUEUO
TRIBUTARIO

– Juan Guamantinoco soltero no tiene hijos ni a tributado hasta agora de oy mas puede tributar que tiene hedad bastante para ello.

– Alonso Churutanta soltero no tiene hijos no a tributado hasta agora puede vien tributar de oy mas que tiene hedad para ello dicen que tiene mal de coraçon e que por eso no tributa estando sano podria bien tributar.

Biejos que no tributan

– Juan Tantayaly e su muger Madalena Tantaguatai tiene un hijo de hasta siete u ocho años.

– Gonçalo Rimapasca y su muger Maria Aniaichuxen no tiene hijos.

– Françisco Cotunbas y su muger Maria Caroa no tiene hijos.

– Hernando Guacchamoro e su muger Madalena Anyaybichique tiene tres hijos de seis o siete años el mayor aunques moço no tributa porque anda tullido.

– Miguel Vil e su muger Madalena Llachan no tributan.

– Alonso Guacchamango e su muger Catalina Guancacolqui tiene una hija de hasta seis años.

– Gaspar Caroabilca e su muger Françisca Chuquipacoay tiene un hijo e una hija la mayor es la hembra de siete o ocho años.

– Alonso Guanirmorol e su muger Ynes Tantanaucay tiene un hijo e una hija la mayor de seis años y siete hembra no tributa aunques moço porque enfermo esta reseruado de tributar./

– Gonçalo Chuquitanta viudo tiene un hijo de quatro años es moço e diçen que no tributa por ser enfermo e tener mal de coraçon.

– Pedro Anayquispe soltero es mudo e sordo aunques moço e por eso no tributa.

- Pedro Chasmal y su muger Ysauel Gualme no tiene hijos.
- Lorenço Chunvinama y su muger Ysauel Chuxo tiene una hija soltera de diez e ocho años.
- Martin Quispe e su muger Ysauel Pannan no tiene hijos.
- Marcos Moyncho es viudo tiene un hijo e una hija el mayor es baron de siete años.
- Alonso Cuzco y su muger Çeçilia Pacllan no tiene hijos.
- Andres Cache e su muger Çesilia Xulca tiene un hijo de siete o ocho años.
- Pablo Chapon y su muger Ynes Tenen tiene un hijo de hasta nueue o diez años.
- Pedro Chuc y su muger Juana Chillipe no tiene hijos.
- Andres Paquillen e su muger Madalena Chipango tiene una hija soltera de diez y siete a diez y ocho años.
- Alonso Ebancax e su muger Catalina Eche tiene un hijo e una hija el mayor es hembra soltera de diez y ocho años.
- Pedro Poco y su muger Veatriz Nancoy tiene tres hijas la mayor es de diez y ocho años soltera.
- Alonso Quebcex y su muger Ysauel Piselun tiene dos hijos el mayor de çinco o seis años.
- Luis Tanbos viudo no tiene hijos./
- Alonso Chumbe es cassado con Ysauel Yapina no tiene hijos.

Biudas y biejas

- Ynes Techen viuda tiene una hija de hasta seis o siete años.
- Catalina Chai biuda tiene una hija (sic) de teta.
- Ysauel Chestan viuda tiene un hijo e una hija la hembra es la mayor de hasta seis años.
- Maria Sutop biuda tiene una hija de zinco o seis años.
- Catalina Chupe bieja biuda tiene una hija de teta.
- Catalina Yuyan biuda tiene una hija de doze años.
- Juana Pastote biuda no tiene hijos.
- Ysauel Fumen no tiene hijos.

- Luisa Nepe no tiene hijos.
- Catalina Pechin biuda no tiene hijos.
- Ynes Tichon biuda no tiene hijos.
- Maria Ollun bieja no tiene hijos.
- Elbira Acfel no tiene hijos.
- Catalina Fellen tiene una hija de diez e ocho años soltera.
- Ynes Lalua bieja no tiene hijos.
- Catalina Llallare bieja tiene una hija de doeze años.
- Catalina Yzquen bieja./
- Catalina Fellen bieja tiene una hija de doze o treze años.

bieja

- Catalina Oluc no tiene hijos.
- Barbola Beltoc bieja no tiene hijos.
- Maria Çiçel bieja tiene una hija de hasta seis o siete años.
- Catalina Quepe bieja.
- Catalina Yenpeque bieja tiene una hija de hasta quinze años y es moça soltera.
- Ynes Çaccha bieja no tiene hijos.
- Çeçilia Guaniqui bieja.
- Ynes Ola bieja no tiene hijos.
- Maria Carva bieja tiene dos hijos el mayor de çinco años.
- Catalina Quechin bieja tiene un hijo e una hija el mayor baron de quatro o zinco años.
- Ysabel Tiquilla bieja tiene dos hijas la mayor de diez años.
- Ynes Ninaguagal bieja no tiene hijos.
- Ysabel Tonsoguacai bieja.
- Luisa Yscaque bieja.
- Beatriz Llacxa bieja tiene una hija soltera de diez e seis años.
- Ysabel Tantacallay bieja.
- Catalina Paniac bieja.
- Luçia Chuquichamoc tiene un / hijo y una hija el mayor es el baron de hasta diez e siete años e mas dizesse Juan Condor curi.

- Ysabel Tantallicxa bieja tiene un hijo que se dize Condorsulca es de hedad de diez e siete años soltero.
- Magdalena Miruchan bieja.
- Catalina Chuquilascon bieja.
- Juana Muscuy bieja no tiene hijos.
- Çeçilia Caruacalcon bieja.

Huerfanos

- Magdalena Chuqui soltera huerfana de diez e seis o diez e siete años.
- Ysabel Tantapaniac huerfana de hasta diez o doze años.
- Elbira Tantapaniac de hasta zinco o seis años huerfana.
- Çeçilia Guanoy huerfana de hasta ocho o nueue años.
- Pablo Tasgan huerfano de hasta quatro o zinco años.

El qual dicho prinçipal debajo del dicho juramento dixo e declaro no tener mas yndios de los questan ynbentariados e que sy mas hallare los bendra a manifestar por no yncurrir en las penas que le estan puestas por el. Diego Belazquez de Acuña. Bartolome de Prol./

Yndios de la pachaca de Lanchan de que es prinçipal Domingo Llacxacosma e su gobernador Cosme Tantatocto questan en este pueblo de San Antonio de Caxamarca de la guaranga de Caxamarca de doña Jordana Mexia.

En el pueblo de San Antonio de Caxamarca a beynte e seis dias del mes de henero de mill y quinientos y setenta e dos años el dicho señor Juez hizo paresçer ante si a Juan Caroarimai mandon que dixo ser de los yndios de la pachaca de Chinchin (sic) de que es prinzipal Domingo Lacxacosma menor y a don Alonsso Tuponama mandon de yndios yungas de la pachaca de Chinchin delos quales fue tomado y resçibido juramento en forma de derecho y lo hizieron cada uno dellos como se requeria so cargo del qual les fue mandado que luego traiga ante el todos los yndios que tienen en la dicha pachaca ansy yungas como serranos so pena de perjuros e que seran castigados e desterrados de sus tierras los quales ansi lo prometieron los quales luego traxeron los yndios que se numeraron por la horden siguiente./

TRIBUTARIOS

- El propio gouernador Cosme Tantatocto e su muger Catalina Anyai tiene tres hijos el mayor de hasta seis años es tributario antiguo.
- Juan Caruarimay y su muger Luisa Llamaguacay tiene quatro hijas e un hijo la mayor es la hembra de siete a ocho años.
- Cristobal Quispe y su muger Luisa Guaual tiene un hijo e tres hijas la mayor es hembra de seis años.
- Juan Mango y su muger Barbola Guacaca tiene tres hijas y dos hijos la mayor es la hembra de hasta seis o siete años.
- Domingo Chuquimango y su muger Catalina Caroaconan no tiene hijos.
- Alonso Chigui y su muger Ynes Caxatiquilla tiene una hija de teta.
- Alonso Tomariria y su muger Maria Bichique tiene una hija de teta.
- Juan Rimascus y su muger Maria Guaraz tiene una hija de teta.
- Pedro Quispimango y su muger Juana Ninaguacai tiene dos hijos el mayor de hasta zinco o seis años.
- Anton Caruayalli y su muger Magdalena Guacchacalla tiene un hijo de hasta zinco o seis años.
- Juan Guacchayali e su muger Magdalena Muchui no tiene hijos.
- Alonso Chuquimarqui e su muger Ysabel Chuquicutiqui tiene tres hijas e un hijo la mayor hembra soltera de diez e ocho años. E se dize Hernando Tiquillacondo de hasta quinze o diez e seis años.
- Alonso Guacchatanta biudo tiene una hija de hasta quatro años.
- Juan Guacchatoma biudo tiene un hijo de hasta quatro años.
- Pedro Tantaris soltero no tiene hijos.
- Alonso Pariacocha e su muger Ynes Chuyinpama no tiene hijos.
- Juan Anaiquispi soltero no tiene hijos.

Yndios Yungas de la pachaca questan en este
dicho pueblo.

- Don Alonso Tuponamo mandon de los yndios yungas de la dicha pachaca e su muger Catalina Lipo
tiene zinco hijos e zinco hijas la mayor es la /
hembra de hasta diez años.
- Pedro Tustin soltero tributario no tiene muger ny hijos.
- Juan Calquen e su muger Francisca Efen no tiene
hijos.
- Miguel Guaman e su muger Ynes Choscol tiene tres
hijas e un hijo el mayor es el baron de tres a
quatro años.
- Pedro Nyfel e su muger Maria Ginoyan no tiene
hijos.
- Domingo Chalmi e su muger Ynes Yomoco tiene
dos hijos e una hija la mayor es baron de hasta
seis o siete años.
- Anton Noquis e su muger Ysabel Piollan tiene dos
hijas e un hijo el mayor de hasta siete o ocho
años baron.
- Luis Taculi e su muger Catalina Chirre tiene un hijo
e una hija el mayor es el baron de hasta siete
o ocho años.
- Domingo Chasca e su muger Ynes Cayami tiene un
hijo de teta.
- Pedro Aycani e su muger Luisa Puxal tiene dos hijos
e dos hijas el mayor es el baron de hasta zinco
o seis años.
- Alonso Soxecmac e su muger Maria Xulliqui no tiene
hijos. /
- Francisco Epxen e su muger Luisa Tillin tiene dos
hijos e una hija el mayor de seis años baron.
- Andres Nipucux es biudo tiene una hija de hasta
ocho a diez años.
- Juan Lica y su muger Catalina Cheche no tiene hijos.
- Gomez Toxo y su muger Ysabel Çilquen no tiene
hijos.
- Cristobal Santac y su muger Catalina Jonquen tiene
una hija de quatro años.

– Juan Cayqui y su muger Catalina Mechico tiene tres hijos el mayor de quatro o çinco años.
– Alonso Cayquen y su muger Ysabel Paque tiene una hija de teta.
– Juan Quispe e su muger Çeçilia Chauche tiene un hijo e una hija la mayor es la hembra de hasta quatro o zinco años.
– Juan Cuyten y su muger Catalina Chemanquen tiene dos hijas la mayor de quatro o çinco años.
– Pedro Tinoco e su muger Catalina Gen tiene dos hijas e un hijo el mayor es baron de hasta zinco o seis años. /
– Juan Quispe y su muger Ynes Chegebel tiene un hijo de teta.
– Juan Meo y su muger Maria Fellen tiene un hijo de hasta quatro o zinco años.
– Domingo Guamape biudo tiene un hijo e dos hijas el mayor es baron de hasta diez años.
– Alonso Fisaco e su muger Magdalena Yanca tiene dos hijos el mayor de tres o quatro años.
– Alonso Cuxa y su muger Ynes Xuebel tiene un hijo de teta.
– Pedro Caicai e su muger Ynes Acon tiene un hijo de teta.
– Diego Noques y su muger Ysabel Billucmy no tiene hijos.
– Anton Michipi e su muger Catalina Chipi tiene una hija de teta.
– Alonso Chuto e su muger Ysabel Piçian no tiene hijos.
– Juan Liquis y su muger Magdalena Muchui tiene un hijo de teta.
– Pedro Noque e su muger Catalina Naucaca no tiene hijos.
– Pedro Chollon e su muger Catalina Techami tiene un hijo de teta. /
– Pedro Cholliqui biudo no tiene hijos.
– Pedro pastor de ganado e su muger Ynes Çumel no tiene hijos.

- Pedro Amaiguaman e su muger Ynes Pampaguacai tiene un hijo de hasta çinco o seis años.
- Hernando Colquesulca e su muger Luçia Tanpapacoay tiene dos hijos y una hija el mayor baron de hasta quatro o zinco años.
- Juan Chupo y su muger Ynes Chinan no tiene hijos.
      Biejos que no tributan.
- Pedro Yancacondor y su muger Ysabel Xan tiene dos hijos el mayor de seis o siete años.
- Francisco Munchai y su muger Beatriz Biqui tiene un hijo de tres años.
- Cristobal Llaxac es casado con Ynes Tantachuche tiene dos hijos el mayor de siete o ocho años.
- Alonso Carballaxac biudo no tiene hijos.
- Pedro Chimai biudo no tiene hijos.
- Gaspar Lingan y su muger Ynes Bellen no tiene hijos. /
- Francisco Caçala y su muger Magdalena Obren tiene un hijo de diez o doze años.
- Baltasar Changen y su muger Magdalena Ollen no tiene hijos.
- Juan Chuypen y su muger Maria Cutiqui tiene una hija de hasta siete o ocho años.
- Pedro Nin y su muger Ysabel Chuyne no tiene hijos.
- Pedro Xicon y su muger Catalina Poquen tiene dos hijos e una hija la mayor es la hembra soltera de diez e ocho años y el hijo mayor es de quinze años dizese Juan Nepchen.
- Alonso Yacon y su muger Margarita Chian tiene dos hijos y una hija el mayor de ellos es el baron de hasta çinco o seis años.
- Juan Quinpen e su muger Catalina Chunchun tiene dos hijas y un hijo la mayor dellos es la hembra soltera de diez e seis años.
- Andres Naufen este no tiene hijos ny muger.
- Pedro Parialluca e su muger / Ysabel Guacuychuquin no tiene hijos.
      Biudas e biejas.
- Ysabel Caruapamac biuda tiene un hijo e una hija el mayor baron de zinco o seis años.

- Luçia Muscai biuda tiene dos hijas la mayor es de hasta siete años.
- Catalina Amuy biuda tiene una hija de hasta siete años.
- Juana Yacchi biuda tiene dos hijas la mayor es soltera de diez e seis o diez e siete años.
- Maria Guaraz biuda tiene una hija de hasta seis años.
- Magdalena Tantacallai biuda tiene dos hijas la mayor es de hasta catorze a quinze años.
- Ynes Caruabichiqui biuda no tiene hijos.
- Catalina Guamancalcon no tiene hijos.
- Luisa Taṇtapacai biuda tiene una hija de hasta siete años.
- Ynes Queschon biuda tiene una hija de hasta siete o ocho años.
- Juana Pisbil biuda no / tiene hijos.
- Ysabel Misac biuda tiene un hijo de hasta çinco o seis años.
- Ynes Pomanaucai bieja no tiene hijos.
- Catalina Cheben biuda tiene un hijo de çinco a seis años.
- Catalina Chonchon biuda tiene un hijo e una hija el mayor es baron de hasta ocho o diez años.
- Ysabel Tiquen bieja no tiene hijos.
- Catalina Aruche biuda tiene dos hijos e una hija la mayor dellos es la hembra de hasta siete o ocho años.
- Ysabel Nun bieja tiene dos hijos el mayor de diez años.
- Ysabel Aniap biuda no tiene hijos.
- Ysabel Pirllan bieja no tiene hijos.
- Elbiran Nonon bieja no tiene hijos.
- Ysabel Cequel biuda no tiene hijos.
- Ynes Conap biuda no tiene hijos.
- Catalina Puiquin biuda tiene un hijo de nueue o diez años. /
- Ysabel Bellen biuda tiene un hijo de nueue o diez años.
- Ysabel Chillango bieja tiene una hija soltera de catorze años y tiene otra hija menor quella.

- Ysabel Yaypen biuda tiene dos hijos e una hija es el mayor baron de hasta çinco años.
- Ysabel Bellen bieja no tiene hijos.
- Ynes Piroco bieja no tiene hijos.
- Çeçilia Noyo bieja no tiene hijos.
- Ynes Moymoy bieja no tiene hijos.
- Maria Unap bieja tiene una hija soltera de diez e ocho años.
- Maria Muxopque bieja no tiene hijos.
- Maria Chique biuda tiene dos hijos y una hija la mayor es la hembra de çinco o seis años.
- Ynes Llucon bieja no tiene hijos.
- Ysabel Fulchon bieja.
- Ysabel Yunaque bieja.
- Ysabel Tantaguacai bieja.
- Maria Llaxabichique bieja.
- Luisa Callai bieja.
- Catalina Tunxo bieja.
- Françisca Calloy bieja no tiene hijos.
- Luisa Mynaguagai biuda tiene una hija soltera de diez e ocho años.
- Ynes Caruaguacai biuda tiene una hija de teta.
- Ysabel Llaxachuche biuda tiene dos hijos el mayor de zinco años.

Huerfanos.

- Hernando Pilco de hasta quinze años.
- Ysabel Chilmon de seis años.
- Juan Calcon de zinco a seis años.

El qual dicho prinzipal e mandon entrambos a dos dixeron y declararon debajo del dicho juramento que hecho tenian no tenyan mas yndios de los que tenian numerados yungas y serranos e que sy mas hallaren lo bendra a manifestar por no yncurrir en las penas que le tiene puestas. Diego Belazquez de Acuña. Bartolome de Prol.

*Yndios de la pachaca de Chaupis de Yanayaco
questan en este pueblo de Santo Antonio
de Caxamarca de que es prinzipal Santiago
Llacxaguallan difunto y de la guaranga de
Caxamarca de doña Jordana Mexia.*

E despues de lo suso dicho en el dicho / pueblo de San Antonio de Caxamarca a los dichos beynte e seis dias del dicho mes de henero e del dicho año el dicho señor Juez hizo paresçer ante si a Alonso Tantaquispe mandon que dixo ser de la pachaca de Chaupis e de los yndios della del qual resçibio juramento en forma de derecho y lo hizo como se requeria so cargo del qual le fue mandado que luego traiga ante su merced todos los yndios que tiene en este dicho pueblo de la dicha su pachaca so pena de perjuro e que sera castigado e desterrado de sus tierras el qual ansy lo prometio e luego traxo ante su merced los yndios que se vissitaron por la forma e orden siguientes.

TRIBUTARIOS

- El propio mandon Alonso Tantaquispe casado con Ysabel Chuquinalon tiene tres hijas e un hijo la hembra es la mayor soltera de diez e seis años.

- Diego Guamanquiliche e su muger Caruaiachi tiene una hija de teta.

- Andres Condorquiliche e su muger Ynes Tantaguacai tiene un hijo y una hija el mayor es baron de hasta diez años.

- Alonso Tantaguanca e su / muger Maria Tantabichiqui tiene dos hijas la mayor de hasta quatro o çinco años.

- Domingo Carvaquispe e su muger Magdalena Llaxa tiene dos hijos el mayor de hasta çinco o seis años.

- Pedro Tantaquispe e su muger Luisa Tantacalcon tiene dos hijos e dos hijas la mayor es la hembra soltera de diez e seis e diez e siete años.

- Alonso Missaguaman y su muger Margarita Agai tiene un hijo e una hija es la hembra la mayor de hasta zinco o seis años.

- Françisco Anaymango e su muger Ysabel Llaccha tiene

un hijo e dos hijas es la mayor hembra soltera de hasta diez e ocho años.

- Anton Quispemango y su muger Margarita Caruatumbai tiene dos hijas la mayor es de hasta quatro años.
- Pedro Caruajulca y su muger Ysabel Nanguagay tiene dos hijos el mayor de quatro a zinco años.
- Anton Llacxaguaman e su muger Catalina Chuqui/tiquilla tiene una hija de hasta dos o tres años.
- Juan Mania e su muger Ysabel Llaccheguacai tiene dos hijas la mayor de hasta zinco años.
- Francisco Xulcatanta y su muger Maria Lul no tiene hijos.
- Diego Rimaitanta e su muger Catalina Tantachique tiene dos hijos e dos hijas la mayor es la hembra de hasta seis o siete años.
- Francisco Tomaiquispe e su muger Catalina Panyac tiene un hijo e una hija la hembra es la mayor de hasta zinco o seis años.
- Alonso Tomaichiquimi y su muger Ynes Xulcaguacai no tiene hijos.
- Anton Xulcayali e su muger Luisa Caroanaucai tiene un hijo y una hija el mayor es el baron de nueue a diez años.
- Luis Pomayali e su muger Luisa Cucho tiene un hijo e dos hijas la mayor es la hembra de hasta seis años.
- Pedro Guamanllacxac e su muger Lucia Misatiquilla / tiene dos hijas la mayor de hasta siete años.
- Diego Llatas y su muger Ynes Tantapacoai tiene un hijo de teta.
- Alonso Xulcatoco y su muger Maria Llac tiene un hijo de teta. /
- Gaspar Condormango e su muger Juana Chumbi tiene un hijo e dos hijas la mayor de siete a ocho años hembra.
- Alonso Cusma y su muger Costança Pascai tiene un hijo y una hija el mayor es el baron de quatro años.
- Marcos Tantayamac es biudo tiene un hijo e una hija el mayor es baron de zinco o seis años.

- Juan Guacchapuri este no tiene muger ny hijos es soltero.
- Pedro Guamansulca es soltero no tiene hijos.
- Juan Guaccha soltero no tiene hijos.
- Alonso Anaiquispi soltero no tiene hijos.
- Pedro Colquequiliche soltero. /

Vissita que acabo de hazer el señor Diego de Salazar corregidor de la Prouincia de Caxamarca por comision del Excelentisimo señor don Françisco de Toledo Visorrey destos Reynos y que abia empeçado de hazer Diego Belazquez de Acuña y las aberiguaçiones que se hizieron.

E despues de lo suso dicho en el dicho dia diez de março del dicho año de mill e quinientos y setenta y ocho años el dicho señor corregidor hiço paresçer ante si a Santiago Llacxaguillen prinçipal de la pachaca de Chanpis de Yanaico questan en este pueblo de San Antonio de Caxamarca de doña Jordana Mexia ques el prinçipal que enpeço a vissitar el dicho Diego Belazquez de Acuña y lo dexo al qual se le mando traiga luego los yndios que quedaron por visitar el qual traxo los yndios siguientes que dixo avian por vissitar.

Yndios que quedaron y estauan por acauar de vissitar de la pa/chaca de Chanpis de Yanaico questan en este pueblo de San Antonio de Caxamarca de ques prinçipal Santiago Llacxaguillen difunto e de la guaranga de Caxamarca de doña Jordana Mexia.

- Juan Anyacchigni casado con Luisa Mochoy no tiene hijos.
- Diego Guacchacyali y su muger Maria Caruatonso tiene un hijo sera de hedad de çinco años llamado Domingo e una niña resçien nasçida llamada Juana.
- Françisco Xulcaquispe casado con Ysabel Anyacchiqui tiene quatro hijos el uno llamado Diego de hedad

de ocho años y otro Pedro de seis años y otro
Lorenço de tres años y otro Gomez de hasta un
año.
- Pedro Quiliche casado con Magdalena Cullaguacay tiene
una hija de hedad de ocho años e un hijo Martin
de siete años y medio.

Viejos y reseruados.

- Pedro Llacxaguanca reserbado por auer muchos años
questa malo casado con Ynes tiene dos hijos Ysabel de hasta nueue años y un hijo Alonso de hasta un año.
- Alonso Cunga biejo y reserbado biudo tiene un hijo
/ llamado Juan Colquejulca de hedad de doze años
e una hija Françisca de hedad de siete años.
- Pedro Guacchatanta biejo reseruado casado con Françisca Tumaguacai.
- Alonso Xuto çiego casado con Juana Avaras tiene
una hija casada con un yndio de Chachapoyas.

Yndios solteros.

- Diego Collaxulca soltero paga tributo entero.
- Juan Tantatocas soltero no a entrado a tributar por
no tener hedad cumplida.
- Diego Guamanllacxa soltero no paga tributo por no
aber llegado a hedad.
- Alonso Chuquixulca soltero no paga tributo por no
tener hedad.
- Juan Xulcaguaccha soltero y es ya casado con Ysabel
Guacchacalcan entra a tributar.
- Pablo Xambos soltero y es casado que se caso ayer
con Magdalena Caruacaya entra a tributar. /
- Alonso Guamanquispi soltero no tributa por no tener
hedad.

Yndios biejos reseruados olbidados

- Alonso Llacxabilca biejo no tiene muger ny hijos.

Yndias biejas solteras y biudas.

- Luçia Chuquinachai tiene dos hijos el uno llamado
Alonso de hedad de diez años y otro Anton de
siete años y una hija llamada Françisca.
- Ysabel Cuchi tiene un hijo llamado Juan de honze
años.

- Catalina Lachicalcomy bieja.
- Maria Caroacumanmi bieja.
- Juana Caruapacai tiene dos hijos el uno Luis de hedad de treze años y otro Cristobal de ocho años.
- Malgarita Caluacalcan tiene una hija llamada Luissa de hedad de syete años.
- Ynes Limai soltera biuda.
- Ysabel Chuquimunai tiene una hija e un hijo el hijo llamado Alonso de syete años y la hija Ynes de diez años. /
- Magdalena Chigua soltera biuda.
- Luisa Chuya biuda.
- Maria Maynichuqui bieja.
- Ana Tumbai bieja.
- Ana Tantallacxa bieja.
- Ysabel Chuquibichic biuda tiene un hijo llamado Martin de quatro años.
- Catalina Tilla bieja.
- Luisa Caxapanic biuda tiene tres hijas la una llamada Ysabel de catorze años y la otra Magdalena de hedad de catorze años y otra Catalina de hedad de seis años.
- Ysabel Curumunai soltero (sic)
- Juana Guacaitilla soltera.
- Biolante Culluma soltera.

El qual dicho prinçipal dixeron y declararon que dabajo de juramento que hecho tiene no tener mas yndios de los que tiene numerados e que sy mas hallaren los bendra a manifestar por no yncurrir en las penas que le tiene puestas Diego de Salazar ante mi Pedro de los Rios escriuano de su Magestad.

Yndios de la pachaca de Collana de ques prinçi/pal Miguel Cullajulca questan en este pueblo de San Antonio de Caxamarca de la encomienda de doña Jordana.

E despues de lo suso dicho en el dicho asiento de San Antonio de Caxamarca a diez dias del mes de março del dicho año de mill y quinientos e seten-

ta e ocho años el dicho señor corregidor hizo paresçer ante si a Miguel Cullajulca prinçipal que dixo ser
de la pachaca de Collana questa en este pueblo de
San Antonio de Caxamarca y del resçibio juramento
en forma de derecho e lo hizo como se requeria e
so cargo del qual le fue mandado que fue mandado que luego traiga ante su merced todos los yndios
que tiene en este dicho pueblo de la dicha su pachaca
so pena de perjuro e que sera castigado y desterrado de sus tierras el qual ansy lo prometio e traxo
luego ante su merced los yndios que se vissitaron por
la forma e orden siguiente.
– Pedro Rimaiguaman yndio tributario casado mitima llamase su muger Ynes Pampaguacai tiene dos hijos
el uno mayor Juan de hedad de seis años / y
otro Alonso de un año e una hija Juana de hedad
de tres años.

Yndios reseruados.

– Hernando Colquejulca reseruado casado con Luçia
Tantapacuya tiene dos hijos y dos hijas el uno mayor
llamado Juan de siete años y otro Pedro de tres
años y Jordana de quatro años y una nyña a los
pechos de un año.

El qual dicho prinzipal debajo del dicho juramento declaro no tener mas yndios en este dicho assiento de los suso dichos que cada que paresçiere aver
mas los berna a declarar ante el dicho señor corregidor por no yncurrir en las penas que le estan puestas.
y el señor corregidor lo fyrmo Diego de Salazar ante
mi Pedro de los Rios escriuano de su Magestad.

E despues de lo suso dicho en el dicho dia
diez dias del dicho mes de março del dicho año en
el dicho asiento de San Antonio de San Marcos el
dicho señor corregidor hizo paresçer ante si a Anton
Puxac prinzipal de la pachaca de Xalique questa en
este pueblo de San Antonio de Caxamarca de la encomienda de doña Jordana Mexia y del / se resçibio juramento en forma de derecho segun que de los demas
prinçipales y so la dicha pena y ellos lo hizieron y
prometieron de traer luego los yndios que en este dicho

pueblo tuuiere para el efecto que le es mandado y traxo los yndios siguientes.

TRIBUTARIOS
- Alonso Amyacmoro yndio tributario casado con Ynes Colquecotec tiene dos hijas la una llamada Çiçilia de hedad de zinco años y la otra llamada Ysabel de tres años.
- Andres Guacchaguaman tributario casado con Costança Pujancacolcon tiene una niña de dos años llamada Françisca e una nyña de un año llamada Maria.
- Una yndia bieja llamada Maria Sibicalcum tiene un hijo llamado Pedro Mancotanta de diez años.

El qual dicho prinzipal debajo del dicho juramento declaro no tener mas yndios de los dichos en este pueblo e que cada que se acordare y paresçiere aver mas lo berna diziendo y declarando por no yncurrir / en las penas que se le a puesto. y el senor corregidor lo fyrmo Diego de Salazar ante mi Pedro de los Rios.

E despues de lo suso dicho en el dicho asiento de San Antonio de Caxamarca en los dichos diez dias del dicho mes de março del dicho año el dicho señor corregidor hizo paresçer ante si a don Françisco Guacchaguaman prinzipal de la pachaca de Namongora questa en este dicho pueblo de San Antonio de Caxamarca de la encomienda de doña Jordana Mexia del qual se resçibio juramento en forma de derecho y lo hizo como se requeria y so cargo del qual le fue mandado luego traiga ante su merced todos los yndios que tiene en este pueblo de la dicha su pachaca so pena de perjuro e que sera castigado y desterrado de sus tierras el qual ansy lo prometio y traxo y exsybio los yndios siguientes.

Yndios de la pachaca de Namongora de ques principal don Francisco Guachaguamango questa en este pueblo de San Antonio de Caxamarca que son de la / encomienda de doña Jordana.

TRIBUTARIOS
- Juan Guacchayali casado con Ana Sylepe tiene un hijo de hedad de dos años llamado Juan e una hija

llamada Barbola de tres años y otro hijo mas que se llama Juan questa a los pechos.

– Juan Chuquiguaman tributario casado con Ynes Morochan tiene dos hijos e dos hijas el mayor llamado Juan Tomaillaxac de hedad de diez años y otro a los pechos de seis meses llamado Miguel y Francisca de hedad de seis años y Maria de tres años.

– Alonso Quespe casado con Maria Caruatumpai tiene una hija llamada Françisca de zinco años.

– Diego Parias tributario casado con Magdalena Acum tiene un hijo llamado Diego de dos años e una hija Ynes de un año.

– Hernando Condor mango tributario cassado con Catalina Tusyn tiene / dos hijos el uno llamado Domingo de quatro años e Martin de tres años y una niña Luisa de un año.

– Pedro Ayancondor tributario cassado con Magdalena Yanyaicalcuni tiene un hijo Juan de seis meses y dos hijas Ynes de tres años y Barbola de un año y medio.

– Juan Manyan tributario cassado con Ynes Orochan tiene quatro hijas Juana de hedad de diez años y otra Elvira de zinco años y otra Luisa de quatro años y otra Leonor de un año.

– Alonso Condorapai tributario cassado con Ynes Guacchamachai tiene dos hijos e dos hijas Alonso de hedad de tres años y Garçia de dos años y Magdalena de zinco años y Juana que tiene en los pechos.

– Anton Tantaguacha tributario casado con Ysabel Guacaibichic un hijo llamado Alonso de hedad de treze años y Catalina e Ynes y Ana sus hijas/.

– Domingo tributario huido tiene si muger que se llama Ynes Colquebichiqui con una nyna de año y medio llamada Ysabel.

– Juan Yaman tributario casado con Costança Chuquibin no tiene hijos.

– Francisco Guaccha tributario biudo y esta huido.

Biudas y solteras. y biejos reseruados.

- Anton Estep soltero reseruado por enfermedad de mal
  de coraçon.
- Hernando Umab biejo reseruado casado con Ynes Xalca
  tiene tres hijas la una Magdalena de diez años y
  Francisca de syete años y Juana de año y medio
  e un hijo Juan de zinco años.
- Domingo Omar reseruado casado con Ynes Calcon
  tiene una hija Beatriz de quatro años e un hijo Pedro
  de un año.
- Juana Llacxachuqui biuda no tiene hijos.
- Juana Tantaguacai biuda tiene dos hijos Juan de hedad
  de zinco años e Ynes de diez años./
- Elbira Colquerurai biuda tiene dos hijos Alonso de
  ocho años y Jeronimo de dos años.
- Catalina Guras biuda tiene un hijo Diego de dos
  años.
- Ynes Nynaguacai biuda tiene un hijo Miguel de qua-
  tro años. e tres hijas Costança de ocho años y Ursu-
  la de zinco años y Biolante de dos años.
- Costança biuda no tiene hijos.
- Juana Colquepanya biuda tiene un hijo Juan de un
  año.
- Maria Lachi bieja no tiene hijos.
- Ana Caruabucai bieja.
- Magdalena Amerochan bieja.
- Catalina Caruatiquilla bieja.

El qual dicho prinçipal debajo del dicho juramento declaro no tener mas yndios de los dichos en este
pueblo de San Antonio e que cada que se acordare
y paresçiere auer mas los berna diziendo y declarando por no yncurrir en las penas que se le a puesto
y el senor corregidor lo fyrmo Diego de Salazar ante
mi Pedro de los Rios. escriuano de su Magestad.

E despues de lo suso dicho en el dicho asiento
de San Antonio de Caxamarca a los / dichos diez
dias del dicho mes de março del dicho año de mill
e quinientos e setenta e ocho años el dicho señor
corregidor hizo paresçer ante si a Bartome Anyaicullo
prinçipal de la pachaca de Canuato questan en este
asiento de Caxamarca de San Antonio de la encomien-

da de doña Jordana e del fue resçibido juramento en forma de derecho y so cargo del le fue mandado luego traiga ante su merced todos los yndios que tiene en este pueblo de la dicha pachaca so pena de perjuro y que sera castigado y desterrado de sus tierras el qual asy lo prometio y traxo y exsibio los yndios siguientes.

TRIBUTARIOS

- El propio prinçipal Bartolome Anyaycuyo prinçipal casado con Ysabel Guacai tiene seis hijos Hernando de diez años y Domingo de seis años y Françisco de tres años y Ynes de catorze años e Ynes de treze años y Luissa de año y medio.
- Rodrigo Gomayguanca tributario casado con Leonor Pucha tiene tres hijos y una hija el uno llamado Domingo de diez años y otro Juan de ocho años / y otro Juan de zinco años e Ysabel de nueue años.
- Diego Guatai tributario casado con Catalina Cas tiene dos hijos el uno Luis de tres años y otro Françisco de dos años.
- Pedro Tantatocto tributario casado con Ynes Nynaguacai casado tiene tres hijos el uno Gomez de ocho años y otro Juan de quatro años y otro Nicolas de un año.
- Juan Tantamango tributario casado con Catalina Colquachuc tiene dos hijos el uno Domingo de quatro años y otro Françisco de un año.
- Anton Raico tributario casado con Catalina Tantapanyac tiene quatro hijos el uno baron llamado Anton doze años e Ynes de diez años y Catalina de zinco años e Ysabel de tres años.
- Françisco Anyaytanta tributario casado con Malgarida Guacchacpanyal tiene un hijo llamado de tres años e Ynes de quatro años e otra Ynes de un año./
- Juan Chata tributario casado con Ynes Poyan tiene una hija que tiene a los pechos.
- Felipe Chimic tributario entero no es casado.
- Pedro Xali casado con Catalina Chuquies tributario tiene dos hijos el uno Juan de dos años y el otro de un año asymesmo llamado Juan.

- Pedro Guacchasulca tributario casado con Catalina Coqueguacai tiene tres hijos el uno Alonso de doze años y Diego de nueue años y Juan de un año y medio.
- Alonso Anyaymanco tributario entero y no es casado.
- Diego Guacaicondor tributario casado con Maria Paniac tiene una hija llamada Aldonça de dos años e un hijo Lorenço de un año.
- Pedro Xulcapoma tributario casado con Luisa Anyayticla tiene un hijo llamado Pedro de quatro meses.
- Juan Ricra tributario casado con Ynes Caruanaucan tiene una hija de tres años llamada Ysabel e un hijo Luis de un año.
- Diego Guamaurayco tributario casado con Françisca Anyay tiene dos hijas e un hijo Costança de doze años y Magdalena de tres años y Pedro de un año.
- Juan Anyayguaccha tributario casado con Ysabel Chuquicutiqui tiene tres hijos e una hija Juan de hedad de seis años y Pedro de zinco años y Juan de un año y Catalina de tres años.
- Françisco Guacchayan tributario casado con Juana Mos tiene dos hijas Costança de hedad de tres años y Çeçilia rezien nasçida.
- Juan Chuquichucni tributario casado con Catalina Pariaycunan tiene un hijo Felipe de dos años e una hija de seis meses llamada Cathalina.
- Juan Colquerisca tributario casado con Juana Llamabichic tiene tres hijas e un hijo Ynes de ocho años y Françisca de seis años y Juana de quatro años y Juan de dos años.
- Francisco Xulca tributario casado con Catalina Chumi/ tiene un hijo Alonso de diez años e una hija Aldonça de dos años y otro hijo Juan de ocho años.
- Juan Caruatocto tributario casado con Catalina Yacoguabai tiene dos hijos e dos hijas Hernando de seis años Domingo de quatro años Magdalena de zinco años Elena reçien nasçida.
- Anton Xulcaquispe tributario casado con Ynes Calcon tiene un hijo Diego de quatro años y una hija Magdalena de un año.

- Juan Chuquiguaccha tributario casado con Maria Carvaconan con un nyño de un año llamado Pedro.
- Diego Guamanquispi tributario casado con Ynes Misaguacai.

Yndios Mitimas yungas del dicho prinçipal
Bartolome Anyaycullo questan en este dicho
asiento de San Antonio de la dicha
encomienda de doña Jordana.

TRIBUTARIOS

- Françisco Çicon tributario casado con Ynes Biucus tiene dos hijas e un hijo Costança de ocho años e Maria de / tres años y Juan de seis meses.
- Pedro Caman tributario casado con Leonor Quiun tiene una hija ques de tres años y un nyño a los pechos Andres.
- Gaspar Pullunco tributario casado con Ysabel Chayan tiene una hija reçien nasçida Maria.
- Françisco Chunco tributario casado con Magdalena Nusta tiene una hija Luisa de un año.
  Yndios biejos y biejas reseruados casados.
- Andres Condormango reserbado casado con Magdalena Colquechucai tiene quatro hijos e una hija Françisco Nynaquispi de catorze años y Françisco Ninatanta de treze años y Hernando de doze años y Alonso Colqueguaccha de nueue años y Maria de quinze años.
- Anton Guacchatumara reseruado casado con Ynes Pacuai tiene dos hijas Magdalena de tres años Luisa de quatro meses./
- Françisco Julcaguaccha reserbado casado con Catalina Nunabichic tiene tres hijos e una hija Juan de seis años y Domingo de zinco años y Pedro de un año y Catalina de tres años.
- Juan Condorquiliche reservado casado con Barbola Yachec tiene un hijo de doze años llamado Miguel y Magdalena de honze años.
- Anton Ayac reserbado biudo tiene un hijo Anton de seis a siete años y una hija Luisa de quatro años.
- Juan Guamantucto reseruado casado con Catalina Anyac

tiene un hijo Gonçalo de zinco años e una hija de siete años.

- Françisco Chuquiguaman reseruado casado con Catalina Cus tiene dos hijos e una hija Alonso Coxo de quinze años y Alonso de ocho anos e Ysabel de catorze años.
- Alonso Aniaiquispe reseruado casado con Juana Guamancallai tiene un hijo e dos hijas Juan de hedad de tres años / y Çeçilia de syete años y Catalina de quatro años.
- Alonso Tantaguanca reseruado casado con Ynes Colquetania.
- Juan Llacatanta coxo reserbado casado con Françisca Tusmi tiene un hijo Françisco de syete años.
- Alonso Guacchaquispe reseruado casado con Catalina Chami tiene dos hijas e un hijo Luis de seis años y Juana de tres años y Maria de un año.
- Gonçalo Chuquitanta reseruado casado con Juana Guacai tiene dos hijos e una hija Alonso de hedad de syete años y Gonçalo de tres años y Ynes de treze años.

Biejos y Biudos reserbados.

- Diego Puric.
- Alonso Caruaalli.
- Françisco Crauacusma tiene un hijo Pedro de hedad de catorze años.
- Françisco Carvatanta tiene dos hijos e una hija e dos hijos Diego de diez años Alonso de quatro años e Ysabel de syete años./

Yndias biejas solteras.

- Françisca Pacachallai.
- Catalina Pariabichique tiene un hijo llamado Alonso de treze años.
- Françisca Tantaguacai.
- Luisa Acai.
- Catalina Guacalcunan tiene dos hijas solteras Juana de quinze años e Ynes de catorze años.
- Malgarida Chapa.
- Catalina Llacxaguacai.
- Ysabel Misatiquilla tiene un hijo de zinco años e

una hija Çeçilia de treze años y el hijo se llama Diego.

- Françisca Carvacallai tiene una hija Ynes de catorze años.

Biudas.

- Ysabel Llacxachuque.
- Catalina Tumbai tiene tres hijas Ysabel de syete años y otra Ysabel de seis años e Ynes de çinco años.
- Catalina Tantacalcoi tiene dos hijos y una hija Joan de syete años e Martin de quatro e Ysabel de çinco.
- Malgarida Ninapaquia / tiene tres hijas e un hijo llamado Domingo de siete años e Ysabel de doze años e Juana de zinco años Françisca de doze años.
- Catalina Condorbichiqui tiene tres hijas Barbola de zinco años Catalina de tres Malgarida de un año.
- Ysabel Caruacuti tiene tres hijas e dos hijos Juan de catorze años e Pedro coxo de diez años e Juana de doze años y Luisa de seis años e Ynes de dos años.
- Catalina Caxoxunan tiene una hija Malgarida de ocho años.
- Françisca Ollen tiene un hijo de catorze años llamado Juan Cachec.

Yndios olbidados tributarios del dicho prinçipal
Bartolome Bicho.

- Alonso Tantallaxac casado con Ysabel tiene una hija pequeña es tributario.
- Diego Coron tributario casado con Ynes no tiene hijos.
- Juan Quispi muchacho de doze años./

El qual dicho prinzipal debajo del dicho juramento declaro no tener mas yndios de los dichos en este pueblo e que cada que se acordare e paresçiere aber mas lo berna diziendo y declarando por no yncurrir en la pena que se le a puesto y el señor corregidor lo fyrmo Diego de Salazar ante mi Pedro de los Rios escriuano de su Magestad.

E despues de lo suso dicho en el dicho asiento de San Antonio de Caxamarca a honze dias del dicho

mes de março del dicho año de mill y quinientos e
setenta e ocho años el dicho señor corregidor hizo
paresçer ante si a don Andres Tantamoro prinçipal y
caçique de la guaranga de Colquemarca Mytimas questa
en este pueblo de San Antonio de Caxamarca que son
de la encomienda de doña Jordana Mexia y del se
reszibio juramento en forma de derecho por las dichas
lenguas y el lo hizo como se requeria e so cargo
del le fue mandado que luego traiga ante su merced
todos los yndios que tiene en este dicho pueblo de
la dicha su pachaca so pena de perjuro e que sera
castigado y desterrado de sus tierras el qual asy lo
prometio luego traxo ante su merced / los yndios siguientes.

*Yndios mitimas de la pachaca de Culquimarca
de ques caçique y principal don Andres
Tantamoxo questan en este pueblo
de San Antonio de Caxamarca de la
encomienda de doña Jordana Mexia.*

NO TRIBUTA — El propio caçique don Andres Tantamoxo casado con
Maria Misa tiene tres hijos e dos hijas Felipe de
seis años y Luisa de çinco años y Santiago de tres
años y Sancho de dos años y Maria no paga tributo
por ser caçique.

TRIBUTARIOS — Martin Llaxacusma tributario entero biudo tiene un
hijo çiego Alonso y otro Juan de un año.
- Alonso Aquetanta tributario casado con Catalina Moxotilla
no tiene hijos.
- Juan Chigui tributario casado con Ana Bichic tiene
un hijo y tres hijas Lorenço de diez años e Ynes
de seis años e Elbira de tres años e Magdalena
de un año.
- Lorenço Tantabilca tributario biudo tiene un hijo e
una hija Françisco / de treze años y Çeçilia de diez
años.
- Juan Cuilaui tributario casado con Catalina Colque
no tiene hijos.
- Juan Guaccha tributario casado con Ynes Cuchequen
tiene tres hijas y un hijo Juana de ocho años Catalina

de zinco años Françisca de tres años Juan de dos años.

- Juan Guaccha tributario casado con Luisa Pasna tiene un hijo Andres de siete años.
- Juan Cochaguaman tributario casado con Maria Llaxa no tiene hijos.
- Juan Guacchamango tributario casado con Juana Rayme no tiene hijos.
- Anton Poma tributario casado con Ana yndia no tiene hijos.

Solteros tributarios.

- Alonso Pomoquispe soltero medio tributario.

Biejos reserbados casados.

- Don Martin Guacchatanta casado con Luisa Sotqui.
- Hernando Cusma reserbado casado con Luisa Xumucho tiene quatro hijas / Catalina de treze años Maria de ocho años Ysabel de tres años Ynes de un año.
- Hernando Xayatanta biejo reseruado casado con Ynes Machai tiene un hijo de doze años llamado Gonçalo.
- Juan Jule biejo reserbado casado con Catalina Anas tiene un hijo Françisco de quatro años.
- Anton Colquebilca reseruado por tener mal de coraçon casado con Luisa Tantaschic tiene dos hijas y un hijo Catalina de ocho años Ana de quatro años Domingo de un año.
- Françisco Tantaquispe reseruado biejo casado con Ysabel Mesatiquilla no tiene hijos.
- Gonçalo Quispe çiego reseruado casado con Elbira Cacho.
- Juan Setos reseruado por mal de coraçon biudo.

Biejas por casar.

- Maria Colquemian.
- Ysabel Yumuch.
- Juana Llacxachamuc.
- Ysabel Tantaxuni./

El qual dicho prinçipal debajo del dicho juramento declaro no tener mas yndios en este pueblo de los que tiene dichos e que cada que se acordare y paresçieren mas lo berna a dezir y el señor corregidor lo firmo

Diego de Salazar ante my Pedro de los Rios, escriuano de su Magestad.

E despues de lo suso dicho en el dicho asyento de San Antonio de Caxamarca a los dichos honze dias del dicho mes de março del dicho año el dicho señor corregidor hizo paresçer ante si a Juan Colquetanta prinçipal de la pachaca de Colquemarca e del tomo el dicho señor corregidor juramento en forma de derecho y el -lo hizo en forma de derecho por las dichas lenguas y le fue· mandado que so cargo del luego traiga ante su merced todos los yndios que tiene de la dicha pachaca en este dicho pueblo para los asentar so pena de perjuro e que sera castigado y desterrado de sus tierras el qual traxo los yndios siguientes.

– Françisco Caruaguaccha tributario casado con Françisca Carvatiquilla tiene tres hijas y un hijo Diego de seis años Ysabel de catorze años y Françisca de siete años e Çiçilia de quatro años.//

– Juan Cullaui tributario casado con Costança Gen tiene una hija de teta.

El qual dicho prinçipal debajo del dicho juramento declaro no tener mas yndios de los dichos en este pueblo e cada que paresçiere auer mas lo berna a declarar y el señor corregidor lo fyrmo Diego de Salazar ante mi Pedro de los Rios escriuano de su Magestad.

E despues de lo suso dicho en el dicho asiento de San Antonio de Caxamarca en los dichos honze dias del dicho mes de março del dicho año el dicho señor corregidor hizo paresçer ante si a don Sebastian prinçipal de la pachaca de Xaxaden y del tomo y resçibio juramento en forma de derecho y por las dichas lenguas so cargo del qual el dicho señor corregidor le mando luego traiga ante su merced los yndios de la dicha su pachaca que tiene en este dicho pueblo de la encomienda de doña Jordana Mexia so pena de perjuro y que sera castigado e desterrado de su tierra el qual dixo que tiene en este dicho pueblo los yndios siguientes. que estan en este pueblo de la dicha pachaca e son del tenor siguiente.

- Don Pedro Caxapilco tributario casado con dona Ana Casalatan tiene un hijo Françisco Astupilco de hedad de quinze / años y es casado puede pagar tributo.
- Pedro Cosquenaibin tributario casado con Magdalena Losquisicon tiene un hijo e una hija Sancho de zinco años e Jordana de quatro años.
- Juan Angaslalo tributario casado con Luisa Colquebichic tiene una hija e dos hijos Magdalena de tres años y Pedro de dos años y otro que nasçio ayer.
- Diego Astopilco tributario casado con Juana Nytas tiene una hija Jordana de un año.
- Melchior Masamalon tributario casado con Ysabel Coromunai tiene una hija Magdalena de dos años.
- Juan Cossapalia tributario casado con Catalina tiene un hijo Felipe de dos años.
- Françisco Astosdeas tributario casado con Catalina Tantabichiqui.
- Alonso Cullan tributario casado con Françisca Pariaguacai tiene dos hijas. Ysabel de tres años e Ynes de un año.
- Andres Xulca tributario / cassado con Ana Carua.
- Alonso Chacla tributario casado con Costança Guacchaguacai.
- Alonso Riaycach tributario casado con Luisa Rimai tiene un hijo Lorenço en los pechos.
- Pedro Quibinda tributario casado con Maria Pasna tiene un hijo e una hija Andres de seis años e Ysabel de zinco años.
- Juan Quispe tributario casado con Ysabel Ofchin tiene dos hijas Maria de tres años y Françisca a los pechos.
- Domingo Pichbil tributario casado con Ynes Piroc tiene una hija Ynes a los pechos.
- Domingo Tamet tributario casado con Ysabel Sefel tiene un hijo Diego de un año.
- Baltazar Condor tributario biudo.
- Pedro Cocho tributario casado con Ynes Munchin tiene dos hijos Gaspar de tres años e Juan de dos años.
- Françisco Silcha tributario casado con Ysabel Pin/ tiene una hija e un hijo Costança de tres años y Miguel de dos años.

- Martin Quiale tributario casado con Juana Paichan tiene un hijo de tres años.
- Pedro Soria tributario casado con Ysabel Mancun tiene un hijo Juan de un año a los pechos.
- Domingo Noyo tributario casado con Maria Nona tiene un nyño Diego a los pechos de un año.
- Martin Quinidin tributario casado con Ysabel Casqui tiene un hijo e una hija Gaspar de seis anos y Françisca de tres años e una niña reçien nasçida.
- Diego tributario cassado con Catalina Yupan tiene un hijo de dos años.
- Juan Binchi biudo paga tributo entero.
- Pablo Sanca tributario casado con Çicilia Supi tiene dos hijos e una hija Martin loco de hedad de siete años y Domingo de quatro años y Costança de un año./
- Lorenço Oror tributario casado con Ynes Saccho tiene dos hijos Miguel de diez años y Andres de zinco años.
- Anton Caycui tributario casado con Maria Ponyo tiene un hijo y una hija Garcia de quatro años e Ysabel de dos años.
- Alonso Efchen tributario con Çiçilia Pasna tiene un hijo e una hija Hernando de quatro años e Ysabel de tres años.
- Andres Llaman tributario casado con Maria Yunsai tiene una nyña Catalina de un año.
- Andres Pinchin tributario casado con Çiçilia Llena tiene dos hijas e un hijo Françisca de ocho años Luçia de quatro años Domingo de un año.
- Anton Quispe tributario casado con Magdalena Pachena tiene un hijo y una hija Domingo de tres años y Luçia nyña a los pechos.
- Françisco Cai tributario casado con Costança Suyo/ tiene dos hijos Diego de dos años y Pablo a los pechos.
- Françisco Soques tributario casado con Ynes Chuquesol tiene dos hijos Françisco de dos años y Baltazar recien nasçido.

- Anton Chuyep tributario casado con Ysabel tiene un hijo Diego de un año.
- Françisco Luico biudo paga tributo entero tiene una niña de un año.
- Alonso Conyuslingo soltero paga medio tributo de quinze años.

Solteros que no tributan.

- Miguel soltero que no a entrado a tributar de quinze años.
- Alonso Astochicon de diez años.
- Juan Baytista hijo de don Sancho de diez años.

Biejos casados reseruados.

- Don Sancho Cosanchilon casado con Ysabel Tantabichique tiene quatro hijos e quatro hijas Gomez de nueue años Luis de / ocho años Martin de tres años y Pedro de dos años y Çeçilia y Beatriz y Catalina y Costança. Tiene este don Sancho otro hijo llamado Marcos questa reseruado de pagar tributo.
- Don Cristobal Xulcapoma reseruado por biejo casado con Catalina Chupnayan tiene un hijo e una hija Juan de un año e Juana de diez años tiene este yndio otro hijo Françisco de catorze años reseruado de pagar tributo.
- Lorenço Luliciban biejo reseruado casado con Ana Riacoxi tiene un hijo de catorze años llamado Françisco.
- Sebastian Anyaytoma biejo reseruado casado con Ysabel Rimai tiene un hijo e dos hijas Pedro de dos años Ysabel Chapa de quinze años Ynes de zinco años.
- Lorenço Ayanytanta biejo reseruado casado con Luisa Pilco tiene dos hijas Ana de catorze años e Ysabel de treze.
- Pedro Sip biejo reseruado / casado con Juana Mosen tiene dos hijos y tres hijas Domingo de catorze años e Pedro de treze años Luisa de seis años e Ynes de ocho años e Costança de cinco años e Ynes de tres años tiene este yndio quatro hijos e dos hijas.
- Alonso Balucta biejo reseruado casado con Juana Vilo tiene tres hijas e un hijo Lorenço de tres años y las hijas son las dos para casar y la otra pequeña.

- Andres Chucco biejo reseruado casado con Ysabel Quiten tiene un hijo y una hija Françisco de nueue años y Catalina de honze años.
- Pedro Chusso biejo reserbado casado con Ysabel Coschep tiene una hija Ysabel de ocho años.
- Martin Puchen biejo reserbado con Luisa Bispich tiene dos hijos y una hija Domingo de diez años y Hernando de ocho años e Maria de tres años.
- Hernando Ochen biejo reservado casado con Costança Xulpa tiene un hijo / Joan de ocho años.
- Juan Chonmulla reservado viejo casado con Ysabel Syllon.
- Pedro Biscuch biejo reserbado casado con Ysabel Soya tiene dos hijos Hernando de diez años y Diego de nueue años.
- Anton Cuicuy biejo reserbado casado con Catalina Luchun.
- Diego huerfano hijo de Coxinnamo de hedad de quinze años.
- Pablo Llubin biejo reseruado casado con Luisa Pon tiene zinco hijos Alonso de doze años y Anton de diez años y Françisco de nueue años y Diego de quatro años y Miguel de dos años.

Yndias biudas.

- Maria Cosandecos biuda.
- Juana Chuplandin biuda.
- Magdalena Lachoz biuda.
- Luisa Tacamama tiene quatro hijos Pedro de honze años y Domingo de diez años y Rodrigo de quatro años y Cristobal de año y medio./
- Catalina Yacchi biuda tiene un hijo e una hija Garçia de quinze años y Magdalena de diez años.
- Juan Angaschot biudo.
- Juana Chupp biuda.
- Ysabel Anyaychuque biuda.
- Beatriz Chaduc biuda.
- Luisa Cuyundec biuda.
- Ysabel Caluachuc biuda. tiene dos hijas e un hijo Juan de ocho años y las hijas de syete e seis años.

- Magdalena Chipac bieja tiene una hija Juana de diez años.
- Luisa Chipal bieja tiene una hija Ana de tres años.
- Ysabel Chono biuda.
- Maria Guacango bieja.
- Ysabel Cuiguarango bieja.

Solteras por casar.

- Françisca Binsusx soltera.
- Costança Cullan soltera.
- Ysabel Ylccho soltera.
- Costança Çemto soltera.
- Maria Uchcay bieja.
- Otra Maria Meyey bieja.

El qual dicho prinçipal don Sebastian debajo del dicho juramento declaro no tener en este pueblo / mas yndios de la dicha pachaca de los que tiene declarados e que cada que los hallare y a su notiçia biniere los berna a dezir y declarar por no yncurrir en la pena que le a sido puesta y el señor corregidor lo fyrmo Diego de Salazar ante mi Pedro de los Rios escriuano de su Magestad.

E despues de lo suso dicho en el dicho asiento de San Antonio de Caxamarca de diez dias del mes de março del dicho año de mill y quinientos e setenta e ocho años el dicho señor corregidor hizo paresçer ante si a don Melchior Carbaraico prinzipal de la pachaca de Chalchaden y del tomo y resçibio juramento en forma de derecho y lo hizo segun que los demas y fue aperzibido que so cargo del dicho juramento luego traiga ante su merced todos los yndios que de la dicha su pachaca tiene en este pueblo so pena de perjuro y que sera castigado e desterrado de su tierra el qual ansy lo prometio y traxo los yndios mitimas siguientes.

Yndios Mitimas de la pachaca de Chalchaden questan en este / pueblo de San Antonio de Caxamarca de que es prinçipal don Melchior Carbaraico de la encomienda de doña Jordana.

- Juan Cuxu tributario casado con Luisa Chup tiene un hijo Miguel de un año.
- Françisco Mateo tributario casado con Ynes Chubere tiene dos hijos y una hija Martin de seis años y Luis de tres años y Çiçilia a los pechos.
- Andres Chan tributario casado con Ynes tiene un hijo Martin de un año.
- Pedro Noyo tributario casado con Ysabel Acun tiene una hija de un año e un hijo Juan de quatro años.
- Françisco Naccha tributario casado con Catalina tiene un hijo Diego de quatro años.
- Juan Llen tributario casado con Ysabel Pechpon tiene una hija Costança a los pechos.
- Alonso Limac tributario casado con Ysabel Pixbillan tiene una niña a los pechos e un hijo coxo llamado Alonso/.
- Alonso Paxic tributario casado con Ynes Saia tiene una hija e un hijo llamado Andres de zinco años y Costança de tres años.
- Hernando Chaloc tributario casado con Ysabel Chimas tiene dos hijos el uno Diego de seis años y Andres de un año.

Viejos Reseruados casados.

- Marin Salpi biejo reseruado casado con Ysabel Macya tiene tres hijos Françisco de quinze años y Pablo de siete años e Martin de un año.
- Alonso Yneu biejo reserbado casado con Luisa Xupxu tiene un hijo de zinco años emfermo de mal de coraçon/.
- Martin Chona biejo reserbado casado con Magdalena Caibel tiene dos hijos e una hija Domingo de çinco años y Diego de quatro años y Costança de tres años.
- Alonso Chuttun biejo reserbado casado con Catalina Pechpon tiene un hijo Françisco de quatro años / y una hija Luisa de tres años.
- Juan Allpa biejo reseruado biudo.

Biudas.

- Çeçilia Mamsa biuda tiene un hijo Sebastian de seis años e Luisa de diez años.

- Catalina Licho biuda bieja.
- Luisa Yep biuda bieja.
- Catalina Pubqui bieja tiene una hija Maria coxa.
- Catalina bieja.
- Maria Chuppa bieja.

El qual dicho prinçipal debajo del dicho juramento declaro no tener mas yndios en este dicho pueblo de los dichos y asentados e que cada que supiere de mas y se acordare e biniere a su notiçia los berna a dezir y manifestar por no yncurrir en la pena y el señor corregidor lo fyrmo Diego De Salazar ante mi Pedro de los Rios escriuano de su Magestad.

E despues de lo suso dicho en el dicho asiento de San Antonio de Caxamarca en el dicho dia honze de março del dicho año el dicho señor corregidor hizo paresçer ante si a don Juan Astomacon prinzipal de la pachaca de Ayambla de los yndios mytimas del qual el dicho señor corregidor tomo y resçibio juramento en forma de derecho / segun que de los demas y so cargo del qual le fue mandado diga y declare los yndios que de la dicha pachaca tiene en este dicho pueblo so pena de perjuro e que sera castigado y desterrado deste pueblo y de su tierra el qual ansy lo prometio e traxo y exsibio los yndios siguientes.

Yndios Mytimas de la pachaca de Ayambla questan en este pueblo de San Antonio de Caxamarca de la dicha doña Jordana de que es prinzipal don Juan Astomalon.

TRIBUTARIOS

- Juan Chico tributario casado con Ysabel Vilcon tiene un hijo Miguel de tres años e Diego de diez años tiene mal de coraçon.
- Juan Fanta tributario casado con Ynes Fonchi tiene un hijo Martin de un año.
- Françisco Libiac tributario casado con Ysabel Cuchi tiene dos hijos Françisco de dos años y Domingo de un año.
- Alonso Caxec tributario casado con Catalina Ofon tiene

dos hijos Françisco de quatro / años y Diego a los pechos.

- Alonso Llumis tributario biudo tiene dos hijos e una hija Juan de zinco años e Miguel de tres años e Ynes de doze años.
- Juan Chinbin tributario casado con Ysabel Colqueguacai tiene una hija a los pechos.
- Diego Quispi tributario casado con Catalina tiene dos hijos Costança de tres años Ysabel a los pechos.
- Pedro Cachan tributario casado con Elbira tiene dos hijos y tres hijas Françisco de nueue años e Cristobal a los pechos e Magdalena de zinco años y Çiçilia de tres años e Ysabel de dos años.
- Juan Lelfoco tributario casado con Cathalina Sulso tiene tres hijas la una Juana de zinco años e Ynes de quatro e Beatriz de un año.
- Juan Ylmapen tributario casado con Elbira Atfel tiene dos hijos Alonso de syete años e Françisco de tres años.
- Baltasar Cux tributario casado con Ysabel tiene / un hijo e dos hijas Alonso de siete años Costança de quatro años e Ynes de un año.
- Domingo Noro tributario cassado con Ysabel Falne tiene dos hijos e quatro hijas el mayor es Juan de seis a syete años.

Biejos reseruados casados.

- Alonso Palsic biejo reseruado casado con Ynes Quispen tiene un hijo e dos hijas Hernando de quatro años e Ysabel de catorze años Costança de tres años.
- Gomez Quipo biejo reseruado casado con Ysabel Acon tiene quatro hijos e una hija la mayor se llama Pedro y sera de hedad de seis años.
- Alonso Chon biejo reseruado casado con Catalina Chon tiene un hijo y una hija Diego de seis años y Catalina de zinco años.
- Juan Cus biejo reserbado casado con Catalina Chua tiene tres hijos y una hija Diego de zinco años Costança / de seis años y Lucas de tres años Domingo a los pechos.
- Diego Decon biejo reserbado casado con Cathalina

Llatan tiene un hijo e una hija Luis de seis años
y Costança de siete años.
- Françisco Efton biejo reserbado casado con Ysabel
Acunan tiene tres hijos e una hija Diego de ocho
años Domingo de seis años Cristobal de çinco años
Catalina a los pechos.

Biejas biudas.

- Elbira Polloc.
- Catalina Chicapuc bieja.
- Luisa Unullenyuc bieja.
- Catalina Llamsi bieja.
- Costança Maque bieja.
- Magdalena Llorec bieja.
- Catalina Petenec coja.

El qual dicho prinçipal debajo del dicho juramento declaro no tener mas yndios en este dicho pueblo
de la dicha pachaca de los que a ysibido e que cada
que los hallare o a su notiçia binyere los berna a
dezir y declarar por no yncurrir en la pena que le
a sido puesta y el señor corregidor lo fyrmo Diego
de Salazar ante mi Pedro de los Rios escriuano de
su Magestad. /

El luego yn continente en el dicho dia mes
y año dichos antel dicho señor corregidor paresçio el
dicho don Juan Astomacon y dixo que se le abian
olbidado los yndios siguientes que son los mytimaes de
la pachaca de Ayambla los quales declaro para que
se asyenten.

Yndios olbidados mitimas del dicho don Juan Astomalon.

HUERFANOS.
- Pablo huerfano de diez años.
- E otro Pablo Aginbin huerfano de treze años.

El qual dicho prinçipal debajo del dicho juramento declaro no tener mas yndios en este dicho pueblo
de la dicha pachaca e que sy se acordare de mas
lo berna a dezir e manifestar por no yncurrir en la
pena que se le a puesto el señor corregidor lo fyrmo

Diego de Salazar ante mi Pedro de los Rios escriuano
de su Magestad.

E despues de los suso dicho en el dicho asyento
de San Antonio de Caxamarca a doze dias del mes
de março del dicho año de mill y quinientos e setenta
e ocho años el dicho señor corregidor hizo paresçer
ante si a don Juan Asto governador de Cristobal hijo
de / Andres Angaslingon prinzipal de la pachaca de
Cullana y del resçibio juramento en forma de derecho
y el lo hizo segun que los demas y so cargo del
dicho juramento le fue mandado luego traiga ante su
merced del dicho señor corregidor todos los yndios que
tiene en este dicho pueblo de la dicha pachaca para
los enpadronar so pena de perjuro e de que sera castigado
e desterrado de sus tierras el qual traxo los yndios
siguientes.

Yndios mytimas de la pachaca de Collana que
heran de Andres Angaslingon y son agora de su
hijo Cristobal de que es governador don Juan
Astoqueston en este dicho pueblo de San
Antonio de Caxamarca de la encomienda de
doña Jordana cuyo es el dicho prinçipal.

TRIBUTARIOS   .– Juan Limaiguanca tributario casado con Leonor Limai
tiene un hijo e una hija Costança de quatro años
Juan de un año.
– Sebastian Quix tributario casado con Luisa Soachon
tiene una hija Juana de un año. /
– Alonso Lulitanta tributario casado con Catalina Suyan
tiene un hijo Lorenço de un año.
                    Viejos reseruados.
– Juan Apen biejo reseruado casado con Maria Chami.
– Gonçalo Pariatanta biejo.
– Catalina Guacayticla biuda tiene dos hijas e un hijo
el mayor dellos es Alonso de catorze años.
– Magdalena Yacotilla bieja çiega tiene una hija Maria
de doze años.
– Catalina Tumicondec soltera.

El qual dicho prinçipal debajo del dicho juramento
declaro no tener mas yndios de la dicha pachaca en
este dicho pueblo de San Antonio e que cada que
paresçiere e supiere de mas los berna a dezir y declarar
por no yncurrir en la pena que se le a puesto y
el señor corregidor lo fyrmo Diego de Salazar ante
mi Pedro de los Rios escriuano de su Magestad.

E despues de lo suso dicho en el dicho asiento
de San Antonio de Caxamarca / en los dichos doze
dias del dicho mes de março del dicho año el dicho
señor corregidor hizo parescer ante si a don Alonso
Caxabalen prinçipal de la pachaca de Achedan y del
tomo y resçibio juramento en forma de derecho segun
que de los demas so cargo del qual le fue mandado luego traiga ante su merced todos los yndios de
la dicha pachaca de la encomienda de doña Jordana
Mexia que en este dicho pueblo tiene para los empadronar
so pena que si alguno yncubriere sera castigado por
ello e desterrado de sus tierras el qual traxo los yndios
siguientes.

Yndios mitimas de la pachaca de Achedan
questan en este pueblo de San Antonio de
Caxamarca encomendados en doña Jordana de
ques prinçipal don Alonso Cosavalent.

TRIBUTARIOS.
- Martin Linisap tributario casado con Ysabel Latan tiene
dos hijos Françisco de quatro años y Juan de uno
y medio.
- Françisco Picchon tributario casado con Barbola Choache
tiene un hijo e dos hijas Françisco / de dos años
Luisa de syete años Ynes de cinco años.
- Françisco Tantaasca tributario casado con Luisa
Tantabichique tiene dos hijos Agustin de quatro años
y Juan de un año.
- Domingo Chotinan biejo e coxo reservado casado con
Ynes Chuquicuti tiene un hijo Alonso de tres años
e una hija Maria de un año.
- Cristobal Llamochuqui biejo reservado biudo.

Biudas

- Ana Caruacunan biuda bieja tiene tres hijas la mayor Costança de quinze años.
- Catalina Lolinyan biuda tiene una hija Luçia de tres años.
- Ynes Cosisan bieja tiene un hijo Martin de diez años.
- Juliana Ocsen bieja tiene una hija Françisca de doze a treze años.
- Costança Chela bieja.

El qual dicho prinçipal debajo del dicho juramento declaro no tener en este pueblo mas yndios / de la dicha pachaca de los que tiene declarados e que cada que los hallare e supiere lo berna a dezir por no yncurrir en la dicha pena que se le a puesto y lo fyrmo el señor corregidor Diego de Salazar ante mi Pedro de los Rios escriuano de su Magestad.

E despues de lo suso dicho en el dicho asyento de San Antonio de Caxamarca en los dichos doze dias del dicho mes de março del dicho año el dicho señor corregidor hizo paresçer ante si a don Françisco Chuquimitas prinzipal de la pachaca de Chusan de la encomienda de doña Jordana Mexia y del se resçibio juramento en forma de derecho segun que de los demas y le fue mandado por el dicho señor corregidor so a los aperçibimientos que a los demas traiga luego los yndios que de la dicha pachaca tiene en este dicho pueblo el qual traxo los yndios siguientes.

Yndios mitimas de la pachaca de Chossan de ques prinçipal don Françisco Choquimitas questan en este pueblo de San Antonio de la dicha doña Jordana. /

TRIBUTARIOS
- Anton Dala tributario casado con Catalina Caruamonai tiene un hijo e una hija Sebastian de dos años y Luissa de quatro años.
- Juan Xabe tributario casado con Juana Latis.
- Diego Tantalian tributario casado con Ynes Chuquiman-con tiene dos hijos e una hija Diego de tres años y Francisco de dos años e Ynes de zinco años.

El qual dicho prinzipal debajo del dicho juramento declaro no tener mas yndios de la dicha pachaca en este dicho pueblo y cada que supiere de mas los berna a dezir y declarar por no yncurrir en la pena que les puesta y lo firmo el señor corregidor Diego de Salaçar ante mi Pedro de los Rios escriuano de su Magestad.

E despues de los suso dicho en el dicho asiento de San Antonio de Caxamarca en los dicho doze dias del dicho mes de março del dicho año el dicho señor corregidor hizo paresçer ante si a don Juan Cosquisabol prinzipal de la pachaca de Pausan de los mitimas de la encomienda de doña Jordana Mexia e del se reszibio juramento en forma de derecho segun que de los demas principales y le fue mandando traiga luego / los yndios que de la dicha pachaca tiene en este dicho pueblo so las penas que a los demas se le an puesto el qual traxo los yndios siguientes.

Yndios mytimas de la pachaca de Pausan de que es prinçipal don Juan Cosquisabol questan en este dicho pueblo de San Antonio encomendados en la dicha doña Jordana.

TRIBUTARIOS.

- Melchior Xabe tributario casado con Catalina Pulchut.
- Andres Chumi tributario casado con Beatriz Chipal tiene zinco hijas Ynes de treze años Françisca de catorze años Ysabel de honze años Costança de tres años y Juana a los pechos.
- Anton Cucho tributario casado con Luçia Xiquel tiene quatro hijos Alonso de zinco años Juan de quatro años Agustin de un año Maria de tres años.
- Francisco Cabuschanbon tributario casado con Ynes Chon tiene tres hijos e una hija Diego de doze años y Alonso de seis años / y Gonçalo de quatro años e Ysabel de un año.
- Diego Chumen tributario casado con Juana Xilo tiene un hijo e dos hijas Lorenço de zinco años Bisula de quatro años Ynes de un año.
- Luis Xabe tributario casado con Catalina Chul tiene

tres hijas Juana de syete años Catalina de zinco años y otra Catalina de un año.

- Domingo Quillon tributario casado con Çiçilia Tenmu tiene dos hijos y una hija Diego de seis años Cristobal de tres años Luçia a los pechos.
- Anton Tomin tributario casado con Ynes Lochen tiene dos hijas y un hijo el mayor Luçia de tres años e Ynes de dos años Pablo de un año.

Viejos reseruados casados.

- Diego Quispe biejo reseruado casado con Françisca Chupai tiene tres hijos el uno Françisco de treze años Anton de diez años Françisco reçien nasçido.
- Martin Supai biejo reservado casado con Catalina / Senon tiene un hijo Miguel de seis años.
- Andres Chucuac biejo reservado casado con Françisca Calla tiene un hijo e dos hijas Andres de diez años e Costança de ocho años y Çiçilia de un año.
- Pedro Xip biejo reserbado biudo.

soltero medio tributario casado

- Pedro Llancon soltero medio tributario casado con Ysabel Choyan tiene una hija Ysabel de un año.
- Don Anton Astoquipon casado con Luisa Caluasoyan biejo reseruado tiene dos hijos y tres hijas Melchior de seis años Gaspar de tres años Ysabel de quatro años Jordana de zinco años Ana de un año.

Solteras.

- Ysabel Amialachoz soltera.
- Magdalena Casalachoz soltera.
- Juana Chucundec soltera.
- Luisa Caychan soltera.
- Luisa Ancasbonon soltera.
- Ana Cabusdec soltera. /

Biejas.

- Luisa Llatan bieja tiene un hijo Juan de zinco años.
- Magdalena Quip bieja biuda tiene dos hijas Catalina de syete años Ana de quatro años.
- Catalina Tantaguacai tiene dos hijas Juana de quinze años y Catalina de treze años.
- Ysabel Cubquindec bieja tiene un hijo Pedro de tres años.

Huerfanos

– Pedro Nynaquispe huerfano de quinze años.

El qual dicho prinçipal debajo del dicho juramento declaro no tener mas yndios en este pueblo de la dicha pachaca de los que tiene dichos y declarados e que cada que se acordare e paresçiere auer mas lo berna a dezir y declarar por no yncurrir en la pena que se le a puesto y el señor corregidor lo fyrmo Diego de Salazar ante mi Pedro de los Rios escriuano de su Magestad.

E despues de lo suso dicho en el dicho asiento de San Antonio de Caxamarca en el dicho dia doze dias del dicho mes de março del dicho año el dicho señor corregidor hizo paresçer ante si a don Pablo gobernador desta provincia / y le mando que luego debajo del juramento que primero hizo como los demas y so las penas que se les a puesto traiga ante su merced todos los yndios que en este dicho asyento tiene de la encomienda de doña Jordana el qual declaro que de la pachaca de Malcadan tiene en este dicho asiento los yndios siguientes.

Yndios de la pachaca de Malcadan questa en este pueblo de San Antonio de que es prinçipal don Pablo Malcadan gobernador encomendados en doña Jordana Mexia.

– Alonso Layco tributario casado con Elbira Llulli tiene tres hijos Françisco de diez años Anton de ocho años Pedro de çinco años.
– Domingo Cus tributario casado con Ysabel Chiplan.
– Don Pedro Gonçalez Tacha biejo reseruado casado con Magdalena Culquibichic tiene dos hijos y tres hijas Pedro Gonçalez de hedad de diez e seis años Gomez de diez años e Ynes de tres años Malgarida de ocho años / Magdalena de veynte años.

– Martin Mustilan biejo reserbado casado con Ysabel Chonchina tiene quatro hijos e una hija Juan de ocho años y Martin de syete años Pedro de seis años Domingo de tres años e Ynes soltera de doze años.·

— Catalina Cayancussi biuda.

— Juana Pai bieja.

El qual dicho governador dixo no tener mas yndios de la dicha pachaca en este dicho pueblo so cargo del juramento que hecho tiene e que cada que supiere mas los berna a dezir y declarar por no yncurrir en la pena que se le a puesto y el señor corregidor lo fyrmo Diego de Salazar ante mi Pedro de los Rios escriuano de su Magestad.

E despues de los suso dicho en el dicho asyento de San Antonio de Caxamarca en el dicho dia doze de março del dicho año el dicho señor corregidor hizo paresçer ante si a Pedro Gonçalez Beca de la encomienda de doña Jordana Mexia del qual fue reszivido juramento en forma de derecho segun que de los demas y le fueron hechos los demas aperzibimyentos / el qual dixo que de la pachaca de Cheunt tiene en este dicho pueblo los yndios siguientes.

Yndios de la pachaca de Cheunt de que es prinçipal don Pedro Gonçalez Beca questa en este dicho pueblo de San Antonio de la dicha Jordana Mexia.

TRIBUTARIOS CASADOS
— Françisco Choban tributario casado con Ynes Bitbon tiene dos hijos e dos hijas Françisco de treze años y Lorenço de honze años Ysabel de diez años Luisa de nueue años.

— Alonso Cubque tributario casado con Catalina Cuchinac tiene una hija de dos años.

— Juan Guaman tributario casado con Ynes Gide tiene dos hijos e dos hijas Alonso de diez años Juan de ocho años Luisa de doze años. y Catalina de nueue años.

MEDIO TRIBUTARIO
— Andres Chucan paga medio tributo casado con Ysabel Muchca.

Biudas y biejas.

- Ana Namonyan biuda tiene una hija Ysabel de zinxo años. /
- Catalina Uchimian biuda.
- Ana Mochol biuda.
- Costança Aman soltera.

El qual dicho prinzipal debajo del dicho juramento declaro no tener en este pueblo de la dicha pachaca mas yndios de los que declaro y exsybidos tiene e si se acordare e paresçieren mas lo berna a dezir por no yncurrir en las penas que se le an puesto y el señor corregidor lo fyrmo Diego de Salazar ante mi Pedro de los Rios escriuano de su Magestad.

E despues de lo suso dicho en el dicho asiento de San Antonio Caxamarca en el dicho dia doze de março del dicho año el dicho señor corregidor hizo paresçer ante si a Pedro Gonçalez Tangochoban prinzipal de la pachaca de Canchanabol encomendado en dona Jordana Mexia del qual se reszibio juramento en forma de derecho segun que de los demas y le fueron hechos los dichos aperzibimientos y declaro tener en este dicho asyento los yndios siguientes.

Yndios de la pachaca de Canachanabol de que es prinçipal Pedro Gonçalez Tangochoban questa en este dicho pueblo / de San Antonio de Caxamarca de la dicha dona Jordana.

TRIBUTARIOS CASADOS

- Domingo Laymetongo tributario casado con Elbira Ochoy tiene dos hijas Polonia de zinco años e Paula de dos años.
- Diego Tongochoban tributario casado con Ysabel Colquichuc tiene una hija Catalina de tres años.
  Solteros casados.
- Diego Chanap soltero casado con Ysabel Chuqui no paga tributo por no ser de hedad que sera de hedad de treze años, Alonso Caxapitcon soltero casado con Juana Chuquiticla es de hedad de catorze años no a entrado a tributar.
  Biejos reseruados casados.
- Sancho Ynchon biejo reserbado casado con Costança

Dec tiene un hijo e dos hijas Gomez de diez años e Ysabel de quinze a diez e seis años e Luçia de nueue años.

– Francisco Chaba biejo reserbado casado con Luissa Lachoz tiene un hijo Domingo de ocho años. /

El qual dicho prinzipal debajo del dicho juramento declaro no tener mas yndios en este pueblo de la dicha pachaca de los que tiene exsybidos y declarados e que cada que paresçiere mas y se acordare dellos los berna a dezir y declarar por no yncurrir en las penas que se les ponen y el señor corregidor lo fyrmo Diego de Salazar ante mi Pedro de los Rios escriuano de su Magestad.

E despues de lo suso dicho en el dicho pueblo de San Antonio de Caxamarca en los dichos doze dias del dicho mes de março del dicho año el dicho señor corregidor hizo paresçer ante si a don Juan Cosapichon prinçipal de la parçialidad de Chuquimango de la pachaca de Chiton y del se resçibio juramento en forma de derecho segun que de los demas y le fueron hechos los demas aperzibimientos y le fue mandado traiga los yndios que de la dicha pachaca tienen en este pueblo encomendados en doña Jordana Mexia el qual traxo los yndios siguientes.

Yndios de la parcialidad de Chuquimango de la pachaca de chiton / de doña Jordana Mexia de que es prinçipal don Juan Cosapichan questan en este pueblo de San Antonio de Caxamarca.

TRIBUTARIOS CASADOS

– Juan Gapon tributario casado con Maria Chane tiene dos hijos e dos hijas. Gonçalo Chuquitanta de diez años y Sancho de un año e Ynes de doze años Françisca de tres años.

– Domingo Sapa tributario casado con Ysabel Yen tiene dos hijos Pablo de tres años Françisco de un año.

– Juan Bitnaton biejo reseruado.

Biudas y biejas.

– Luisa Cullunac biuda tiene dos hijos y una hija Alonsso

de syete años Cristobal de quatro años Ysabel de
diez años.
- Françisca Chaupe biuda tiene dos hijos Alonso de
diez años y Geronima de ocho años.
- Catalina Guaguas biuda tiene un hijo de tres años.
- Catalina Calua biuda tiene un hijo e quatro hijas
la / mayor de doze años.
- Maria Xen bieja tiene un hijo e dos hijas Garçia
de ocho años Ysabel de doze años Magdalena de
dos años.

El qual dicho principal debajo del dicho juramento declaro no tener mas yndios en este dicho pueblo
de los que dichos e declarados y exsebidos tiene e
que cada e quando que se acordare y paresçiere tener
mas lo berna a dezir por no yncurrir en la pena que
se le a puesto y el señor corregidor lo firmo Diego
de Salazar ante mi Pedro de los Rios escriuano de
su Magestad.

En el qual dicho pueblo de San Antonio de
Caxamarca no paresçio auer mas yndios de la encomienda de la dicha doña Jordana Mexia aunque el dicho senor corregidor hizo todas las diligencias posibles
mas de los que estan empadronados e con esto se
fenesçio la visita deste dicho pueblo Diego de Salazar ante mi Pedro de los Rios escriuano de su Magestad.

E despues de lo suso dicho en el asyento de
Jesus ques en la dicha provincia de Caxamarca a diez
e ocho dias del dicho / mes de março del dicho año
de mill e quinientos e setenta y ocho años estando
presentes el cacique e principales deste dicho pueblo
el dicho señor corregidor Diego de Salazar por las dichas lenguas hizo pratica como su merced avia benido
a este dicho pueblo por mandado de su Exelencia el
Exelentisimo señor don Françisco de Toledo visorrey destos reinos para los contar y empadronar y solo saber
quantos yndios ay en este dicho pueblo porque asi lo
manda su Magestad por su provission por tanto que
hagan traer e recoger todos los yndios que ay en este
dicho pueblo para el dicho efeto syn yncubrir ny ocultar

ninguno so pena que seran castigados e desterrados de sus tierras y los yndios que yncubriere el prinzipal o mandon que denunçiare del que los yncubriere se le daran a el los quales dixeron que estan prestos de lo cumplir testigos Cristobal Malbespamo y son Sebastian Allo yndio ladino y el señor corregidor lo fyrmo Diego de Salazar ante mi Pedro de los Rios escriuano de su Magestad. //

E despues de lo suso dicho en el dicho pueblo de Jesus en los dichos diez e ocho dias del dicho mes de março del dicho año de mill y quinientos e setenta e ocho años el dicho señor corregidor hizo paresçer ante si a Don Miguel Tricracachen cacique prinzipal deste pueblo de Jesus de la pachaca de Guayacondo de la encomienda de doña Jordana Mexia de los yndios mitimas del qual el dicho señor corregidor fue tomado y rescibido juramento en forma de derecho so cargo del qual le fue mandado que luego trayga ante su merced todos los yndios que tiene en este dicho pueblo de la dicha pachaca so pena de perjuro e que sera castigado e desterrado de sus tierras el qual traxo y exsybio los yndios siguientes.

Yndios de dona Jordana Mexia mytimas que esta en este pueblo de Jesus de que es cacique prinçipal don Miguel Ticracachen de la pachaca de Guayacondor.

TRIBUTARIOS
CASADOS
- Cristobal Losqueguaman tributario casado con Ynes Lachan tiene dos hijos Marcos / de zinco años y Pedro de un año.
- Anton Llaxaguanca tributario casado con Ysabel Llaxa tiene siete hijas la mayor Ynes de treze años Çeçilia de honze años Catalina de syete años Aldonça de zinco años Elbira de tres años Luisa de seis años Costança de un año.
- Anton Cuxanrachin tributario casado con Ysabel Buchic tiene tres hijos e una hija Cristobal de cinco años Garçia de quatro años Polonia de tres años Andres de un año.

- Alonso Condor tributario casado con Catalina Chuquibichic tiene un hijo e dos hijas Agustin de tres años
  Lorenço de quatro años Luçia a los pechos.
- Cristobal Caruapacha tributario casado con Luisa Yachic
  tiene tres hijos e dos hijas Marcos de diez e seis
  años Catalina de doze años Martin de zinco años
  Rodrigo de tres años Çeçilia en los pechos.
- Juan Chinchai tributario / casado con Luçia Carbachai
  tiene un hijo y una hija Lorenço de tres años Ynes
  de un año.
- Pedro Paquirache tributario cassado con Juana Paniac
  tiene dos hijos Diego de diez años Françisco de ocho
  años.
- Juan Guacrachin tributario casado con Maria Anyaiticla
  tiene un hijo y una hija Alonso de dos años Luçia
  a los pechos.
- Gomez Chuquiguanca tributario casado con Ysabel
  Caruaticla tiene dos hijos y una hija Pedro de treze
  años Luisa de quatro años Miguel de un año y medio.
- Juan Quispe tributario casado con Ysabel Baico no
  tiene hijos.
- Andres Chuquicondor tributario casado con Ysabel
  Colquebichique tiene un hijo e una hija Françisco
  de tres años Ana a los pechos.
- Garçia Tillacondor tributario casado con Françisca
  Nynaxanan tiene dos hijos / e dos hijas Ysabel de
  cinco años Domingo de quatro años Luisa de tres
  años Geronimo de año y medio.
- Françisco Caruatocto tributario casado con Ynes
  Caruaguacai tiene un hijo e una hija Cristobal de
  tres años Magdalena de un año.
- Pedro Cusma tributario casado con Ynes Caruabichic
  tiene dos hijos Domingo de dos años Alonso de
  un año.
- Alonso Guamanxulca tributario casado con Catalina
  Pacchaguacai tiene una hija Luisa de dos años.
- Diego Ynbo tributario casado con Magdalena Tanta-
  churai tiene dos hijos y una hija Anton de seis años
  Aldonça de tres años Gonçalo a los pechos.

- Pedro Quilbique tributario casado con Ysabel Lasso no tiene hijos.
- Juan Llulliguanca tributario casado con Luisa Llacxa tiene zinco hijos / las quatro mugeres Çeçilia de seis años Elena de zinco años Costança de quatro años Domingo de tres años Ynes de un año.
- Juan Llaxxaruna tributario casado con Catalina Chuquichamo tiene un hijo y una hija Anton de tres años Ysabel a los pechos.
- Juan Jullcaguaman tributario casado con Luisa Chuquisamoc tiene una hija e un hijo Ana de tres años Alonso a los pechos.
- Marcos Chuquiguanca tributario casado con Ynes Morchen tiene dos hijos e una hija Françisco de ocho años Ynes de quatro años Domingo de un año.
- Alonso Colquerondoy tributario casado con Çeçilia Molechimbo tiene dos hijos e una hija Pablo de siete años Pedro de tres años Ysabel de un año.
- Françisco Yabillongoi tributario casado con Ynes Jamoc tiene dos hijos e una hija Luis de nueue años / Rodrigo de çinco años Françisca de año y medio.
- Anton Nauca tributario casado con Angelina Guaylama tiene un hijo Andres de un año.
- Françisco Nychic tributario casado con Maria Chongo tiene una hija Ysabel de tres años.
- Françisco Anyayricra tributario cassado con Ysabel Saychon tiene dos hijas e dos hijos Ynes de doze años Magdalena de diez años Hernando de zinco años Lorenço de un año y medio.
- Diego Guancallaxac tributario casado con Luisa Tantacutiqui no tiene hijos.
- Pedro Chinchipoma tributario casado con Ysabel Cunchan tiene una hija Costança de dos años.
- Martin Pariaguanca tributario casado con Catalina Chuquiticla no tiene hijos.
- Françisco Chuquirimac tributario cassado / con Catalina Angas tiene un hijo Anton a los pechos.
- Alonso Guacaicoche tributario casado con Catalina Llatai no tiene hijos.

- Domingo Chuquixulca tributario casado con Ynes Carvachamo tiene un hijo de zinco años.
- Françisco Xulcaguanca tributario casado con Luisa Tumbai tiene dos hijos y una hija Domingo de diez años Diego de seis años Ynes de teta.
- Alonso Colqueguatai tributario casado con Catalina Garuabichi tiene dos hijos y una hija Costança de ocho años Sebastian de seis años Andres de tres años.
- Francisco Tantaxulca tributario casado con Maria Colqueyaco tiene un hijo estan huidos mas a de tres años.
- Juan Camipasca cassado con Maria Chuquisamoc tributario no tiene hijos.
- Alonso Ticracache tributario casado con Elbira Chisuc / Costança de tres años. /
- Andres Guacaicache tributario casado con Luissa Guanai tiene una hija e un hijo Catalina de seis años Rocdrigo de hedad de un año.
- Pedro Caruarimai tributario casado con Ysabel Ynquillai.
- Juan Chic tributario casado con Beatriz Chibqui tiene un hijo e una hija que seran de diez años.

Solteros tributarios.

- Diego Caruaxanac soltero tributario entero tiene un hijo e una hija Alonso de quatro anos Catalina a los pechos.
- Françisco Chuquirimac soltero tributario entero.

HUIDO
SOLTERO
- Alonso Macllaxa soltero a çinco años que anda huido.

Biejos reseruados casados.

- Baptista Nynaguanca biejo reserbado casado con Magdalena Culquichan tiene una hija soltera Catalina para casar.
- Alonso Rimapasca biejo reseruado casado con Costança Chacaco tiene dos hijos / e una hija Pablo de zinco años Diego de quatro años Magdalena de tres años.
- Andres Pariaguanca biejo reseruado casado con Ysabel Caruayaco tiene un hijo Sancho de treze años.
- Diego Julca biejo reseruado casado con Ysabel

Chuquiguacac tiene un hijo e una hija Martin de catorze años Luisa de treze años.

- Bartolome Colqueguanca biejo reseruado casado con Çeçilia Carvatilla tiene dos hijos e una hija. Domingo de diez años Ynes de nueue anos Françisco de ocho años.
- Pedro Chuqiopoma biejo reserbado casado con Catalina Chuquibichic tiene una hija Juana de nueue años.
- Juan Poma biejo reservado casado con Magdalena Muchui no tiene hijos.
- Alonso Pisco biejo reseruado casado con Ana Yabojo no tiene hijos.
- Françisco Colquiguaman biejo / reseruado casado con Luisa Chenmichamoc tiene un hijo Alonso de seis años.
- Domingo Mango reserbado casado con Costança Carvatilla tiene tres hijos e una hija Alonso Condor de syete años Miguel de seis anos Magdalena de zinco años Françisco de un año.
- Alonso Carualluclla biejo reseruado casado con Catalina Ayaytilla tiene una hija Maria soltera para casar.
- Diego Guaman biejo reseruado casado con Catalina Anyayguacac no tiene hijos.
- Pedro Pariatongo biejo reseruado casado con Ysabel Yguan no tiene hijos.
- Diego Chigui çiego casado con Costança Rimai.
- Anton Xulcacondor biejo reseruado casado con Catalina Lulisicon.
- Domingo Llaxacmango biejo reseruado casado / con Catalina Membui tiene un hijo e dos hijas Françisco de ocho años Juana de siete años Costança de zinco años.
- Pedro Chacman biejo reseruado casado con Catalina Chache tiene una hija Maria soltera para casar.
- Juan Chigui biejo reseruado casado con Ysabel Colquechamoc tiene una hija Costança de honze años.
- Cristobal Caxaguanca biejo reseruado casado con Catalina Pallra tiene una hija Ysabel soltera para casar.

Biejos biudos.

- Andres Caruatulto biejo reseruado biudo tiene una hija Catalina soltera para casar.
- Pedro Naucarimac reserbado por manco biudo.
- Alonso Caruatocas biejo reseruado biudo tiene una hija Ysabel soltera para casar.
- Domingo Guaybajulca biejo reseruado biudo.
      Solteros casados no tributan. /
- Pedro Caruapoma soltero que no a llegado a hedad de tributar casado con Luisa Catsan.
- Anton Caruaguaccha soltero que no a llegado a hedad de tributar casado con Maria Anyacbichi tiene un hijo Diego a los pechos.
- Françisco Bichirachin soltero que no a entrado a tributar casado con Ysabel Simyac.
- Andres Llacxapoma soltero que a llegado a hedad de tributar casado con Çeçilia Tantacallai tiene una hija Ysabel a los pechos.
- Anton Pumaguanca soltero que no a entrado a tributar casado con Magdalena Guarazcallai.
      Solteros por casar.
- Françisco Munaxulca soltero de catorze años.
- Alonso Quipen soltero de diez e seis años.
- Juan Guamanricra soltero de quinze años.
      Biudas.
- Luisa Guamanticla biuda. /
- Costança Chuquichamo biuda.
- Beatriz Choquebichic biuda tiene un hijo Alonso de diez años.
- Catalina Chami biuda tiene dos hijos y una hija Françisco de nueue años Maria de syete años, Luis de zinco años.
- Catalina Guacaichamo biuda.
- Ysabel Anchara biuda tiene un hijo e una hija Ynes de tres años Anton a los pechos.
- Ysabel Guacacchaque biuda tiene una hija Juana de un año.
- Çeçilia Anjacchuque biuda tiene una hija e un hijo Catalina soltera para casar Pablo de tres años.
- Catalina Yacche biuda tiene una hija Ynes soltera para casar.

- Ysabel Chayan biuda tiene un hijo e una hija Costança soltera para casar. Domingo de diez años.
- Magdalena Pomatilla biuda. /
- Ynes Chambo biuda tiene dos hijos y una hija Diego de diez años Catalina de siete años Françisco de seis años.
- Çeçilia Anyaythicla biuda.
- Ana Caruachamoc biuda tiene dos hijas Ynes de ocho años Françisca de syete años.
- Catalina Colquechuque biuda tiene una hija Françisca de dos años.
- Catalina Llacxa biuda tiene un hijo Pedro de treze años.
- Catalina Churai biuda.
- Costança Chiman biuda tiene un hijo e dos hijas Hernando de seis anos e dos hijas la mayor de quatro años.

Solteras
- Juana Ayai soltera
- Catalina Pomaticla soltero.

BIUDA
- Ynes Caruaticla biuda tiene un hijo Françisco de teta.

Biejas.
- Catalina Mochoy biuda.
- Catalina Ancas bieja.
- Ynes Guamanticla bieja.
- Maria Yalchi bieja.
- Ynes Sancama bieja.
- Catalina Chamlloc bieja. /
- Ynes Chuquiguacat bieja.
- Catalina Anyayticla bieja.
- Juana Yalchi bieja.
- Juana Guacai bieja.
- Juana Chuquitimbai bieja.
- Juana Sinan bieja.
- Juana Pachic bieja.
- Beatriz Nonbac bieja.

Yndios olbidados.

TRIBUTARIOS
CASADOS
- Alonso Llaxaxaruna tributario casado con Maria Pasna tiene dos hijos Juan de tres anos y Ambrossio de dos años.

– Luisa Yalchic biuda tiene un hijo Domingo Quinraipac de ocho años.

El qual dicho caçique debajo del dicho juramento declaro no tener mas yndios de los que dicho y exsebidos tiene e que cada que paresçiere aver mas y a su notiçia biniere lo berna a dezir y manifestar por no yncurrir en la pena que se le a puesto y el senor corregidor lo fyrmo Diego de Salazar ante mi Pedro de los Rios escriuano de su Magestad.

E despues de lo suso dicho en el dicho asiento e pueblo de Jesus en los dichos diez y ocho dias del dicho mes de março del dicho año el dicho señor corregidor/ hizo paresçer ante si a Françisco Culquemalon mandon y del se tomo y resçibio juramento en forma de derecho segun que de los demas y le fue mandado luego trayga y exsiba ante su merced todos los yndios que tiene de don Pablo gobernador de que es el mandon para los enpadronar como los demas yndios el qual dixo que para lo que el es mandado e por el juramento que tiene hecho en este pueblo del dicho don Pablo e guaranga de Caxamarca e de la pachaca de Malcaden no tiene ny manda mas yndios de los que exsibe que son los siguientes.

Yndios de dona Jordana Mexia que estan en este pueblo de Jesus de ques cacique don Pablo governador y su mandon Françisco Cuxquemalon de la pachaca de Malcaden.

TRIBUTARIOS
CASADOS

– Lorenço Yupal tributario su muger Ynes Luli tiene tres hijos y una hija Ysabel soltera para casar Luis de diez años Domingo de siete años Anton de seis años.
– Juan Quichquich tributario casado con Ysabel Magan / tiene dos hijos y una hija Alonso Palli de ocho años Agustin de çinco años Luisa de un año.
– Alonso Mit tributario casado con Catalina Ussuyan tiene dos hijos Miguel de zinco años Juan a los pechos.
– Alonso Usbit tributario cassado con Ysabel Chuqui

tiene tres hijas Catalina de quatro años Ynes de tres Juan a los pechos.

Solteros casados.

- Juan Chuan soltero de hasta diez e seis años no tributan porque no a llegado a hedad casado con Ynes Uscarima tiene una hija Barbola de un año.
- Miguel Hitziban soltero no a llegado a hedad de tributar casado con Maria Caluachis.

Biejos casados reserbados.

- Anton Malcalandon yndio biejo reseruado casado con Ynes Patan tiene dos hijas / e un hijo las hijas solteras para casar e Domingo de ocho o nueue años.
- Juan Tamaban biejo reserbado casado con Ynes Misatiquilla tiene tres hijas y un hijo Costança soltera para casar Juana de siete años Elena de zinco años Alonso de quatro años.

HUERFANOS
- Alonso Quispe muchacho de diez años huerfano.
- Lorenço Chilon muchacho de seis años huerfano.

Biudas.

- Luisa Xamia biuda tiene dos hijas y un hijo Catalina soltera para casar Costança de seis años Diego de çinco años.
- Ysabel Choctila biuda tiene un hijo e dos hijas Catalina soltera para casar Alonso de diez años Luçia de quatro años.
- Catalina Chami biuda tiene un hijo e dos hijas Gonçalo de doze años Luisa de diez años Magdalena de tres años. /
- Catalina Utic biuda.
- Magdalena Chuquicalo biuda.
- Catalina Caxan biuda.
- Maria Chain biuda tiene una hija soltera para casar Catalina.
- Juana Pilcai biuda.
- Costança Puxan biuda tiene una hija Costança de doze años.
- Ynes Lulinpun biuda.
- Ynes Parianaucai biuda tiene un hijo e dos hijas Do-

mingo de tres años Françisca de zinco años Luisa
a los pechos.

HUIDO   — Alonso muchacho soltero huido.

El qual dicho mandon debaxo del dicho juramento declaro no tener mas yndios en este dicho pueblo de la dicha pachaca e guaranga e que cada e
quando que supiere aber mas y a su notiçia biniere
lo berna a dezir y declarar por no yncurrir en las
penas que se les pone y el señor corregidor lo fyrmo
Diego de Salazar ante mi Pedro de los Rios escriuano
de su Magestad.

E despues de los suso dicho en el dicho asiento
de Jesus en el dicho dia diez e ocho de março del
dicho año de mill e quinientos y setenta e ocho anos
el dicho señor corregidor hizo paresçer ante si a don
Hernando Cusquichuchan prinzipal de la guaranga de
Caxamarca de la encomienda de doña Jordana Mexia
de la pachaca de Chuquimango y del se resçibio juramento em forma de derecho segun que de los demas
y le fueron hechos los demas aperzibimientos y mandado le traiga luego ante su merced todos los yndios
que de la dicha encomienda y pachaca tiene en este
dicho pueblo de Jesus el qual luego yn continente traxo
y exsibio los yndios siguientes.

*Yndios de dona Jordana Mexia questan en este
pueblo de Jesus de la pachaca de Chuquimango
de ques prinçipal don Hernando Cusquichichan.*

TRIBUTARIOS   — Andres Tumai tributario casado con Ysabel Lulisicon
tiene tres hijos e una hija Diego de honze años
/ Hernando de seis años Costança de tres años Agustin
en los braços.
— Alonso Tantallan tributario casado con Luçia Laxacha-
moc tiene quatro hijas e dos hijos Aldonça de honze
años Diego de diez años Ursula de ocho años Ana
de seis años Elena de tres años Agustin de un año.
— Gonçalo Xulca tributario casado con Catalina Chiman
tiene una nyña Catalina de un año.
Viejos reservados por casar.

- Pedro Rimasca reserbado por manco.
- Anton Tina reseruado biudo.

Biudas.

- Costança Yay biuda tiene dos hijas Ynes de honze años Catalina de quatro años.
- Catalina Syn biuda.
- Ysabel Caruachuqui bieja.

El qual dicho prinzipal debajo del dicho juramento dixo no tener en este dicho pueblo de la dicha pa/chaca y encomienda mas yndios de los que tiene exsybidos y declarados e que cada que paresçiere y se acordare tener mas los berna a dezir por no yncurrir en las dichas penas y el señor corregidor lo fyrmo Diego de Salazar ante mi Pedro de los Rios escriuano de su Magestad.

Hallaronsse en este dicho pueblo de Jesus tres yndios tributarios e un yndio biejo de Cusmango de la pachaca de don Alonso Caxavalente de la pachaca de Collana de la encomienda de doña Jordana Mexia que son los siguientes.

TRIBUTARIOS

- Juan Culis tributario casado con Juana Bolan yndia bieja tiene un hijo e una hija Ynes de zinco años Marcos de tres años.
- Diego Cayan tributario casado con Catalina Chipac.
- Andres Luch tributario soltero.
- Pedro Chuan biejo reseruado tiene una nyeta Luisa de quatro años.
- Ysabel Chuchi biuda tiene tres hijos e una hija Ynes de diez años y Alonso Late de nueue años Pablo de seis años /Pedro de quatro años.
- Juana Chalon bieja.
- Ana Coray huerfana de doze años.

Y no paresçio auer en este dicho pueblo del dicho prinçipal e pachaca mas yndios de los suso dichos y el dicho señor corregidor lo fyrmo Diego de Salazar ante mi Pedro de los Rios escriuano de su Magestad.

E despues de lo suso dicho en el dicho asiento de Jesus a los diez e ocho dias del dicho mes de março del dicho año el dicho señor corregidor hizo paresçer ante si a don Françisco Chuquipoma prinzipal

mandon del prinzipal don Diego Guamanquiliche de la
guaranga de Caxamarca de la encomienda de la dicha
dona Jordana e de la pachaca de Chaupis e del se
rescibio juramento en forma de derecho y le fueron
hechos los demas aperzibimientos que a los demas prinzipales e mandones y le fue mandado traiga luego los
yndios que tiene en este pueblo para los enpadronar
y exsibio y traxo los yndios siguientes. /

Yndios de la pachaca de Chaupis de la
guaranga de Caxamarca del prinzipal don Diego
Guamanquiliche mandon Françisco Chuquipomas
de la encomienda de doña Jordana Mexia.

TRIBUTARIOS
- El dicho mandon Francisco Chuquipoma tributario casado con Ynes Cuchpucan tiene un hijo Lorenço de
  un año.
- Françisco Pariaguaman tributario casado con Maria
  Tantaguacai tiene tres hijos e dos hijas Françisco de
  çinco años Miguel de quatro anos Gonçalo de tres
  anos Françisco de dos años Magdalena a los pechos.
- Diego Pancha tributario casado con Catalina Llanse
  tiene dos hijos e una hija Marcos de ocho años
  Luçia de tres años Garçia a los pechos. /

    Y no paresçio auer ny se hallaron desta dicha
pachaca en este dicho pueblo mas yndios de los dichos
aunque se ynquirio e pesquisso por el dicho señor corregidor el qual lo fyrmo Diego de Salazar ante mi Pedro
de los Rios escriuano de su Magestad.

    E despues de lo suso dicho en el dicho pueblo
de la Asencion en los dichos diez e seis dias del dicho
mes de abril del dicho año se hallaron en este dicho
pueblo de la pachaca de Choat del principal Santiago
Tanta questa en el pueblo de la Trinidad y son de
la dicha guaranga de Caxamarca de la dicha dona Jordana
los yndios siguientes.

Yndios de la pachaca de Chuat del prinçipal
Santiago Tanta de la guaranga de Caxamarca
de doña Jordana.

TRIBUTARIOS
- Juan Pispil tributario casado con Ysabel Rimai tiene

dos hijas e un hijo Ysabel de seis años Ynes de dos años y medio Domingo de un año.

- Juan Quelco tributario casado con Ysabel Pachaguacai tiene una hija Françisca de nueue años.

BIEJO

- Hernando Llaxac biejo reserbado biudo no tiene hijos. /

- Alonso Toncunchil biejo reseruado casado con Ynes Chisioc tiene un hijo e una hija Juan de dos años y medio Catalina de un año.

- Catalina Luli bieja.

Y no se hallaron ny paresçio aver en este dicho pueblo mas yndios de la dicha pachaca e del dicho prinçipal aunque se ynquirio por el dicho señor corregidor el qual lo fyrmo Diego de Salazar ante mi Pedro de los Rios escriuano de su Magestad.

- Ynes Chistan huerfana de treze años.
- Çeçilia huerfana para casar.
- Luisa Caruamuchuy de catorze años huerfana.
- Domingo Yenquen huerfano. de quatro a zinco años.

El qual dicho mandon debajo del dicho juramento declaro no tener mas yndios en este dicho pueblo de los que tiene exsiuidos e que cada que supiere delos los bendra a dezir por no yncurrir en la dicha pena y el señor corregidor lo fyrmo de su nombre Diego de Salazar ante mi Pedro de los Rios escriuano de su Magestad.

En el dicho asiento de San Marcos en el dicho dia siete de abrill del dicho año el dicho mandon Françisco Falquin de la dicha guaranga y pachaca atras contenido dixo que se acuerda los yndios siguientes de mas de los que tiene declarados y exsebidos.

- Ysabel Chuloc biuda tiene una hija soltera llamada Costança.

E que no se acuerda de mas y que si se acordare lo berna a dezir y el señor corregidor lo fyrmo Diego de Salazar ante mi Pedro de los Rios escriuano de su Magestad.

TRIBUTARIO

Hallosse en este dicho pueblo de San Marcos de Chundebamba un yndio tributario llamado Hernando Xabe casado con Luisa Munai y tiene un hijo Alonso

de siete años y Felipe de un año y / medio que
dixo ser de la guaranga de Caxamarca de la pachaca
de Ayamla del prinzipal don Juan Astomalon.

TRIBUTARIO
CASADO

Yten se hallo en este dicho pueblo de San Marcos
un yndio tributario llamado Anton Chican casado con
Juana Chamsap y tiene un hijo e una hija Beatriz
de honze años y Alonso de año y medio y ser de
la guaranga de Caxamarca de la pachaca de Chussan
del prínçipal don Françisco Chuquimytas.

TRIBUTARIO

Ytem se hallo de la dicha guaranga y pachaca
de arriba otro yndio tributario llamado Andres Tunge
cassado con Luzia Pillaisilich tiene una hija Juana de
un año.

RESERUADO

Ytem se hallo en este dicho pueblo de San
Marcos un yndio biejo reseruado llamado Juan Xain
casado con Ynes Yacopanyac tiene dos hijas e un hijo
Domingo de zinco años Luisa de tres anos Malgarida
de un año y es de la guaranga de Caxamarca de
doña Jordana de la pachaca de Puysan del prínçipal
don Juan Cachas. /

Yten se hallo en este dicho pueblo de San Marcos
de la pachaca de Ayambla de la guaranga de Caxamarca
de la dicha doña Jordana del prínçipal don Juan Astomacon una yndia bieja llamada Ysabel Ullque y el dicho
señor corregidor lo fyrmo Diego de Salazar ante mi
Pedro de los Rios escriuano de su Magestad.

E despues de lo suso dicho en el dicho dia
sieete de abrill del dicho año del myll e quinientos
y setenta e ocho anos el dicho senor corregidor hizo
paresçer ante sy a Alonso Tantaxulca mandon del prínçipal don Juan Lingoncoxa de la guaranga de Caxamarca
de la dicha doña Jordana y de la pachaca de Chituma
y del se tomo e resçibio juramento en forma de derecho y el lo hizo segun que los demas so cargo
del qual le fue mandado luego traiga y exsyba ante
su merced todos los yndios que tiene en este pueblo
sin yncubrir ninguno para los enpadronar so pena que
sera castigado e desterrado de sus tierras de mas de
ser perjuro el qual en cumplimiento de lo suso dicho
traxo y exsyuio los yndios siguientes.

*Yndios de la guaranga de Caxamarca de la
pa/chaca de Chitma de ques prinzipal don Juan
Lingoncoxa y su mandon Alonso Tantajulca que
estan en este pueblo de San Marcos. El dicho
mandon Alonso Tantaxulca soltero que no a
entrado a tributar.*

TRIBUTARIOS

– Pedro Yspingon tributario casado con Costança Cha-
tan tiene dos hijas y un hijo Çezilia de quatro
años Ana de tres años Agustin de seis meses.
– Alonso Tantachuan tributario casado con Ysabel Muchuy tiene una hija Jordana de un año.
– Juan Cocha tributario casado con Maria Ticlap tiene
tres hijas Ysabel de quatro años Jordana de dos
años Elbira de un año.
– Françisco Vilca tributario casado con Ysabel Usco tiene
tres hijos dos hijas Costança soltera Diego de diez
años Juana de zinco años Miguel de dos años Lorenço
de seis meses
– Françisco Taculi tributario casado con Catalina Sycon
tiene una hija Luisa de seis a syete meses.
– Juan Amanxapon tributario casado con Catalina /
Caruachamoc no tiene hijos.
– Alonso Tonosyban tributario biudo tiene un hijo Francisco de dos años.

Biejos reseruados casados.

– Juan Chinchin biejo reseruado casado con Costança
Guacchaguacai.
– Andres Uchelat biejo reseruado con Juana Mirochan.
– Diego Sobech biejo reseruado casado con Catalina
Gen.
– Diego Bucon biejo reseruado biudo.
– Maria Culquinchon bieja.

HUERFANA

– Juana Chupan muchacha de honze años huerfana.
El qual dicho mandon debajo del dicho juramento declaro no tener mas yndios en este pueblo
de los que tiene exsybidos y declarados e que cada
que se acordare y supiere de mas lo berna a dezir
por no yncurrir en las dichas penas y lo firmo el

señor corregidor Diego de Salazar ante mi Pedro de
los Rios escriuano de su Magestad.

*Yten se hallaron en este dicho pueblo de San
Marcos de la pachaca de Chalacton de la
guaranga de Caxamarca de dona Jordana de
ques prinçipal don Hernando [ilegible] ssachinchon
y su mandon don Alonso Tantajulca los yndios
siguientes. /*

TRIBUTARIOS — Gonçalo Nampo tributario casado con Ynes Luy tiene
tres hijas e un hijo Beatriz soltera Domingo de syete
años Ynes de zinco años Catalina reçien nasçida.

— Cristobal Chan tributario casado con Luisa Uchnynan
tiene dos hijos y tres hijas Ysabel de siete años
Alonso de seis años Catalina de zinco años Maria
de quatro años Domyngo de ocho meses.

SOLTEROS CA- — Diego Caruapilich casado con Maria Aychucaruan no
SADOS   a llegado a hedad de tributar.

— Pedro Silan casado con Costança Bicuchu no a llegado
a hedad de tributar sera de diez e seis años.

VIEJO — Hernando Chadoc biejo reseruado casado con Ynes
Condorcalcon tiene un hijo e una hija Françisco de
zinco a seis años Ysabel de quatro años.

— Baltasar Chuquilalas biejo biudo tiene una nyeta huerfana llamada Luisa de dos años.

TRIBUTARIOS   Yten se hallo en este dicho pueblo de San
Marcos un yndio llamado.

— Diego Amanlali tributario casado con Ynes Saquito
y es de la guaranga de Caxamarca de la dicha doña
Jordana de Chuat del prinçipal don Santiago / y
su mandon don Alonso Tantaxulca. /

    Yten se hallo en este dicho pueblo de San
TRIBUTARIO Marcos otro yndio tributario llamado Juan Yaso casado con Ynes Munai y tiene una hija Luisa de dos
anos y medio de la guaranga de Caxamarca de la
dicha doña Jordana de la pachaca de Xucun del prinçipal don Antonio Cusquipichan y su mandon el dicho
Alonso Tantaxulca.

Yten se hallaron en este dicho pueblo de San Marcos de la guaranga de Caxamarca de la dicha doña Jordana y de la pachaca de Malcadan del governador don Pablo Malcadan y su mandon el dicho Alonso Tantaxulca los yndios siguientes.

TRIBUTARIOS
- Gonçalo Bytan tributario casado con Ynes Chonque tiene tres hijos e una hija Andres de honze años Catalina de zinco años Geronimo de seis años Pedro de ocho meses.
- Alonso Ciban tributario casado con Ynes Cunan tiene una hija Ysabel de dos meses.

VIEJOS CASADOS RESERUADOS
- Hernando Tumai biejo reseruado casado con Françisca Anyai tiene dos hijas y un hijo Domingo emfermo de diez años Catalina / de seis años Luisa de tres años.
- Anton Caxan biejo reseruado casado con Ynes Chuquibichic.

VIEJO BIUDO
- Françisco Tanchoc biejo viudo.
- Ysabel Casanchan biuda tiene un hijo y una hija Françisca de diez años Costança de tres años.

TRIBUTARIO
Yten se hallo en este dicho pueblo de San Marcos de la guaranga de Caxamarca de la dicha doña Jordana de la pachaca de Xucat del prinçipal don Baltasar Chupunapon un yndio tributario biudo llamado Cristobal Quispi.

VIEJO CASADO
Yten de la guaranga y pachaca dicha un yndio biejo reseruado casado llamado Juan Pascai y su muger Catalina Utsuyan tiene dos hijos y dos hijas Alonso de siete a ocho años Ysabel de zinco años Juana de tres años Lorenço de un año.

Yten se hallo de la dicha pachaca y guaranga una yndia biuda llamada Catalina Nanbuch tiene una hija llamada Çizilia de tres años y el dicho señor corregidor lo fyrmo Diego de Salazar ante mi Pedro de los Rios escriuano de su Magestad.

E despues de lo suso dicho en el suso dicho / asyento y pueblo de San Marcos de Chondabamba en ocho dias del dicho mes de abrill del dicho año de mill y quinientos y setenta e ocho años el dicho señor corregidor hizo paresçer ante si a Diego Sibay

gobernador mandon de Diego Condorpucla menor hijo
de don Alonso Quichoamanga caçique de mytimas que
estan en este pueblo de San Marcos de la guaranga
de Caxamarca de la dicha doña Jordana Mexia y de
la pachaca de Quichua e del dicho gobernador mandon se rezçibio juramento en forma de derecho y el
lo hizo segun que de los demas so cargo del qual
le fue mandado luego traiga y exsiba todos los yndios
que tiene en este dicho pueblo para los enpadronar
como los demas syn yncubrir nynguno so pena que
sera castigado y desterrado de sus tierras e traxo y
exsybio los yndios siguientes.

Yndios mytimas de la dicha guaranga de
Caxamarca en la pachaca de Quichua del
menor Diego Condorpucla hijo de don Alonso
Quichua y su mandon e gouernador Diego
Sibai que estan en este pueblo de San Marcos.

MANDON
RESERVADO

El dicho mandon governador llamado Diego Sibai
reserbado de pagar tributo cassado con Catalina Pucullacxa
tiene dos hijas y un hijo Diego de zinco años Maria
de dos años Françisca de quatro meses.

MANDOS
RESERVADO

El dicho mandon governador llamado Diego Sibai
reserbado de pagar tributo cassado con Catalina Pucullacxa
tiene dos hijas y un hijo Diego de zinco años Maria
de dos años Françisca de quatro meses.

TRIBUTARIOS

- Juan Puclachi tributario emfermo casado con Magdalena Quispeguarcai tiene dos hijas Ana de honze a
doze años Ynes de seis años.
- Françisco Marca tributario casado con Catalina Cagua
emfermo de mal de coraçon tiene una hija Magdalena
de tres años.
- Alonso Tupiacondor tributario casado con Ysabel Chilca
tiene un hijo Diego de seis meses.
- Pedro Tornaoca tributario casado con Luisa Guarcai
tiene dos Felipe de año y medio Agustin a los pechos.
- Tomas Purichi tributario casado con Ysabel Guaman-
carva tiene una hija Catalina de un año.
- Juan Nacoparima tributario / casado con Françisca

Calis tiene dos hijas y un hijo Costança de zinco años Juana de tres años Françisco de nueue meses.

- Hernando Xairo tributario casado con Juana Usenca-rua estan emfermos.

- Juan Guamanaylli tributario casado con Ysabel Anyuc tiene una hija Costança de dos años y medio.

- Juan Tira tributario casado con Luisa Uscachilca tiene dos hijas y un hijo Elena de seis años Ynes de zinco años Baltasar de dos años.

- Pedro Guayochaico tributario casado con Catalina Limai tiene tres hijos Françisco de zinco años Garçia de tres años Melchior de seis meses.

- Domingo Guaccha tributario casado con Juana Alepa no tiene hijos.

- Pedro Guananca tributario casado con Ynes Chachi no tiene hijos.

- Pedro Marcapuri tributario casado con Ysabel Pisllan tiene un hijo Rodrigo de zinco años.

- Juan Uscacondor mandon tributario casado con Maria / Yalicusi tiene dos hijos Agustin de seis meses Fran-çisco de quatro años.

- Hernando Campilco tributario casado con Barbola Cussinguillay tiene tres hijas Ynes de diez años Beatriz de zinco años Magdalena de quatro años.

- Juan Palla tributario casado con Ynes Marcaicusi tiene dos hijos e una hija Bartolome de tres años Elbira de dos años y medio Juana de quatro meses.

- Alonso Naupa tributario, casado con Ynes Anayo emferma.

- Pedro Quicana tributario cassado con Ysabel Muchoi tiene un hijo Diego de tres años.

- Pedro Guamanali tributario casado con Françisca Guan-gui tullida de un pie tres hijos e una hija Pablo de seis años Juana de zinco años Miguel de dos años Pedro de seis meses.

- Alonso Guanaco tributario casado con Francisca Rimai tiene dos hijos Domingo de seis años Pedro de mas de un año.

- Pedro Nabinllatas tributario coxo de un pie casado / con Françisca Llaquapuco tiene un hijo e tres hijas

Martin emfermo de diez años Elbira de seis años Magdalena de tres años Maria de un año.

BIUDOS   – Sebastian Guacachi biudo tributario.

– Juan Yanan biudo tributario.

– Françisco Tumaicondor biudo tributario.

ENFERMO   – Alonso Cutu tributario por casar emfermo.

CASADOS QUE – Diego Guasachupaico casado con Barbola Bichictunsso
NO AN ENTRA- no a entrado a tributar sera de hedad de mas de
DO A TRIBUTAR diez e seis años puede tributar.

– Pedro Chuquisupaico casado con Magdalena Rimai no a entrado a tributar sera de hedad de tributar.

– Alonso Guamanrimax casado con Maria Ylcachumpi no a tributado por no aber llegado a hedad sera de diez e seis años.

– Pedro Aucayanaico casado con Ynes Paico no a llegado a hedad de tributar sera de hedad de quinze años.

– Gaspar Chungaguacch casado con Ana Cusi sera de hedad de / catorze años no a llegado a hedad de tributar.

– Martin Ayllonaupa casado con Ynes Muruc no a entrado a tributar.

Biejos reseruados casados.

– Francisco Naupa biejo reserbado casado con Ysabel Rimai tiene un hijo de un año.

– Alonso Yanapa biejo reseruado casado con Ysauel Guasna tiene dos hijos e tres hijas Ana de doze años Vrsula de syete años, Juana de seis años Domingo de zinco años Agustin de un año e medio.

– Cristobal Coro biejo reserbado casado con Ynes Coca tiene una hija Maria de diez años.

– Juan Mullos biejo reserbado casado con Juana Rimai no tiene hijos.

– Domingo Canqui biejo reserbado casado con Ysabel Cocachimbo no tiene hijos.

– Diego Taype biejo reseruado casado con Ynes Marca / chibque no tiene hijos.

– Alonso Quispecondor biejo reserbado casado con Ynes Asto tiene zinco hijas las tres hembras e un baron Ynes Yacpa soltera Domingo de nueue años Çeçilia de syete años Malgarida de seis años Monyca de ocho meses.

- Anton Supanta biejo reservado casado con Ysabel Guarcai tiene un hijo e una hija Anton de catorze o quinze años Maria de zinco años.
- Pedro Cusiurco reseruado casado con Ysabel Casan tiene una hija Juana rezien nasçida.
- Juan Tumay biejo reserbado casado con Catalina Rurai no tiene hijos.
- Alonso Arusi biejo reserbado casado con Ana Auquichimbo no tiene hijos.
- Alonso Curo reseruado por manco y emfermo de mal de coraçon casado con Juana Sylan tiene un hijo e una hija Alonso de tres años e medio Luisa de un año.
- Francisco Aycho biejo reseruado casado con Ysabel Llamapanyac tiene un hijo e una hija Juana de diez años Luisa de seis años./

BIEJOS BIUDOS   - Luis Xucno biejo biudo tiene una hija e un hijo Luissa soltera Pedro de ocho años muy malo.
- Juan Xibi reseruado biudo.
- Miguel Catiri reseruado biudo.
- Andres Paucar reseruado biejo biudo.
- Juan Aucapuma reseruado casado con Ysabel Tipimo no tiene hijos.

Biudas.

- Juana Marcachimbo biuda tiene un hijo Pedro de doze años.
- Ynes Chisqui biuda tiene una hija Magdalena soltera para casar.
- Catalina Astochisque biuda tiene un hijo e una hija Pedro de treze años Juana de honze años.
- Costança Bilcachuchi biuda tiene zinco hijas Luissa soltera Çeçilia de diez años Catalina de zinco años Luçia de tres años.
- Juana Quispichisca biuda tiene dos hijas Magdalena de diez años Biolante de diez (sic) a quatro años.
- Luisa Ayllichumbi biuda no tiene hijos.
- Ysabel Guamanpule biuda tiene un hijo Pedro (roto) diez años emfermo./

- Ynes Tumaychisca biuda no tiene hijos.
- Costança Suanta biuda tiene dos hijas Luisa soltera Luçia de diez años.
- Ynes Acun biuda tiene dos hijos Pedro de dos años y medio Juan de tres meses.
- Ynes Rimai biuda tiene una hija Catalina de seis meses.
- Dona Juana biuda tiene dos hijos e una hija Juan de zinco años Luçia de tres años Françisco de un año y medio.

Biejas.

- Luzia Cocachimbo bieja tiene dos hijos Andres de catorze años Alonso de syete años.
- Ysabel Oscachumbi bieja tiene una hija Elbira de nueue años.
- Costança Calis bieja tiene una hija de doze años llamada Elena.
- Ynes Agua bieja tiene un hijo de treze años manco del brazo derecho.
- Catalina Xulcapul bieja.
- Ynes Astin bieja.
- Ysabel Mulluchulla bieja.
- Ynes Astucunan bieja.
- Ynes Chisqui bieja.
- Catalina Paqui bieja.
- Ynes Luxi bieja.
- Ysabel Sumaiguanta bieja.
- Luzia Guarcaisumai bieja.
- Ysabel Guamanchiclla bieja.
- Maria Cuslu bieja tiene una nyeta Catalina de siete a ocho años.
- Ana Cusy bieja.
- Juana Guamanchiclla bieja.
- Luisa Pumacarua bieja.

El qual dicho principal mandon debajo del dicho juramento declaro no tener mas yndios de los que tiene declarados e que cada que supiere de mas le berna a dezir y declarar luego tener en este dicho pueblo de la pachaca e guaranga los yndios siguientes que son mytimas yngas.

Yndios dela guaranga de Caxamarca mytimas
de la dicha pachaca de Quichua de los yungas
del dicho menor Diego Condorpucla hijo del
dicho don Alonso Quechua y el dicho mandon
su governador Diego Sibay que estan en este
dicho pueblo de San Marcos.

TRIBUTARIOS
- Alonso Matqui tributario casado con Catalina Chipoc tiene una hija y un hijo Magdalena de quatro años Miguel de dos años.
- Juan Chefo tributario casado con Francisca Ef (roto) no tiene hijos./
- Juan Machquin tributario casado con Catalina Usna tiene una hija Luisa de seis meses.
- Anton Efquen tributario casado con Ynes Chistan tiene un hijo y una hija Ysabel de tres años Martin de seis meses.
- Alonso Vecunan tributario casado con Costança Myte no tiene hijos.
- Juan Chico tributario casado con Catalina Chistan tiene una hija Costança de un año.
- Anton Tequen tributario casado con Ynes Onquen tiene una hija Ysabel a los pechos.
- Anton Sequelepoc tributario casado con Juana Cochapuco tiene un hijo y una hija Francisco de nueue años Luiza de seis años.
- Alonso Ypen tributario casado con Maria Llen tiene un hijo Juan de ocho años.
- Anton Sanca tributario casado con Maria Chistan tiene una hija Ynes a los pechos.
- Alonso Mochoy tributario casado con Catalina Tantamychic tiene dos hijos y dos hijas Ysabel soltera Juana de nueue años Domingo de syete años (roto) de syete meses./
- Pedro Min tributario casado con Ynes Chissen tiene dos hijos Diego de quatro años Cristobal de dos años.

BIUDO
- Domingo Calla tributario biudo tiene una hija e un hijo Maria de seis años Diego de año y medio.

- Anton Lesmes tributario casado con Ynes Chipque no tiene hijos.
- Alonso Chipoc tributario casado con Juana Chata tiene dos hijas y un hijo Francisco de ocho años Francisca de quatro años Ynes de un año.
- Anton Chiban tributario casado con Ynes Poyoc tiene un hijo Francisco de un año.
- Diego Ofquen tributario casado con Juana Luquimanca de un braço no tiene hijos.
- Domingo Quini tributario casado con Juana Ofun tiene dos hijas y un hijo Diego de tres años Francisca de dos años Maria de un año.
- Françisco Sequen tributario casado con Catalina Apasna no tiene hijos.
- Diego Ofquen tributario casado con Juana Peioc tiene tres hijos dos barones e una hembra Domingo de dos años / y medio Martin de un año e medio Ynes a los pechos.
- Diego Ut tributario casado con Ynes Chunchun tiene una hija Juana de nueue años.
- Alonso Suscol tributario casado con Françisca Chuscan tiene dos hijos y una hija Juana de ocho años Cristobal de zinco años Françisca de un año.
- Juan Guaman tributario casado con Catalina Calla tiene tres hijos Fraançisco de quatro años Pedro de dos años e medio Martin de un mes.
- Anton Inyoc tributario casado con Ynes Yopo tiene una hija Magdalena de tres meses.
- Domingo Vicuti tributario casado con Ysabel Channana tiene dos hijos Juan de seis años Agustin de ocho meses.
- Diego Machquen tributario casado con Catalina Poya no tiene hijos.
- Anton Calle tributario casado con Ynes Chamen tiene un hijo de un año Domingo.
- Francisco Chullen tributario casado con Ynes Chancai tiene dos hijas Juana de dos años Agustin de seis meses./
- Pedro Llen tributario casado con Ynes Chusen tiene un hijo Miguel de nueue o diez meses.

- Francisco Quichic tributario casado con Ysabel Rech tiene un hijo Francisco de un año.
- Alonso Ynqueynque mandon tributario casado con Juana Chepa tiene un hijo e una hija Lorenço de quatro años Elbira de un año.
- Diego Tunag tributario casado con Catalina Muchmuch tiene dos hijos Pedro de quatro años y Diego de dos años.
- Alonso Chimo tributario casado con Ynes Mayo tiene una hija Elbira de seis meses.
- Diego Llenllen tributario casado con Catalina Mancuy tiene dos hijos y una hija, Alonso de quatro años Costança de dos años Juan de quatro meses.
- Alonsso Nuilla tributario casado con Catalina Pumany tiene un hijo Alonso rezien nasçido.
- Gonzalo Sepi tributario cassado con Juana Callac tiene un hijo e una hija Miguel de qua/tro años Çeçilia de un año Domingo Xalca tributario casado con Juana Facna no tiene hijos.
- Domingo Chingach mandon tributario casado con Juana Fraychun tiene una hija e un hijo Garçia de tres años e medio, Juana de zinco meses.
- Hernando Yopon tributario casado con Ysabel Felnon tiene un hijo y una hija Miguel de nueue años Çeçilia de diez meses.
- Francisco Cuchic tributario casado con Maria Achipa tiene un hijo Cristobal de diez a honze años.
- Juan Xabach tributario casado con Ynes Repa tiene una hija Luisa de honze meses.
- Pedro Quispe tributario casado con Ysabel Ochmeten no tiene hijos.
- Diego Ogquen tributario casado con Maria Achichfen no tiene hijos.
- Francisco Lliquixen tributario casado con Ysabel Llallas tiene dos hijos y una hija Marcos de syete años Juan de tres años Catalina de zinco años.
- Juan Nyte tributario casado con Ynes Mastup tiene / una hija Ysabel de un año.

  Casados moços que no an entrado a tributar.
- Melchior Yanpun cassado con Catalina Puyuc no a

entrado a tributar por no tener hedad sera de hedad de quinze años.

- Juan Llen casado con Ynes Llallacties el es manco del braço yzquierdo y no a llegado de tributar sera de diez e seis años.
- Françisco Llemes casado con Ynes Chistan no a llegado a hedad de tributar paresçe tener mas de diez e seis años.
- Françisco Yscon casado con Ysabel Cuche no paga tributo porque dizen no a llegado a hedad puede tributar.
- Alonso Uscuti casado con Catalina Chipsa no a entrado a tributar puede tributar.
- Domingo Mino casado con Ysabel Concun no a llegado a hedad de tributar sera de quinze años.
- Pedro Quis casado con Juana Angas no a llegado a hedad de tributar sera de diez e seis años./
- Baltasar Sep casado con Ysabel Chunchen no tributa sera de hedad de diez e siete años.
- Diego Curu casado con Juana Chuton no a llegado a hedad de tributar sera de quinze años.
- Melchior Ques casado con Costança Chipoyoc no a llegado a hedad de tributar sera de quinze años arriba.
- Domingo Chicloc casado con Ynes Puynque no a llegado a hedad de tributar sera de diez e seis años.
- Francisco Libiac casado con Catalina Llachen no a llegado a hedad de tributar sera de diez e seis años cria esta yndia una niña huerfana Ysabel de quatro meses.

Biejos casados reservados. .

- Anton Pechonamo reserbado biejo casado con Ysabel Uncuy no tiene hijos.
- Andres Oronpi biejo reseruado casado con Ynes Fellun tiene tres hijos e una hija Catalina de doze años. Alonso de seis años Francisco de quatro años Pedro de un año.
- Felipe reseruado biejo casado con Francisca Yonyc tiene zinco hijo los dos barones / y tres hembras Catalina soltera Domingo de ocho años Juana de zinco años Juan de tres años Ysabel de un año.

- Francisco Conchen biejo reservado casado con Ynes Chenque tiene una hija Costança de tres meses.
- Anton Punco reserbado por biejo casado con Catalina Cochmon tiene una hija Francisca de tres años.
- Pedro Punyc reseruado por biejo casado con Catalina Chiscan tiene una hija e un hijo Francisco de ocho años Catalina de quatro años.
- Alonso Seman biejo reseruado casado con Françisca Nite tiene dos hijos y una hija Domingo de syete años Juana de seis años Juan de quatro años.
- Diego Segon yndio reseruado por biejo casado con Francisca Llefen tiene un hijo y una hija Maria de ocho años Alonsso de ocho meses.
- Juan Leno yndio biejo reservado por biejo casado con Maria Mancoy no tiene hijos.
- Juan Nyn reseruado por biejo casado con Francisca Pele tiene una hija Madalena a los pechos./
- Alonso Charminamo reserbado por biejo casado con Ynes Chepso tiene una hija Ynes soltera.
- Francisco Yana reserbado por biejo casado con Ynes Peico tiene dos hijos e una hija Domingo manco del brazo derecho de hedad de quinze años Juana de zinco años Diego a los pechos.
- Don Gonçalo mandon reserbado por biejo casado con Françisca Paner tiene tres hijas e dos hijos Andres soltero de mas de diez e siete años que puede pagar tributo Juana de doze años otra Juana de syete años Catalina de quatro años Alonso de un año.
- Alonso Llenerramo reserbado por biejo casado con Francisca Porchen tiene dos hijas e dos hijos Françisco de diez años Ynes de siete años Juana de tres años Domingo de tres meses.
- Pedro Nanroc reseruado por biejo casado con Ysabel Gunan no tiene hijos.
- Pedro Sanbas reseruado por biejo casado con Juana Nepo tiene un hijo Andres de tres años./
- Francisco Echo reseruado por biejo casado con Juana Tapan tiene una hija Costança de dos años.
- Alonso Ynto reseruado por biejo casado con Ynes Chicap no tiene hijos.

VIEJOS POR CASAR

- Marcos Cunanamo yndio biejo reseruado biudo.
- Alonso Ayta biejo reseruado por biejo biudo.

HUIDO

- Andres Sasal biejo reseruado huido tiene una hija Maria de siete años.

TRIBUTARIOS

- Juan Tiran tributario biudo huido.

HUIDOS

- Juan Quilca tributario huido a mas de diez años que no paresçe.
- Alonso Pomacondor huido tributario a mas de diez años questa huido.
- Diego Cusytin tributario huido a mas de diez años questa huido.
- Juan Xami tributario huido a dos años que no paresçe.

TRIBUTARIOS

- Diego Guacchapuma tributario casado questa en Truxillo y paga su tributo.
- Francisco Efquen tributario casado questa en Truxillo y paga su tributo./

HUIDOS

- Françisco Siman tributario huido que a mas de nueue años questa huido y no se cobra el tributo del.
- Juan Senep soltero huido a un año que se huyo e no paresçe tiene su muger en este pueblo llamada Ysabel Amyac tiene una hija Ysabel de año y medio.

HUERFANOS

- Juana Cuche huerfana de zinco años.
- Domingo Ynne huerfano de catorze años.
- Maria su hermana de treze años huerfana.
- Anton Llen huerfano de syete a ocho años.
- Maria Llallat huerfana de siete años.

Biudas.

- Catalina Rech biuda.
- Catalina Sellen biuda.
- Catalina Xacchabi biuda.
- Juana Supe biuda tiene una hija e un hijo Domingo de nueue años Ynes de seis años.
- Françisca Rech biuda.
- Juana Mochque biuda tiene una hija Magdalena de quatro años.
- Ysabel Pasna biuda tiene dos hijos Pedro de seis años Cristobal de año y medio./
- Ysabel Nyoc biuda tiene dos hijas Ynes de doze años Maria de nueue años.

- Ysabel Sacullac biuda tiene un hijo y una hija Costança de ocho años Miguel de mas de un año.
- Catalina Pususllan biuda tiene dos hijas y un hijo Elbira de zinco años Catalina de tres años Gomez de seis meses.
- Catalina Yapna biuda tiene una hija Elbirica de quatro años.
- Ysabel Telen biuda.

Biejas,

- Ynes Sulca bieja.
- Catalina Oranque bieja.
- Ynes Chapic bieja.
- Catalina Cheptoc bieja.
- Catalina Sellan bieja.
- Catalina Payoc bieja.
- Catalina Cochenen bieja.
- Catalina Estalla bieja.

HUIDA

- Juana Ynguin bieja huida con un hijo suyo Juan de syete años a dos años que no paresçe.

El qual dicho mandon gouernador y todos los demas mandones declararon que so cargo del dicho juramento no tenia mas yndios de la dicha guaranga en este dicho pueblo e que cada que supieren de mas lo bernan a dezir y declarar por no yncurrir / en la dicha pena y aunque el dicho señor corregidor hizo todas las diligencias posibles no se hallaron mas yndios de la dicha guaranga en este dicho pueblo y con esto se acabo de empadronar los yndios de este pueblo de la dicha guaranga de Caxamarca de la dicha encomienda de la dicha doña Jordana y el señor corregidor les boluio a percibir a todos los dichos yndios y cada uno dellos que sy se acordaron de mas que lo bengan a dezir y dixeron que no tiene mas yndios y lo firmo el señor corregidor Diego de Salazar ante mi Pedro de los Rios escriuano de su Magestad.

PUEBLO DE
LA ASUNÇION

En el pueblo de Nuestra Señora de la Asuncion de la dicha prouinçia de Caxamarca a catorze dias del mes de abrill el dicho año de myll y quinientos y setenta y ocho años el dicho señor corregidor presentes el cacique prinçipales y alcaldes del dicho pueblo

les hizo platica como su merced avia benido a el a
los empadronar y visytar por mandado de su Magestad
e para el efecto que sehazia que nyngun caçique y
prinçipal yncubriese nyngun yndio sino que todos los
manifestase so pena que el que lo yncubriere sera castigado
y desterrado de sus tierras y les seran quitados los
yndios que tuuiere los quales dixeron questan prestos
de los manifestar y de/clarar todos siendo testigo el
padre Fray Pedro de la Bega de la horden de Señor
San Francisco y lo firmo el señor corregidor Diego
de Salazar ante mi Pedro de los Rios escriuano de
su Magestad.

E despues de lo susodicho en el dicho pueblo
de Nuestra Señora de la Asunçion en quinze dias del
dicho mes de abrill del dicho ano de myll y quinientos
e setenta y ocho años el dicho señor corregidor hizo
paresçer ante si a Alonso Sinsupbacon mandon del cacique don Sebastian Ninalingon questa e reside en el
pueblo de Contumasa caçyque de la pachaca de Chalchaden de la encomienda de doña Jordana Mexia del
qual se tomo y resçibio juramento en forma de derecho
y so cargo del le fue mandado luego traiga todos los
yndios que tiene en este pueblo para los bisitar y enpadronar so pena de perjuro e que sera castigado y desterrado
de sus tierras y el en cumplimiento dello traxo y exsybio
los yndios siguientes.

*Yndios mytimas de la guranga de Caxamarca
de doña Jordana Mexia y de la pachaca de
Chalchaden del caçique don Sebastian Nynalingon
de que es mandon Alonso Sump/bacon questa en
este pueblo de la Açenxion.*

TRIBUTARIOS
- El dicho mandon Alonso Sunpbacon tributario casado
con Luisa Guxux tiene tres hijos e una hija Luis
de treze años Françisco de nueue años Agustin de
zinco años Elvira de tres años.
- Alonso Surxul tributario casado con Ynes Machai tiene
tres hijos e una hija Ysabel soltera Françisco de seis

a syete años Diego de çinco años Alonso de un año y medio.

- Françisco Sisao tributario casado con Ysabel Atan no tiene hijos.
- Andres Mango tributario casado con Ysabel Chiquilatan tiene dos hijos e una hija Andres de seis años Maria de quatro a çinco años Pedro de un año.
- Martin Guaccha tributario casado con Luisa Nynaguacai tiene dos hijas Çeçilia de zinco años Françisca de un año.
- Pablo Pomatanta tributario casado con Juana Llanta tiene dos hijos e dos hijas Ysabel de doze años Luisa de syete años Pedro de zinco a seis años (roto) de un año./
- Francisco Puma tributario casado con Catalina Angas tiene dos hijas Ynes de zinco años Juana de seis meses.
- Alonso Tacol tributario cassado con Catalina Xatan tiene dos hijos Juan de seis años Gregorio de çinco años.
- Alonso Ninallaxa tributario cassado con Juana Caxapinon tiene tres hijas Costança de syete años Ysabel de zinco años Luisa de un año.
- Francisco Pumamanco tributario casado con Maria Guacay tiene un hijo e dos hijas Domingo de diez e seis a diez e siete años Ynes soltera para casar Elena de dos a tres años.
- Alonso Manianquispe tributario casado con Catalina Llamanaucay tiene dos hijos e una hija Domingo de honze años Aldonça de quatro años Andres de un año.
- Alonso Naucallaxac tributario casado con Ysabel Coque no tiene hijos.
- Alonso Manianquispe tributario casado con Maria Llatan tiene dos hijose una hija Ynes de quatro años Gonçalo de tres años Juan de un año./
- Françisco Cutos tributario casado en Truxillo e paga el tributo.

SOLTERO MEDIO- Juan Taco soltero medio tributario questa en Truxillo.
TRIBUTARIO   Solteros.

- Domingo Chicni soltero questa en Truxillo huido no paga tributo.
- Gaspar Xabel soltero que no a llegado a hedad de tributar.

- Juan Rimas soltero que no a tributado y puede tributar.
- Pedro Guaccha soltero que no a llegado a hedad de tributar.

Biejos casados reserbados.

- Alonso Lulipalsa biejo reseruado casado con Magdalena Cabuspunon tiene tres hijas y dos hijos Magdalena y Leonor y Luisa solteras para casar Martin de diez e seis años arriba Luis de dos años y medio.
- Francisco Tocas biejo reseruado casado con Ynes Tantabichic no tiene hijos.
- Pedro Chanun biejo reseruado casado con Juana Yamocchuc tiene un hijo Nycolas de tres años.
- Diego Caruaxulca biejo çiego reseruado casado con Catalina Carva tiene tres hijos e una hija Catalina de nueue años / Diego de seis años Pedro de tres años Alonso de de quatro meses.
- Francisco Caxaguaman biejo reseruado casado con Luisa Talpuy tiene una hija Luçia soltera para casar.
- Alonso Pariachin biejo reseruado casado con Juana Panyac no tiene hijos.
- Lorenço Chotanta biejo reseruado biudo.

Biudas.

- Catalina Llatan biuda tiene un hijo Gonçalo de syete años.
- Maria Caxanpunun biuda tiene un hijo e una hija Ynes de ocho años Alonso de zinco años.
- Françisca Chupnian biuda tiene un hijo Juan de zinco años.
- Magdalena Chuplachos biuda.
- Juana Caxantaban biuda.
- Catalina Ocaen biuda.
- Leonor Cutic biuda tiene dos hijas Ynes soltera Luçia de doze años e un hijo Lorenço de seis años.
- Ynes Guacchacai biuda tiene un hijo e dos hijas Çeçilia de doze años Lorenço de siete años Maria de dos años y medio.

– Luisa Cuchaguacai tiene un hijo / Diego de un año y medio.

HUIDA
– Ysabel Chuquilachos bieja tiene dos nyetos e una nyeta que su madre dellos esta huida Luçia de ocho años Lorenço de seis años Alonso de tres a quatro años.

HUIDO
– Domingo muchacho de seis a siete años huido que no saben del.

El qual dicho mandon declaro no tener mas yndios en este dicho pueblo de la dicha guaranga y pachaca e si se acordare y supiere de mas lo berna a dezir y declarar por no yncurrir en las dichas penas y el señor corregidor lo fyrmo Diego de Salazar ante mi Pedro de los Rios escriuano de su Magestad.

Hallaronse en este dicho pueblo de Nuestra Señora de la Açençion de la dicha guaranga de Caxamarca de la pachaca de Collana de los mytimas del prinçipal don Alonso Caxavalent que esta en Contumasa los yndios siguientes.

Yndios mitimas de la dicha guaranga de Caxamarca de la pachaca de Collana del prinçipal don Alonso Caxavalent.

TRIBUTARIOS
– Martin Coro tributario casado con Ynes Caruatiquilla tiene dos hijos Gonzalo de tres años Juan de / ocho años.
– Juan Xil tributario casado con Luisa Amyson tiene dos hijos e dos hijas Juan de syete años Luisa de syete años Pedro de çinco años Luisa de un año.

E no paresçio auer en este dicho pueblo de la dicha guaranga y pachaca del dicho prinçipal mas yndios de los dichos y el dicho señor corregidor lo fyrmo Diego de Salazar ante mi Pedro de los Rios escriuano de su Magestad.

Yten se hallo en este dicho pueblo de la Açemsion de Nuestra Señora un muchacho de diez años llamado Françisco Cochapana de la dicha guaranga de Caxamarca de los mitimas de la pachaca de Guayaccondor del cacique Don Miguel Ticracachon questa en el pueblo de Jesus.

E despues de lo suso dicho en el dicho pueblo de la Açension de Nuestra Señora en el dicho dia quinze de abril del dicho año el dicho señor corregidor Diego de Salazar hizo paresçer ante si a Francisco Nynaquispe mandon del prinçipal don Juan Angaspilco questa en el pueblo de San Antonio de Caxamarca ques de la guaranga de Caxamarca de la dicha dona Jordana Mexia e de la pachaca de los mytimas de Paynan questa en este pueblo e del se tomo y resçibio juramento / en forma de derecho so cargo del qual le fue mandado luego traiga y exsiba todos los yndios que manda para los enpadronar so las penas que sea puesto a los demas el qual traxo y exsybio los yndios siguientes.

TRIBUTARIOS

- El dicho mandon Francisco Ninaquispe casado con Catalina Guacai tiene dos hijas Elena de tres años Catalina de un año.
- Alonso Cabusbacon tributario casado con Juana Cablachoton tiene una hija Ysabel de tres a quatro años.
- Françisco Ancay tributario casado con Maria Llatan tiene quatro hijas quatro hijas Ynes de doze años Luzia de ocho años Ysabel de dos años Costança de un año.
- Juan Asuchi tributario casado con Maria Chan tiene dos hijos e tres hijas Lorenço de siete años Luisa de zinco a seis años Magdalena de quatro años Melchior de tres años Jordana de un año.
- Luisa Lulinbacon tributario casado con Catalina Chuan tiene tres hijos y dos hijas Miguel de ocho años Alonso de zinco a seis años Magdalena / de quatro años Çezilia de dos anos y medio... de un año.
- Hernando Cabus tributario casado con Magdalena Chane tiene dos hijos y una hija Melchior de tres años Aldonça de quatro años Alonso de un año.
- Juan Balet tributario casado con Juana Tiquillaguacai no tiene hijos.
- Juan Chamba tributario casado con Catalina Chaloc

tiene un hijo y dos hijas Juan de siete años Costança
de zinco años Aldonça de ocho meses.
- Pedro Guacan tributario casado con Luisa Nysaco-
nan tiene un hijo e dos hijas Catalina de zinco años
Ysabel de quatro anos Lorenço de dos años.
- Gonçalo Nynaquispe tributario casado con Juana Xalca
tiene un hijo e dos hijas Ysabel de quatro años
Ynes de tres años Gonçalo de un año.
- Diego Lanton tributario biudo no tiene hijos.
- Juan Bitlanten tributario biudo syn hijos.
Reseruados biejos y casados.
- Pedro Chambas reseruado por / coxo y tullido de
una pierna por casar.
- Pablo Llatta reseruado por biejo biudo.
- Alonso Cona biejo reseruado casado con Ynes Chuqui-
sup tiene dos hijas e dos hijos Miguel de syete años
Ynes de ocho años otra Ynes a los pechos de nueue
meses Alonso de dos años.
- Hernando Chuquisapon biejo reseruado casado con Bea-
triz Ticlla tiene zinco hijas Costança soltera Magda-
lena de ocho años Luisa de syete años Catalina de
quatro años Juana de tres años.
- Diego Ciban biejo reseruado no es casado ni tiene
hijos.
- Anton Malca reseruado por biejo biudo tiene una
hija biuda llamada Maria Cusque.
- Ximen Pollon biejo reseruado no es casado ny tiene
hijos.
Biudas.
- Ysabel Namoc biuda tiene un hijo y una hija Domingo de seis años Costança de quatro años.
- Catalina Cusque biuda tiene dos hijas Monica de zinco años Ana de tres años./
- Ynes Chamac biuda no tiene hijos.
- Ynes Llaxa biuda no tiene hijos.

BIEJAS
- Catalina Luli bieja.
- Juana Ycunbal bieja.

SOLTERA
- Ysabel Tanticla soltera.
- Ynes Cusqui soltera.
- Magdalena Guayan soltera.

- Madalena Caus soltera.
- Juana Cusquindaban soltera.

SOLTERO QUE – Françisco Chuni soltero que puede tributar.
PUEDE TRIBUTAR

El qual dicho mandon declaro no tener en este
dicho pueblo mas yndios de los que tiene declarados
e que cada que supiere y se acordare de mas lo berna
a dezir por no yncurrir en la pena que se le a puesto
y el señor corregidor lo fyrmo Diego de Salazar ante
mi Pedro de los Rios escriuano de su Magestad.

E despues de lo suso dicho en el dicho pueblo
de la Açension de Nuestra Señora el dicho dia quinze
de abrill del dicho año el dicho señor corregidor hizo
paresçer ante si a don Juan Quiladen prinçipal de la
pachaca de Culquimarca mytimas de la guaranga de
Caxamarca de doña Jordana Mexia questan en este pueblo de la Açensyon de Nuestro Señor y del se resçibio
juramento en forma de derecho y el lo hizo como
se devia so cargo del qual le fue mandado luego traiga
todos los yndios que de la dicha pachaca tiene en
este pueblo / por bisytar para los enpadronar sin yncubrir
ninguno so las penas que se a puesto a los demas
y traxo y exsibio los yndios siguientes.

*Yndios mytimas de la pachaca de Culquimarca
de la guaranga de Caxamarca de doña Jordana
questan en este pueblo de la Açensyon de
Nuestra Señora su principal don Juan Quilauan.*

TRIBUTARIOS – Pedro Chaari tributario casado con Luisa Yalo tiene
tres hijas Costança de seis años Luzia de tres años
Françisca de nueue meses.
- Juan Chigni tributario casado con Ynes Chuquitum-
bay tiene un hixo y una hixa Alonso de dos años
Luisa de un año.
- Anton Pencha tributario casado con Ynes Cunan tiene
dos hixos Domyngo de seis a siete años Nicolas
de un año.
PUEDE   – Alonso Chuquintenban casado con Juana Chuquichame
TRIBUTAR   tiene una hija Costanza de un año este yndio no
a entrado a tributar puede tributar.

Biexos casados reseruados.

BIEJOS CASADOS RESERVADOS

– Juan Chuquimascoy viexo reseruado casado con Juana Culquinchen tiene dos hijas solteras llamadas Luisa e Catalina./

– Anton Caxuaxulca biexo reseruado casado con Ysauel Tantacosi tiene una hixa soltera para casar Leonor Asui.

– Pedro Masanap biexo reseruado casado con Ysauel Luliticlla.

– Gaspar Caruaxulca biejo reseruado casado con Ynes Llatan tiene dos hixos Hernando de quatro años Melchor de seis meses.

– Pedro Ypariar biexo reseruado casado con Ysauel Guacchaguacay.

– Juan Namochet reseruado casado con Ysauel Tantabichie tiene un hixo Gomez de seis meses.

– Anton Cancamput reseruado por biejo casado con Juana Cusi.

– Andres Malcamboc reseruado por ciego casado con Ynes Machai tiene una hixa Elvira de dos a tres años.

Biudas.

– Madalena Colquetilla biuda tiene un hixo Françisco de diez años.

BIEXAS

– Maria Chuch biexa.

– Juana Anyaychuque biexa.

– Ysauel Ayaco biexa.

– Maria Quox viexa.

– Juana Tumpay biexa.

El qual dicho prinzipal declaro no tener mas yndios por visytar de la dicha / pachaca e que cada que supiere o se acordare de mas lo verna a desçir por no yncurrir en las dichas penas y el señor corregidor lo fyrmo. Diego de Salazar ante mi Pedro de los Rios escriuano de su Magestad.

E despues de lo suso dicho en el dicho pueblo de la Açension de Nuestro Señora en los dichos quinze dias del dicho mes de abril del dicho año de mill e quinientos y setenta e ocho años el dicho señor correxidor hizo paresçer ante si a Miguel de la Cruz principal de la pachaca de Anbal de la guaranga de Caxamarca de doña Jordana Mexia e del se tomo y resçiuio juramento por Dios e por Santa Maria e por la señal de la Cruz en firma de derecho so cargo del qual le fue mandado que luego trayga todos los yndios que tiene por visitar en este pueblo de la dicha pachaca sin yncubrir ninguno so las penas que se a puesto a los demas y en cumplimyento dello traxo y esibio los yndios siguintes.

Indios de la pachaca de Lambal de la guaranga de Caxamarca de doña Xordana del prençipal don Miguel de la Cruz questan en este pueblo de la Açension de Nuestra Señora./

RESERUADO
— El dicho prençipal Miguel de la Cruz reseruado por viexo casado con Ysauel Guacaparyac tiene çinco hixos dos hixas e tres hixos Ana de diez años Luzia de siete años Juan de seis años y Martin de un año Francisco de tres meses.

TRIBUTARIOS
— Domingo Llaxatanta tributario casado con Catalina Chat tiene un hixo Felipe de tres meses.

— Juan Guaman tributario casado con Francisca Culluchip tiene un hijo Alonso de dos años.

— Diego Quispe tributario casado con Catalina Ocsin tiene una huerfana que cria llamada Françisca de çinco años.

— Pedro Xaxic tributario casado con Elbira Myssaticla tiene un hijo y dos hijas Domingo de quatro años Juana de tres años Ana de ocho meses.

— Alonso Taco tributario casado con Catalina Morochan tiene dos hijas y dos hijos Costança soltera Luis de zinco años Luzia de tres años.

— Pedro Chuquinalilan tributario casado con Luisa Puscan tiene una hija y un hijo Ynes de tres años Domingo de un año.

— Juan Cusma tributario casado con Ysabel Ocsyn tiene dos hijas Magdalena de dos años / Luisa de un año.

- Juan Julca tributario casado con Ysabel Tres tiene un hijo Francisco de un año.
- Françisco Masapulli tributario casado con Beatriz Tantabichic no tiene hijos.
- Juan Namocbilca cassado con Catalina Corominai no a llegado a hedad de tributar sera de diez e seis años.

SOLTERO PUEDE- Luis Pomaquispe soltero puede tributar.
TRIBUTAR
　　　　　　Biejos reseruados casados.
- Pedro Caroauilca reseruado por biejo casado con Ynes Chigua tiene un hijo Diego de ocho años y mas tiene un huerfano muchacho Pedro Quispe de ocho años.
- Juan Tantalaque biejo reseruado casado con Ysabel Ticllaguacai tiene un hijo Pedro de syete a ocho años.
- Françisco Nynacusma biejo reseruado casado con Ysabel Chuqui tiene un hijo e una hija Ynes de syete años Alonsso de seis años.
　　　　　　Biudas.
- Ana Cachen biuda tiene una hija soltera llamada Catalina y un hijo Juan de nueue años./
- Luisa Chamoc biuda tiene un hijo e una hija Ynes de tres a quatro años y Andres de dos años y medio.
- Maria Cuch biuda tiene un hijo Alonso de diez años.
- Catalina Cheta bieja.
- Magdalena Chuquiticlla bieja.
- Catalina Namo bieja.
- Ynes Malcachon bieja.
- Ana Rimay bieja.

　　　El qual dicho principal debajo del dicho juramento declaro no tener mas yndios por bissitar de los que tiene exsibidos e que sy supiere de mas lo berna a dezir por no yncurrir en las dichas penas que se le an puesto y lo firmo el señor corregidor Diego de Salazar ante mi Pedro de los Rios escriuano de su Magestad.

　　　E despues de lo suso dicho en el dicho pueblo de la Açensyon de Nuestra Señora en los dichos quinze

dias del dicho mes de abrill del dicho año de myll
y quinientos e setenta e ocho años el dicho señor
corregidor Diego de Salazar hizo paresçer ante si a
don Gonçalo Guamanyalli prenzipal de la pachaca de
Llaquas e de la guaranga de Caxamarca de la dicha
doña Jordana Mexia que estan en este pueblo y del
se tomo y reszibio juramento en forma de derecho
y el lo hizo assi so cargo del qual le fue mandado
luego traiga todos los yndios que tiene por vissitar de
la dicha pachaca / en este dicho pueblo so pena de
perjuro y de las demas penas que se a puesto a los
demas el qual traxo y exsybio los yndios siguientes.

*Yndios de la pachaca de Llaquas de la
guaranga de Caxamarca de doña Jordana Mexia
del principal don Gonçalo Guamanyalli questan
en este pueblo de la Açensyon de Nuestra
Señora.*

RESERUADO
— El dicho don Gonçalo Guamanyalli prinçipal reseruado
de tributo por ser prençipal e biejo cassado con Catalina
Anyaycutic no tiene hijos.

TRIBUTARIOS
— Hernando Caruacondor tributario cassado con Catalina
Nynaguacai tiene tres hijos e una hija Juan de honze
años otro Juan de zinco años Pedro de quatro años
Juana de mas de un año.

— Juan Cusma tributario casado con Madalena Manyac-
chuc tiene tres hijos Francisco de syete años Alonso
de çinco años Agustin de quatro años.

— Alonso Caruacusma tributario cassado con Maria Cachen
tiene un hijo y una hija Luzia de tres años Diego
de un año. /

— Juan Llacxachigni tributario casado con Ynes Chumbi
tiene un hijo y tres hijas Diego de siete años Magdalena
de zinco años Costança de tres años Luisa de un
año.

— Juan Caruapaico tributario soltero por casar.

— Françisco Cochapoma tributario entero soltero por casar.

— Juan Caruatocto soltero tributario entero.

SOLTERO QUE
— Juan Guacaycondor casado con Catalina Colquipanyac

PUEDE TRIBUTAR no a entrado a tributar, es de hedad para ello.

- Pedro Anyay casado con Juana Tantapusi no a entrado a tributar porque paresçe tener hedad para ello y puede tributar.
- Potal soltero que no a llegado a hedad de tributar esta huido y es casado con Catalina Tilay tiene un hijo Juan de un año.

Biejos reseruados casados.

- Lorenço Lay biejo reseruado casado con Luisa Yomoch tiene tres hijas Ysabel de treze años Françisca de diez anos Juana de zinco años.
- Alonso Coll [ilegible] biejo reseruado / casado con Ysabel Calcon no tiene hijos.
- Francisco Checne biejo casado reseruado su muger llamada Ysabel Moso tiene una hija e un hijo Çeçilia de doze años Miguel de syete años.
- Juan Guaccha reseruado por biejo biudo y no tiene hijos.
- Francisco Quispe biejo reseruado biudo tiene dos hijas solteras Magdalena y otra Magdalena.

Biudas.

- Malgarida Mochoi biuda tiene un hijo e dos hijas de nueue años Catalina de ocho años Juana de çinco años.
- Ynes Llajaguacas biuda tiene dos hijas y un hijo Catalina soltera Bartola de zinco años Gomez de quatro años.
- Ysabel Guacac biuda.
- Ynes Mili biuda.
- Catalina Colquinchen tiene tres hijas Ynes de diez años Luisa de zinco años, Maria quatro años.
- Magdalena Ayanguacai biuda.
- Luisa Cunchin biuda.
- Luysa Chusmu biuda tiene una / hija y dos hijos Ynes de doze años Pedro de seis Alonso de zinco años.

Biejas.

- Ynes Canrra bieja.
- Catalina Caruaticlla bieja.
- Elbira Anas vieja.
- Luisa Asticaria bieja.

El qual dicho principal declaro no tener mas yndios por bissitar y que cada que supiere y se acordare de mas los berna a dezir y declarar por no yncurrir en las penas que se le a puesto y por no caer en pena de perjuro y el señor corregidor lo fyrmo Diego de Salazar ante mi Pedro de los Rios escriuano de su Magestad.

E despues de lo suso dicho en el dicho pueblo de la Açensyon de Nuestra Señora en el dicho dia quinze de abrill del dicho año de myll e quinientos e setenta e ocho años el dicho señor corregidor Diego de Salazar hizo paresçer ante si a Andres Lima mandon de la pachaca de Lleden y de la guaranga de Caxamarca de la dicha doña Jordana y del se resçibio juramento en forma de derecho segun que de los demas y le fue mandado luego traiga todos los yndios que tiene en este pueblo por bissitar so pena de perjuro si alguno yncubriere e de las demas penas que se a puesto a los demas el qual traxo y exsibio los yndios siguientes.

Yndios de la pachaca de Lleden de la guaranga de Caxamarca de ques prinçipal mandon Andres Limai questan en este pueblo de la Açension de Nuestra Señora.

RESERUADO — El dicho Andres Limai mandon biejo reseruado casado con Beatriz Mochoi tiene tres hijos Alonso de diez años Luis de syete años Martin de tres años.

TRIBUTARIOS — Tantapoma tributario cassado con Luissa Samo tiene dos hijos y una hija Elbira de diez años Alonsso de tres años Luis de un año.

— Juan Tantaraico tributario casado con Ynes Ticlla tiene una hija e un hijo Costança de dos años Agustin de tres meses.

— Melchior Nynaquispe tributario huido en Truxillo.

PUEDE TRIBUTAR — Martin Caroavilca casado no a entrado a tributar, puede tributar llamase su muger Catalina Chuquichame.

VIEJO — Alonso Cayan biejo reseruado casado con Ynes Cachen tiene una hija soltera llamada / Magdalena y Diego de siete años.

- Pedro Xulca biejo reseruado casado con Barbola Puxque tiene una hija Francisca de diez años.
- Pedro Choroc biejo reseruado casado con Catalina Saya tiene un hija Ysabel de diez años.
- Juan Chalal reseruado por biejo tullido.
- Ysabel Syde biuda tiene dos hijos Domingo de seis años Diego de quatro años.
- Catalina Chuquichoc biuda, tiene una hija soltera llamada Luzia Caxa.
- Ysabel Tantaticla bieja.
- Ysabel Tantasup bieja.
- Catalina Sutque bieja.
- Ysabel Vesen bieja.

El qual dicho mandon debajo del dicho juramento declaro no tener mas yndios por vissitar de la dicha pachaca e guaranga e que si alguno se le huuiere olbidado cada que se acordare lo berna a dezir por no yncurrir en las penas que se le a puesto el señor corregidor lo fyrmo Diego de Salazar ante mi Pedro de los Rios escriuano de su Magestad.

E despues de lo suso dicho en el dicho asiento e pueblo de la Açensyon de Nuestra Señora el dicho señor corregidor hizo / paresçer ante si en diez e seis dias del dicho mes de abrill del dicho ano de mill y quinientos y setenta y ocho años a don Lorenço Chon mandon del principal don Andres Tantamoro e de la pachaca de Agumarca de la encomienda de la dicha doña Jordana Mexia e del se resçibio juramento en forma de derecho segun que de los demas principales so cargo del qual le fue mandado luego traiga todos los yndios que tiene en este pueblo para los bissitar syn yncubrir ninguno so las penas que se an puesto a los demas y de ser perjuro el qual en cumplimiento dello traxo y exsybio que tenia los yndios siguientes.

*Yndios de la pachaca de Agumarca de la
guaranga de Caxamarca de la dicha doña
Jordana del cacique principal don Andres
Tantamoro questa en San Antonio de Caxamarca
su mandon Lorenço Chon questan su pueblo de
la Acensyon de Nuestra Señora.*

TRIBUTARIOS
- El dicho don Lorenço Chon mando tributario casado con Aldonça Tantachuc tiene un hijo e quatro hijas Ysabel y Aldonça solteras Cristobal / de diez a honze años Françisco de ocho años Luzia de un año.
- Francisco Pomotongo tributario casado con Francisca Penticlla tiene tres hijas solteras Aldonça y Luisa y Elbira y un hijo Lopez de seis años.
- Juan Penchon tributario casado con Maria Choqueticlla tiene un hijo Alonso de zinco a seis años.
- Diego Cusquitanta tributario casado con Çecilia Moyo tiene un hijo Domingo de un año.

MEDIO
TRIBUTARIO
- Pedro Pomaxulca tributario casado con Luisa Chuticlla esta yndia visytada por arriua en otra parte y este yndio no paga mas de medio tributo.
- Diego Cumbi tributario entero soltero.

RESERUADO
- Juan Chuquimasa reseruado manco de un braço casado con Ynes Chay tiene un hijo e una hija Pedro de honze a doze años Françisca de tres años.

HUIDO
- Martin Tantamasa tributario casado con Ynes Sutco esta huido a tres años con una hija suya llamada Maria.

Biejos reseruados.
- Pedro Chique reseruado por biejo / casado con Maria Tanta tiene dos hijos y una hija Ynes de doze años Diego de syete años Pedro de çinco años.
- Melchior Caruatanta reseruado por biejo cassado con Ysabel Naucay tiene dos hijos y dos hijas Gonçalo de doze años Ynes de seis años Luisa de quatro años Francisco de un año.
- Juan Malcapuchan biejo tullido de un pie reseruado y biudo y no tiene hijos.
- Pedro Llacxa casado con Catalina Chuquimunai no

a entrado a tributar por no auer llegado a hedad de tributar.

PUEDE
TRIBUTAR

- Pedro Caroatanta casado con Maria Quecquen tiene una hija Françisca de un ano no a entrado a tributar puede tributar.

Biudas.

- Luisa Colqui biuda.
- Luisa Cachin biuda tiene una hija Catalina de syete años
- Maria Llatan biuda.

VIEJAS

- Ysabel Llamaguacay bieja.
- Maria Colque bieja.
- Ysabel Tanta bieja.
- Ynes Chuqui bieja.
- Juana Chuquimachai bieja. /
- Malgarida Asten bieja.

HUERFANA

- Catalina Angas huerfana de hedad de doze años.
- Gomez Chuquichala muchacho huerfano de hedad de ocho años.

El qual dicho mandon declaro no tener mas yndios por bissitar e que si se acordare de mas e bynyeren a su notiçia lo berna a dezir por no yncurrir en las penas que se le a puesto y el señor corregidor lo fyrmo Diego de Salazar ante mi Pedro de los Rios escriuano de su Magestad.

E despues de lo suso dicho en el dicho pueblo de la Açension de Nuestra Señora en el dicho dia diez e seis dias del dicho mes de abrill del dicho ano de mill y quinientos e setenta e ocho anos el dicho señor corregidor hizo parescer ante si a Gomes Chutti-lan mandon del governador don Pablo que son de la pachaca de Malcadan de la encomienda de la dicha doña Jordana y del se resçibio juramento en forma de derecho segun que de los demas y so cargo del le fue mandado luego traiga y exsyba todos los yndios que tiene en este pueblo para bisitar y enpadronar so las penas que se a puesto a los demas e de ser perjuro si alguno yncubriere el qual traxo y exsibio los yndios siguientes.

Yndios dela pachaca de / Malcaden del
governador don Pablo Chulssiban y de la
guaranga de Caxamarca de doña Jordana y su
mandon Gomez Chuttilan questan en este pueblo
de la Açensyon de Nuesta Señora.

RESERUADO
– El dicho mandon don Gomez Chuttilan reseruado por biejo casado con Magdalena Tantabinan tiene dos hijos Anton de diez años y Gaspar de siete años coxo de un pie.

TRIBUTARIOS
– Miguel Quispilan tributario casado con Magdalena Tantachuch no tiene hijos.
– Anton Malcachan tributario casado con Costança Tel tiene un hijo y una hija Ynes de zinco o seis años... de un año.
– Alonso Liclian tributario casado con Catalina Lulixan no tiene hijos.

HUIDO
– Domingo Llan tributario huido.

MEDIO
TRIBUTARIO
– Chabic casado con Ysabel Sulap tiene una hija Ynes de un año paga medio tributo.

NO TRIBUTA
– Juan Checas casado con Maria Suve no a entrado a tributar por no auer llegado a hedad.
– Miguel Cayansul casado con Maria Llatan no a llegado a hedad de tributar. / sera de diez e seis años.
        Biejos casados reseruados.
– Juan Chiuit biejo reseruado casado con Maria Chupnicyan tiene dos hijas Francisca de dos años y medio Luisa de un año.

BIUDAS
– Ynes Yabin biuda tiene tres hijas e un hijo Maria de honze años Pedro de nueue a diez años Luisa de tres años Luçia de nueue meses.
– Ysabel Pusan biuda.

BIEJAS
– Catalina Asuch bieja tiene una hija Luisa soltera.
– Ysabel Munai bieja.
– Ysabel Culquimoyan bieja.
– Ysabel Culquimian bieja.
– Ysabel Namoc bieja.
– Ysabel Chala bieja.

     E qual dicho mandon debajo del dicho juramento declaro aber exsibido todos los yndios que tenia por

visitar e que no tiene mas y si se acordare de alguno
lo berna a dezir por no yncurrir en las penas que
se le a puesto y lo firmo el señor corregidor Diego
de Salazar ante mi Pedro de los Rios escriuano de
su Magestad.

E despues de lo suso dicho en el dicho asiento
e pueblo de Nuestra Señora / de la Açension en los
dichos diez e seis dias del dicho mes de abrill del
dicho año de myll e quinientos y setenta e ocho años
el dicho señor corregidor hizo paresçer ante si a Lorenço
Chullan mandon del principal Baltasar Chulmapon de
la pachaca de Xucat de la encomienda de la dicha
dona Jordana y del se resçibio juramento en forma
de derecho so cargo del qual le fue mandado luego
trayga ante su merçed todos los yndios que tiene es
este pueblo para los empadronar y bissitar syn yncubrir
ninguno so las penas que se a puesto a los demas
y de ser perjuro el qual traxo y exsybio los yndios
siguientes.

*Yndios de la pachaca de Xucat del prinçipal
Baltasar Chucmapon questa en el pueblo de La
Trinidad y su mandon Lorenço Chullan questa
en este pueblo de la Açensyon de Nuestra
Señora. y de la guaranga de Caxamarca de
doña Jordana.*

RESERUADO — El dicho mandon Lorenço Chullan reseruado de tributo
por biejo casado con Luissa Mochoy no tiene hijos.

TRIBUTARIOS — Gonçalo Cusquintas tributario casado con Ysabel
Llacxabuacay tiene un hijo y dos hijas Domingo de
seis años Luissa/ de quatro años Elbira de año y
medio.

— Hernando Puma tributario casado con Françisca Culqui
tiene dos hijos Beatriz de zinco años Ana de quatro
años.

— Juan Tiric tributario casado con Catalina Llacxaguacai
tiene un hijo Hernando de dos meses.

— Juan Malca tributario casado con Ysabel Bonbon no
tiene hijos.

ENFERMO — Domingo Tantaraico tributario entero por casar esta
muy enfermo y tullido de un braço.

PUEDE
TRIBUTAR
— Domingo Llucchip cassado con Catalina Ocsa tiene
una hija Ysabel de ocho meses esta yndia esta vissitada
en otra parte y el yndio no a entrado a tributar
que tiene hedad para ello.

PUEDE
TRIBUTAR
— Juan Chilan casado con Ysabel Oxaminan no a entrado
a tributar puede tributar.

Viejos reseruados casados.

— Hernando Quilchi biejo reseruado casado con Ana
Colquepacoc tiene dos hijos Martin de honze años
Sancho de un año.

— Anton Amanxulca biejo reseruado casado con Ysabel
Cutxam tiene una hija Ynes de dos meses. /

Biudas.

— Luisa Xubanan biuda tiene dos hijos y dos hijas Juan
de honze a doze años Catalina de diez años Alonso
de seis años Luzia de zinco años.

— Luisa Same biuda tiene un hijo e una hija Françisca
de quatro años Juan de un año.

— Catalina Peiac bieja tiene un hijo Diego de ocho
años.

Biejos.

— Juana Chipac bieja.
— Catalina Ayabecuch bieja.
— Catalina Caxaticlla bieja.

BIEJO CASADO
VIEJO
— Alonso Chui biejo reseruado casado con Ynes Uchuyan.
El qual dicho mandon declaro no tener mas
yndios por vissitar de los que tiene exsybidos e que
cada que se acordare y supiere mas lo berna a dezir
por no yncurrir en la pena que se le a puesto y
lo fyrmo el señor corregidor Diego de Salazar ante
mi Pedro de los Rios escriuano de su Magestad.

E despues de lo suso dicho en el dicho pueblo
de la Acensyon de Nuestra Senota en los dichos diez
e seis dias del dicho mes de abrill del dicho año de
mill y quinientos y setenta y ocho años el dicho señor
corregidor Diego de Salazar hizo paresçer ante si a
Pedro Gonçales Beca principal de la pachaca de Chayon
de la encomienda de la dicha doña Jordana / Mexia

al qual le fue mandado que so cargo del juramento que tiene hecho otra bez en esta visita luego traiga todos los yndios que tiene en este pueblo para los visytar y enpadronar sin yncubrir ninguno so las penas que se le an puesto y truxo los yndios siguientes.

Yndios de la pachaca de Chayon del prinçipal Pedro Gonçales Veca questa en San Pablo de Chacala questan en este pueblo de la Açension de Nuestra Señora y son de la dicha guaranga de Caxamarca de la dicha doña Jordana.

VIEJO
RESERUADO

- Martin Guaccha reseruado por biejo casado con Catalina Munbina tiene tres hijos e tres hijas Çeçilia y Françisca solteras Lorenço de ocho años Alonso de seis años Luyssa de tresze anos Françisca de un año y medio.
- Diego Condor reseruado por biejo casado con Ysabel Bitchina tiene un hijo Juan de un año.

PUEDE
TRIBUTAR

- Domingo Aste soltero casado con Ynes Lunan no a entrado a tributar puede tributar.
- Anton Lachi biejo.
- Ysabel Chuqui bieja.
- Catalina Xes bieja. /

Y no paresçio aver en este dicho pueblo de la dicha pachaca mas yndios por bisitar de los dichos y el señor corregidor lo fyrmo Diego de Salazar ante mi Pedro de los Rios escriuano de su Magestad.

E despues de los suso dicho en el dicho pueblo de la Açension de Nuestra Señora en los dichos diez e seis dias del dicho mes de abrill del dicho año de mill y quinientos y setenta e ocho años se hallaron en este dicho pueblo de la pachaca de Canchanabus del prinzipal don Pedro Gonçalez Tuncuchuban questa en el pueblo de la Trinidad los yndios siguientes. que son de la guaranga de Caxamarca de la dicha doña Jordana.

*Yndios de la pachaca de Conchacnabus del
principal don Pedro Gonçalez Tuncochuban
questan en este pueblo de la Acension de la
guaranga de Caxamarca.*

TRIBUTARIO

– Anton Llacxapoma tributario casado con Ynes Chisive tiene un hijo e dos hijas Ysabel de siete años Domingo de dos años Luisa de ocho meses.

BIEJOS
RESERUADOS

– Francisco Xatco biejo reseruado casado con Ysabel Xayuc tiene quatro hijos e dos hijas Domingo de doze años Lorenço de diez años Alonso / de seis años Juan de zinco años Ynes de quatro años Catalina de un mes.

– Lorenço Quispe biejo reseruado casado con Juana Syquile tiene dos hijas y un hijo Costança de quatro años Elbira de un año y Domingo de dos años y medio.

– Andres Limai reseruado por biejo casado con Juana Yacche tiene dos hijos y una hija Diego de honze años Catalina de seis anos Garçia de un año y medio.

BIUDA

– Juana Lulicabul biuda tiene un hijo Cristobal de zinco años.

E no paresçio auer ny se hallo por bisitar en este dicho pueblo mas yndios de la dicha pachaca el señor corregidor lo firmo Diego de Salazar ante my Pedro de los Rios escriuano de su Magestad.

E despues de lo suso dicho en el dicho pueblo de la Açencion en el dicho diez y seis dias del dicho mes de abrill del dicho año de mill y quinientos e setenta e ocho años se hallo en este dicho pueblo de la pachaca de Chuquimango del cacique don Juan Caxapichan questa en el pueblo de la Trinidad y de la guaranga de Caxamarca de la dicha doña Jordana los yndios siguientes.

*Yndios de la pachaca de Chuquimango del
cacique / don Juan Caxapichan de la dicha
guaranga de Caxamarca questan en este pueblo
de la Açension.*

TRIBUTARIOS — Juan Chocchobal tributario casado con Ynes Pulindec tiene çinco hijas e un hijo Ysabel y Aldonça e Juana solteras y Catalina de ocho años Françisco de seis años Luisa de dos años.

— Andres Laloc tributario biudo tiene dos hijos y dos hijas Anton de diez años Alonso de nueue años Ysabel de honze Magdalena de seis años.

BIUDA — Costança Lulinate biuda tiene una hija Catalina soltera.

E despues de lo suso dicho en el dicho pueblo de la Açencion en los dichos diez e seis dias del dicho mes de abrill del dicho año hallaron en este dicho pueblo de la pachaca de Chuant del principal Santiago Tanta questa en el pueblo de la Trinidad y son de la dicha guaranga de Caxamarca de la dicha dona Jordana los yndios siguientes.

Yndios de la Pachaca ca Chuat del prinçipal Santiago Tanta de la guaranga de Caxamarca de doña Jordana.

TRIBUTARIOS — Juan Pispil tributario casado con Ysabel Rimai tiene dos hijas e un hijo Ysabel de seis años Ynes de dos años y medio Domingo de un año.

— Juan Quelco tributario casado con Ysabel Pachaguacai tiene un hija Françisca de nueue años.

BIEJO — Hernando Llaxac biejo reserbado biudo no tiene hijos.

— Alonso Toncunchil biejo reseruado casado con Ynes Chisioc tiene un hijo e una hija Juan de dos años y medio Catalina de un año.

— Catalina Luli bieja.

Y no se hallaron ny paresçio aver en este dicho pueblo mas yndios de la dicha pachaca e del dicho prinçipal aunque se ynquirio por el dicho señor corregidor el qual lo fyrmo Diego de Salazar ante mi Pedro de los Rios escriuano de su Magestad.

Hallaronse en este dicho pueblo de La Acension de Nuestra Señora en el dicho dia diez e seis de abril del dicho año un yndio llamado Pedro Pedro Biquintanta casado con Ynes Nynallacxay tiene dos hijas Barbola de tres a quatro años y Elena de un año y es de la pachaca de Chaupes del prinzipal don Diego Guamanquiliche questa en San Marcos y son de la guaranga de Caxamarca de la dicha doña Jordana.

Yten se hallo en este dicho pueblo de la dicha pachaca prinçipal e guaranga de arriba un yndio biejo reseruado biudo llamado Alonso Xulcamango y tiene una hija soltera llamada Ysabel Guaras. /

Y no paresçio aber mas yndios de la dicha pachaca en este dicho pueblo y lo fyrmo el señor corregidor Diego de Salazar ante mi Pedro de los Rios escriuano de su Magestad.

Yten se hallo en este dicho pueblo de la Açensyon en el dicho dia diez y seis de abril del dicho año un yndio tributario llamado Juan Chungo casado con Ynes Yomochy tiene tres hijos e una hija Françisco de treze años Alonso de honze años Domingo de diez años Ysabel de nueue años y es de la pachaca Ocxamarca del prinzipal Diego Tantallaxac questa en San Marcos y son de la dicha guaranga de Caxamarca de la dicha doña Jordana y no paresçio aber de la dicha pachaca en este pueblo mas yndios e lo fyrmo el señor corregidor Diego de Salazar ante mi Pedro de los Rios escriuano de su Magestad.

Yten se hallo en este dicho pueblo de la Açension en el dicho dia diez y seis de abril del dicho año de mill y quinientos e setenta e ocho años de la pachaca de Cajas del prinzipal Caruallao/ questa en el pueblo de San Antonio de Caxamarca de la dicha guaranga y encomienda de doña Jordana los yndios siguientes.

TRIBUTARIO
CASADO
– Diego Llacxa tributario casado con Ynes Caruapamiac tiene dos hijos y una hija Lorenço de zinco años Gomez de tres años Ysabel de un año.

VIEJA
– Catalina Caruapacai bieja.

Y no paresçio aber ni se hallo en este dicho pueblo de la dicha pachaca prinzipal e guaranga mas yndios e lo fyrmo el señor corregidor Diego de Salazar ante mi Pedro de los Rios escriuano de su Magestad.

E despues de lo suso dicho en el dicho asiento y pueblo de la Acencion a los dichos diez e seis dias del dicho mes de abrill del dicho año de mill y quinientos y setenta e ocho años el dicho señor corregidor Diego de Salazar hizo paresçer ante si a Gomez Calimo mandon del prinçipal don Cristobal Caruaguatay questa en el asyento de San Antonio de Caxamarca de la pachaca de Otusco de la dicha guaranga de Caxamarca de la dicha doña Jordana e del se tomo y resçibio juramento en forma de derecho segun que de los demas el fue mandado que so cargo del luego traiga todos los yndios que tiene / en este pueblo por bissitar para los enpadronar so las penas que se a puesto a los demas si no los truxere y alguna encomienda e de ser perjuro el qual en cumplimiento dello traxo y exsybio los yndios siguientes.

Yndios de la pachaca de Otusco del prinçipal don Cristobal Caruaguatai de los mytimas yungas questan en este dicho pueblo de la Acension de la encomienda de doña Jordana.

TRIBUTARIOS
- El dicho mandon Gomez Calimo tributario casado con Luisa Chache tiene una hija Costança de nueue años.
- Pedro Yachon tributario casado con Ynes Ynan tiene tres hijas Ysabel soltera Luisa de diez años Luçia de un año.
- Juan Mallena tributario casado con Costança Cusin tiene un hijo llamado Lorenço de quatro años.
- Alonso Feche tributario casado con Catalina Pachena tiene un hijo Diego de dos años.
- Juan Mycsus tributario / casado con Juana Chupa tiene un hijo e una hija Miguel de un año y medio e Maria de dos meses.
- Alonso Guansulchesta tributario casado con Juana Ofquen tiene una hija Juana de quatro meses.
- Juan Conche tributario casado con Magdalena Sus tiene una hija Françisca de ocho meses.
- Françisco Chacan tributario casado con Catalina Machai tiene tres hijas Ysabel de honze años Çeçilia de seis años Ynes de tres años.
- Anton Quex tributario casado con Magdalena Puquen tiene tres hijos y una hija Pedro de seis a siete

años Luçia de quatro años Luis de tres años Gomez de quatro meses.

- Françisco Llumi tributario cassado con Elbira Fulchan tiene dos hijos e una hija Juan de zinco años Ynes de dos años Alonso de seis meses. /
- Pedro Lloncon tributario casado con Ysabel Llan tiene dos hijos y una hija Lorenço de seis años Miguel de quatro o zinco años Ynes de un año.
- Pedro Cumec tributario casado con Elbira Lachen tiene dos hijos e una hija Domingo de zinco años Luisa de quatro años Miguel de tres años.
- Alonso Chupllon tributario cassado con Catalina Nencho tiene un hijo e una hija Juana de dos años e medio Diego de un año.
- Françisco tributario biudo.
- Domingo Falen casado con Juana no a llegado a hedad de tributar.

              Biejos casados reserbados.

- Martin Ponquen biejo reserbado casado con Ynes Nequen tiene un hijo Françisco Nepo de diez e seis años.
- Anton Chonllon reserbado casado con Ynes Mista tiene quatro hijos e una hija Juan Chemor de catorze años Juan de honze años / Hernando de diez años Martin de dos años Françisca de un año.
- Juan Pinsiv reserbado casado con Catalina Solepo no tiene hijos ningunos.
- Juan Xiplas biejo reseruado casado con Ysabel Falchuna tiene tres hijos Andres de treze años Domingo de tres años Martin de un año.
- Alonso Yancor biejo reserbado casado con Ynes Simar no tiene hijos.
- Alonso Pochaut biejo reservado casado con Catalina Silic tiene un hijo tullido de mas de veynte años.
- Anton Guaccha biejo reservado casado con Catalina Cherre tiene tres hijas Magdalena de zinco años Barbola e una niña reçien nascida Andres de seis años.
- Juan Chic biejo reseruado casado con Maria Llipco tiene dos hijos y tres hijas Ysabel de treze años Alonso de siete años Catalina de zinco años Elbira de tres años Felipe de un año /

– Hernando Guaccha reseruado por manco de un braço y es biudo.

Biudas.

– Luisa Pinun biuda tiene un hijo e una hija Aldonça de zinco años Gaspar de tres años y medio.
– Ysabel Paches biuda.
– Catalina Chon biuda tiene una hija Ysabel Perllan de zinco años.
– Luçia Afoma biuda.
– Ynes Chestan biuda.

Biejas.

– Luisa Velen bieja.
– Ysabel Usachan bieja.
– Çeçilia Choccho bieja.
– Ysabel Mina bieja.

El qual dicho mandon declaro no tener mas yndios por bisitar de la dicha pachaca prinçipal e guaranga e que cada que se acordare y supiere de mas lo berna a dezir por no yncurrir en las penas que se le a puesto el señor corregidor lo fyrmo Diego de Salazar ante mi Pedro de los Rios escriuano de su Magestad.

Yten se hallo en este dicho pueblo de la Acension en el dicho dia diez e seis de abril del dicho año de la pachaca de Chinchin / de los mitimaes yungas del principal Domingo Tiquillaguaman questa en el pueblo de San Antonio de Caxamarca de la dicha doña Jordana Mexia de los yndios siguientes.

TRIBUTARIO
– Pedro Tantallaxa tributario cassado con Ysabel Tantasicon no tiene hijos.
– Ysabel Xallo biuda tiene dos hijos Françisco de treze años Juan de diez años.

Y no paresçio aber en este dicho pueblo de la dicha pachaca mas yndios aunque el señor corregidor lo ynquirio e pregunto y lo fyrmo Diego de Salazar ante mi Pedro de los Rios escriuano de su Magestad.

Yten se hallaron en este dicho pueblo de la Acension de Nuestra Señora en el dicho dia diez e seis de abril del dicho año de mill y quinientos e setenta e ocho años de la pachaca de Guaras de los mytimas de ques prinçipal Françisco Mosquera questa en el pueblo de San Antonio de Caxamarca y son de la encomienda de la dicha doña Jordana los yndios siguientes.

— Pedro Llaco biejo reserbado casado con Françisca Olcho tiene una hija e un hijo Maria de zinco años Juan de un año. /

Yten se hallo en este dicho pueblo de la Açension en el dicho dia diez e seis de abril del dicho año de la pachaca de Quichua de los Mytimas del principal don Diego Sibaicacque de San Marcos de la encomienda de la dicha doña Jordana los yndios siguientes.

SOLTERO
— Diego Auca soltero no a llegado a hedad de tributar de diez e seis años.

Yten se hallo en este dicho pueblo de la Açension en el dicho dia diez e seis dias del dicho mes de abril del dicho año de la pachaca de Lleden del prinçipal don Andres Lima de la encomienda de la dicha doña Jordana Mexia los yndios siguientes.

BIEJA
— Ysabel Yamaillaxa bieja.

Y no paresçio auer mas yndios de la dicha pachaca ny guaranga ny otros nyngunos de la encomienda de la dicha dona Jordana aunque el dicho señor corregidor hizo todas las diligencias açerca dello los dichos caçiques prinzipales y mandones deste dicho pueblo declararon no aber mas yndios en el por bissitar e que todos se an visitado e no faltan mas por bisitar y el señor corregidor les mando que sy se acordaren de mas supieren que otros los ayan ocultado lo bengan a dezir y asy se les dio a entender y lo firmo / Diego de Salazar ante mi Pedro de los Rios escriuano de su Magestad.

Yndios de Bambamarca

En el pueblo de San Antonio de Caxamarca a treze dias del mes de março de mill y quinientos y setenta y ocho años el muy magnifico señor Diego de Salazar corregidor y Justiçia Mayor en esta dicha provinçia en cumplimiento de la comision de su Excelencia en presencia de mi Pedro de los Rios escriuano de su Magestad nombrado para este dicho efeto e bissita hizo paresçer ante si a Hernando Guacchapilque mandon del prinçipal Françisco Llatas de la parçialidad de Bambamarca de la pachaca de Suruchuco de la encomienda de doña Beatriz de Ysasaga difunta e del se tomo y resçibio juramento en forma de derecho y el lo hizo so cargo del qual le fue mandado luego traiga ante su merced todos los yndios que tiene en este pueblo del dicho mandon e parçialidad e pachaca para los bisytar como su Magestad lo manda syn yncubrir nynguno so pena de perjuro e de que sera castigado e desterrado de sus tierras el qual traxo los siguientes.

Yndios de Bambamarca del prinçipal Françisco / Llatas de la pachaca de Sorochuco de la encomienda de doña Beatriz de Ysasaga difunta questa en este pueblo de San Antonio de Caxamarca.

TRIBUTARIOS
- Luis Caruachigni tributario cassado con Catalina Caruanaucai tiene dos hijos e tres hijas Françisco de diez años Agustin de seis años Ysabel de honze años Françisca de ocho años Luissa de tres años.
- Françisco Guamancaio tributario casado con Catalina Chuquiticlla tiene tres hijas la mayor Angelina de quatro años.
- Juan Tantabilca tributario casado con Luisa Cuchaguacai tiene dos hijos y tres hijas Luis de nueue años Juan de quatro años Juana a los pechos Çeçilia de seis años Françisca de tres años.
- Alonso Guacchalluca tributario cassado con Luissa Naucai tiene un hijo de ocho años.
- Françisco Chucuchigni tributario casado con Juana Munchui tien dos hijas y un hijo Çeçilia de seis años Luisa de tres años Juan de dos años. /
- Alonso Guacchec tributario biudo tiene una hija Çeçilia de seis años.
- Juan Xulca soltero tributario entero.

Biejos reseruados casados.

– Felipe Ocha biejo reseruado casado con Françisca Tantamachai tiene dos hijas y ambas Ynes es para casar solteras.

– Cristobal Xulcapoma biejo reseruado casado con Ana Tumpai tiene un hijo Gonçalo de ocho años.

Biejas biudas.

– Catalina Musni bieja biuda tiene tres hijos Lorenço tullido de hedad de treze años Juan de ocho años Alonso de siete años.

– Ynes Llaxacuti biuda bieja no tiene hijos.

– Françisca Tantacalcon biuda bieja no tiene hijos.

HUERFANO – Pedro Guatai huerfano de doze años.

El qual dicho prinçipal debajo del dicho juramento declaro no tener mas yndios en este dicho pueblo de la dicha parçialidad de Bambamarca de la dicha pachaca de Sorocucho de los / exseuidos e que cada que se acordare e supiere de mas lo vendra a desçir e dixo que se acordaua auersele olbidado una yndia de nombre siguiente.

– Ynes Caruatunbai biuda un hijo Françisco de tres años.

– Ynes Chuquimasen biuda.

Y el dicho señor Diego de Salazar corregidor lo firmo de su nombre   Diego de Salaçar ante mi Pedro de los Rios escriuano de su Magestad.

E despues de lo suso dicho en el dicho asiento de San Antonio de Caxamarca en los dichos treze dias del dicho mes de março del dicho año el dicho señor corregidor hiço paresçer ante si a Gaspar Tantaxulca prençipal de la parçialidad de Bambamarca de la pachaca de Guancamarca de la encomienda de doña Beatriz de Ysasiga difunta del qual se resçiuio juramento en forma de derecho y el lo hiço y so cargo del le fue mandado luego traiga todos los yndios que tiene de la dicha parçialidad e pachaca en este dicho pueblo so las penas que a los demas se les a puesto y perçiuido el qual traxo y esiuio que tenia en este dicho pueblo los yndios siguientes.

Yndios de Banuamarca del prinçipal Gaspar
Tantajulca de la pachaca de Guancamarca de
doña Beatriz de Ysasiga difunta questan en este
pueblo de San Antonio de Caxamarca. /

BIUDO TRIBU- — Lorenço Guataico biudo tributario entero tiene dos
TARIO ENTERO   hijos Alonso de çinco años Marcos de tres años.
TRIBUTARIOS   — Lorenço Guamanllaxac tributario casado con Malgarida Tantaguatai tiene un hijo e tres hijas Juan de
siete años e Costança para casar Maria de quatro
años e Ynes de dos años.

— Pedro Quispi tributario casado con Ysabel Guacai tiene
tres hijos e tres hijas el mayor de los hijos Domingo de treze anos y la hija mayor Ynes de çinco
años.

— Juan Minaquispe tributario casado con Ynes Coche
tiene una hija y un hijo Alonsso de un año Catalina
de tres años.

— Juan Yali tributario casado con Magdalena Chuqui-
panya tiene dos hijos Agustin de un año Aldonça
de dos años.

— Françisco Taypequipa tributario cassado con Magdalena Cascacunan tiene un hijo y una hija Agustin
de tres años e Juan de un año.

— Pedro Nynaguaccha soltero tributario entero /

Soltero casados.

— Domingo Tantacolla soltero casado con Juana no a
llegado a hedad de tributar.

— Anton Guacchajulca soltero casado que no an entrado
a tributar por no tener hedad su muger llamada Barbola
Caquia.

— Cristobal Guamanxulca soltero que no tributa de doze
años.

Biejos casados reseruados.

— Garcia Tiquillaguaman biejo reseruado casado con Catalina Tiquillaguacai tiene dos hijos e dos hijas Juan
de seis años Luis de zinco años Ysabel de siete
años.

— Hernando Yanacongor biejo reseruado casado con Ynes
Pariaguacai tiene dos hijos y tres hijas Gonçalo de

siete años Lorenço de un año Ynes de catorze a quinze años Juana de doze años Ynes de quatro años.

Biejos Biudos.

- Anton Guamanquiliche biudo biejo reseruado tiene un hijo e dos hijas Maria de diez años Ynes de ocho años Anton de seis años.
- Juan Tantasuques biudo biejo reseruado no tiene hijos.

Biudas.

- Ynes Side biuda.
- Juana Chuc biuda tiene dos hijos e dos hijas Juan de doze años Melchior de tres años Ysabel de siete años Catalina de zinco años.
- Ysabel Llac biuda tiene dos hijas y un hijo Luisa de diez años Françisca de ocho años Alonso de zinco años.
- Juana Guacac biuda tiene zinco hijas la mayor dellas Ana de hedad de nueue años.
- Luisa Guamancalcon biuda tiene un hijo Sancho de dos años.

Biejas.

- Luisa Culla bieja.
- Catalina Panyac.

El qual dicho prinçipal debajo del dicho juramento declaro no tener en este pueblo de la dicha pachaca e parçialidad mas yndios de los que tiene exsybidos e que cada e quando que paresçiere e supiere de mas lo berna a dezir y declarar por no yncurrir en la pena que se le a puesto y el señor corregidor lo fyrmo Diego de Salazar ante mi Pedro de los Rios escriuano de su Magestad. /

E despues de lo suso dicho en el dicho asiento de San Antonio de Caxamarca en los dichos treze dias del dicho mes de março del dicho año el dicho señor corregidor hizo paresçer ante si a don Alonsso Condoryali mandon del prinçipal don Pablo Guamantongo de la parçialidad de Bambamarca de la pachaca de Pampamarca e del se tomo e resçibio juramento en forma de derecho segun que de los demas y le dueron los aperçibimyentos dichos para que traiga y exsyba luego ante su merced todos los yndios que tiene y manda en este dicho pueblo de la dicha pachaca e parçialidad de Bambamarca de doña Beatriz de Ysasaga difunto el qual traxo y exsibio los yndios siguientes.

Yndios de Bambamarca de la pachaca de Pampamarca de ques prinzipal don Pablo Guamantongo y don Alonso Condoryali mandon de la dicha doña Beatriz de Ysasaga questa en este dicho pueblo de San Antonio.

RESERVADO
— El dicho don Alonso Condoryali reseruado por provision / de su Magestad casado con Catalina Tonsso tiene dos hijos Juan de tres años Alonso de un año.

TRIBUTARIOS
— Pedro Julcaguaman tributario casado con Juana Naucas.
— Alonso Tantamoro tributario casado con Ynes Chuquibichic tiene quatro hijos Martin de quatro años Juan de tres Felipe de dos Alonso de uno.
— Pedro Colqueraico tributario casado con Ynes Caruapanyac tiene una hija Juana de un año.
— Juan Julcaguaccha tributario cassado con Calina Carvamachai tiene tres hijos Pedro de quatro años y Gaspar de tres años Diego de un año.
— Alonso Tantaguacha tributario casado con Ysabel Colquepaquai tiene dos hijos e una hija Luisa de seis años Domingo de quatro años Juan de uno e medio.
— Anton Cucha tribuario casado con Ynes Puyan no tiene hijos./
— Juan Julcatoma tributario casado con Ana tiene trres hijos y una hija Anton de doze años Alonso de ocho Agustin de tres años Ysabel de un año.
— Cristobal Chuquiguaman tributario casado con Luisa Morochan tiene una hija Elbira de quatro años.
— Pedro Chiscon tributario casado con Maria Guacascalcon tiene un hijo Alonso de tres años.
— Juan Condormango tributario casado con Luisa Tantabichic tiene dos hijas un hijo Geronimo de tres años Francisca de quatro años.

Biejos reservados.

- Anton Guacchapoma biejo reseruado casado con Catalina Carua tiene un hijo Juan de tres años.
- Alonso Tantaricra biejo biudo reseruado no tiene hijos.
- Françisco Guacaicondor biejo biudo no tiene hijos.

Biudas.

- Juana Caryapalyac biuda / tiene un hijo Francisco de tres años.
- Ysabel Naucas biuda tiene dos hijas y un hijo Alonsso de tres años Jordana de nueue años Çeçilia de syete años.
- Luisa Anyas biuda tiene una hija Françisca de seis años.
- Ynes Llacatonso biuda.
- Ysabel Tantaconan biuda.
- Maria Cusan biuda tiene un hijo Juan Guaman de diez años e dos hijas Ynes de honze años e Juana de ocho años.

Solteras.

- Luisa Carba soltera para casar.
- Francisca Rimaytiquilla soltera para casar.
- Elbira Guacai soltera para casar.
- Juan Cocha soltera para casar.

Biejas.

- Juana Ayana bieja.
- Luisa Pamyac bieja.
- Ynes Guacchaguacai bieja.
- Françisca Naucai bieja.
- Leonor Payan bieja.

El qual dicho mandon debajo del dicho juramento declaro no tener en este / dicho pueblo de la dicha pachaca mas yndios de los que tiene exsybidos e que cada y quando que paresçiere aver mas o lo supiere o binyere a su noticia lo berna a dezir e declarar por no yncurrir en la pena que se le a puesto y el señor corregidor lo fyrmo Diego de Salazar ante mi Pedro de los Rios escriuano de su Magestad.

E despues de lo suso dicho en este dicho dia treze dias del dicho mes de março del dicho año de mill y quinientos y setenta e ocho años el dicho señor corregidor hizo paresçer ante si a don Françisco Tantaguatai prinçipal de la guaranga de Bambamarca de la pachaca de Ychcan de la encomienda de dona Beatriz de Ysasaga difunta y del se resçibio juramento en forma de derecho so cargo del qual le fue mandado luego traiga ante su merced todos los yndios que tiene en este dicho pueblo syn yncubrir ninguno so pena de perjuro e que sera castigado e desterrado de sus tierras el qual traxo y exsibio los yndios siguientes.

Yndios de Bambamarca de la pachaca de Ychcan de ques prinçipal don Françisco Tantaguatai / questan en este pueblo de San Antonio que son de la encomienda de dona Beatriz de Ysasaga difunta.

TRIBUTARIOS
- Andres Ninaquispe tributario casado con Catahina (sic) Tantapascai tiene dos hijos e dos hijas Carlos de syete años Miguel de zinco años Ynes de diez años Theresa de quatro años.
- Anton Piscos tributario casado con Juana Ochanan tiene una hija Juana de quatro años.
- Alonso Tantaxulca casado tributario su muger Elbira una hija a los pechos llamada Polonia.
                 Biejos casados reservados.
- Gaspar Carvallatas biejo reseruado casado con Ysabel Bis tiene dos hijos e una hija Juan de honze años Domingo de nueue anos, Catalina para casar soltera.
- Alonso Tantaguaccha biejo reserbado casado con Françisca Agua.
                 Biudas.
- Françisca Caruapuja biuda / tiene dos hijos e una hija Anton de doze años Domingo de diez años Ynes soltera e tiene una hija Juana de un año.
- Costança Poyanticla biuda tiene dos hijas Barbola de catorze años y Angelina de siete años.
- Juana Poya biuda tiene una hija Luissa de catorze años.
- Ynes Moson biuda tiene un hijo Pablo de tres años.
- Catalina Colque biuda tiene un hijo de seis años

llamada (sic) Bentura e una hija soltera para casar.

- Ynes Tantamachai biuda tiene un hijo e dos hijas Juan de siete años Françisca de diez años Angelina a los pechos.
- Catalina Carba biuda.
- Juana Chinaco bieja.

BIUDAS

- Ynes Lachi biuda tiene un hijo Juan de syete años.
- Ysabel Lolitiquilla biuda tiene una hija Dominga de dos meses.
- Juana Carba biuda./

El qual dicho prinçipal debajo del dicho juramento declaro no tener mas yndios de la dicha pachaca ny otros de la dicha encomienda a el sujetos en este dicho pueblo de los que tiene dichos y declarados y que cada que paresçiere aber mas e se acordare lo berna diziendo e declarando por no yncurrir en la pena que se le a puesto y el señor corregidor lo fyrmo Diego de Salazar ante mi Pedro de los Rios escriuano de su Magestad.

E despues de lo suso dicho en el dicho asiento de San Antonio de Caxamarca en el dicho dia treze de março del dicho año de mill y quinientos e setenta e ocho años el dicho señor corregidor hizo paresçer ante si a don Sebastian prinçipal de la guaranga de Bambamarca prinçipal de la guaranga de Bambamarca de la pachaca de Tacabamba de la encomienda de la dicha doña Beatriz de Ysasaga e del se resçibio juramento en forma de derecho so cargo del qual le fue mandado luego traiga ante su merced todos los yndios que tiene en este dicho pueblo de la dicha pachaca e guaranga syn yncubrir ninguno // e que sera castigado y desterrado de sus tierras el qual luego traxo y exsibio los yndios siguientes.

Yndios de Bambamarca de la pachaca de Tacabamba prinçipal don Sebastian Quispeguaman de la encomienda de doña Beatriz de Ysasaga que es difunta questa en este pueblo de San Antonio de Caxamarca.

- Don Alonso Guamanricai mandon tributario casado con Ysabel Llaxachus tiene un hijo y una hija Santiago de dos años Catalina de quatro años.
- Gonçalo Pomacondor tributario cassado con Ysabel Chumbi no tiene hijos.
- Hernando Quispeguaman tributario casado con Ysabel Tantabichic no tiene ningun hijo.
- Juan Guacaicondor tributario casado con Ysabel Tantacunan no tiene hijos.
- Domingo Llaxasmoro tributario cassado con Luisa Anyaibichi tiene un hijo Alonso / a los pechos.

Biejos reservados casados.

- Pedro Tomay biejo reservado casado con Catalina Cucho tiene un hijo Françisco Guaccha de diez e seis años e una hija Ynes soltera para casar.
- Alonso Rimaicasca biejo reseruado casado con Catalina Guacai tiene tres hijos e una hija Françisco de quinze años Luis de honze años Pedro de siete años Juana de tres años.

Biudas

- Çeçilia Chus biuda tiene un hijo e una hija Juana de nueue años Françisca de siete años.
- Catalina Morochan biuda tiene dos hijos Pedro de çinco años Geronimo de dos años.
- Ysabel Guamanqueai biuda no tiene hijos.
- Catalina Tantabichic biuda tiene una hija Maria soltera para casar.

El qual dicho prinçipal debajo del dicho juramento declaro no tener en este pueblo mas yndios de los que tiene exsebidos e que cada que / supiere o se acordare quedar algunos lo berna a dezir y declarar por no yncurrir en la pena que se le a puesto y el señor corregidor lo fyrmo Diego de Salazar ante mi Pedro de los Rios escriuano de su Magestad.

E despues de lo suso dicho en el dicho asiento de San Antonio de Caxamarca en el dicho dia treze de março del dicho año mill y quinientos e setenta e ocho años el dicho senor corregidor hizo paresçer ante si a Gonçalo Guaman mandon del prinçipal don Juan Chabel de la guaranga de Bambamarca de la pachaca

de Bisoc del qual se tomo y resçibio juramento por
Dios y por Santa Maria e por la señal de la Cruz
en forma de derecho e le fue mandado que luego
traiga ante su merçed todos los yndios que tiene en
este dicho pueblo de la dicha guaranga e pachaca so
pena de perjuro e que sera castigado y desterrado de
sus tierras y el dicho mandon traxo y exsiuio los yndios
siguientes.

Yndios de la pachaca de Pisoc de Bambamarca
de ques prinçipal Juan Chauel de ques mandon
Gonçalo Guaman de la encomienda de la dicha
doña Beatriz de Ysasiga difunta./ questan en este
pueblo de San Antonio de Caxamarca.

BIEJO
RESERBADO
— El dicho mandon don Gonçalo Leguaman biejo reserbado
casado con Juana Tantacallai tiene una hija Juana
de quatro años.

TRIBUTARIOS
— Hernando Guaman tributario casado con Ysabel
Guacchaguacai tiene una hija Maria de un año.
— Juan Minaquispe tributario casado con Ynes Guaman-
ticla no tiene hijos.
— Juan Quispe triutario casado con Ysauel Guch tiene
un hijo e una hija Juana de tres años e Juan de
un año.
— Domingo Guaman tributario casado con Ysauel Supel
tiene una hija de un año.
— Françisco Quispe tributario soltero.
                         Biudas.
— Çeçilia Guamanrantila biuda tiene dos hijos Gonçalo
de tres años Cristobal de çinco años.
— Ysabel Cuyan bieja soltera tiene dos hijas Catalina
de doçe años e Ynes de çinco años.

HUERFANA
— Ynes Calnias huerfana.
— Ysauel Pariacunan.
— Françisca Caguaras.
El qual dicho mandon debajo del dicho jura-
mento declaro no tener en este dicho pueblo de /
San Antonio mas yndios de la dicha guaranga e pachaca
de los que tiene ysiuidos y se le an vissitado el que

cada que supiere de mas los vendra a desçir y declarar por no yncurrir en las penas que se le an puesto y el señor corregidor lo firno Diego de Salaçar ante mi Pedro de los Rios escriuano de su Magestad.

E despues de lo suso dicho en el dicho asiento de San Antonio de Caxamarca en el dicho dia treçe dias del dicho del dicho mes de março del dicho año de mill e quinientos y setenta y ocho años el dicho señor corregidor hiço paresçer aante si a Juan Guaman prinçipal de la guaranga de Banbamarca de la pachaca de Queden de la encomienda de doña Beatriz de Ysasiga difunta e del se resçiuio juramento en forma de derecho so cargo del qual le fue mandado luego traiga ante su merced todos los yndios que de la dicha guaranga e pachaca tiene en este dicho pueblo de San Antonio de Caxamarca so pena de perjuro e que sera castigado e desterrado de sus tierras si no los truxere y escondiere alguno el qual en cumplimiento de lo suso dicho traxo y esiuio antel dicho señor corregidor e de mi el dicho escriuano los yndios siguientes.

Yndios de Banaumarca de la pachaca de Queden de ques Juan Guaman de la encomienda de la dicha doña Beatriz de Ysasiga questan en este dicho pueblo de San Antonio de Caxamarca.

RESERUADO
CASADO
— El dicho prinçipal Juan Guaman reservado de tributo es casado con Ysauel Guamanticlla tiene un hijo y una hija Lorenço de quatro años e Zeçilia de un año.

TRIBUTARIOS
— Juan Tantallen tributario casado con Ynes Guacay tiene dos hijos e tres hijas Luis Aguin de honçe años/ y Cristobal de nueue años Ynes de çinco años Ysauel de tres años Luisa de un año.

— Françisco Malachan tributario casado con Ynes Chuquindian tiene dos hijos e dos hijas Malgarida de diez años e Catalina de tres años Grauiel de un año.

— Pedro Ayunben tributario casado con Catalina Chuclla tiene un hijo e dos hijas Diego de çinco años Françisca de tres años Juan a los pechos.

- Juan Malca biudo tributario tiene tres hijos Alonso de doçe años Pedro de ocho años Domingo de çinco años.

Solteros casados que no pagan tributo.

- Anton Muchica soltero cassado no a llegado a hedad de tributar.
- Pedro Chuiquiguaman soltero cassado con Catalina Llaxaguchique tiene una niña Ynes no a entrado a tributar por no tener hedad.

Viejos cassados reseruados.

- Lorenço Sanche viejo reseruado cassado con Ysabel Cus tiene una hija Ynes de doze años.
- Marcos Tantaruna viejo reservado cassado con Catalina Jul no tiene hijos.
- Pedro Cundal biejo reseruado cassado con Joana Llacta tiene / tres hijas Malgarida de onze años Maria de ocho años Ysabel de seis años.
- Alonso Chup viejo reseruado cassado con Catalina Poyan tiene dos hijos e una hija Anton de catorze años Jordana de tres años Melchior a los pechos.

Biudas.

- Ynes Timbay biuda tiene un hijo Saluador de dos años.
- Joana Llacxa biuda.
- Ysabel Cas biuda.
- Ynes Lul biuda tiene una hija Luysa de quatro años.
- Ynes Sarama biuda.

Biejas.

- Catalina Timbay bieja.
- Ana Chiguan vieja.
- Ynes Chic vieja.

El qual dicho prinzipal debajo del dicho juramento declaro no tener este dicho pueblo mas yndios de la dicha guaranga y pachaca de los que tiene esiuidos y declarados e que cada que supuiere de mas o viniere a su noticia lo verna a dezir y manifestar por no yncurrir en la pena y se le a puesto por el dicho señor corregidor el qual lo fyrmo de su nombre Diego de Salazar ante / my Pedro de los Rios escriuano de su Magestad.

E despues de lo suso dicho en el dicho asyento de San Antonio de Caxamarca en el dicho dia treze de março del dicho año el dicho señor corregidor hizo parecer ante sy a Alonso Loche prinçipal de la guaranga de Bambamarca de la pachaca de Anbagam de la encomienda de doña Beatriz de Ysasaga difunta y del se reciuio juramento en forma de derecho so cargo del qual le fue mandado luego trayga ante su merced todos los yndios que tiene en este dicho pueblo de Sant Antonio para que se empadronen como los demas sin yncubrir ninguno so las penas que se an puesto a los demas el qual traxo y esiuio los yndios siguientes.

Yndios de Bamabamarca de la pachaca de Anbagan prinçipal Alonso Loche. de la encomienda de doña Beatriz de Ysasaga de que estan en este dicho pueblo de Sant Antonio de Caxamarca.

TRIBUTARIOS
- Pedro Namacanachez tributario cassado con Ysabel Chen tiene una hija Ynes de dos años.
- Françisco Chum biejo reseruado cassado con Ynes Vic tiene un hijo e una hija de catorze años / Lorenço y Ana de siete años.

VIEJO
RESERUADO
- Alonso Malcaenchez viejo reseruado cassado con Luissa Poyquen no tiene hijos.

Biudas.
- Catalina San biuda tiene un hijo e una hija Luis de ocho años Ynes para casar soltera.
- Ynes Chuqui biuda tiene una hija Ana de quatro años.
- Ysabel Llas biuda tiene un hijo e una hija Luis de siete años Ynes de diez años.
- Maria Bil biuda tiene una hija Cesilia de un año.

SOLTERAS
- Joana Llac soltera para casar.
- Catalina Llam soltera para cassar.

El qual dicho prinçipal debajo del dicho juramento declaro no tener en este dicho pueblo de Sant Antonio de Caxamarca mas yndios de la dicha guaranga y pachaca de los que a traydo e esiuido y se an visytado e que cada que supiere o hallare auer mas lo verna a dezir y manifestar por no yncurrir en la pena que se le a puesto y el dicho señor corregidor lo fyrmo Diego de Salazar ante mi Pedro de los Rios escriuano de su Magestad./

E despues de lo suso dicho en el dicho asiento de Sant Antonio de Caxamarca en los dicho treze dias del dicho mes de março del dicho año el dicho señor corregidor hizo paresçer ante sy a don Lorenço Chuquilen mandon y al prinçipal Domingo Mol de la pachaca de Tingomayo de la guaranga de Bambamarca y del se reciuio juramento en forma de derecho y so cargo del le fue mandado luego trayga todos los yndios que tiene en este dicho pueblo de la dicha guaranga y pachaca so pena de perjuro e que sera castigado y desterrado de sus tierras y en cumplimiento dello traxo y esiuio ante el dicho señor corregidor y de mi el dicho escribano los yndios siguientes.

Yndios de Bambamarca de la pachaca de Tingomayo de que es prinçipal Domingo Mal y mandon Lorenço Chuquillen de la encomienda de doña Beatriz de Ysasaga difunta questa en este dicho asiento de Sant Antonio de Caxamarca.

TRIBUTARIOS
- El dicho mandon Lorenço Chuquilen tributario cassado con Catalina Yache tiene dos hijos e quatro hijas Lucrecia de onze años otra Lucrecia de diez años Joana de syete años Elena de cinco años Juana de / tres años Sancho a los pechos.
- Pedro Chuquitul tributario casado con Madalena Siric tiene dos hijos Felipe de siete años e Bernabe de tres años.
- Domingo Yaplo tributario casado con Aldonça Guamanticla tiene tres hijas y un hijo Leonor de seis años Malgarida de çinco años Juana de quatro años Françisco de un año.
- Domingo Guasca tributario casado con Ysauel Calles tiene dos hijas Luçia de quatro años e Ysabel de un año.

- Gonçalo Cubic tributario casado con Luçia Guacchaguacai tiene dos hijos e dos hijas Malgarida de seis
años Diego de quatro años Françisca de tres años
Juana a los pechos.
- Alonso Chis tributario casado con Malgarida Guaccha-
calco no tiene hijos.
- Juan Xuisan tributario cassado con Maria Naxaipa tiene
dos hijos e dos hijas Ynes de seis años Alonso de
çinco años Juana de tres años Françisco de un año.
- Françisco Pariaxulca tributario casado con Luisa Chicni
tiene tres hijos e dos hijas Juana de diez años Pedro
Curo de ocho años Alonso de çinco años Miguel
de tres años Costança de dos años Luçia a los pechos.

Biejos reseruados casados.

- Juan Luli reseruado viejo casado con / Catalina Chuc
tiene dos hijas y un hijo Garçia de tres años Luisa
de dos años Ysauel a los pechos.
- Alonso Tacon reseruado viejo casado con Luisa Taxia
tiene tres hijos e una hija Pedro de seis años Baltazar
de çinco años Miguel de quatro años Catalina de
tres años.
- Hernando Lulis biexo reseruado casado con Elvira Alpa
tiene dos hijos e una hija Françisco de catorçe años
Pedro de quatro años Leonor de tres años.
- Lucas Tacon viejo reseruado casado con Maria Pintad
tiene una hija e tres hijos Juan de diez años Leonor
de siete años Pedro de tres años Juan de un año.
- Juan Vilca viejo reseruado casado con Ysauel tiene
un hijo Juan de catorçe años.

Biudas.

- Ysauel Monchoy biuda.
- Juana Sac biuda.
- Ana Beque viuda tiene dos hijas Malgarida de treçe
años y Luisa de doçe años.
- Luçia Alai bieja tiene una hija de hedad para casar.

HUERFANA
- Maria Chuqui de siete años huerfana.
- Catalina Suplen biuda tiene un hijo Martin Guitan
de quinçe años.
- Françisca Luliguat bieja.

- Costança Tunpai biuda tiene un hijo Domingo de tres años.
- Luisa Ulsa viuda tiene una hija Juana Mucsac de ocho años.

TRIBUTARIO
- Pedro Cuipen tributario casado en Chachapoyas./
- Domingo Puilon viejo reseruado.
- Miguel Puiso huerfano.
- Juana Llacxac vieja.
- Domingo Conque soltero tributario entero.

El qual dicho mandon deuajo del dicho juramento declaro no tener mas yndios de la dicha pachaca en este dicho pueblo de San Antonio de Cajamarca e que cada que supiere de mas y a su notiçia biniere lo berna a dezir e manifestar por no yncurrir en la pena que se le a puesto y en este dicho pueblo aunquel dicho señor corregidor hiço todas las dilixençias y aperçiuimyentos no allo aver en el mas yndios de la dicha guaranga de Banbamarca de los que estan bissitados y enpadronados y les boluio a apercibir que si paresçiere aver mas e a su notiçia viniere los benga a manifestar para que se asienten y lo firmo Diego de Salaçar ante my Pedro de los Rios escriuano de su Magestad.

En el pueblo de Jesus de la dicha prouincia de Caxamarca a veinte dias del mes de março de mill e quinientos e setenta y ocho años estando en el dicho pueblo el dicho señor corregidor en prosecusion de la dicha vissita hiço paresçer ante si a don Juan Guaccha-mango mandon de la guaranga de Banbamarca de la pachaca de Banbamarca de la encomienda de la dicha doña Beatriz de Ysasiga y del se reçiuio juramento en forma de derecho y so cargo del le fue mandado que luego trayga e esiua ante su merced todos los yndios que tiene de la dicha pachaca e guaranga en este pueblo sin yncubrir ningunos so pena que sera castigado e desterrado de sus tierras e quitandole los yndios que tiene el qual luego traxo y esiuio los yndios siguientes./

Yndios mitimas de la guaranga de Panpamarca de la pachaca de Banbamarca questan en este pueblo de Jesus de ques mandon don Juan Guacchamango.

TRIBUTARIO
CASADO

– El dicho mandon don Juan Guacchamango tributario casado con Françisca Guacaichuque tiene un hijo e una hija Pedro Gonçalez de tres años Ana de diez años.

El qual dicho prinçipal declaro no ser mas quel en este dicho pueblo y estar solo e no tener mas mas (sic) yndios en el porque los yndios que manda estan en otro pueblo.

Hallose en este pueblo de Jesus un yndio soltero tributario entero y un biejo reseruado casado de la dicha guaranga de Panpamarca de la pachaca de Guanca-marca e una biuda e una soltera del prinçipal don Gaspar Tantaxulca questan en el pueblo de Chatilla que son de los nombres siguientes.

– Anton Guacchaguaman soltero tributario entero.
– Diego Malca viejo reseruado casado con Luisa Caxua no tiene hijos.
– Ysauel Naucay biuda tiene una hija Costança de dos años.

HUERFANA

– Ysauel Marcaguacay soltera para casar tiene una her-mana Ana Alpa de diez años huerfanas.

TRIBUTARIO

– Françisco Carualaxac tributario casado con Ysauel Quioc tiene dos hijos e una hija Françisco de quatro años e Pedro de tres e una niña a los pechos.

Hallose en este pueblo de Jesus un yndio viudo biexo reseruado de la pachaca de Tacabanba de la gua-ranga de Pambamarca del prençipal don Sebastian / Quispeguaman ques del nombre siguiente.

BIEJO VIUDO
RESERBADO

– Miguel Caruallatas viejo biudo reseruado tiene tres hijas Françisca de treçe años Costança de siete años Ynes de seis años.

VIEJA

– Yten se hallo una bieja Juana Marca de la dicha pachaca.

HUERFANA

– Juana Salcon huerfana de diez años.

Hallose en este dicho pueblo de Jesus de la dicha guaranga de Panbamarca de la pachaca de Anbagan de ques prinçipal Alonso Lochi questa en el pueblo de Chotilla los yndios siguientes.

BIEJO
RESERUADO
- Diego Gualcasiban reseruado biexo casado con Luisa Caruatilla tiene dos hijos e tres hijas Luisa de treçe años Luçia de diez años Ynes de çinco años Cristobal de quatro años e medio Gomez de un año.
- Françisco Limaiquispe soltero resçien casado con Catalina Lipiacpa sera de hedad de quinçe años no paga tributo.

BIUDA
- Ynes Sin biuda tiene dos hijas Françisca de seis años Ysauel de çinco años.
- Ynes Culi biexa.

Y no se hallaron mas yndios de los dichos en este dicho pueblo de Jesus de la dicha guaranga de Pambamarca aunque se hiçieron todas las dilixençias y el señor corregidor lo firmo Diego de Salaçar ante mi Pedro de los Rios escriuano de su Magestad.

E despues de lo suso dicho en el pueblo de San Marcos de Tonchabanba en ocho dias del mes de abril de mill e quinientos y setenta y ocho años el dicho señor corregidor presentes los alcaldes caçiques e prinçipales e yndios deste dicho pueblo / ynquirio y pregunto de los yndios que abia en este dicho pueblo de la guaranga de Banuamarca de la encomienda de doña Beatriz de Ysasiga y agora son de Juan de Salinas para los enpadronar y bisitar como los demas e que no yncubriesen ninguno so pena que seran castigados los que los yncubrieren e no dieren notiçia dellos y paresçia aber los yndios siguientes.

Hallose en este pueblo de San Marcos de la dicha guaranga de Banbamarca de la pachaca de Tingomayo del prinçipal Domingo Malli questa en el pueblo de Chotilla los yndios siguientes.

TRIBUTARIO
BIUDO
- Hernando Lulic tributario no es casado sino biudo tiene una hija Catalina de seis años.

TRIBUTARIO
- Alonso Puysu tributario enfermo de mal de coraçon casado con Ana Tantacunan tiene una hija Luisa de dos años.

BIEJO VIUDO – Alonso Palial biejo reseruado biudo tiene una hija Ysauel soltera para cassar.

BIEJO – Juan Malca viejo reseruado viudo tiene una hija Ysauel soltera enferma.

E no paresçio aber en este dicho pueblo de la dicha guaranga mas yndios de los dichos aunque se hiçieron todas las dilixençias para que los declarasen y esiuiesen porque dixeron no aber mas y el dicho señor corregidor lo firmo Diego de Salaçar ante mi Pedro de los Rios escriuano de su Magestad.

En el dicho pueblo de Nuestra Señora de / la Açension a quince dias del mes de abril de mill e quinientos y setenta y ocho años el dicho señor corregidor Diego de Salaçar estando en este dicho pueblo presente el caçique prinçipales y alcaldes deste pueblo les hiço sauer y entender como su merced avia venido a este dicho pueblo por mandado de su Magestad a los visitar y enpadornar que dixesen y manifestasen luego los yndios que en el avia de la guaranga de Banuamarca so pena de ser castigados e desterrados de sus tierras e priuados de sus caçicazgos e mandos los quales dixeron que de la dicha guaranga de Panbarnarca no avia en este dicho pueblo yndios ningunos y asi lo declararon e respondieron siendo testigos y aunquel dicho señor corregidor hiço pesquisa y aberiguaçion de los no hallo haber ningunos yndios de la dicha guaranga y lo fyrmo Diego de Salaçar ante mi Pedro de los Rios escriuano de su Magestad.

Yndios del Chontal

En el pueblo de San Antonio de Caxamarca a treçe dias del mes de março de mill e quinientos y setenta y ocho años el mui magnifico señor Diego de Salaçar corregidor desta dicha prouinçia por virtud de la comision de su Exelencia por ante mi el dicho Pedro de los Rios escriuano de su Magestad para ellos nombrado hiço paresçer ante si a Juan Tantasupan mandon de los yndios que en este dicho pueblo tiene don Gomez

Chuquichanchas prinçipal de la pachaca / de Payac de la encomienda de doña Beatriz de Ysasiga difunta del qual dicho mandon el dicho señor corregidor tomo e resçiuio juramento en forma de derecho y el lo hiço y so cargo del le fue mandado luego trayga y esiua ante su merced todos los yndios que del Chontal de la dicha pachaca estan en este dicho pueblo para los enpadronar como su Magestad lo manda sin yncubrir ninguno so pena de perjuro y que sera castigado y desterrado de sus tierras y traxo y esiuio los yndios siguientes.

Yndios del Chontal de la pachaca de Payac de ques prinçipal don Gomez Chuquinchanchas y mandon Juan Tantaquipan questan en este pueblo de San Antonio de Caxamarca de la encomienda de doña Beatriz de Ysasiga difunta.

TRIBUTARIOS

- Juan Tantaquypan tributario casado con Ynes Lulinates tiene un hijo Miguel de hocho años e quatro hijas la mayor Leonor de diez años.
- Juan Casaquypan tributario casado con Catalina Chuquychuc tiene dos hijos e una hija Pablo de çinco años y Geronimo de tres años Juana de seis meses.
- Pedro Tantalian tributario casado con Ynes Bulsicon tiene un hijo e una hija Cristobal de tres años e Juana de un año.
- Francisco Tantachoan tributario casado con Françisca Tanta/guacay tiene un hijo y dos hijas de treçe años llamado Juan Ynes de seis años Françisca de dos años.
- Hernando Quyspilian tributario casado con Ysauel Luliticla tiene un hijo e tres hijas Alonso de çinco años Ynes de siete años Angelina de tres años Maria de un año.
- Alonso Yacoquyspe tributario casado con Luisa Tantaquilla tiene una hija a los pechos.
- Juan Rimaiguaccha tributario casado con Elena Pasna no tiene hijos.

      Biejos casados reseruados.

- Alonso Tomayquyspe biejo reseruado casado con Luisa Guacaytonso tiene dos hijos e dos hijas Alonso de siete años e Juan de seis e Ysauel e Luisa solteras para casar.
- Lorenço Chuquitel biejo reseruado casado con Luisa Colquebichique tiene un hijo Alonso Bichic de treçe años.
- Alonso Casalipchan biejo reseruado casado con Ynes Saychun no tiene hijos.
- Gomez Luliguanca viejo reseruado casado con Luisa Pomachurai no tiene hijos.
- Cristobal Chucnapon biejo reseruado casado con Çeçilia Guacchaguacay.
- Andres Tantaxas çiego reseruado por casar.

Biudas

- Luisa Limaytiquylla biuda tiene dos hijas Malgarida de siete años Madalena de seis años.
- Ynes Anai biuda tiene un hijo e dos hijas Luisa de quatro años Barbola de siete años Françisca de çinco años.
- Ynes Yalilus biuda tyene un hijo Benito de quatro años.
- Malgarida Usto viuda no tiene hijos.

BIEJA
- Catalina Chuponan bieja no tiene hijos.

El qual dicho prinçipal mandon debajo del dicho juramento declaro no auer mas yndios a el subjetos en este dicho pueblo de la dicha pachaca e que cada que se acordare e paresçiere auer mas lo verna a desçir y declarar por no yncurrir e la dicha pena y el señor corregidor lo firmo Diego de Salaçar ante mi Pedro de los Rios escriuano de su Magestad.

E despues de lo suso dicho en el dicho asiento de San Antonio de Caxamarca a trece dias del dicho mes de março del dicho año el dicho señor correxidor hiço paresçer ante si a Gaspar Tantaquispe mandon del prençipal don Pablo Tantapala de la parçialidad del Chontal de la pachaca de Pincomarca de la encomienda de doña Beatriz de Ysasiga difunta del qual fue tomado e resçiuido juramento en forma de derecho y so cargo del le fue mandado luego traiga ante su merced del señor corregidor todos los yndios que de la dicha pachaca tiene en este dicho pueblo so las penas que se le a puesto a los demas el qual traxo los yndios siguientes. /

Yndios del Chontal de la pachaca de Pincomarca de doña Beatriz de Ysasiga difunta questan en este pueblo de San Antonio de ques prinçipal don Pablo Tantapale y mandon Gaspar Tantaquyspe.

BIUDO TRIBU-
TARIO
  — Gaspar Tantaquispe tributario biudo tiene un hijo e una hija Frnaçisco de un año e Ynes de ochos años.

TRIBUTARIOS
  — Andres Quilmalon tributario casado con Ynsauel Chilmo tiene dos hijos e una hija Diego de seis años Juana a los pechos.

  — Juan Xulca tributario casado con Maria Onque tiene una hija Ysauel a los pechos.

  — Domingo Tongo tributario casado con Juana Cunen tiene dos hijas Ysauel de siete años y Françisca de seis años.

Viejos cassados reseruados.

  — Lorenço Paico biejo reseruado casado con Juana Tunchin tiene tres hijas la mayor Ysauel para casar e Ysauel de doçe años e Ana de ocho años.

  — Gonçalo Pilcotongo biejo reseruado casado con Ysauel Lluuo no tiene hijos.

  — Alonso Caxamango viejo reseruado casado con Çeçilia Caxapanya tiene dos hijas Ynes de doçe años e Luisa de diez años.

Biudos biejos reseruados.

  — Pedro Tanta viejo biudo reseruado tiene un hijo Domingo de diez años. /

  — Alonso Caxaxiton biudo biejo reseruado tiene dos hijos e dos hijas Marcos de tresçe anos Juan de diez años Luisa de doçe años Ynes de honçe años.

Biudas.

BIUDA
  — Eluira Mullen biuda tiene un hijo e tres hijas Diego de seis años Çeçilia de siete años Madalena de quatro años Luisa de dos años.

BIEJA   – Catalina Luliticla bieja no tiene hijos.

El qual dicho prinçipal mandon deuajo del dicho juramento declaro no tener ni aver mas yndios a el subjetos en este pueblo de la dicha pachaca e que cada que paresçiere e se acordare aver mas lo uerna a desçir y declarar por no yncurrir en la pena que se le a puesto y el señor corregidor lo firmo Diego de Salaçar ante my Pedro de los Rios escriuano de su Magestad.

E despues de lo suso dicho en el dicho asiento de San Antonio de Caxamarca en los dichos treçe dias del dicho mes marco del dicho año el dicho señor corregidor hiço paresçer ante si a Anton Lulo mandon del prinçipal don Marton Guacchapaico caçique prinçipal del Tontal [sic] de la pachaca de Polloques de la encomienda de doña Beatriz de Ysasiga difunta y del se resçiuio juramento en forma de derecho y so cargo del le fue mandado que luego traiga ante su merced todos los yndios que tiene en este dicho pueblo del dicho prinçipal e de la dicha pachaca el qual traxo los yndios siguientes abiendole hecho los aperçibimientos que a los demas. /

Yndios del Chontan del prinçipal don Martin Guachapaico de la pachaca de Polloques de la encomienda de doña Beatriz de Ysasiga questan en este dicho pueblo de San Antonio.

TRIBUTARIOS   – Anton Lulo tributario casado con Malgarida Quinocalcon tiene dos hijos e una hija Cristobal de seis años Alonso de quatro años Angelina de un año.
                 – Pedro Pilcotanta tributario casado con Ysauel Bilcai tiene dos hijas Juliana de tres años e Madalena de dos años.
                 – Juan Quispe tributario casado con Ysauel Guacai tiene tres hijos e una hija Hernando de treçe años y Anton de honçe años e Diego de çinco años Juana de diez años.
                 – Luis Tacuri tributario casado con Ynes no tiene hijos.

El qual dicho mandon deuajo del dicho juramento declaro no tener en este pueblo de la dicha pachaca mas yndios de los que tiene ysiuidos y hasentados e que cada que supiere dellos o se acordare los verna a desçir y declarar por no yncurrir en la pena que se le a puesto y el señor corregidor lo firmo Diego de Salaçar ante mi Pedro de los Rios escriuano de su Magestad.

E despues de lo suso dicho en el dicho asiento e pueblo de San Antonio de Caxamarca en el dicho dia treçe de março del dicho ano de mill e quinientos y setenta y ocho años el dicho señor corregidor hiço paresçer ante si a don Françisco Tantaxajas caçique de / la pachaca de Nepos de la parcialidad del Chontal de la encomienda de doña Beatriz de Ysasiga difunta e del se resçiuio juramento en forma de derecho y so cargo del le fue mandado so las penas y aperciuimientos que a los demas luego traiga ante su merced los yndios que de la dicha pachaca tiene en este dicho pueblo el qual traxo los yndios siguientes.

Yndios del Chontal de la pachaca de Nepos de ques prinçipal e caçique don Françisco Tantajaxas de la dicha doña Beatriz de Ysasiga difunta questan en este pueblo de San Antonio.

TRIBUTARIOS
— Alonso Chigni tributario casado con Maria Pichini tiene un niño Pablo a los pechos.
— Françisco Conchen tributario casado con Ynes Cahnme tiene dos hijas Maria de tres años e Ysauel de un año.

Biejos casados reseruados.
— Domingo Yupac biejo reseruado casado con Ynes Natbal tiene dos hijas Luçia de seis años e Ysauel soltera para casar.
— Melchor Tomapaj viejo reseruado casado con Juana Quilpen tiene una hija Maria de doçe años.

El qual dicho prinçipal deuajo del dicho juramento declaro no tener mas yndios a el subjetos de la dicha pachaca mas de los que tiene esiuidos e que cada

que supiere a paresçiere/ aver mas lo verna a desçir
y declarar por no yncurrir en la pena que se le a
puesto. E aunquel dicho señor corregidor hico todas
las dilixençias pusibles e no se hallaron mas yndios
de los vissitados en este dicho pueblo de la dicha parçialidad del Chontal y lo firmo de su nombre Diego
de Salaçar ante mi Pedro de los Rios escriuano de
su Magestad.

E despues de lo suso dicho en el pueblo de
Jesus a veinte dias del mes de março de mill e quinientos
y setenta y ocho años el dicho señor corregidor presentes el caçique prinçipales y alcaldes del dicho pueblo
les hiço sauer como su merced venia al dicho pueblo
por mandado de su Magestad para enpadronar y bisitar
los yndios que obiere en este pueblo asi de la encomienda
de doña Jordana Mexia como de la encomienda de
doña Beatriz de Ysasiga difunta dandoles a entender
para el efeto que se haçia que dixesen y declarasen
si abia aqui algunos yndios de la guaranga del Chontal
los quales dixeron no auer de la dicha guaranga del
Chontal en este dicho pueblo yndio ninguno y asi lo
juraron en forma de derecho e despues de les auer
hecho otros aperçiuimientos de que si encubrian alguno
que serian castigados y desterrados de sus tierras boluie-
ron a desçir que no ay de la dicha guaranga del Chontal en este dicho pueblo yndio ninguno siendo testigos
Cristobal Malo de Molina y el padre Santolalla de la
horden de señor San Françisco y lo firmo el señor
corregidor Diego de Salaçar ante mi Pedro de los Rios
escriuano de su Magestad.

En el pueblo de San Marcos de Chontabamba
a ocho dias del mes de abril de mill e quinientos
y setenta y ocho años el / dicho señor corregidor
Diego de Salaçar hico paresçer ante si a los caçiques
y prinçipales e alcaldes del dicho pueblo y estando juntos
por las dichas lenguas les dio a entender y hiço sauer
como su merced avia venido a este dicho pueblo a
vissitar y enpadronar por mandado de su Magestad los
yndios que en el obieren del Chontal que los que obiere
los digan y manifiesten so pena de priuaçion de caci-

cazgos e destierros de sus naturales y otro sy que
sepan que vissitallos no es para los tasar ni dello les
viene daño ninguno los quales dixeron que de la dicha
guaranga del Chontal no ay en este pueblo yndios ningunos y asi lo respondieron y el señor corregidor lo
firmo testigos el padre Frai Miguel Diego de Salaçar
ante mi Pedro de los Rios escriuano de su Magestad.

En el pueblo de Nuestra Señora de la Açension
a quinçe dias del mes de abril del dicho año de mill
e quinientos y setenta y ocho años el dicho señor
corregidor Diego de Salaçar estando en este dicho pueblo
presente el caçique y prinçipales y alcaldes del les hiço
sauer y entender como su merced venia a este dicho
pueblo a los vissitar y enpadronar por mandado de
su Magestad que declarasen y manifestasen todos los
yndios que del Chontal abia en este pueblo para el
dicho efeto sin yncubrir ninguno so pena de ser castigados y desterrados por ellos los quales dixeron que de
la dicha guaranga de Chontal e de la pachaca de Pincomarca del prinçipal don Pablo Tantapalen questa en
el pueblo de Nepos ay en este dicho pueblo de la
Açension los yndios siguientes.

*Yndios de la guaranga del Chontal de la
pachaca de Pincomarca del prinçipal don
Pablo Tantapallen /*

TRIBUTARIOS
— Felipe Chuquisas tributario casado con Luisa Nanguacai
tiene tres hijos Martin de seis años Pedro de quatro
años Miguel de tres años.
— Anton Caxachunba soltero tributario entero.

HUIDOS
— Alonso Tantapaico tributario casado huido a Truxillo
que no paga su tributo.
— Françisco Quispe tributario casado con Luisa Usin hui-
dos a Truxillo que no pagan el tributo.
— Juan Julca casado tributario questa en Truxillo.
— Myguel Llanta soltero que no a llegado a hedad de
tributar Catalina Sav bieja.

Y los dichos caciques y prinzipales declararon
no auer en este dicho pueblo de la dicha guaranga

del Chontal mas yndios de los dichos e aunque el dicho señor corregidor hizo todas las diligençias no hallo mas yndios de la dicha guaranga aunque hizo pesquisa sobrello y les atemorizo con penas y lo fyrmo el senor corregidor Diego de Salazar ante mi Pedro de los Rios escribano de su Magestad.

Guaranga de Pomamarca

En el pueblo de San Antonio de Caxamarca a catorze dias del / del mes de março de mill y quinientos y setenta y ocho años el muy magnifico señor Diego de Salazar corregidor desta dicha provinçia y su distrito por su Magestad en cumplimiento de la comison de su Exelencia en presencia de mi Pedro de los Rios escriuano de su Magestad nombrado para este dicho efeto e bisyta hizo paresçer ante si a don Pablo Guamanricra cacique prinzipal de la guaranga de Pomamarca de la pachaca de Guambo y del se tomo y resçibio juramento en forma de derecho y el lo hizo so cargo del qual le fue mandado que luego traiga ante su merced todos los yndios que tiene en este dicho pueblo de la dicha guaranga y pachaca encomendados en doña Beatriz de Ysasaga dyfunta para los enpadronar y bissitar como su Magestad lo manda syn yncubrir ninguno so pena de perjuro e que seran castigados e desterrado de sus tierras el qual en cumplimiento de lo suso dicho traxo y exsybio los yndios siguientes.

Yndios de Pomamarca de la pachaca de Guambo de dona Beatriz de Ysasaga difunta del ques caçique prinzipal don Pablo Guamanricra questan / en este pueblo de San Antonio de Caxamarca.

TRIBUTARIOS — Alonso Payan tributario casado con Françisca Cucuy tiene un hijo e una hija Cristobal de zinco años Françisca de ocho años.

– Juan Guatai medio tributario casado con Ysabel Muchui manca y tullida.

– Pedro Caruacondor tributario casado con Ysabel Chuquiminay tiene una hija Çiçilia de tres años.

VIEJO RESER-
VADO

– Gonçalo Amyaitanta biejo reserbado casado con Ynes Yaloguacay tiene dos hijos e dos hijas Gonçalo de dos años Françisco de un año Magdalena de zinco años Juana de quatro años.

BIUDAS

– Luisa Pamac biuda tiene una hija Juana de diez años.

– Ysabel Chapsil biuda tiene dos hijos y tres hijas Pedro de treze años Alonsso de ocho años Françisca de nueue años Luissa de siete años Magdalena de tres años.

– Ysabel Tantamachay biuda /

– Ynes Carbacalcon biuda no tiene hijos.

– Catalina Ylac bieja.

– Juana Chuquimachai tiene quatro hijas Leonor de treze años Magadalena de honze años Juana de nueue años Ynes Morochon de zinco años.

– Luisa Tantachamo biuda.

El qual dicho prinçipal debajo del dicho juramento declaro no tener en este dicho pueblo de la dicha guaranga e pachaca mas yndios de los que a exsybido y se a ynbentariado e que cada que paresçiere y se acordare aver mas lo berna a dezir e declarar por no yncurrir en la pena que se le a puesto y el señor corregidor lo fyrmo Diego de Salazar ante mi Pedro de los Rios escriuano de su Magestad.

E despues de lo suso dicho en el dicho asiento de San Antonio de Caxamarca en el dicho dia catorze de março del dicho año de myll y quinientos e setenta e ocho años el dicho señor corregidor hizo paresçer ante si a Domingo Miguel Tonto prençipal de la guaranga de Pomamarca de la pachaca de Cullana encomendados en doña Beatriz de Ysasaga / difunta y del tomo e resçibio juramento en forma de derecho e so cargo del le fue mandado luego trayga ante su merced todos los yndios que de la dicha guaranga y pachaca tiene en este dicho pueblo para los bissitar y enpadronar syn yncubrir ninguno so pena que sera castigado y desterrado de sus tierras e su pena de perjuro el qual traxo y exsibio los yndios ,siguientes.

Yndios de Pomamarca de la pachaca de Cullana de que es prinçipal Domingo Miguel Tongo de la encomienda de doña Beatriz de Ysasaga difunta questa en este dicho pueblo de San Antonio de Caxamarca.

TRIBUTARIOS
- Alonso Colqueguaccha tributario casado con Ynes Carbaguacai.
- Pedro Condoryali tributario casado con Ynes Morochan tiene dos hijas Ysabel de tres años Juana de un año.

BIEJOS
- Juan Aycho biejo reserbado casado con Catalina Pamác tiene un hijo e dos hijas Françisco de ocho años

RESERVADO
Ysabel e Ynes solteras para casar. /

El qual dicho prinçipal debajo del dicho juramento declaro no tener en este dicho pueblo mas yndios de la dicha guaranga e pachaca a el subjetos de los que tiene exsybidos y se le an bissitado e que cada que paresçiere aver mas y se le acordare o biniere a su notiçia lo berna a dezir y declarar por no yncurrir en la pena que se le a puesto y lo fyrmo el señor corregidor Diego de Salazar ante mi Pedro de los Rios escriuano de su Magestad.

E despues de lo suso dicho en el dicho asiento de San Antonio de Caxamarca en los dichos catorze dias del dicho mes de março del dicho año el dicho señor corregidor hizo paresçer ante si a don Gomez Chuquiguaman prenzipal de la guaranga de Pomamarca de la pachaca de Ascap de la encomienda de la dicha doña Beatriz de Ysasaga digunta e del se rescibio juramento en forma de derecho e so cargo del dicho juramento le fue mandado luego traiga ante su merced todos los yndios que tiene en este dicho pueblo de San Antonio de Caxamarca syn yncubrir cossa alguna so pena de perjuro e que sera castigado e desterrado de sus tierras el qual traxo y exsybio los yndios siguientes./

Yndios de Pomamarca de la pachaca de Ascap
de ques prinçipal don Gomez Chuquiguaman
de la encomienda de doña Beatriz de Ysasaga
difunta questa en este dicho pueblo de
San Antonio de Caxamarca.

RESERVADO
CASADO

– El dicho don Gomez Chuquiguaman reserbado de pagar tributo casado con Ynes Caruacalcon no tiene hijos.

Tributarios

– Alonso Rimaibilca tributario casado con Catalina Tantapascai tiene una hija e un hijo Juan de dos años Luissa de quatro años.

– Alonso Condoryali medio tributario casado con Ynes Pintiquilla tiene un hijo Marcos de dos años.

HUERFANOS

– Marcos Ynpango huerfano de nueue años.

– Luisa Guacchaguacai huerfana de ocho años.

– Diego Condoryali biejo reserbado casado con Françisca Rimaynaucai no tiene hijos.

Biudas.

– Juana Chupates biuda tiene / tres hijas Aldonça de treze años Magdalena de quatro años Françisca de un año.

HUERFANO

– Alonso Guacchamoro huerfano.

– Garçia Tantatongo soltero de treze años.

BIUDA

– Juana Llapan biuda tiene una hija e un hijo Alonso de dos años y Costança para casar.

El qual dicho principal debajo del dicho juramento declaro no tener mas yndios en este dicho asiento de la dicha pachaca e guaranga de los que tiene exsibidos e que cada que paresçiere auer mas e a su notiçia vinyere lo berna a dezir y declarar por no yncurrir en la pena que se le a puesto y el señor corregidor lo fyrmo Diego de Salazar ante mi Pedro de los Rios escriuano de su Magestad.

E despues de lo suso dicho en el dicho asiento de San Antonio de Caxamarca en el dicho dia catorze dias del dicho mes de março del dicho año de mill y quinientos e setenta e ocho años el dicho señor corregidor Diego de Salazar hizo paresçer ante si a don Antonio Caruanaupa prinzipal de Pomamarca de la pachaca de Chuquinas de la encomienda de la dicha doña Beatriz de Ysasaga / y del se tomo y resçiuio juramento en forma de derecho e le fue mandado luego trayga ante su merced todos los yndios que tiene en este dicho pueblo para los enpadronar e vissitar so las penas que se an puesto a los demas el qual traxo y esiuio los yndios siguientes.

Yndios de Pomamarca de la pachaca de Chuquiras de la encomienda de dona Beatriz de Ysasiga difunta de ques prinçipal don Antonio Caruanaupa questan en este pueblo de San Antonio de Caxamarca.

RESERVADO

— El dicho don Antonio Caruanaupa reseruado de tributo casado con Catalina Caxatilla tiene dos hijas Françisca de dos años Maria de teta.

TRIBUTARIOS

— Miguel Pariachigni tributario casado con Ysauel Guacchaguacai tiene dos hijas Beatriz de ocho años Luçia de siete años.

— Lorenço Anyaicondor tributario casado con Ana Tantaguacai tiene quatro hijas y un hijo Ynes de quinze años Aldonça de treçe años Juana de siete años Maria de çinco años Agustin de seis años.

— Pedro Tuctu tributario casado con Maria Caruallai tiene dos hijos e dos hijas Lorenço de siete años Juan de un año Ysauel de çinco años Ynes de quatro años.

— Alonso Lacxacondor tributario casado con Elvira Caruapacaui tiene / un hijo Domingo de un año y medio.

— Luis Mysapoma tributario casado con Baruola Caruapaniac tiene un hijo e una hija de siete años Ynes y el hijo Juan de çinco anos.

— Juan Quispe tributario casado con Ysauel Llacxapanyac tiene una hija e tres hijos Baruola de ocho años Gaspar de siete años Agustin de çinco años Juan de un año.

— Diego Pariaquiliche medio tributario casado con Elbira Siquel tiene un hijo Gonçalo de quatro años.

— Juan Pomachoruc tributario casado con Cecilia Anyaybichic dos hijos Françisco de tres años Diego de un año.

- Alonso Lloclla de diez y seis años casado con Ysauel Rimai no a entrado en hedad de tributar.
- Alonso Tantayanac tributario casado con Ysauel Pampaillacxa tyene tres hijos e tres hijas Ysauel soltera para cassar Françisca soltera para casar Çeçilia de siete años Françisco de çinco años Juan de tres años Lorenço a los pechos.

            Biejos casados reseruados.

- Lorenço Xulcaguaman biejo reseruado casado con Maria Machai bieja.
- Alonso Anyamoro biejo reseruado casado con Ynes Caruacucui tiene tres hijos e dos hijas Ynes e Ynes solteras para casar Alonso de siete años Martin de çinco años Françisco de tres años. /
- Juan Caruapico viejo reseruado casado con Catalina Caruachuc no tiene hijos.

- Ynes Tantapanyac viuda tiene una hija Aldonça de teta.

- Ana Tantaticlla vieja.
- Ynes Bilcaguacai vieja.
- Catalina Llatan vieja.
- Maria Tanchachuque bieja. tiene una hija Juana de quatro años,
- Leonor Anyaibique bieja.

     El qual dicho prinçipal deuajo del dicho juramento declaro no tener en este dicho pueblo de la dicha guaranga e pachaca mas yndios de los que tiene ysiuidos y se an visitado e que cada que supiere de mas o biniere a su noticia lo berna a dezir e manifestar por no yncurrir en las pena que se le a puesto y el señor corregidor lo firmo de su nombre Diego de Salaçar ante mi Pedro de los Rios escriuano de su Magestad.

     E despues de lo suso dicho en el dicho asiento de San Antonio de Caxamarca en el dicho dia catorçe de março del dicho año de mill e quinientos e setenta y ocho años el dicho señor corregidor hiço paresçer ante si a don Diego Caire prençipal de la guaranga

de Pomamarca de la pachaca de Callat de la encomienda de la dicha doña Beatriz de Ysasiga difunta
y del se reçiuio juramento en forma de derecho y
le fue mandado que so cargo del y de perjuro e que
sera castigado e desterrado de sus tierras luego traiga
ante su merced todos los yndios que tiene en este
dicho asiento e pueblo de San Antonio para los visitar
y enpadronar como su Magestad lo manda el y esiuio
los yndios siguientes.

*Yndios de Pomamarca de la pachaca de Callat de
ques prinçipal Diego Caire de dicha / encomienda
de doña Beatriz de Ysasiga questan en este dicho
pueblo de San Antonio de Caxamarca.*

RESERVADO — El dicho Diego Caire prinçipal casado con Ynes Chu-
quichus reseruado de tributo tiene una hija Juliana
de dos años.

MEDIO TRIBU-
TARIO — Pedro Yaure medio tributario casado con Françisca
Guacchacalcon no tiene hijos.

TRIBUTARIOS — Juan Caruapaico tributario casado con Madalena Caruaticlla tiene una hija Jordana de dos años.

— Lorenço Minayali tributario casado con Ana Chuquillaxa
tiene un hijo Françisco Manco de un pie sera de
catorçe años.

— Alonso Curo tributario casado con Luisa Macchama
tiene una hija de nueue meses.

— Diego Minaquispe tributario casado con Maria Guacai
tiene dos hijas Françisca de dos años Luisa de un
año.

— Hernando Pomamango tributario casado con Maria Guacai tiene tres hijos e una hija Juan de nueue años
Baruola de siete años Gonçalo de tres años Diego
de un año.

— Cristobal Guacaltungo tributario casado con Madalena
Caruaguacay tiene quatro hijos y dos hijas Hernando
de ocho años Alonso de seis Çeçilia de siete años
Agustin de tres años Gonçalo de teta Ysauel de çinco
años. /

— Alonso Pach tributario casado con Ynes Chuquilatan

tiene un hijo e una hija Madalena de çinco años Alonso de tres años.

- Alonso Pomatocto tributario casado con Luisa Chuquibichic tiene dos hijos e una hija Pablo de honze anos Çeçilia de quatro años Sancho de un año.
- Juan Rico tributario casado con Catalina Pasna tiene un hijo Domingo de dos años.

MEDIO TRIBUTARIO — Juan Guaccha paga medio tributo con Luisa Llic tiene quatro hijos Juan de ocho años Alonso de çinco años Domingo de tres anos otro Domingo de dos años.

Biejos casados reseruados.

- Alonso Chaupimango viejo reseruado casado con Catalina Musan tiene un hijo e una hija Beatriz de diez años Alonso de nueue años.
- Alonso Tomai biejo reseruado viudo tiene un hijo e dos hijas Maria soltera para casar Juan de siete años Ynes de seis años.
- Y Alonso Yamuc viejo reseruado.

Biudas.

- Luisa Tantapacui viuda.
- Ysauel Tantaquilla viuda.
- Beatriz Minabichic biuda.
- Ysauel Caruapacuay biuda.
- Ynes Calcon biuda.
- Ynes Churai viuda.
- Ysauel Colqueguacay soltera tiene una hija Mençia de dos años./
- Catalina Llacoa viuda tiene dos hijas solteras para casar Ynes y Luisa.

Biejas.

- Maria Bichic bieja.
- Costança Lachi bieja.

TRIBUTARIO CASADO — Domyngo Xancay tributario casado con Françisca Mysa tiene un hijo Pablo a los pechos.

- Ynes Chuquisame bieja tiene un hijo e una hija Catalina soltera para casar Domingo de diez años.

HUERFANO — Domyngo Chac huerfano de siete años.

El qual dicho prinçipal deuajo del dicho juramento declaro no tener de la dicha pachaca e guaranga en este dicho pueblo mas yndios de los que tiene ysiuidos y se an visitado e que cada que paresçiere tener mas e supiere dellos lo verna desçir por no yncurrir en la dicha pena y el señor corregidor lo firmo Diego de Salaçar ante mi Pedro de los Rios escriuano de su Magestad.

En el pueblo de Jesus ques en la prouinçia de Caxamarca a veinte dias del mes de março de mill e quinientos y setenta y ocho años el dicho señor corregidor hiço paresçer ante si a don Pedro Gonçalez Coral prençipal de la guaranga de Pomamarca de la pachaca de Anamango de la encomienda de doña Beatriz de Ysasiga e del el dicho señor corregidor por las dichas lenguas tomo e resçiuio juramento en forma de derecho so cargo del qual le fue mandado luego traiga ante su merced todos los yndios que tiene en este dicho pueblo de la dicha guaranga e pachaca para los enpadronar y bisitar sin yncubrir ninguno / so pena de perjuro y que sera castigado o desterrado de sus tierras y el suso dicho en cumplimiento de lo suso dicho traxo y esiuio los yndios siguientes,

Yndios de Pomamarca de la pachaca de Anamango de ques prinçipal don Pedro Gonçalez Coral questan en este pueblo de Jesus que son de la encomyenda de dona Beatriz de Ysasiga difunta.

RESERUADOS — El dicho don Pedro Gonçalez Coral prinçipal reseruado de pagar tributo casado con Ysauel Carua tiene tres hijos e tres hijas Agustin de honçe años Domingo de siete años Pedro de un mes a los pechos Ysauel de diez años Maria de diez años e otra Maria de quatro anos.

— Don Juan Guacchamoro hijo del dicho don Pedro Gonçalez no paga tributo casado con doña Ana Caruayachi tiene una hija Juana de seis años.

TRIBUTARIOS — Anton Chucnanpa tributario casado con Ysauel Chuquimina Nimala tiene tres hijos e quatro hijas Françisco de seis años Anton de çinco años Cristobal de quatro años Luçia de ocho años Madalena de siete anos Françisca de tres años Juana de dos años.

- Pedro Guayan tributario casado con Maria Quypan tiene quatro hijos e tres hijas Ysauel de ocho años Catalina de siete años Alonso de seis años Domingo de çinco años Cristobal de quatro anos Pedro de tres anos Luçia de un año./

- Juan Julca tributario casado con Catalina Colquenaucay no tiene hijos.

- Juan Caruatanta tributario casado con Ysauel Tonsu tiene un hijo Gonçalo de dos años.

- Pedro Caxamango tributario casado con Ysauel Caruacallay tiene dos hijas Ynes de dos años Catalina de seis meses.

- Pedro Pumatanta tributario casado con Catalina Tungonllan tiene un hijo Alonso de tres meses.

- Françisco Caxaquipan tributario casado con Catalina Caruacunan tiene tres hijas Baruola de çinco años Luisa de tres años Aldonça de seis meses.

- Alonso Tumaiguache tributario casado con Ysauel Carua tiene dos hijos e una hija Andres de çinco años Aldonça de dos años Agustin de ocho meses.

- Juan Pumabilca tributario casado con Ynes Axcacunan tiene una hija Ysauel de dos años.

- Pedro Colquichoroc tributario casado con Luçia Tantachus tiene dos hijas e un hijo Luisa soltera para casar Catalina de diez años Alonso de seis meses.

- Anton Guacchachigni tributario casado con Madalena Tantanaucay tiene tres hijos Françisco de çinco años Pedro de quatro años Lorenço de un año.

- Alonso Culquicondor tributario casado con Françisca Caruapanyac tiene un hijo e una hija Ysauel de / dos años Juan de los pechos.

- Juan Guaras tributario enfermo de hospital casado con Ysauel Anyai tiene un hijo e una hija Anton de tres años Costança de un año.

- Lorenço Xulca tributario casado con Maria Minticlla tiene un hijo e dos hijas Costança de nueue años Agustin de quatro años Luisa a los pechos de seis meses.

- Gonçalo Tantacondor tributario casado con Ynes Tantachuqui tiene dos hijas e un hijo Alonso de siete años Costança de tres años Madalena de seis meses.
- Juan Rimarrachin tributario casado con Ysauel Pachaguacai tiene dos hijos e tres hijas Domingo de diez años Anton de ocho años Ysauel de quatro años Ynes de dos años Juana de quatro meses.
- Juan Machaicasca tributario casado con Ysauel Pacai tiene tres hijas e un hijo Alonso de siete años Ynes de çinco años Madalena de tres anos Françisca de seis meses.
- Alonso Minaguaccha tributario caso con Ysauel Caruatiquilla tiene dos hijas Ynes de dos años Costança de un año.
- Anton Tuntin viudo tributario entero no tiene hijos.

Solteros casados que no an llegado a
hedad de tributar.

- Diego Quilistanta soltero casado no a llegado a hedad de tributar casado con Ana Lachi.
- Alonso Xulcaquispe soltero no a llegado a hedad de tributar de diez y seis años casado con Ynes Caruanaucay./
- Garcia Carua soltero no a llegado a hedad de tributar terna diez y seis años y mas casado con Catalina Cuchullaxac tiene un hijo de quatro meses Juan.
- Sancho Tungoquillich soltero de quinçe años [tachado: soltero] casado con Ysauel Ruyan.
- Domingo Guamantacu soltero que no a llegado a hedad de tributar sera de diez y seis años es casado con Juana Guaccha.
- Diego Anyairimar soltero tullido de un pie sera de hedad de quinçe años casado con Baruola Chuquitiquilla.

Solteros por casar no tributan.
- Diego Minaquispe soltero de quinçe años.
- Anton Pumayali soltero de diez y seis años no a llegado a hedad de tributar.
- Alonso Xulcatanta soltero de hedad de quinçe años no a llegado a hedad de tributar.

– Diego Maijulca soltero de hedad de diez y seis años
no a llegado a hedad de tributar.

Biejos casados reseruados.

– Martin Ayamango viejo reseruado casado con Luisa
Guacchapaniac tiene dos hijos y seis hijas Catalina
soltera para casar Luisa de siete años Ysuael de
seis años Juana de çinco años Catalina de quatro
años Madalena de tres años Alonso de ocho años
Lorenço de dos años./

– Pedro Bilcamoru biejo reseruado casado con Ynes
Cayan tiene un hijo de çinco años llamado Juan.

– Françisco Pumaquispe viejo reseruado casado con Ysauel
Llatan no tiene hijos.

– Luis Churuc biejo reseruado casado con Luçia Tanta
no tiene hijos.

– Alonso Yalli biejo reseruado casado con Elvira Guacai
tiene una hija Maria Bichic soltera para casar e otra
hija Luisa de seis meses.

– Pedro Cuyac biejo reseruado casado con Maria Chami
tiene dos hijas Luisa de diez años Ynes de siete
años.

– Pedro Llaxamango viejo reseruado casado con Baruolla
Caruacunan tiene dos hijos Miguel de honçe años
Pablo de diez años.

– Domingo Ugniltanta reseruado casado con Costança
Tanta tiene dos hijos e dos hijas Alonso de siete
años Gonçalo de seis años Veatriz de quatro años
Ysuael de dos años.

– Françisco Guamanquispe reseruado casado con Ynes
Chancan no tiene hijos.

– Anton Pauabiquil reseruado casado con Çeçilia Tan-
tachaman tiene una hija Catalina de seis meses.

– Domingo Pumaxulca reseruado casado con Catalina
/ Llamaguacay tiene una niña Çiçilia de tres meses.

– Agustin Ayactanta reseruado casado con Ynes Techen
no tiene hijos.

– Anton Nanitanta biejo reseruado casado con Ynes Chuti
no tiene hijos.

Biejos reseruados biudos.

- Domingo Condor reseruado biudo tiene un hijo Alonso de siete años.
- Hernando Caruayamoc biejo reseruado biudo tiene un hijo e una hija Hernando de seis años e Catalina de siete años.
- Alonso Tantaxulca biejo reseruado biudo.
- Jeronimo Quispinachin reseruado biudo.

Biudas.
- Maria Tantaticla biuda tiene un hijo e dos hijas Luisa de doçe años Diego de siete años Catalina de seis meses.
- Francisca Tantaguacai biuda tiene un hijo e dos hijas Françisco de seis años Ynes de siete años Çeçilia de quatro años.
- Ynes Julcaguacay biuda tiene dos hijos Lorenço de seis años Agustin de año y medio.
- Madalena Guacchaguacai biuda no tiene hijos.
- Juana Colquenaucai biuda e una hija e un hijo Françisca / de seis años Pablo de un año.
- Catalina Yango biuda tiene un hija Çeçilia de seis meses.
- Juana Pisco biuda tiene una hija Catalina de çinco años.
- Juana Culqui biuda tiene dos hijas Ysauel de tres años Costança de seis meses.
- Ynes Tanta biuda no tiene hijos.
- Ysauel Guaychan biuda tiene dos hijos e una hija Hernando de çinco años Cristobal de quatro años Çeçilia de seis a siete meses.

Biejas.
- Catalina Cuchichaman bieja.
- Maria Culqui bieja.
- Maria Namuc bieja.
- Ysauel Chuquimurgun bieja.
- Ynes Chuquimunai bieja.
- Maria Amanchuc bieja.
- Ysauel Amanchuc bieja.
- Ynes Ticllachuc bieja.
- Catalina Caruachuchi bieja.
- Ysauel Chaman bieja.

- Ysauel Yanco bieja.
- Catalina Chanchin bieja.
- Beatriz Çinga bieja
- Catalina Natungo bieja.
- Ynes Qulqui bieja.
- Ynes Tanta bieja.
- Larapaico bieja.
- Catalina Llatan bieja.
- Ysauel Namuc bieja.
- Ysauel Rimaiticlla bieja. /
- Ysauel Tunpai bieja.
- Çeçilia Caruacunan bieja. tiene una hija Maria para casar.

HUERFANA

- Ynes Culqui huerfana de diez años.

Mitimas del dicho don Pedro Gonçalez Coral de la dicha pachaca e guaranga de Pomamarca questan en este pueblo de Jesus.

- Pedro Alenu tributario casado con Ynes Llan tiene una hija Catalina Gelec de çinco años.
- Anton Cauchul tributario casado con Ysauel Main tiene tres hijos e dos hijas Catalina de nueue años Costança de seis años Miguel de tres años Alonso de dos haños Françisco de un año.
- Juan Cupio tributario casado con Costança Biscac tiene una hija de tres meses llamada Ysauel.
- Alonso Cavch tributario casado con Ynes Calla tiene un hijo e una hija Ysauel de dos años Andres de ocho meses.
- Pedro Llachcu tributario casado con Françisca Guacai tiene un hijo Françisco de tres años.
- Juan Muchco tributario casado con Ysauel Llicu tiene dos hijos e una hija Alonso de siete años Maria de tres años Alonso de un año.
- Alonso Sauchi tributario casado con Ynes Olen tiene una hija Ysauel de dos años. /
- Juan Panol tributario casado con Ysauel Yamyul tiene dos hijas Ynes de año e medio Ysauel de quatro meses.
- Françisco Llocpa tributario casado con Ysauel Saquiyuc

tiene un hijo e una hija Diego de tres años Maria de un año.

- Alonso Yumun tributario casado con Ysauel Afon tiene un hijo e una hija Costança de dos años Lorenço de dos meses.
- Diego Chichul tributario casado con Ynes Pinmil tiene tres hijas Ysauel de çinco anos Luisa de dos años Costança de seis meses.
- Anton Chuqullun tributario casado con Costança Chichpan no tiene hijos.
- Alonso Aycuno tributario casado con Ysauel Villun tiene dos hijas e un hijo Ysauel de nueue años Costança de çinco años Alonso de tres años.
- Pedro Citcha tributario casado con Ysauel Pocnic tiene un hijo e una hija Costança de siete años Domingo de un año.
- Diego Llencucu tributario casado con Juana Muyucu tiene una hija Luisa de çinco años. /

HUIDOS

- Alonso Nuco tributario huido casado con Ysauel Xillic tiene un hijo Diego de un año.
- Alonso Cupui yndio tributario huido muchos años a Ana con su muger.
- Juan Calla soltero huido muchos años a que no se saue del.
- Juan Topo tributario casado con Ysauel Silpai tiene dos hijas Maria de seis anos Costança de çinco años.

Solteros casados.

- Anton Baxu soltero no a llegado a hedad de tributar que sera de hedad de diez y seis años casado con Ynes Vlfun tiene un hijo de dos años llamado Miguel.
- Domingo Cachinan soltero que no a llegado a hedad de tributar sera de mas de diez y seis años casado con Catalina Chur.
- Alonso Chullena que era de hedad de mas de diez y seis años que no a llegado a tributar soltero casado con Luisa Tolmen.

Biejos reseruados casados.

- Francisco Eche viejo reseruado casado con Costança Mosquen tiene una hija soltera para casar.
- Juan Xec biejo reseruado casado con Ynes Chami

tiene dos hijos e tres hijas Alonso de doçe años
/ Madalena de siete años Ynes de seis años Ysauel
de çinco años Domingo de quatro años.

- Diego Chullen biejo reseruado casado con Ynes Yllo
tiene un hijo Martin de ocho meses.
- Alonso Guaccha viejo reseruado casado con Ynes Fellen
tiene tres hijas e un hijo Ysauel soltera para casar
Garçia de çinco años Ynes de año y medio Çeçilia
de seis meses.
- Anton Guacnan viejo reseruado casado con Maria Pixbillan tiene una hija Costança de tres meses.
- Juan Nigol biejo biudo.

Biudas.

- Catalina Mocho biuda tiene un hijo Juan de çinco
años.
- Catalina Fucnhun biuda tiene un hijo Juan de un
año.
- Ysauel Chach viuda tiene una hija Catalina de çinco
años.

Biejas.

- Ynes Jul vieja.
- Catalina Tachun bieja tiene una hija Ysauel para casar.
- Ynes Pecmun bieja.
- Catalina Exiquini bieja.
- Catalina Chuiti bieja tiene un hijo Juan de çinco
años.
- Ysauel Chuicam bieja.
- Ysauel Pirlan bieja tiene una hija Madalena de çinco
años.
- Maria Chacha vieja./
- Alonso Ponan biejo reseruado viudo.
- Juan Guacachi biejo biudo reseruado.

HUERFANOS
- Catalina Filchon soltera huerfana.
- Ysabel Muncon soltera huerfana.
- Domingo Yaccul muchacho de seis años huerfano.

El qual dicho don Pedro Gonçalez Coral deuajo
del dicho juramento declaro no tener mas yndios en
este dicho pueblo de la dicha pachaca e guaranga de
los que tiene ysiuidos e que cada que paresçiere aver
mas y biniere a su notiçia lo verna a desçir y declarar

por no yncurrir en la pena que se le a puesto. Y
el señor corregidor lo firmo Diego de Salaçar ante mi
Pedro de los Rios escriuano de su Magestad.

E despues de lo suso dicho en el dicho pueblo de Jesus en los dichos veinte dias del dicho mes
de março de mill y quinientos e setenta y ocho años
el dicho señor corregidor hiço paresçer ante si a don
Diego Caide prinçipal de la guaranga de Pomamarca
de la encomienda de doña Beatriz de Ysasiga difunta e de la pachaca de Callat y del se resçiuio juramento en forma de derecho y le fueron fechos los
aperçiuimyentos que a los demas y le fue mandado
luego traiga todos los yndios que tiene en este pueblo
para los enpadronar el qual traxo y esiuio los yndios
siguientes.

Yndios mitimas de la guaranga de Pomamarca
de la pachaca de Callat de ques prinçipal do
Diego Cayde / de la dicha doña Beatriz de
Ysaiga difunta questan en este pueblo de Jesus.

TRIBUTARIOS
- Geronimo Chepen tributario casado con Luisa Mochach
  tiene una hija Costança de seis meses.
- Andres Casa tributario casado con Beatriz Chan tiene
  una hija Juana de tres meses.
- Alonso Cusen tributario casado con Costança Castilla
  tiene dos hijos e una hija Elvira de siete años Martin
  de seis años Rodrigo de seis meses.
- Miguel Calla tributario casado con Ynes Funchun tiene
  dos hijas e un hijo Ysauel de seis años Çeçilia de
  dos años Agustin de çinco meses.
- Gregorio Zacquen tributario casado con Ysauel Tinton
  tiene dos hijas e un hijo Costança de quatro años
  Françisco de dos años Françisca de çinco meses.
- Juan Coycon tributario casado con Costança Poschun
  tiene dos hijas Costança soltera para casar Veatriz
  de siete meses.
- Martin Xecbel tributario casado con Ysauel Limay tiene
  un hijo e una hija Jordana de dos años Alonso
  de ocho meses.

- Pedro Such tributario casado con Beatriz Pachem tiene tres hijos Domingo de diez años Gonçalo de quatro años Françisco de seis meses. /
- Françisco Llamuc tributario casado con Maria Punyuc tiene una hija Luisa de un año.
- Pedro Chiblla tributario casado con Ynes Tantabichic.
- Diego Quesquen tributario casado con Ysauel Sille e tres hijos e quatro hijas la mayor de las hijas Ynes de doçe años Andres el mayor de los hijos de siete años.
- Andres Chume tributario casado con Ynes Yaifun tiene una hija Ysauel de un año.

Soltero casados que no tributan.

- Diego Yonre de hedad de diez y seis años no a llegado a hedad de tributar casado con Ysauel Coinam.
- Pedro Ofquen de hedad de poder tributar casado con Ynes Chuquiguacai tiene tres hijos Juan de dos años y medio Juan de un año e medio Cristobal de seis meses.
- Gonçalo Chiric soltero sera de hedad de diez y seis años casado con Catalina Fumchan tiene un hijo Alonso de seis meses.

Biejos reseruados casados.

- Don Alonso Salen biejo reseruado casado con Beatriz Coysa tiene tres hijos e tres hijas Leonor Ana solteras para casar Çeçilia de çinco años Hernando de honçe años Françisco de nueue años otro hijo mas Andres de ocho años.
- Martin Myquis biejo reseruado casado con Ynes Afon / tiene un hijo Juan de doçe años.
- Don Anton Chilcol viejo reseruado casado con Ynes Ych tiene un hijo Hernando tullido de un pie de hedad de diez y ocho años e un nieto e dos nietas Martin Raico de ochos años Çeçilia de çinco años Ysauel de quatro años.
- Martin Yacquin biejo reseruado casado con Maria Mancon tiene dos hijas e un hijo Luisa de doçe años Françisco de çinco años Catalina de çinco meses.
- Françisco Taman biejo reseruado casado con Catalina Choccho.

- Anton Quino biejo reseruado casado con Ynes Calla tiene un hijo e una hija Ysauel soltera para casar Juan de quatro años.
- Pedro Yuyn yndio biejo reseruado biudo tiene una hija Çecilia de çinco años.

Biudas.

- Ynes Nicapuc biuda tiene un hijo Melchor de treçe años.
- Ynes Chanchuc biuda tiene un hijo manco de la mano derecha de ocho años llamado Domingo.
- Ysauel Cuinan biuda.
- Ynes Quilpin biuda.

Biejas.

- Ynes Churri bieja.
- Catalina Tayn bieja.
- Ynes Pañol bieja.
- Maria Miec bieja. /

HUERFANOS
- Martin Nuyo huerfanos de ocho años y Maria Trell su hermana de çinco años huerfanos.

BIEJO
- Andres Caruabilca biejo reseruado casado con Ynes Bilcaguacai tiene quatro hijas Ysauel de çinco años Luisa de quatro años Catalina de dos años y medio Costança de un año este yndio es de la pachaca de don Antonio Caruananba de la guaranga de Pomamarca.

El qual dicho prinçipal deuajo del dicho juramento declaro no tener mas yndios en este dicho pueblo de la dicha pachaca e guaranga de los que tiene ysiuidos y se an enpadronado e que cada e quando que supiere de mas o biniere a su notiçia lo verna a manifestar desçir y declarar por no yncurrir en la pena que se le a puesto y el señor corregidor lo firmo Diego de Salaçar ante mi Pedro de los Rios escriuano de su Magestad.

Hallaronse en este dicho dia en este pueblo de Jesus de la dicha guaranga de Pomamarca de la pachaca de Asap los yndios siguientes.

TRIBUTARIO
CASADO
- Diega Vina tributario casado con Beatriz Calandique tiene dos hijos e quatro hijas Catalina e Costança solteras para cassar Alonso de siete años Pedro de

quatro años Ysauel de çinco años Ana de dos años.
— Françisco Tantabil soltero / tributario entero.

BIEJO RE-
SERUADO

— Alonso Chancun biejo reseruado casado con Ysauel
Cunachisque tiene un hijo Domingo de ocho años.

No paresçio aber mas yndios de la dicha pachaca e guaranga en este dicho pueblo aunque se hi-
cieron todas las dilixencias y el señor corregidor lo firmo
Diego de Salaçar ante mi Pedro de los Rios escriuano
de su Magestad.

E despues de lo suso dicho estando en el pueblo
de San Marcos de Chontabanba a ocho dias del mes
de abril del dicho año de mill e quinientos y setenta
y ocho años el dicho señor corregidor hico averigia-
çion y pesquisa e pratica de los yndios que abia en
este dicho pueblo de la guaranga de Pomamarca de
la encomienda de doña Beatriz de Ysaiga difunta y
agora son de Juan de Salinas para que los ysiuan
y traigan ante su merced para los enpadronar e visitar
como los demas so las penas que se les a puesto
si alguno yncubrieren y paresçio aver en este dicho
pueblo de la dicha guaranga los yndios siguientes.

Hallaronse en este dicho pueblo de San Marcos de la guaranga de Pomamarca de la pachaca de
Yanamango de prençipal de Pedro Gonçalez questan
en el pueblo de Jesus los yndios siguientes.

TRIBUTARIO

— Hernando Guaras tributario casado con Ysauel Xulca-
callay tiene tres hijas e dos hijos Baruola / soltera
Juana de diez años Domyngo de quatro años Luçia
de tres años Juan de un año.

BIUDA

— Catalina Pacalcon biuda tiene una hija Maria de çinco
años.

Yten se hallaron en este dicho pueblo de la
guaranga de pomamarca e de la pachaca de Guando
del caçique don Pablo Guamanricra que reside en la
Açension los yndios siguientes.

TRIBUTARIO
POR CASAR

— Lorenço Llaxacondor tributario entero por casar.

NIÑO

— Agustin Piscotanta hijo del dicho yndio de tres años.

BIEJO CASADO

— Alonso Colquetanta biejo reseruado casado con Maria
Guamangui tiene un hijo Pedro de quatro años.

BIUDA — Luisa Amaguas biuda.

Yten se hallo en este dicho pueblo de San Marcos de la dicha guaranga de Pomamarca e de la pachaca de Ascap del prençipal don Gomez Chuquitanta que esta en Caxamarca los yndios siguientes.

BIEJO CASADO — Alonso Guamanquiliche biexo reseruado casado con Ysauel Caruapaniac tiene dos hijas e un hijo Maria soltera Luçia de seis años Pedro de dos años e medio.

E no paresçio aver en este dicho pueblo de San Marcos mas yndios de los dichos e de la dicha guaranga y aunque se hiçieron todas las dilixençias pusibles no se hallaron mas y el señor / correxidor lo firmo Diego de Salaçar ante mi Pedro de los Rios escriuano de su Magestad.

En el pueblo de Nuestra Señora de la Açension a catorçe dias del mes de abril de mill e quinientos e setenta y ocho años el dicho señor corregidor Diego de Salaçar corregidor desta prouinçia estando en este dicho pueblo hico paresçer ante si al caçique prinçipal llamado don Pablo Guamanrricra y a los prinçipales y alcaldes deste dicho pueblo y estando todos presentes les hiço sauer como su merced avia venido a este dicho pueblo a vissitar todos los yndios questan por visitar en el de la guaranga de Pomamarca de la visita que enpeço a haçer Diego Velazquez de Acuña e para el efeto e por cuyo mandado se haçia que dixesen y declarasen esibiesen ante su merced todos los dichos yndios sin ocultar ni yncubrir ninguno so pena de ser castigados e desterrados de su naturaleza des mas de ser castigados e desterrados de su naturaleza des mas de ser castigados los quales dixeron questan prestos de lo cumplir siendo testigos el padre Frai Pedro de la Vera de la horden de señor San Françisco y lo firmo el señor corregidor ante my Pedro de los Rios escriuano de su Magestad.

E despues de lo suso dicho en el dicho pueblo de la Açension en los dichos catorçe dias del dicho mes de abril del dicho año de mill e quinientos y setenta y ocho años el dicho señor correxidor Diego

de Salaçar hiço paresçer ante si a don Pablo Guamanricra caçique deste pueblo de Nuestra Señora de la
Açension de la guaranga de Pomamarca y de la pachaca de Guanbo e del tomo e resçiuio juramento en
forma de derecho / y el lo hiço como deuia so cargo
del qual le fue mandado luego traiga y esiua ante su
merced todos los yndios que tiene en este dicho pueblo de la dicha pachaca e guaranga para los enpadronar e vissitar como su Magestad lo manda sin yncubrir ninguno so pena de perjuro y priuaçion de caçicazgos e desterrado de sus tierras el qual traxo y esiuio
los yndios siguientes.

Yndios de la guaranga de Pomamarca de la pachaca
de Guambo de la encomienda de doña Beatriz
de Ysasiga difunta de ques caçique prinçipal
don Pablo Guamanricra questan en este
pueblo de la Açension.

– El dicho caçique don Pablo Guamanricra reseruado
de tributo casado con doña Ysauel Machay tiene una
hija Juana de quatro meses.

TRIBUTARIOS
– Don Juan Colquininba tributario casado con Ysauel
Sidicalcon no tiene hijos.
– Don Antonio Ninacondor tributario casado con Cos-
tança Zamocticlla tiene dos hijas Maria de honçe años
Ynes de çinco años.
– Andres Chuquitailo tributario casado con Luisa Tan-
tamachai tiene dos hijos e dos hijas Gonçalo de seis
años Juana de quatro años Juan de dos años Ma-
dalena reçien naçida.
– Alonso Caruacondor tributario casado con Ysauel Ma-
chai tiene / un hijo Domingo de año e medio.
– Françisco Guacastongo tributario casado con Ysauel
Tongocalcon tiene una hija Ynes de un año.
– Lorenço Pumatanta tributario casado con Ynes Ninaguacai tiene tres hijos e dos hijas Pedro de catorçe
años Ynes de honçe años Ysauel de çinco años Juan
de dos años Françisco a los pechos.
– Alonso Culquitanta tributario casado con Luisa Tun-

pai tiene dos hijos e una hija Luçi soltera Alonso de seis años Françisco de seis meses.

- Alonso Maniancondor tributario casado con Françisca Minalacxa tiene tres hijos e una hija Françisco de siete años Ysauel de çinco años Lorenço de dos años Domingo de quatro meses.
- Alonso Pariachanca tributario casado con Ynes Saya tiene tres hijas e dos hijos Françisca de ocho años Lorenço de siete años Juan de dos años Ynes de un año Luisa bastarda de seis meses.
- Pedro Cochacondor tributario casado con Françisca Tantacutic tiene un hijo e tres hijas Ynes de honçe años Maria de doçe años Alonso de tres años Veatriz de tres meses.
- Alonso Caruabilca tributario casado con Ynes Samoc tiene dos hijos e una hija Françisco de ocho años Alonso de seis años Costança de quatro meses./
- Juan Rimaiguaccha tributario casado con Juana Colquy tiene dos hijas Ysauel de dos años Ynes de seis meses.
- Diego Guarasquispe tributario casado con Aldonsa Caruamoson tiene dos hijos e una hija Ynes soltera Baltasar de dos años Luis de ocho meses.
- Juan Leer tributario casado con Madalena Ayanpaniac tyene tres hijas Beatriz de siete años Costança de tres años Juliana de dos años.
- Alonso Colquitanta tributario casado con Juana Cochaticlla no tiene hijos.
- Martin Rimaitucto tributario casado con Maria Yllaiqunqui tiene una hija e un hijo Françisco de dos años e medio Ysauel de un año.
- Alonso Rimaycondor tributario casado con Françisca Calcon no tiene hijos.
- Alonso Cochaquispe tributario casado con Ynsauel Machai tiene una hija Costança de un año.
- Gaspar Xulcatanta tributario casado con Ynes Quinopanyac tiene tres hijos e una hija Martin de çinco años Agustin de quatro años Ysauel de año e medio Gonçalo a los pechos.
- Alonso Maniactocto tributario casado con Luisa Chuch-

masen tiene dos hijos e dos hijas Cristobal de çinco
años Ysauel de quatro años Ynes Ynes [sic] de tres
años Geronimo de dos meses. /

- Cristobal Xuacanjulca tributario casado con Ysauel Calcon tiene tres hijas Ana soltera Aldonça de quatro
años Françisca de tres años.
- Luis Pomaixulca tributario casado con Maria Conchacro
tiene un hijo y una hija Luçia soltera Miguel de
un año.
- Juan Naniancondor tributario casado con Catalina Carvaconan tiene una hija Françisca de zinco años.
- Françisco Mango tributario casado con Ysabel Llacxai
tiene quatro hijos e dos hijas Costança soltera Alonso
de siete años Juan de seis años Monyca de quatro
años Alonso de dos años y medio Luis de tres meses.
- Pedro Guaras tributario casado con Ysabel Pariabichic
tiene un hijo y una hija Gonçalo de dos años Maria
de seis meses.
- Françisco Condorquispe tributario casado con Elbira
Mosquel no tiene hijos.
- Pedro Pariamango tributario casado con Juana Mo-
rochan no tiene hijos.
- Domingo Pomaquispe tributario cassado con Catalina
Siquil tiene dos hijas Luzia de syete años / Ynes
de zinco años.
- Pedro Guarasbiguel tributario cassado con Catalina Cus-
qui tiene una hija de ocho meses llamada Françisca.
- Juan Ninamango tributario casado con Ana Guaman-
yiquilla tiene una hija e un hijo Ynes soltera Alonso
de nueue años.
- Pedro Guacchaguaman tributario casado con Luissa
Anyaijamoc tiene un hijo de dos meses llamado Alonso.
- Pedro Curasmango tributario casado con Maria Consy
tiene un hijo y tres hijas Domingo de syete años
Luisa de seis años Barbola de quatro años Catalina
de dos años.
- Alonso Guarastongo tributario casado con Ysabel Co-
chapanyac tiene tres hijos e una hija Myguel de syete
años Luis de quatro años Agustin de dos años Luisa
de seis meses.

- Alonso Llacxaguachec tributario casado con Ysabel Chisoc tiene tres hijos Diego de tres años Domingo de año y medio Agustin de seis meses. /
- Juan Chandon tributario casado con Ysabel Caruacassi tiene una hija y un hijo Françisco de diez años Ynes de seis a siete años.
- Juan Llacxachamba tributario casado con Magdalena no tiene hijos.
- Domingo Caruapisque tributario muy enfermo y tullido casado con Ysabel Anytiquilla dos hijos y una hija Ysabel de treze años Diego de seis años Lorenço de seis meses.
- Françisco Coral tributario biudo tiene un hijo Juan de seis a syete años.
- Alonso Tantacocha tributario biudo no tiene hijos.
- Juan Guacchaquiliche tributario huido biudo.
- Françisco Palcan tributario casado con Ynes Yso tiene un hijo Juan de quatro años.
    Solteros que no tributan casados.
- Diego Llacxaguatai casado con Luisa Guacapanyal no a entrado a tributar sera de hedad de diez e seis años./
- Domingo Tantapiguel cassado con Françisca Colqueguacai no a entrado a tributar sera de hedad de diez e seis años.
- Anton Pincha casado con Luisa Cusi no a llegado a hedad de tributar tiene una niña rezien nasçida Françisca.

SOLTERO TRIBUTARIO
- Françisco Llata soltero que no tributa que puede tributar porque tiene hedad para ello.
- Baltasar Chuquicaybe tributario biudo.
    Biejos reseruados casados.
- Pedro Pariaguaman biejo reseruado casado con Ynes Morochon tiene un hijo e quatro hijas Juana de treze años Ynes de quatro años Ysabel de tres años Juan de dos años y medio Jordana reçien nasçida.
- Diego Tomaiguanca biejo reseruado casado con Françisca Culquipaniac tiene un hijo e una hija Catalina soltera Pedro de seis años.
- Anton Pisanquiliche / reserbado casado con Juana

Pacoay tiene un hijo e una hija Catalina de catorze años Marcos de syete años.

– Françisco Guaraschamba reserbado casado con Barbola Pacai tiene tres hijas e dos hijos Maria e Juana solteras Juan de diez años Lorenço de zinco años Luçia de quatro años.

– Anton Xulcachoco biejo reserbado casado con Ana Anyai no tiene hijos.

– Pedro Llamytan biejo reservado con Maria Quinoc no tiene hijos.

Biejos y biudos.

– Juan Guacchatanta biejo reserbado biudo.

– Diego Ayantaco biejo reserbado biudo tiene dos hijas Maria e Ysabel Maria de catorze años e Ysabel de seis años tullida.

– Juan Guaccha reserbado biudo.

– Martin Llacxacusma biejo reserbado biudo.

– Pedro Guacchamango biejo reserbado biudo.

– Alonso Guamanmasa biejo / reserbado casado con Ynes Chuquimi tiene una hija e un hijo Juana soltera Domingo de dos años.

– Pedro Maupayco biejo reserbado biudo.

– Don Pedro Gonçalez hijo del dicho don Pablo caçique reserbado de tributo casado con Ynes Calcon tiene dos hijos e una hija Cristobal de ocho años Sancho de seis años Jordana de dos años.

Biudas.

– Ysabel Saya biuda tiene tres hijos e tres hijas Pedro de treze años Ynes de siete años Lorenço de zinco años Geronimo de tres años Ynes de dos años.

– Ysabel Paniac biuda tiene una hija e un hijo Pedro de quinze años Ana de ocho años.

– Ynes Cachen biuda tiene dos hijos Garçia de seis años Hernando de quatro años.

– Ysabel Tinpai biuda tiene dos hijas Ynes sol/tera Ysabel de syete años.

– Ysabel Quitocalcon biuda tiene tres hijas solteras para casar Catalina y otra Catalina e Ynes.

– Ynes Llacxachus biuda tiene una hija Luissa de ocho años.

- Ynes Tiquilla biuda tiene una hija Ysabel de seis meses.
- Çeçilia Nynacarva biuda tiene dos hijos Martin de syete años Diego de seis años.
- Ysabel Antaiticla biuda tiene un hijo Françisco de syete años.
- Luçia Panyac biuda.
- Juana Anyaichuc biuda tiene una hija Luissa soltera.
- Juana Pariacunan biuda.
- Françisca Tungo biuda.
- Maria Llacxaguacai biuda.
- Catalina Llachi biuda.

Biejas.
- Juana Tantamisel bieja.
- Maria Malcaden biuda.
- Catalina Culqui bieja./
- Juana Anto bieja.
- Ynes Maniancalcon bieja.
- Catalina Anyaitiquilla bieja.
- Juana Puri bieja.
- Catalina Suyto biuda.
- Magdalena Colqui bieja.
- Catalina Pisanpania bieja.
- Ana Pisancalcon bieja.
- Ana Calcon bieja.
- Juana Guacapaniac bieja.
- Juana Tantacunan bieja.
- Juana Guacchaguacai bieja tiene una hija soltera llamada Aliçia.
- Catalina Tantacalcon bieja.
- Ynes Chuquiconan biuda tiene una hija Juana de zinco años.

HUERFANOS
- Catalina Panyac huerfana soltera.
- Ynes Julcacuno huerfana soltera.
- Ynes Chami huerfana soltera.
- Una nyña Luissa hija bastarda del dicho don Pablo caçique llamada Luissa de syete meses. /

BIEJOS CASADOS
- Diego Yamoc biejo reserbado casado con Catalina Ypas tiene un hijo Martin de quatro años.

- Tomas Caneco biejo reserbado tullido casado con Catalina Efche tiene un hijo Alonso Seclloc soltero de diez e seis años casado con Ynes Pin.

El qual dicho don Pablo debajo del dicho juramento declaro no tener mas yndios en este pueblo de los que tiene exsibidos y declarados e que cada que supiere y se acordare de mas lo berna a dezir por no yncurrir en las penas que se le an puesto y lo firmo el señor corregidor don Diego de Salazar ante my Pedro de los Rios escriuano de su Magestad.

E despues de lo suso dicho en el dicho pueblo de la Acençion en el dicho dia catorze de abril del dicho año de mill y quinientos e setenta e ocho años el dicho señor corregidor hizo paresçer ante si a Domingo Myguel Tongo prinzipal de la guaranga del dicho Pomamarca y de la pachaca de Collana questa en este dicho pueblo e del se tomo y resçibio juramento en forma de derecho y el lo hizo segun que los demas so cargo del qual le fue mandado / luego traiga ante su merced todos los yndios que tiene en este pueblo para los enpadronar y bissitar so las penas que se an puesto a los demas si alguno yncubryere el qual traxo y exsybio los yndios siguientes.

Yndios de la guaranga de Pomamarca de la pachaca de Collana de ques prinzipal Domingo Miguel Tongo questan en este pueblo de la Açension.

El dicho Domingo Biguel Tongo reserbado de tributo casado con dona Françisca Cavschoton tiene una hija e un hijo Magdalena de nueue años y Juan de año y medio.

TRIBUTARIOS
- Domingo Limba tributario casado con Ynes Chuquipanyac tiene tres hijos e dos hijas Gomez de syete años Ynes de seis años Monyca de quatro años Pedro de tres años Juan de dos años.
- Gaspar Carvabiguel tributario cassado con Ynes Llacxa tiene dos hijos Alonso / de ocho años Geronimo de tres años.

- Alonso Caruachoro tributario casado con Ysabel Belanyai tiene un hijo e dos hijas Françisco de seis años Ynes de zinco años Aldonça de tres años.
- Gonçalo Caruacaire tributario casado con Catalina Nynallacxa tiene dos hijos e dos hijas Maria de treze años Barbola de seis años Lorenço de zinco años Diego de año y medio.
- Juan Julcaquispe tributario casado con Juana Samoc tiene una hija soltera llamada Catalina.
- Juan Tantaraico tributario casado con Luzia Guacchaguacai tiene dos hijos y una hija Luisa de seis años Myguel de quatro años Ysabel de un año.
- Cristobal Xulcatocto tributario casado con Magdalena Carvatumpai tiene una hija de año y medio llamada Maria.
- Juan Chuquichigui tributario casado con Juana Tan/tacalpin tiene tres hijos Pedro de nueue años Diego de syete años Alonso de tres años.
- Pedro Guamantocas tributario casado con Ynes Sicech no tiene hijos.
- Pedro Yntopasca tributario casado con Luisa Tungoconan tiene un hijo y una hija Ynes de quatro años Lorenço de un año.
- Juan Condorllacxa tributario casado con Ynes Chuquicalcon tiene tres hijos e dos hijas Ysabel de honze años Barbola de nueue años Françisco de syete años Luis de çinco años Pedro reçien nasçido.
- Françisco Anyaicondor tributario casado con Catalina Guachaguacay tiene un hijo e dos hijas Ynes de seis años Barbola de tres años Juan de ocho meses.
- Alonso Tomaimango tributario casado con Ynes Lacxacalcon tiene dos hijas Çeçilia de quatro años Ynes de un año./
- Françisco Xulcarimay tributario casado con Ynes Tantuchuqui no tiene hijos.
- Juan Yuyuyquilich tributario cassado con Catalina Tumpaibichic tiene tres hijos Pedro de quinze años Diego de doze años Alonso de quatro años y medio.
- Diego Tantaguaman tributario cassado con Luisa Tumpaillacxa tiene tres hijas y un hijo Ysabel Françisca

solteras e Ynes de çinco años Gonçalo de quatro años.

- Françisco Chuquinynpa tributario cassado con Ynes Guacchacalcon tiene una hija e dos hijos Çeçilia de seis años Martin de tres años Garçia de un año.
- Françisco Anyaipasca tributario cassado con Magdalena Myslo tiene una hija Luissa de syete años.
- Alonsso Tomai tributario casado con Catalina Carbacalcon tiene un hijo e una hija Juan de doze años Luisa soltera./
- Diego Yamocmango tributario cassado con Ysabel Carbaguacai tiene una hija e un hijo Juana soltera Garçia de un año.
- Juan Anytanta tributario cassado con Ynes Culquiguasil tiene una hija e un hijo Maria de zinco años Andres de año y medio.
- Juan Pariaquilich tributario casado con Ynes Calpin tiene una hija Luçia de quatro años.
- Juan Guamanchambo tributario casado con Ynes Lachic tiene una hija Ysabel de tres años.
- Juan Quispecondor tributario casado con Ynes Anyaccalcon tiene un hijo e una hija Ynes de dos años Melchior a los pechos.
- Juan Pariaquispe tributario casado con Luysa Anyacalcon tiene un hijo e dos hijas Ysabel de çinco años Cathalina de tres años Françisco de un año.
- Alonso Llamaguaccha tributario cassado con Maria Llacxatumbai tiene zinco / hijos Françisco de ocho años Hernando de seis años Diego de quatro años y medio Geronimo de tres años Anton de un año.
- Hernando Caruacollo tributario casado con Ynes Anyaicalcon un hijo e tres hijas Andres de syete años Catalina de zinco años Costança de quatro años Ynes de dos años.
- Santiago Guamanrayche tributario casado con Luçia Chaopillacxa tiene dos hijos e una hija Françisca de seis años Françisco de quatro años Salbador de tres años.
- Juan Guayanyuba tributario casado con Françisca Mochor tiene un hijo Alonso de seis años.

- Juan Caruagualla tributario casado con Juana Tumbai tiene dos hijos e una hija Sebastian de siete años Ysabel de çinco años Luisa de un año.
- Françisco Biquelchigui / tributario cassado con Catalina Tantaguacai tiene una hija Ynes de un año.
- Anton Chuquebiquel tributario cassado con Ynes Chimil tiene dos hijos Alonso de treze años Gonçalo de doze años.
- Françisco Guachachigui tributario casado con Ysabel Sidicpanyac tiene una hija Ysabel de çinco años.
- Juan Millo tributario casado con Ynes Pumani tiene un hijo Alonso de dos años.
- Domingo Tequen tributario casado con Catalina Faena tiene una hija e un hijo Ynes de zinco años Domingo de dos años.
- Pedro Sechen tributario casado con Catalina Erre tiene un hijo e una hija Juan de syete años Ynes de zinco años.

HUIDO
- Alonso Guamanchigui tributario casado con Magdalena Condorpoco no tiene hijos huido a zinco años.
- Pedro Chuquicondor tributario casado con Ysabel tiene un nyño de teta./
- Pedro Tiquillaguaman tributario questa en Truxillo casado Ysabel Palta.
- Hernando Llamoctanta tributario esta en la yngenio de Chicama casado con Elbira yndia.
- Juan Condorpasca tributario casado con Ysabel Llacxa questa en Truxillo.
- Pedro Gonçalez Condorguaccha tributario biudo tiene un hijo e tres hijas Ynes de doze años Luisa de syete años Diego de zinco años Costança de tres años.
- Alonso Tantacolla tributario biudo tiene dos hijos Sebastian de tres años e medio Pablo de dos años.
- Cristobal Pariatocto tributario biudo tiene una hija Ana de çinco años.
- Juan Colquetanta casado con Maria Colqueguacai no paga tributo puede tributar.

SOLTEROS CA-
SADOS NO
- Françisco Colquexulca casado con Ysauel Chami no a tributado por no allegar a hedad sera de diez

TRIBUTAN

PUEDEN TRI-
-BUTAR

y seis años tiene una hija a los pechos reçien naçida. /

– Andres Llaxatongo casado con Ynes Coromonai tiene
un hijo de seis meses llamado Cristobal no trybuta
este yndio por no aver llegado a hedad sera de
diez y seis años.

– Pedro Gonçalez Caruacondor casado con Maria
Caruacallai tiene un hijo Martin de teta de hasta
çinco meses puede tributar.

– Pedro Llacxamoro soltero no a trybutado puede tributar.

Biejos casados reseruados.

– Gonçalo Llaqui biejo reseruado casado con Françisca
Tantabichic tiene tres hijos e una hija Madalena soltera
Françisco de dyez años Gonçalo de siete años Gero-
nimo de çinco años.

– Pedro Caruamango reseruado por biejo casado con
Luisa Side tiene un hijo Diego Aniamoro de diez
y seis años.

– Pedro Pirgo biejo reseruado casado con Ynes Quinocalcon tiene un hijo Françisco de diez años.

– Lorenço Chegne biejo reserbado casado con Ynes
Anyaalai no tiene hijos.

– Juan Llacxachimi reserbado casado con Ysabel Mochoy
tiene tres hijos las dos hembras el uno baron Lorença
de zinco años Leonor de tres años Agustin de un
año. /

– Pedro Preco reserbado biejo casado con Magdalena
Chuquimoson tiene dos hijos e una hija Ysabel de
diez años Diego de seis años Cristobal de syete años.

– Diego Tongo reserbado casado con Ynes Tantachurai tiene tres hijas e un hijo Luissa de honze años
Magdalena de seis años Barbola de tres años Lorenço
de un año.

– Pedro Missacondor reserbado por biejo casado con
Juana Ocsem no tiene hijos.

– Alonso Cochaquispe reserbado biudo.

– Anton Xulcaguaccha reserbado por biejo biudo.

– Anton Llacxaquilich reserbado biudo.

– Juan Synmal reserbado por biejo casado con Catalina

Llac tiene dos hijas Ynes de syete años Catalina de zinco años.

Biudas.

- Ysabel Chiguima biuda tiene dos hijos e una hija Ynes soltera Juan de diez años Anton de syete años.
- Juana Morochan biuda tiene un hijo Juan de zinco años.
- Ysabel Mochoy biuda tiene dos hijas e dos hijos Ysabel soltera Françisco de ocho años Alonso de seis años Ana de tres años./
- Ynes Tumpaillaxa biuda tiene un hijo e dos hijas Santiago de treze años Çeçilia de ocho años Barbola de zinco o seis años.
- Ynes Guacalconan biuda tiene dos hijas e un hijo Ynes soltera Luçia de diez años Martin de nueue años.
- Barbola Pariacalcon biuda tiene dos hijos Alonso de doze años Cristobal de syete años.
- Ynes Tonso biuda tiene un hijo llamado Juan de syete años.
- Juana Anyacpaniac biuda tiene una hija Maria de un año.
- Ysabel Pariallacxa biuda tiene un hijo Domingo de seis meses.
- Ynes Laxan bieja tiene una hija Juana soltera para casar. /
- Ynes Tantachux biuda tiene una hija e un hijo Domingo de treze años Catalina de doze años.
- Ynes Caruatumpai biuda tiene dos hijas Françisca de zinco años Elena de tres años.
- Catalina Morocho biuda tiene dos hijas Ynes soltera Luisa de zinco a seis años.
- Ynes Tonsobichic biuda tiene dos hijas Ysabel de ocho años Ana de tres años.
- Costança Pariaconan biuda tiene una hija y un hijo Ysabel soltera Alonso de siete años.
- Juana Ninapanyac biuda tiene una hija y un hijo Andres de siete a ocho años Luisa de quatro años.

Biejas.

- Magdalena Cua bieja.

- Ynes Xucque biuda.
- Costança Anacai bieja.
- Ynes Yuqui bieja.
- Catalina Llacxachuqui bieja.
- Ynes Chuyna bieja.
- Juana Yamocside./
- Maria Guarazchuich bieja.
- Ynes Chuquicona bieja.
- Françisca Chusuma bieja.
- Magdalena Coillo bieja.
- Magdalena Vilcachoque bieja.
- Juana Guaraz bieja.
- Magdalena Nynaguacai bieja.
- Ynes Guaual vieja.
- Luisa Colquichaman bieja.
- Ynes Ticlabichic tiene una hija soltera Françisca.

HUERFANA
- Ynes Coxo huerfana soltera.

BIUDAS
- Catalina Llamaguacai biuda tiene dos hijos Domingo de zinco años Juan de dos años.
- Juana Colquecallai biuda tiene un hijo llamado Andres de tres años.

El qual dicho prinçipal debajo del dicho juramento declaro que no tenia mas yndios de los que dicho tiene de la dicha guaranga y pachaca en este dicho pueblo e no se acuerda de mas e que cada que se acordare e paresçiere en el mas los berna a dezir e manifestar por no yncurrir en las dichas penas y el señor corregidor lo fyrmo Diego de Salazar ante mi Pedro de los Rios escriuano de su Magestad./

E despues de lo suso dicho en el dicho pueblo de la Asension en los dichos catorze dias del dicho mes de abril del dicho año de mill e quinientos e setenta e ocho años el dicho señor corregidor hizo paresçer ante si a Anton Guamantanta mandon del prinçipal don Gomez questa en el pueblo de San Antonyo de Caxamarca y es de la guaranga de Pomamarca e de la pachaca de Ascap questa en este dicho pueblo y del se tomo e reszibio juramento en forma de derecho y el lo hizo en cumplimiento de lo qual y so cargo del le fue mandado luego traiga y exsyba

ante su merced todos los yndios que tiene en este
dicho pueblo para los enpadronar y bissitar syn yncubrir
nynguno so las penas que se a puesto a los demas
y el en cumplimiento dello traxo y exsibio los yndios
siguientes.

Yndios de la guaranga de Pomamarca
de la pachaca de Ascap del prinçipal
don Gomez e su mandon Anton Guamantanta
questa en este pueblo de Nuestra Señora
de la Asençion. /

TRIBUTARIOS
- El dicho mandon Anton Guamantanta tributario casado
  con Juana Llatan tiene dos hijas Ysabel Chuquicutic
  de diez años Luçia de un año.
- Luis Guancasquilich tributario casado con Françisca
  Morosan tiene una hija Luisa de zinco años.
- Alonso Tantaquispi tributario casado con Maria Calcon
  tiene dos hijas y un hijo Luçia de quatro años Françisco
  de dos años Françisca de seis meses.
- Françisco Cochapisco tributario casado con Elbira
  Sulcachuiz tiene un hijo Domingo de seis a siete
  años.
- Françisco Caruacocha tributario casado con Luisa Callay
  tiene dos hijos Alonso de treze años Domingo de
  zinco años y una hija Juana de dos años.
- Françisco Tantaxulca tributario casado con Catalina
  Carbabichic tiene dos hijas Costança de quatro años
  Çeçilia de dos años./
- Alonso Tantacocha tributario casado con Ynes Any-
  calcon tiene dos hijas y un hijo Maria soltera Françisca
  de nueue años Alonsso de quatro años.
- Pedro Guaman tributario casado con Ysabel Colque-
  chuco no tiene hijos.
- Andres Ayanmango tributario casado con Leonor Curi
  tiene un hijo e dos hijas Sebastian de quatro años
  Ysabel de tres años Ynes de un año.
- Lorenço Cancau tributario tiene dos hijos Francisco
  de seis años Miguel de quatro o zinco años.

PUEDEN TRI-
BUTAR

- Domingo Colquitanta casado con Ana Anyaibichic no a entrado a tributar sera de hedad para tributar y tiene una hija Elbira de seis meses.
- Françisco Bigiltanta soltero que puede tributar porque paresçe tener hedad para ello.

HUIDO

- Juan Lima soltero que no a tributado huido./
  Biejos casados reserbados.
- Gonçalo Caruachamba biejo reseruado casado con Elbira Caruamunai tiene tres hijos y tres hijas Beatriz soltera Marcos de diez años Diego de ocho años Ysabel de syete años Ynes de zinco años Diego de quatro meses.
- Alonso Moxo reseruado por biejo casado con Ysabel Tantacalcon tiene dos hijos... de ocho años Juan de seis años.
- Juan Choroc reseruado por biejo casado con Ysabel Carva tiene una hija soltera llamada Ysabel Morochan.
- Pedro Guanca reserbado por biejo casado con Ynes Caruachamoc tiene una hija e un hijo Beatriz de tres años Luis de tres meses.
- Pedro Guacas reseruado por biejo casado con Barbola Amiquiai no tiene hijos.
- Juan Quilich reseruado por biejo casado con Ynes Yacopaniac tiene tres hijas e un hijo Catalina soltera e Costança de honze años Anton de zinco años / Luisa de dos años.
- Anton Tantamango reserbado por biejo casado con Ysabel Coral no tiene hijos.
- Alonso Colquemango reserbado por biejo biudo tiene un hijo Luis de syete años.
- Pedro Xulca reserbado por biejo biudo sin hijos.
- Andres Chigui biejo reseruado casado con Ana Yllacchuqui tiene una hija soltera llamada Catalina.
  Biudas.
- Ynes Caxa biuda tiene un hijo Alonso de honze años.
- Ynes Caruaconan biuda.
- Luissa Dideguaran biuda tiene dos hijos Martin de seis años Cristobal de quatro años.
- Magdalena Caruamachai biuda tiene una hija Françisca de tres años.

      – Maria Cocho biuda sin hijos./
      – Françisca Tantamachai biuda.
      – Luisa Guaccha biuda emferma./

BIEJAS   – Juana Caruacallai bieja.
      – Ysabel Acai bieja.
      – Catalina Llacxapanya bieja.

El qual dicho mandon debajo del dicho juramento declaro no tener en este dicho pueblo mas yndios de la dicha guaranga e pachaca de los que tiene exsybidos e declarados e que cada que supiere de mas o a su notiçia binyere los berna a dezir y manifestar por no yncurrir en las penas que se le an puesto y el señor corregidor lo fyrmo Diego de Salazar ante mi Pedro de los Rios escriuano de su Magestad.

E despues de lo suso dicho en el dicho dia catorze de abril del dicho año de mill e quinientos e setenta e ocho anos en el dicho pueblo de Nuestra Señora de la Asunçion el dicho señor corregidor hizo paresçer ante si a Don Diego Amyaipoma prinçipal de la guaranga de Pomamarca e de la pachaca de Chuquiras e del se tomo y resçibio juramento en forma de derecho y el lo hizo cumplidamente so cargo del qual le fue mandado luego traiga y exsyba todos los yndios que tiene / de la dicha guaranga e pachaca en este dicho pueblo para los enpadronados y bissitar syn yncubrir ningunos so pena que seran castigados e desterrados de sus tierras y el lo prometio y en cumplimiento dello traxo y exsibio los yndios siguientes.

Yndios de la guaranga de Pomamarca de la pachaca de Chuquiran de ques prinçipal don Diego Amyaipoma questan en este pueblo de Nuestra Señora de la Asençion.

RESERBADO   – El dicho prinçipal don Diego Anyaipoma reserbado
CASADO   de tributo casado con Ynes Llamacutic tiene un hijo e una hija don Gomez de catorze a quinze años e Françisca de mas de quinze años enana.

TRIBUTARIOS – Diego Caruapoma tributario casado con Ynes Culquipaniac tiene tres hijas e un hijo Juana soltera Maria de ocho años Maria de tres años Juan de un año.

- Melchior Guaras tributario casado con Ynes Chuqui-guacai tiene quatro hijos e dos hijas Maria Cunan soltera Pedro de / quinze años Ynes de zinco años Juan de quatro años Gonzalo de tres años Melchior de un año.
- Juan Tantaquiliche tributario casado con Ynes Chuqui-bichic tiene dos hijos Juan de dos años Agustin de tres meses.
- Alonso Sacai tributario casado con Ysabel Tantacoyan tiene una hija Maria de dos años.
- Martin Guacchacondor tributario casado con Maria Llatan no tiene hijos.
- Hernando Chuquichigui tributario casado con Maria Chuquichuc tiene un hijo Andres de doze años.
- Françisco Quillacore tributario casado con Maria Llacxacalcon no tiene hijos.
- Anton Curon tributario casado con Ynes Cucho no tiene hijos.
- Anton Culquicondor tributario biudo.
- Juan Rimaicondor tributario muy emfermo e tullido casado con Juana Collan tiene una hija e un hijo Juan de seis años e medio e Juana de zinco años.
- Anton Pumayali tributario casado con una yndia questa en Truxillo fuera deste pueblo.
- Françisco Chongo casado en Truxillo e no a pagado tributo hasta agora.

Biejos casados reservados

- Don Garçia reserbado casado con Ynes Talpoi tiene dos hijas e un hijo Barbola de siete años Costança de tres años Juan de un año.
- Andres Mamancori reservado por biejo casado con Maria Sul tiene dos hijas Juana e Ynes solteras Andres de siete a ocho años.
- Domingo Changa biejo reserbado casado con Magdalena Pachac tiene dos hijas e un hijo Alonso de quatro años Françisca de dos años Costança de un año.
- Baltasar Tantacaxa reserbado por biejo biudo tiene una hija Ynes soltera.
- Alonso Pico tollido reservado biudo./

PUEDEN TRI-
BUTAR

- Pedro Ticllapoma cassado con Ynes Tantabichic no a tributado puede tributar porque tiene hedad para ello.
- Miguel Colquechoro casado con Luisa Guacaitiquilla no a entrado a tributar puede tributar.

SOLTERO

- Juan Chuquilloclla soltero sera de hedad de diez e seis años.

Biudas.

- Ynes Caruaconan tiene un hijo Alonso Colquecosma de hedad de catorze años.
- Maria Paniac biuda tiene un hijo Martin de doze años.
- Biolante Caruacallay biuda tiene un hijo y una hija Pedro de zinco años Magdalena de un año.
- Elena Culquichurai biuda.
- Juana Rimai biuda tiene dos hijas y un hijo Juana de diez años e Gonzalo de año y medio e Françisca de dos años e medio.
- Ynes Callai biuda emferma tiene una hija soltera llamada Luisa./
- Ysabel Caruaguacai biuda.
- Catalina Guacaichique bieja tiene una hija soltera Françisca.
- Magdalena Culqui bieja tiene un hijo y una hija Gonzalo de siete años Maria de seis años.
- Ysabel Anyaillacxa bieja.
- Catalina Tantaguacai bieja.
- Maria Paico bieja.
- Ynes Tantaguacai bieja.
- Maria Carba bieja.
- Ysabel Churai bieja.
- Catalina Guarazpaniac bieja.

HUERFANAS

- Maria Collecchequen soltera huerfana.

HUIDO

- Françisco Rimayquispe tributario casado huido el y su muger.

El qual dicho prinçipal debajo del dicho juramento declaro no tener mas yndios de los que tiene declarados en este dicho pueblo de la dicha guaranga e pachaca e que cada que paresçiere mas lo berna a dezir e manifestar por no yncurrir en las dichas penas

e lo fyrmo el señor corregidor Diego de Salazar ante
mi Pedro de los Rios escriuano de su Magestad.

E despues de lo suso dicho en el dicho /
pueblo de Nuestra Señora de la Asençion en quynze
dias del dicho mes de abril del dicho año de mill
y quinientos e setenta e ocho años se hallaron en
este dicho pueblo de la dicha guaranga de Pomamarca
e de la pachaca de Yanamango del prinçipal don Pedro
Gonçalez Coral que reside en el pueblo de Jesus los
yndios siguientes.

TRIBUTARIO
- Juan Copey tributario casado con Ynes Chambel tiene
  un hijo Sebastian de tres años.
- Pedro Pomatanta casado con Ynes Tantamachai no
  a entrado a tributar sera de hedad para ello.

BIUDA
- Ysabel Moco yndia biuda tiene un hijo e una hija
  Luisa de tres años y Baltasar de un año.

VIEJA
- Magdalena Piquia bieja.
- Maria Llatan soltera huerfana.
- Juan Manchai tributario huido que no paresçe.
- Juan Guacchachigui biejo huido questa en Truxillo.
- Lorenço Manquispi muchacho / huido que no paresçe
  hijo del dicho don Pedro Gonçalez.

Y no paresçio auer en el dicho pueblo del dicho
prinçipal de la dicha guaranga e pachaca mas yndios
y el señor corregidor lo fyrmo e les aperçibio a los
dichos yndios caçiques e prinçipales que si paresçieren
mas o supieren de mas yndios se los bengan a dezir
so las penas que se a puesto a todos. Diego de Salazar
ante mi Pedro de los Rios escriuano de su Magestad.

E despues de lo suso dicho en el dicho pueblo
de la Asençion en el dicho dia quinze de abril del
dicho año de mill quinientos y setenta e ocho años
el dicho señor corregidor hizo paresçer ante si a Anton
Nynaraico mandon del prinzipal don Diego Caybe questa
en el pueblo de San Antonio de Caxamarca y ser
de la dicha pachaca de Pomamarca e de la guaranga
de Callad y del se resçibio juramento segun que de
los demas y so cargo del le fue mandado luego traiga
y exsyba todos los yndios que tiene en este dicho
pueblo para los bissitar y enpadronar so pena de perjuro

e de las demas penas / que se a puesto a los demas el qual traxo y exsybio los yndios que dixo tener en este dicho pueblo que son los siguientes.

TRIBUTARIOS
- El dicho mandon Anton Minaraico tributario cassado con Magdalena Colqueguacai tiene dos hijas Maria de tres años y Françisca de un año.
- Alonso Culquiguaccha tributario casado con Ysabel Cuchisan tiene dos hijos Domingo de dos a tres años y Françisco de un año.
- Maria Cullumunai muger de Domingo Toctomango tiene esta yndia una hija Magdalena de tres años y el yndio antes que se casase con este yndia esta visitado en otro pueblo.

BIEJOS RESER-
VADOS
- Diego Tantai biejo reserbado casado con Ynes Morochan no tiene hijos.
- Françisco Pomacondor biejo reserbado biudo no tiene hijos.
- Ynes Rimay biuda tiene una hija Çiçilia de un año y medio. /

El qual dicho mandon declaro no tener mas yndios e que cada que supiere de mas lo berna a dezir por no yncurrir en la dicha pena e lo fyrmo el señor corregidor Diego de Salazar ante my Pedro de los Rios escriuano de su Magestad.

E despues de lo suso dicho en el dicho dia quinze de abril del dicho año de mill y quinientos e setenta e ocho años antel dicho señor corregidor paresçio don Diego Anyaipoma prinçipal de la dicha guaranga de Pomamarca e de la pachaca de Chuquirai e dixo que de la dicha pachaca se le abia olbidado de asentar y declarar los yndios siguientes.

BIUDA
- Maria Cucho biudo tiene una hija Luisa de seis a siete años.

Yten declaro don Pablo caçique deste dicho pueblo que se olbido de visitar desta dicha guaranga e pachaca de Guambo un muchacho del nombre siguiente.
- Pedro ombre muchacho de hasta honze años.

BIUDA
- Ytem una biuda llamada Catalina Llulliticla.

Y el dicho caçique y prinçipal decla/raron questos yndios se le abian olbidado e que no tenian mas yndios que bissitar mi declarar porque abian recorrido su memoria e preguntandolo e no abia mas y el señor corregidor lo fyrmo Diego de Salazar ante mi Pedro de los Rios escriuano de su Magestad.

E despues de lo suso dicho en el dicho pueblo de la Asençion de Nuestra Señora en los dichos quinze dias del dicho mes de abrill del dicho año de mill y quinientos e setenta e ocho años el dicho señor corregidor Diego de Salazar presentes el dicho don Pablo caçique deste pueblo y los demas prinçipales y mandones y alcaldes del les pregunto si abia mas yndios que bissitar en este pueblo de la dicha guaranga de Pomamarca los quales dixeron que todos los que se an bissitado asi en este pueblo como en todos los demas de la provinçia esepto el dicho don Pablo que declaro que tenia en el pueblo de Cascas hasta veinte e çinco o beynte e seis yndios tributarios casados suyos e de la dicha guaranga de Pomamarca sin los biejos y biudos e muchachos e si no son estos no quedan otros por bisitar porque con ellos se acaban de bissitar todos los dichos yndios de / todas las guarangas y el señor corregidor lo fyrmo Diego de Salazar ante mi Pedro de los Rios escriuano de su Magestad.

E despues de lo suso dicho en el asyento de San Antonio de Caxamarca en diez y nueue dias del dicho mes de abrill del dicho año el dicho señor corregidor dixo que por quanto para fenesçer y acabar de vissitar todos los yndios que dexo por bisitar Diego Belazques de Acuña de toda esta dicha provinçia no restan ny quedan por bissitar mas yndios de hasta veynte e zinco o beinte e seis yndios tributarios casados e mas los muchachos e biejos e biejas que declaro don Pablo caçique de la Asençion que tiene y estan en el pueblo de San Jorge e para acabar de fenesçer la dicha bissita conviene que se bayan a bissitar e su merced por estar yndispuesto e ocupado en cosas tocantes al seruicio de su Magestad y execuçion de su justicia y ser de camino malo y peligrosso y mal tiempo y ser los yndios pocos e para que con brebedad se despache estre negoçio y se hagan las averiguaciones dixo que daua e dio comision y mandava e mando a mi el dicho escriuano que vaya al dicho pueblo de Sabcas / e bissite y enpadrone los yndios que estuvieron por bisitar en el dicho pueblo e bisitados y enpadronados buelba a este dicho assiento para hazer las dichas aberiguaciones y asy lo mando e lo fyrmo Juan Aguado e Cristobal Martinez e Cristobal Malo de Molina Diego de Salazar ante mi Pedro de los Rios escriuano de su Magestad.

E despues de lo suso dicho en el pueblo de San Gabriel de Cascas a beynte e siete dias del mes de abrill de mill y quinientos e setenta e ocho años yo Pedro de los Rios escriuano de su Magestad por birtud de la comision del dicho señor corregidor hize paresçer ante mi a Pedro Tacmac mandon de los yndios Chayas yungas questan en este dicho pueblo reduçidos y estavan de antes que fuessen a el reduçidos en el pueblo de San Jorge y son de la pachaca de guambo del caçique don Pablo Guamanricra questa en el pueblo de la Asençion de Nuestra Senora de la guaranga de Pomamarca y del se resçibio y tome juramento en su lengua en forma de derecho y so cargo del le aperzibi y mande declarase y exsibiese todos los yndios questauan en este pueblo de la dicha pachaca e guaranga syn yncubrir ningunos so pena de perjuro y que seria açotado y trasquilado / el qual traxo y exsibio los yndios siguientes.

Yndios Mytimas de la pachaca de Guambo del caçique don Pablo Guamanricra questan en este pueblo de Cascas de la guaranga de Pomamarca.

TRIBUTARIOS
- El dicho mandon Pedro Tucman tributario cassado con Catalina Payo tiene una hija Ynes de ocho años.
- Anton Malcha tributario casado con Catalina Mayec tiene un hijo y una hija Ynes de diez años Juan de año y medio.
- Juan Ytin tributario casado con Catalina Yopan tiene un hijo Andres de un año.
- Françisco Felcum tributario casado con Catalina Taltun

tiene dos hijas Ysabel de dos años Ana de ocho
o nueue meses.

- Françisco Tamuni tributario casado con Ysabel Sanco
tiene una hija Ynes / de seis meses.
- Andres Facnen tributario casado con Catalina Atsol
tiene una hija y un hijo de tres años y el otro
baron resçien nasçido no esta baptizado.
- Juan Ficchoc tributario casado con Ysabel Finano tiene
un hijo Domingo de diez años.
- Andres Yunpal tributario cassado con Catalina Pul tiene
dos hijos e dos hijas Catalina de ocho años Juan
de siete años Ynes de seis años Alonsso de dos
años y medio e mas otro hijo Miguel de diez años.
- Juan Sota tributario casado con Ynes Fanmi tiene
dos hijas Catalina de ocho años Ynes de dos años.
- Diego Guallas tributario casado con Ynes Fala tiene
una hija Maria de seis meses.
- Andres Guaman tributario casado con Llequer no tiene
hijos.
- Françisco Parri tributario cassado con Ysabel / Julca
tiene un hijo Diego de seis meses.
- Pedro Matques casado con Magdalena Solo es resçien
casado no a entrado a tributar puede tributar llamase
su muger Ynes Chaia... [sic].

RECIEN CASA-
DOS PUEDEN
TRIBUTAR

- Juan Faun cassado con Ynes Chayan tiene la muger
un hijo Françisco de ocho o nueue años que hera
biuda y este yndio no a llegado a hedad de tributar
sera de diez e seis años.
- Juan Acuña cassado con Catalina Suy no tributa por
no aber entrado puede tributar.
- Juan Llemeich reçien casado con Ynes Llafani no
a entrado a tributar sera de hedad de diez e seis
años./

Biejos reseruados casados.

- Françisco Chomel reserbado casado con Luisa Lleques
tiene dos hijos y una hija Magdalena soltera Marcos
de ocho años Cristobal de siete años.
- Pedro Comuc reserbado por / biejo casado con Ynes
Pansec tiene un hijo e una hija Juan de año y
medio Ysabel de tres meses.

BIUDAS   – Ynes Quesuc biuda tiene una hija Ysabel de año y medio.

– Catalina Rech biuda tiene un hijo Alonso de seis años.

– Ynes Llunjmi biuda no tiene hijos.

– Catalina Chapa biuda tiene un hijo Juan de diez años e una hija Ynes de nueue años.

– Catalina Funya bieja.

VIEJO   – Alonso Ollen viejo reservado casado con Catalina Chamai.

HUERFANOS   – Maria Yanpe huerfana soltera.

– Catalina Nyuque huerfana soltera.

– Andres Yspin huerfano de honze a doze años.

– Costança Curre huerfana soltera.

– Domingo Chacoch huerfano de doze años.

– Juan Selquen huerfano de treze años.

– Juan Mollo huerfano de doze años.

– Juan Quechin huerfano de seis años./

Y el dicho mandon declaro no aver mas yndios de los que tiene exsybidos y declarados e que sy se acordare de mas lo dira por no yncurrir en las penas que se le ponen y declaro tener mas los yndios siguientes.

HUERFANA   – Ynes Musa huerfana de hasta seis años.

E que no tiene mas yndios de los dichos porque los a exsebido todos e aunque yo el dicho escriuano hizo las diligençias açerca dello no se hallaron mas yndios y lo fyrme Pedro de los Rios escriuano de su Magestad.

Hallaronse en este dicho pueblo de Cascas por mi el dicho escriuano de la pachaca de Collana del prinçipal Domingo Bigueltongo questa en el pueblo de la Acensyon de Nuestra Señora de la guaranga de Pomamarca que son mitimas los yndios siguientes.

TRIBUTARIOS   – Pedro Ut tributario cassado con Catalina Pisso no tiene hijos.

– Juan Sypca tributario casado con Ylfoc tiene una hija Ynes de dos años.

– Françisco Putquen tributario casado con Catalina Chipic

tiene una hija y un hijo Pedro de treze años /
Catalina de seis años.

- Diego Yaquel tributario casado con Ysabel Pasna no tiene hijos.
- Andres Yen tributario cassado con Ynes Pansoc tiene un hijo Alonsso de dos años.
- Domingo Bicchon tributario casado con Catalina Muso tiene un hijo e una hija Pedro de honze años Catalina de quatro meses.
- Alonso Llatot tributario cassado con Ynes Peque no tiene hijos.
- Juan Collas tributario casado con Ynes Petma tiene un hijo e dos hijas Andres de quatro años Ysabel de tres años y Catalina de ocho meses.
- Andres Guaman tributario casado con Maria Chuquin tiene dos hijos Pedro de seis anos y el otro reçien nasçido que no esta baptizado.
- Juan Coyoli tributario / casado con Catalina Guaya tiene un hijo Juan de siete años.
- Marcos Llengac biudo tributario tiene tres hijos Françisco de treçe años Domingo de honçe años Juan de diez años.
- Juan Yopun tributario casado con Catalina Yenque tiene un hijo Domingo de seis años.
- Miguel Llicsi tributario casado con Ysauel Neti no tiene hijos.
- Domingo Salca casado con Catalina Costa no a entrado a tributar por no ser de hedad cumplida.

BIUDAS
- Ynes Yannac biuda tiene dos hijos e una hija Andres de diez años Juan de siete años Catalina de doçe años.
- Ysauel Yonoco biuda tiene un hijo Domingo de seis a siete años.
- Ynes Xoltoc biuda tiene dos hijos e una hija Pedro de honçe años Gaspar de nueue años Ynes de siete años.
- Catalina Pecpun biuda.
- Catalina Llallati biuda tiene dos hijos Andres de seis años y Hurtado de çinco años.

HUERFANOS
- Juan Cuenol huerfano de diez años.

- Juan Cunuc huerfano de seis años. /
- Alonso Xalca huerfano de diez años.

BIUDA
- Catalina Llepo biuda.

Y no paresçio auer en este dicho pueblo de la dicha pachaca mas yndios de los dichos. Pedro de los Rios escriuano de su Magestad.

Hallose en este dicho pueblo de Cascas del pueblo de San Jorge que se reduzieron a este dicho pueblo de la pachaca de Ascap del prinçipal Gomez de la dicha guaranga de Pomamarca de los mitimas los yndios siguientes.

TRIBUTARIO

- Juan Palcos tributario casado con Ynes Calcon tiene un hijo Alonso de zinco años.
- Diego Chimo reserbado por biejo casado con Ynes Cheiez tiene una hija e un hijo Alonso de siete años Ynes de zinco años.

Y no paresçio aver mas yndios de la dicha pachaca de los del dicho pueblo de San Jorge questauan por bissitar y lo fyrme Pedro de los Rios escriuano de su Magestad.

Hallaronse en este dicho pueblo de Cascas del dicho pueblo de San Jorge de la pachaca de Chalchaden del prinçipal don Sebastian de la guaranga de Caxamarca de doña Jordana los yndios siguientes.

TRIBUTARIO
- Pedro No tributario cassado con Ynes Cachan tiene un hijo e una hija Juan de seis a siete años / Catalina de dos años.
- Juan Yototi casado con Ynes Poquen no a entrado a tributar puede tributar.

Y no halle en este dicho pueblo de los del dicho pueblo de San Jorge mas yndios de los dichos e lo fyrme Pedro de los Rios escriuano de su Magestad.

La totalidad del texto de este libro se presenta en caracteres souvenir. El papel usado es Paramonga 80 gr. La cartulina de carátula es folcote de 240 gr. La impresión se concluyó en junio de 1992. En los talleres de Gráfica Bellido. Los Zafiros 244, Balconcillo.